Do it!

내 손으로 직접 코딩하며 확인한다!

자료구조와 함께 배우는 알고리즘 입문

코딩 테스트도 통과하고! 알고리즘 과목은 A+ 받고!

파이썬 편

공학교육협회 **저작상 수상** 저자!
BohYoh Shibata 지음 | **강민** 옮김

이지스 퍼블리싱

세상의 속도를 따라잡고 싶다면 **Do it!**
변화의 속도를 즐기게 됩니다.

Do it!
자료구조와 함께 배우는 **알고리즘 입문** - 파이썬 편

초판 발행 • 2020년 7월 20일
초판 7쇄 • 2024년 3월 31일
지은이 • 시바타 보요(柴田望洋)
옮긴이 • 강민
펴낸이 • 이지연
펴낸곳 • 이지스퍼블리싱(주)
출판사 등록번호 • 제313-2010-123호
주소 • 서울시 마포구 잔다리로 109 이지스빌딩 4층(우편번호 04003)
대표 전화 • 02-325-1722 | **팩스** • 02-326-1723
홈페이지 • www.easyspub.co.kr | **페이스북** • www.facebook.com/easyspub
Do it! 스터디룸 카페 • cafe.naver.com/doitstudyroom | **인스타그램** • instagram.com/easyspub_it

총괄 • 최윤미 | **기획 및 책임편집** • 김은숙 | **IT 2팀** • 한승우, 신지윤, 이소연 | **베타테스터** • 송헌, 이상철, 이석곤
교정교열 • 박명희 | **표지 및 본문 디자인** • 트인글터 | **인쇄** • 보광문화사
마케팅 • 박정현, 한송이, 이나리 | **독자지원** • 박애림, 오경신 | **영업 및 교재 문의** • 이주동, 김요한(support@easyspub.co.kr)

ISBN 979-11-6303-172-7 13000
가격 22,000원

실패하더라도 무언가 배우는 것이

아무것도 시도하지 않는 것보다 낫다.

You are better off trying something and having it not work

and learning from that than not doing anything at all.

마크 저커버그

Mark Zuckerberg, 페이스북 설립자

프로그램을 프로그램답게!
개발자의 '내공'을 알아서 쌓아 주는 책

이 책은 파이썬(Python)으로 다양한 프로그램을 작성해 보면서 알고리즘과 자료구조의 기초 지식을 익힐 수 있습니다. 파이썬은 물론이고 알고리즘과 자료구조를 배워야 하는 것은 다음과 같은 문제에 부딪혔을 때 간단히 해결할 수 있는 능력이 필요하기 때문입니다.

- 데이터 가운데 특정한 값을 찾고 싶어요.
- 불규칙하게 나열된 값을 오름차순이나 내림차순으로 정리하고 싶어요.
- 데이터를 알파벳 순서로 저장하고 싶어요.

이 책은 기본적인 알고리즘과 자료구조를 시작으로 원하는 데이터를 찾아내는 **검색** 알고리즘, 데이터를 특정 순서로 나열하는 **정렬** 알고리즘 그리고 **스택, 큐, 재귀** 알고리즘, **연결 리스트, 이진 검색 트리** 등의 알고리즘을 알아보고, 그 알고리즘에서 사용하는 자료구조를 파이썬으로 실습할 수 있도록 했습니다.

이 책으로 공부할 때 어려운 수학 지식은 필요 없습니다. 그렇지만 논리적인 사고 능력은 필요합니다. 이 책에서는 어려운 이론이나 개념을 시각적인 이미지로 이해할 수 있도록 213개의 그림으로 보여 줍니다. 그리고 전체적으로 그림과 프로그램을 대비하면서 볼 수 있도록 구성했습니다.

이 책은 알고리즘과 자료구조를 단순히 소개하는 차원이 아니라 기초를 학습한 후 실용적인 프로그램을 작성하는 기술까지 익힐 수 있도록 했습니다. 이 책에서 소개한 136개의 실습 예제는 알고리즘과 자료구조를 소개하는 단순한 샘플이 아니라 실제 동작까지 가능한 프로그램입니다.

이 책을 통해 알고리즘과 자료구조의 기초 지식뿐 아니라 이를 이용한 프로그래밍 기술을 정확하고 빠르게 습득하기를 기원합니다.

2019년 11월
시바타 보요

IT 기업, 모든 시험에서 기초가 되는
알고리즘과 자료구조를 함께 배운다!

알고리즘과 자료구조는 함께 배우면 좋습니다

프로그램은 컴퓨터에게 일을 하라고 지시하는 명령의 모음입니다. 컴퓨터는 프로그램의 명령에 따라 순서대로 일을 처리하는데, 이때 효율적인 결과를 얻기 위해 필요한 것이 바로 알고리즘입니다. '문제 해결 순서'라는 의미가 담겨 있는 알고리즘은 4차 산업혁명을 이끄는 한 축인 인공지능의 바탕이자 핵심 기술입니다. 그리고 이러한 알고리즘을 구현하는 데 빼놓을 수 없는 것이 자료구조입니다. 자료구조는 컴퓨터에 정보를 효율적으로 저장하고 관리하는 방법입니다. 효율적인 자료구조를 선택하면 알고리즘의 성능도 향상됩니다. 이처럼 알고리즘과 자료구조는 상호 보완 관계에 있습니다. 즉, 자료구조를 만드는 과정은 알고리즘으로 순서화되어 있으며 다시 이 자료구조를 가지고 효율적인 알고리즘을 구현합니다. 그래서 알고리즘과 자료구조는 함께 배우면 좋습니다.

알고리즘을 처음 공부하는 사람도 쉽게 배울 수 있습니다

이 책은 알고리즘과 자료구조의 이론부터 실습까지 차분하고 친절하게 설명합니다. 이 책의 저자는 개념을 적용할 수 있는 사례나 문제 상황을 구체적으로 보여 줄 뿐만 아니라 그림과 표를 사용하여 문제 해결 과정을 자세히 설명하므로 처음 공부하는 사람도 쉽게 이해할 수 있습니다. 독자 여러분이 알고리즘을 배우는 데 많은 도움을 얻을 것입니다.

알고리즘, 자료구조와 함께 파이썬 능력자로 만들어 주는 책

이 책은 C 언어 편, 자바 편과 같은 내용을 다루지만 알고리즘을 구현하는 과정과 더불어 파이썬의 특별한 연산자부터 이뮤터블(immutable), 뮤터블(mutable), 이터레이터(iterators), 내장 함수 등의 파이썬 핵심 개념을 이해하고 정확하게 적용하는 연습도 충분히 할 수 있습니다. 이 책을 끝내고 나면 자신의 프로그램에 적용할 알고리즘과 자료구조를 파이썬으로 직접 작성할 수 있을 것입니다. 이 책을 통해 알고리즘뿐 아니라 파이썬을 능숙하게 활용하는 실력자가 되기를 바랍니다.

2020년 7월
강민

이 책을 가장 먼저 읽어 본
베타테스터의 추천사!

알고리즘, 자료구조, 파이썬 중에서 하나라도
제대로 배우고 싶은 분들에게 추천하는 책!

알고리즘, 자료구조, 파이썬 중 하나라도 공부하고 싶은 분에게 꼭 추천하고 싶습니다. 알고리즘과 자료구조를 파이썬과 연관 지어 밑바닥부터 코딩하며 배우기 때문입니다. 저처럼 대학에서 프로그래밍을 배웠지만 실전에서는 제대로 활용하지 못하는 파이썬 입문자나, 또는 파이썬을 이미 알고 있는 초·중급자에게도 정말 필요한 책이라고 생각합니다. 이 책은 알고리즘의 개념 설명과 실습 예제를 통하여 프로그램에서 어떤 알고리즘이 사용되었고, 이 2가지는 어떤 연관이 있는지 알기 쉽게 설명합니다. 이와 동시에 '파이썬스러운' 다양한 기법을 활용하면서 다른 프로그래밍 언어와 어떤 차이가 있는지 확실히 보여 줍니다. 그러므로 파이썬을 모르는 입문자에게도 훌륭한 길잡이가 될 것이라고 생각합니다. 단순한 시험이나 코딩 테스트를 넘어서 프로그래밍 실전에서도 충분히 활용할 수 있는 지침서가 되는 책입니다.

송헌 • 규슈대학교 대학원 석사 2년차

입문자뿐 아니라 알고리즘이 약한
개발자에게도 꼭 필요한 책!

알고리즘적 사고와 적절한 자료구조의 선택은 좋은 프로그램을 만들기 위한 필수 조건입니다. 그래서 저는 개발자를 꿈꾸는 모든 분에게 이 책을 추천하고 싶습니다. 이 책을 읽으며 느낀 점을 2개의 키워드로 나타낸다면 '친절함'과 '자세함'입니다. 만약 제가 학생 때 이 책을 읽었다면 알고리즘과 자료구조를 훨씬 더 빨리 이해할 수 있었을 것입니다. 그만큼 알고리즘과 자료구조의 원리와 과정을 독자의 눈높이에 맞춰서 친절하고 자세하게 설명해 줍니다. 또한 각 알고리즘을 비교하면서 장단점을 살펴보고, 하나의 알고리즘을 다양하게 변형하여 개념을 깊이 있게 설명합니다. 이 책을 읽다 보면 프로그래밍할 때 알고리즘과 자료구조가 왜 필요한지 알게 되고, 여러 가지 알고리즘을 통해 스스로 문제를 해결할 수 있는 방식까지 터득하게 됩니다. 그래서 이 책은 입문자뿐 아니라 알고리즘과 자료구조를 다시 복습하고 싶은 개발자에게도 아주 유용합니다. 이 책을 한 장씩 천천히 넘기다 보면 어느새 파이썬 개발과 알고리즘 실력 모두 향상될 것입니다.

1ilsang • 실리콘 밸리 소재 스타트업 개발자

기업 면접의 단골,
파이썬 알고리즘과 자료구조의 정석!

요즘 개발자로 취업하려면 코딩 테스트가 필수 항목이 되었습니다. 이 책은 기업 면접에서 단골로 나오는 알고리즘과 자료구조의 필수 내용을 두루 다루고 있습니다. 또한 알고리즘 개념을 그림과 표로 쉽게 설명하고, 실습 예제에 주석으로 자세히 설명해서 초보자도 코드를 쉽게 이해할 수 있습니다. 파이썬을 이미 알고 있지만 알고리즘과 자료구조가 약한 분이라면 이 책으로 개발자의 기본 소양을 꼭 기르길 추천합니다. 그래서 책상 위에 오래 두고 볼 수 있는 '파이썬 알고리즘과 자료구조의 정석'과 같은 책이 되길 바랍니다.

이석곤 • 12년차 프로그래머

- -

코딩 테스트는 물론 대학의 전공 과목까지
모두 패스하는 비법이 들어 있는 책!

대학교 1학년 시절, 저를 가장 곤란하게 했던 전공 과목은 '알고리즘' 이었습니다. 개념은 이해하겠는데 막상 코드를 작성하려면 '어떤' 알고리즘을 '어떻게' 적용해야 하는지 전혀 감을 못 잡았습니다. 이 책은 이런 문제점을 한번쯤 경험해 본 사람을 위해 만들어졌습니다. 이 책은 파이썬 문법을 통하여 알고리즘, 자료구조의 기본 개념을 이해하고 또 프로그램에 바로 적용할 수 있게 만들어 줍니다. 그리고 어려운 이론을 글로만 설명하는 것이 아니라 그림과 일대일로 함께 보여 줘서 빠르게 이해할 수 있습니다.

요즘 기업에서는 코딩 테스트를 볼 때 파이썬을 선택하는 응시자가 점점 늘고 있습니다. 파이썬은 코드를 간결하고 빠르게 작성할 수 있기 때문입니다. 파이썬으로 코딩 테스트를 준비하는 분이라면 파이썬으로 알고리즘과 자료구조를 설명하고 프로그램까지 작성해 보는 이 책이 안성맞춤입니다. 알고리즘 과목을 A⁺ 받게 해주고, 코딩 테스트의 합격도 돕는 《Do it! 자료구조와 함께 배우는 알고리즘 입문 — 파이썬 편》을 추천합니다.

김은숙 • 이 책의 편집자

연관성이 있는 장은 돌아와서 다시 공부하면 더 쉽게 이해할 수 있습니다

이 책은 알고리즘과 자료구조의 기초를 학습할 수 있도록 구성되었으며, 몇몇 장은 서로 연관 있는 요소를 포함합니다. 순서대로 공부한 다음 다시 돌아와서 공부하면 이해의 폭을 더 넓힐 수 있습니다.

1장	알고리즘 기초	**2장**	기본 자료구조와 배열	**3장**	검색 알고리즘
4장	스택과 큐	**5장**	재귀 알고리즘	**6장**	정렬 알고리즘
7장	문자열 검색	**8장**	리스트	**9장**	트리

01, 02장은 이 책의 기초가 되는 내용을 담았습니다. 03장에서 다룬 '선형 검색'은 이후 여러 장에서 응용하는 알고리즘입니다. 04장의 '스택'은 05, 06장을 시작하기 전에 반드시 공부해야 합니다. 또한 03장의 '해시법'을 배우려면 08장의 '연결 리스트' 관련 지식이 필요하고, 06장의 '힙 정렬'을 이해하려면 09장의 '트리 구조' 관련 지식을 갖추어야 합니다. 따라서 03장이나 06장을 읽다가 이해하기가 어렵다면 08장과 09장을 먼저 공부하고 오는 것도 좋은 방법입니다.

이 책은 어떻게 구성되었는가?

Do it! 실습 　각 절에서 학습해야 하는 핵심 개념을 코드로 체험해 볼 수 있는 실습 코너입니다. 이 책의 모든 실습 코드는 각 장에 따라 파일로 제공합니다. 하지만 코드를 다운받아 실행해 보는 것보다 키보드로 직접 입력해 보면서 실습해 보길 권장합니다.

보충 수업 　파이썬의 기초 문법을 소개하거나 본문에서 설명한 개념을 조금 더 자세히 알아보는 코너입니다. 또한 Do it! 실습과 비슷한 응용 프로그램을 소개합니다.

그림과 표 　이 책은 총 213개의 그림과 표를 사용하여 알고리즘과 자료구조의 원리를 더 쉽게 이해할 수 있습니다.

> **파이썬을 전혀 모르면 어떻게 할까요?**
> 이 책에서 제공하는 알고리즘과 자료구조의 이론은 누구나 이해할 수 있는 수준으로 집필되었습니다. 하지만 파이썬 프로그램의 작동 원리를 이해하기 어렵다면 파이썬 언어 자체의 지식이 부족한 것일 수도 있습니다. 그렇다면 일단 파이썬 입문서로 되돌아가 학습하는 것이 좋습니다. 추천하는 도서는 《Do it! 점프 투 파이썬》, 《Do it! 첫 파이썬》입니다.

01 알고리즘 기초

01-1 알고리즘이란? · 15
세 정수의 최댓값 구하기 · 15
조건문과 분기 · 25
순서도 기호 살펴보기 · 29

01-2 반복하는 알고리즘 · 31
1부터 n까지 정수의 합 구하기 · 31
연속하는 정수의 합을 구하기 위해
값 정렬하기 · 35
반복 과정에서 조건 판단하기 1 · 36
반복 과정에서 조건 판단하기 2 · 39
반복 과정에서 조건 판단하기 3 · 42
양수만 입력받기 · 44
직사각형 넓이로 변의 길이 구하기 · 46
반복문 건너뛰기와 여러 범위 스캔하기 · 49
다중 루프 알아보기 · 52

02 기본 자료구조와 배열

02-1 자료구조와 배열 · 61
배열 개념 알아보기 · 61
리스트와 튜플 알아보기 · 63
인덱스로 원소에 접근하기 · 66
슬라이스식으로 원소에 접근하기 · 67
자료구조의 개념 알아보기 · 71

02-2 배열이란? · 75
배열 원소의 최댓값 구하기 · 75
배열 원소의 최댓값을 구하는 함수
구현하기 · 77
주석과 자료형 힌트 · 78
재사용할 수 있는 모듈 작성하기 · 79

모듈 테스트하기 · 79
배열 원소를 역순으로 정렬하기 · 86
기수 변환하기(n진수 구하기) · 89
소수 나열하기 · 97

03 검색 알고리즘

03-1 검색 알고리즘이란? · 109
검색과 키 · 109
검색의 종류 · 109

03-2 선형 검색 · 111
선형 검색 · 111
보초법 · 116

03-3 이진 검색 · 120
이진 검색 · 120
복잡도 · 125

03-4 해시법 · 131
정렬된 배열에서 원소 추가하기 · 131
해시법 · 131
해시 충돌 · 132
체인법 · 133
오픈 주소법 · 144

04 스택과 큐

04-1 스택이란? · 154
스택 알아보기 · 154
스택 구현하기 · 155
스택 프로그램 만들기 · 162

04-2 큐란? · 168
　　큐 알아보기 · 168
　　배열로 큐 구현하기 · 168
　　링 버퍼로 큐 구현하기 · 170
　　링 버퍼로 큐 프로그램 만들기 · 178

 05 재귀 알고리즘

05-1 재귀 알고리즘의 기본 · 185
　　재귀 알아보기 · 185
　　팩토리얼 알아보기 · 186
　　유클리드 호제법 알아보기 · 189

05-2 재귀 알고리즘 분석 · 192
　　재귀 알고리즘의 2가지 분석 방법 · 192
　　재귀 알고리즘의 비재귀적 표현 · 196

05-3 하노이의 탑 · 200
　　하노이의 탑 알아보기 · 200

05-4 8퀸 문제 · 204
　　8퀸 문제 알아보기 · 204
　　퀸 배치하기 · 204
　　분기 작업으로 문제 해결하기 · 210
　　한정 작업과 분기 한정법 · 212
　　8퀸 문제 해결 프로그램 만들기 · 215

06 정렬 알고리즘

06-1 정렬 알고리즘 · 219
　　정렬이란? · 219

06-2 버블 정렬 · 221

버블 정렬 알아보기 · 221
세이커 정렬 알아보기 · 232

06-3 단순 선택 정렬 · 237
　　단순 선택 정렬 알아보기 · 237

06-4 단순 삽입 정렬 · 240
　　단순 삽입 정렬 알아보기 · 240

06-5 셸 정렬 · 247
　　단순 삽입 정렬의 문제 · 247
　　셸 정렬 알아보기 · 248

06-6 퀵 정렬 · 255
　　퀵 정렬 알아보기 · 255
　　배열을 두 그룹으로 나누기 · 256
　　퀵 정렬 만들기 · 260
　　비재귀적인 퀵 정렬 만들기 · 264
　　피벗 선택하기 · 270
　　퀵 정렬의 시간 복잡도 · 272

06-7 병합 정렬 · 277
　　정렬을 마친 배열의 병합 · 277
　　병합 정렬 만들기 · 280

06-8 힙 정렬 · 286
　　힙 정렬 알아보기 · 286
　　힙 정렬의 특징 · 287
　　루트를 삭제한 힙의 재구성 · 288
　　힙 정렬 알고리즘 알아보기 · 290
　　배열을 힙으로 만들기 · 292
　　힙 정렬의 시간 복잡도 · 296

06-9 도수 정렬 · 297
　　도수 정렬 알아보기 · 297

07 문자열 검색

07-1 브루트 포스법 · 305
문자열 검색이란? · 305
브루트 포스법 알아보기 · 305

07-2 KMP법 · 310
KMP법 알아보기 · 310

07-3 보이어·무어법 · 315
보이어·무어법 알아보기 · 315
문자열 검색 알고리즘의 시간 복잡도 · 319

08 리스트

08-1 연결 리스트 · 321
연결 리스트 알아보기 · 321
배열로 연결 리스트 만들기 · 322

08-2 포인터를 이용한 연결 리스트 · 323
포인터로 연결 리스트 만들기 · 323
포인터로 연결 리스트 프로그램 만들기 · 339

08-3 커서를 이용한 연결 리스트 · 343
커서로 연결 리스트 만들기 · 343
배열 안에 비어 있는 원소 처리하기 · 349
프리 리스트 · 351
커서로 연결 리스트 프로그램 만들기 · 353

08-4 원형 이중 연결 리스트 · 356
원형 리스트 알아보기 · 356
이중 연결 리스트 · 356
원형 이중 연결 리스트 · 357
원형 이중 연결 리스트 만들기 · 357
원형 이중 연결 리스트 프로그램 만들기 · 372

09 트리

09-1 트리 구조 · 377
트리의 구조와 관련 용어 · 377
순서 트리와 무순서 트리 · 379
순서 트리의 검색 · 379

09-2 이진 트리와 이진 검색 트리 · 382
이진 트리 알아보기 · 382
완전 이진 트리 알아보기 · 382
이진 검색 트리 알아보기 · 384
이진 검색 트리 만들기 · 384
이진 검색 트리 프로그램 만들기 · 398

찾아보기 · 401

알고리즘과 자료구조를 16주 안에 정복해 보세요! 매주 꾸준히 목표를 달성한 날짜를 채우다 보면 어느새 알고리즘과 자료구조를 완벽하게 습득한 자신을 발견할 수 있을 것입니다!

주	진행	배우는 내용	완료 날짜
1주차	01장 알고리즘 기초	01-1 알고리즘이란? 01-2 반복하는 알고리즘 기초 내용	/
2주차	02장 기본 자료구조와 배열	02-1 자료구조와 배열 02-2 배열이란?	/
3주차	03장 검색 알고리즘(1/2)	03-1 검색 알고리즘이란? 03-2 선형 검색 03-3 이진 검색 여러 장에서 응용하므로 중요!	/
4주차	03장 검색 알고리즘(2/2)	03-4 해시법	/
5주차	04장 스택과 큐(1/2)	04-1 스택이란? 5, 6장을 보기 전에 반드시!	/
6주차	04장 스택과 큐(2/2)	04-2 큐란?	/
7주차	05장 재귀 알고리즘(1/2)	05-1 재귀 알고리즘의 기본 05-2 재귀 알고리즘 분석	/
8주차	05장 재귀 알고리즘(2/2)	05-3 하노이의 탑 05-4 8퀸 문제란?	/
9주차	06장 정렬 알고리즘(1/2)	06-1 정렬 알고리즘 06-2 버블 정렬 06-3 단순 선택 정렬 06-4 단순 삽입 정렬	/
10주차	06장 정렬 알고리즘(2/2)	06-5 셸 정렬 06-6 퀵 정렬 06-7 병합 정렬 06-8 힙 정렬 06-9 도수 정렬	/
11주차	07장 문자열 검색	07-1 브루트 포스법 07-2 KMP법 07-3 보이어·무어법	/
12주차	08장 리스트(1/2)	08-1 연결 리스트 08-2 포인터로 이용한 연결 리스트	/
13주차	08장 리스트(2/2)	08-3 커서로 이용한 연결 리스트 08-4 원형 이중 연결 리스트	/
14주차	09장 트리(1/2)	09-1 트리 구조 09-2 이진 트리와 이진 검색 트리(1/2)	/
15주차	09장 트리(2/2)	09-2 이진 트리와 이진 검색 트리(2/2)	/
16주차	보충 수업	복습하기	/

이 책의 소스 파일은 이지스퍼블리싱 홈페이지에서 제공합니다

이 책은《Do it! 자료구조와 함께 배우는 알고리즘 입문》시리즈 중에서 가장 많은 136개의 실습 프로그램을 제공합니다. 이 모든 소스 파일은 이지스퍼블리싱 홈페이지의 [자료실]에서 내려받을 수 있습니다.

이지스퍼블리싱 홈페이지 www.easyspub.co.kr

| 이지스퍼블리싱 | | 회사소개 | 도서 | 자료실 | 질문답변 | 동영상 강의 |

도서를 검색하고 소스 파일을 내려받으세요.

Do it!
콜ㄹ코디

Do it!
타입스크립트

Do it! 스터디룸에서 같이 공부할 친구를 찾아보세요! — 스터디하고 책 선물도 받고!

혼자 공부하다 보면 질문할 곳이 마땅치 않아 의욕이 떨어지기 쉽습니다. 'Do it! 스터디룸'에서 같은 책을 공부하는 동료들을 만나 보세요! 서로 질문과 답변, 그리고 응원을 나누다 보면 알고리즘과 자료구조 공부가 더 즐거워질 것입니다.

이지스퍼블리싱 스터디룸 카페　cafe.naver.com/doitstudyroom

실습 준비는 어떻게 하면 좋을까요? — 파이썬 설치

이 책은 파이썬에서 기본으로 제공하는 IDLE(파이썬 대화형 인터프리터)에서 코드를 작성하고 테스트할 수 있습니다. 다음 파이썬 공식 홈페이지의 다운로드 페이지에서 자신의 운영체제에 맞는 파이썬 언어 패키지를 다운로드합니다.

파이썬 공식 홈페이지　www.python.org/downloads/

윈도우에서 파이썬을 설치했다면 오른쪽 화면과 같이 프로그램 목록에서 [Python 3.8 → IDLE (Python 3.8 32-bit)]를 선택합니다(이 글을 작성하는 시점의 최신 버전은 3.8.3입니다).
IDLE가 실행되면 프롬프트(>>>)에서 기본적인 코드를 작성할 수 있습니다. 또한 'Do it! 실습' 코너에 해당하는 소스 파일은 IDLE에서 [File → Open]을 클릭해 파이썬 파일(*.py)을 열고 F5 를 눌러 실행합니다.

시작 프로그램에서 IDLE를 선택하세요.

01

알고리즘 기초

01-1 알고리즘이란?

01-2 반복하는 알고리즘

01-1 알고리즘이란?

여기에서는 **알고리즘**algorithm이란 무엇인지 간단한 프로그램을 통해 알아보고 알고리즘의 기초를 학습합니다.

세 정수의 최댓값 구하기

실습 1-1은 3개의 정숫값을 비교하여 최댓값을 구하는 프로그램입니다. a, b, c에 정숫값을 입력받아 maximum으로 최댓값을 찾을 수 있습니다. 다음 프로그램을 실행하여 어떻게 동작하는지 확인해 봅시다.

Do it! 실습 1-1

• 완성 파일 chap01/max3.py

```
01: # 세 정수를 입력받아 최댓값 구하기 ── '#' 이후의 글자는 주석으로 처리됩니다.
02:
03: print('세 정수의 최댓값을 구합니다.')
04: a = int(input('정수 a의 값을 입력하세요.: '))
05: b = int(input('정수 b의 값을 입력하세요.: '))
06: c = int(input('정수 c의 값을 입력하세요.: '))
07:
08: maximum = a
09: if b > maximum: maximum = b
10: if c > maximum: maximum = c
11:
12: print(f'최댓값은 {maximum}입니다.')
```

▶ 실행 결과

세 정수의 최댓값을 구합니다.
정수 a의 값을 입력하세요.: 1
정수 b의 값을 입력하세요.: 3
정수 c의 값을 입력하세요.: 2
최댓값은 3입니다.

a, b, c의 최댓값을 maximum으로 구하는 과정은 다음과 같이 08~10행입니다.

```
08: maximum = a                       # maximum에 a의 값을 대입
09: if b > maximum: maximum = b       # b의 값이 maximum보다 크면, maximum에 b의 값을 대입
10: if c > maximum: maximum = c       # c의 값이 maximum보다 크면, maximum에 c의 값을 대입
```

08~10행은 순차적으로 실행됩니다. 이렇게 한 문장씩 순서대로 처리되는 구조를 **순차 구조**
sequential structure라고 합니다. 08행은 단순한 대입문이지만, 09~10행은 if 문으로 복합문입니
다. 또한 if와 콜론(:) 사이에 있는 식을 **조건식**이라고 합니다. 조건식으로 평가한 결과에 따라
프로그램의 실행 흐름이 변경되는데 이러한 구조를 **선택 구조**select structure라고 합니다.

📚 보충 수업 1-1 문자열과 숫자 입력받기

실습 1C-1은 이름을 문자열로 입력받아 화면에 출력하는 프로그램입니다.

Do it! 실습 1C-1
• 완성 파일 chap01/input1.py

```
01: # 이름을 입력받아 인사하기
02: print('이름을 입력하세요.: ', end='')
03: name = input()
04: print(f'안녕하세요? {name} 님.')
```

▶ 실행 결과
이름을 입력하세요.: 박서진 ─ 이름을 입력한 후 Enter 를 눌러야 입력이 완료됩니다.
안녕하세요? 박서진 님.

input( ) 함수는 키보드로 문자열을 입력받아 반환합니다. 실행 결과와 같이 input( ) 함수를 호출하면
입력받은 문자열형(str)의 '박서진'을 얻을 수 있고 그 문자열이 name에 대입됩니다.
[그림 1C-1]은 input( ) 함수에 문자열을 전달하여 'input(문자열)'과 같이 호출할 수 있음을 보
여 줍니다. 이렇게 하면 실습 1C-1에서 02행의 print( ) 함수 호출을 생략할 수 있습니다. 즉, 실습
1C-1의 02~03행을 다음 코드처럼 간단하게 구현할 수 있습니다. 두 코드에서 파란색 박스 부분을
비교해 봅시다.

• 완성 파일 chap01/input2.py

```
01: # 이름을 입력받아 인사하기
02: name = input('이름을 입력하세요.: ')    ─ 실습 1C-1의 02~03행과 같습니다.
03: print(f'안녕하세요? {name} 님.')
```

😊 문자열은 Enter 까지 입력해야 완료되지만 Enter 는 출력되지 않습니다.

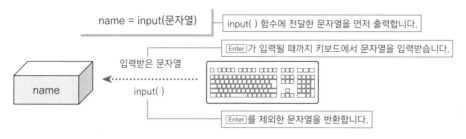

[그림 1C-1] 키보드에서 입력받기

실습 1-1로 돌아가 보면 a, b, c에 저장해야 할 데이터의 자료형은 문자열이 아니라 10진수 정수형입니다. 그런데 input( ) 함수는 문자열을 반환하므로 문자열을 10진수 정수형으로 변환해야 합니다. 이때 int( ) 함수를 사용합니다.

😊 문자열형을 정수형으로 변환하는 과정을 **형 변환**(type conversion)이라고 합니다. 실습 1-1에서도 입력받은 문자열을 정수로 형 변환을 하기 위해 int(input( ))으로 작성했습니다.

int( ) 함수는 'int(문자열)'과 같이 문자열을 전달받습니다. 그러면 함수의 실행 결과로 10진수 정수형을 얻을 수 있습니다. 참고로 2진수, 8진수, 10진수, 16진수를 나타내는 문자열을 각각 정수로 변환할 때는 'int(문자열, 진수)'와 같이 2개의 인수를 전달받습니다. 비슷한 예로 float( ) 함수는 'float(문자열)'과 같이 문자열을 전달받고 실행 결과로 실수형을 반환합니다.

다음은 문자열을 정수로 형 변환을 한 예입니다.

😊 >>>는 파이썬의 대화형 인터프리터로 파이썬 셸(python shell)이라고도 합니다. 앞으로 >>>가 표시된 창은 간단히 '프롬프트'라 하겠습니다.

😊 프롬프트에 파이썬 코드를 입력한 다음 Enter 를 누르면 코드가 실행되며, 바로 아랫줄에 실행 결과가 나타납니다.

```
>>> int('17')        # 10진수 문자열을 10진수 정수형으로 변환(기본)
17
>>> int('0b110', 2)  # 2진수 문자열을 10진수 정수형으로 변환
6
>>> int('0o75', 8)   # 8진수 문자열을 10진수 정수형으로 변환
61
>>> int('13', 10)    # 10진수 문자열을 10진수 정수형으로 변환
13
>>> int('0x3F', 16)  # 16진수 문자열을 10진수 정수형으로 변환
63
>>> float('3.14')    # 문자열을 실수형으로 변환
3.14
```

😊 만약 숫자로 변환할 수 없는 문자열을 int( ), float( ) 함수에 전달하면(예를 들어 int('H2O'), float('5X.2') 등) 오류가 발생합니다.

○ 조금만 더! float는 부동 소수점 방식을 사용합니다

부동 소수점(floating point)은 컴퓨터에서 실수를 근삿값으로 표현할 때 사용합니다. 부동 소수점 방식은 실수를 가수 부분과 지수 부분으로 나누어 표현하는 것을 말합니다. 이때 가수 부분은 유효 숫자를 나타내고 지수 부분은 소수점의 위치를 나타냅니다. 부동 소수점 방식은 고정 소수점 방식보다 넓은 범위의 수를 나타낼 수 있어서 과학 또는 수학 계산을 할 때 많이 이용됩니다. 하지만 근삿값으로 표현된다는 점과 고정 소수점 방식보다 연산 속도가 느리다는 점 때문에 부동 소수점 방식을 위한 별도의 연산 장치를 두는 경우가 많습니다.

[그림 1-1]은 세 정수의 최댓값을 구하는 알고리즘을 순서도로 나타낸 것입니다.

😊 순서도에서 사용하는 기호는 '순서도 기호 살펴보기'에서 자세히 설명합니다.

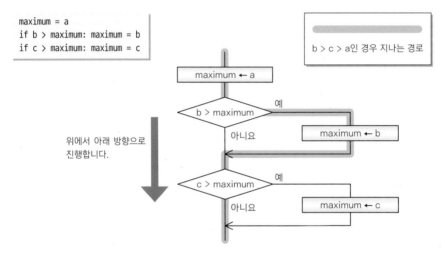

[그림 1-1] 세 정수의 최댓값을 구하는 알고리즘 순서도

[그림 1-1]은 알고리즘의 흐름을 보여 줍니다. 이 알고리즘의 흐름은 위에서 아래 방향이며 ▢▢▢ 안에 작성한 작업이 실행되거나, ◇ 안에 작성한 **조건식**의 평가 결과에 따라 '예'나 '아니요' 중 하나를 따라갑니다. [그림 1-1]에서 파란색 선은 b > maximum 조건식은 만족하고, c > maximum 조건식은 만족하지 않는 흐름을 보여 줍니다. 이렇듯 알고리즘(또는 프로그램)이 흐르는 방향은 **조건식**이 결정합니다. 이때 ◇ 안에 작성한 조건식에 따라 알고리즘 흐름이 두 갈래로 나뉘는 것을 **양 갈래 선택**이라 합니다.

😊 ▢▢▢ 안의 화살표(←)는 값의 대입을 뜻합니다. 예를 들어 maximum ← a는 a를 maximum에 대입하라는 뜻입니다.

만약 실습 1-1에서 사용자가 a, b, c에 각각 1, 3, 2 또는 1, 2, 3, 그리고 3, 2, 1을 입력했다면 최댓값을 구하는 순서도는 어떤 모습일까요? 또는 세 값이 5, 5, 5이거나 1, 3, 1이라면 순서도를 따라가는 데 아무 문제가 없을까요? [그림 1-2]는 세 정수의 최댓값을 구하는 과정에서 maximum값이 어떻게 변화하는지 보여 줍니다.

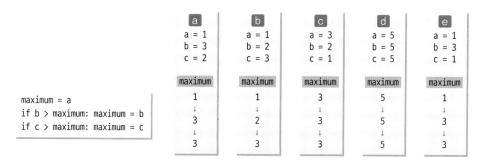

[그림 1-2] 세 정수의 최댓값을 구하는 과정에서 maximum값의 변화

a, b, c의 값이 각각 6, 10, 7 또는 −10, 100, 10인 경우를 가정하고 순서도로 나타낸다면, 두 경우 모두 b > c > a이므로 [그림 1-1] 순서도에서 파란색으로 표시한 선을 따라갑니다.

📚 보충 수업 1-2 복합문의 구조

if 문이나 while 문 등 복합문의 첫 부분은 if나 while과 같은 키워드로 시작하여 콜론(:)으로 끝납니다. 이 부분을 **헤더**^{header}라고 합니다. 헤더의 마지막 콜론(:)은 '바로 뒤에 스위트가 이어집니다'를 의미합니다. [그림 1C-2]는 이러한 if 문의 구조를 간략하게 나타낸 것입니다.

😊 스위트(suite)는 헤더와 한 세트로 따라다니는 실행문을 의미합니다.

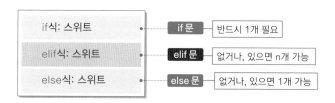

[그림 1C-2] if 문의 구조

실습 1-1에서는 세 정수의 최댓값을 구했습니다. 이제 이 프로그램에 어떠한 숫자가 주어지더라도 최댓값을 잘 구할 수 있는지 확인해 봅시다. 이런 경우 키보드로 값을 일일이 입력하면서 테스트하기보다는 다음 실습 1-2 프로그램처럼 작성하는 것이 좋습니다.

😊 실습 1-2의 A~M은 [그림 1C-4] A~M에 대입하여 함께 보세요.

```python
01: # 세 정수의 최댓값 구하기
02:
03: def max3(a, b, c):
04:     """a, b, c의 최댓값을 구하여 반환"""
05:     maximum = a
06:     if b > maximum: maximum = b
07:     if c > maximum: maximum = c
08:     return maximum  # 최댓값 반환
09:
10: print(f'max3(3, 2, 1) = {max3(3, 2, 1)}')     A  a > b > c
11: print(f'max3(3, 2, 2) = {max3(3, 2, 2)}')     B  a > b = c
12: print(f'max3(3, 1, 2) = {max3(3, 1, 2)}')     C  a > c > b
13: print(f'max3(3, 2, 3) = {max3(3, 2, 3)}')     D  a = c > b
14: print(f'max3(2, 1, 3) = {max3(2, 1, 3)}')     E  c > a > b
15: print(f'max3(3, 3, 2) = {max3(3, 3, 2)}')     F  a = b > c
16: print(f'max3(3, 3, 3) = {max3(3, 3, 3)}')     G  a = b = c
17: print(f'max3(2, 2, 3) = {max3(2, 2, 3)}')     H  c > a = b
18: print(f'max3(2, 3, 1) = {max3(2, 3, 1)}')     I  b > a > c
19: print(f'max3(2, 3, 2) = {max3(2, 3, 2)}')     J  b > a = c
20: print(f'max3(1, 3, 2) = {max3(1, 3, 2)}')     K  b > c > a
21: print(f'max3(2, 3, 3) = {max3(2, 3, 3)}')     L  b = c > a
22: print(f'max3(1, 2, 3) = {max3(1, 2, 3)}')     M  c > b > a
```

▶　　실행 결과

　　max3(3, 2, 1) = 3
　　max3(3, 2, 2) = 3
　　max3(3, 1, 2) = 3
　　max3(3, 2, 3) = 3
　　max3(2, 1, 3) = 3
　　max3(3, 3, 2) = 3
　　max3(3, 3, 3) = 3
　　max3(2, 2, 3) = 3
　　max3(2, 3, 1) = 3
　　max3(2, 3, 2) = 3
　　max3(1, 3, 2) = 3
　　max3(2, 3, 3) = 3
　　max3(1, 2, 3) = 3

😊 04행의 """은 파이썬의 docstring으로 여러 줄의 주석을 입력할 때도 사용합니다. 들여쓰기에 주의하여 입력하세요.

실습 1-2는 최댓값을 구하는 max3( ) 함수를 이용하여 작성한 프로그램입니다. max3( ) 함수는 매개변수 a, b, c에 숫자를 입력받아 최댓값을 구하여 반환합니다. 코드를 살펴보면 같은 함수가 13번 수행됩니다. 여기서는 계산한 최댓값이 정확한지 확인하기 쉽도록 모든 함수 호출에서 최댓값이 3이 되도록 만들었습니다. 실행 결과를 보면 알 수 있듯이 max3( ) 함수는 모든 경우에 3을 반환하므로 최댓값을 잘 계산했습니다.

◎ 실습 1-2의 대소 관계는 총 13가지입니다. 왜 13가지인지는 보충 수업 1-5에서 알아보겠습니다.

📚 보충 수업 1-3 함수의 반환값과 함수 호출식 평가하기

함수 내부에서 처리한 값을 반환할 때에는 return 문을 사용하면 됩니다. max3( ) 함수는 return 문에서 maximum을 반환합니다. 또한 실제로 함수가 반환하는 값을 얻으려면 함수를 호출해야 하며, 이를 '함수 호출식을 평가해야 함수가 반환한 값을 얻을 수 있다'고 합니다. 예를 들어 max3(3, 2, 1)과 같이 함수를 호출하면 세 값을 평가하여 3이라는 반환값을 얻을 수 있습니다.

[그림 1C-3] 함수 호출식의 평가

지금까지 배운 내용을 바탕으로 **알고리즘**을 정의하면 다음과 같습니다.

> **알고리즘**: 어떠한 문제를 해결하기 위해 정해 놓은 일련의 절차

특히 올바른 알고리즘이란 '어떠한 경우에도 실행 결과가 똑같이 나오는 것'을 말합니다. 만약 알고리즘의 실행 결과가 어떤 경우에는 맞고 어떤 경우에는 틀리면 올바른 알고리즘이라고 할 수 없습니다. 실습 1-2의 max3( ) 함수에 어떤 값을 넣더라도 최댓값을 잘 구하는지 확인한 이유도 그 때문입니다.

📚 보충 수업 1-4 복합문을 작성할 때 지켜야 할 규칙

복합문의 스위트는 반드시 행마다 같은 수준으로 들여쓰기를 해야 합니다. 들여쓰기는 공백을 최소 1개 이상 사용해야 하며, PEP 8(파이썬의 코드 작성 규칙)에서는 공백 4개를 들여쓰기로 사용할 것을 권장합니다.

```
if a < b:
    min2 = a   # 공백 4개로 들여쓰기
    max2 = b   # 이 문장도 공백 4개로 들여쓰기를 해야 if a < b:에 종속되어 실행됨
```

만약 스위트가 단순문이면 헤더와 같은 행에 둘 수 있습니다. 또한 단순문이 2개 이상이면 각각의 단순문을 세미콜론(;)으로 구분하여 다음과 같이 헤더와 같은 행에 둘 수 있습니다. 이때 세미콜론은 마지막 단순문 뒤에 놓을 수도 있습니다.

```
if a < b: min2 = a          # 단순문 1개
if a < b: min2 = a; max2 = b   # 단순문 2개
if a < b: min2 = a; max2 = b;   # 단순문 2개(세미콜론을 추가한 단순문)
```

하지만 스위트가 복합문이면 헤더와 스위트를 같은 행에 포함시킬 수 없습니다. 다음과 같은 코드는 콜론 뒤에 복합문이 포함되었으므로 오류가 발생합니다.

```
if a < b: if c < d: x = u   # 오류 발생! 헤더와 같은 행에 복합문을 둘 수 없음
```

💬 조금만 더! 파이썬 스타일 가이드 PEP 8을 알고 있나요?

만약 여러 파이썬 개발자들이 같이 작업을 하는데 코드를 작성하는 스타일이 모두 다르다면 어떤 문제가 생길까요? 코드의 일관성도 없을 뿐만 아니라, 스타일을 통일하느라 시간이 많이 걸릴 수도 있습니다. 이러한 문제를 방지하기 위해 파이썬에서는 PEP 8 문서를 통해 파이썬의 일관된 규칙을 가이드로 제공합니다.
예를 들어 클래스명은 카멜 케이스(CamelCase) 형식으로 쓰고, 함수명은 스네이크(snake_case) 형식으로 쓸 것을 권장합니다. 또한 보충 수업 1-4에서 들여쓰기를 할 때 공백을 4개 사용하도록 권장하는 내용도 PEP 8 문서에 있습니다.
자세한 내용은 링크(https://www.python.org/dev/peps/pep-0008)를 참고하세요.

📚 보충 수업 1-5 　세 정수의 대소 관계와 중앙값

세 정수의 대소 관계 나열하기

[그림 1C-4]는 세 정수 a, b, c의 대소 관계 조합 13가지를 나열한 것입니다. 조합을 나열한 모습이 나무처럼 생겨서 **결정 트리**$^{\text{decision tree}}$라고 합니다. 결정 트리는 왼쪽 끝(a ≧ b)에서 시작하여 오른쪽으로 나아갑니다. ⬭ 안의 조건이 성립하면 위쪽 검은색 선(예)을 따라가고, 성립하지 않으면 아래쪽 파란색 선(아니요)을 따라갑니다.

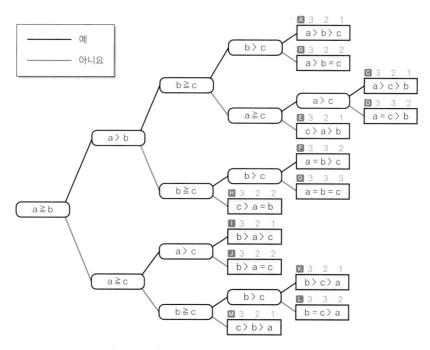

[그림 1C-4] a, b, c의 대소 관계를 나열한 결정 트리

오른쪽 끝의 ⬚ 은 정수 a, b, c의 대소 관계를 나타냅니다. 그 위에 표시한 파란색 숫자 3개는 실습 1-2 프로그램에서 사용한 세 정숫값입니다. 즉, 이 프로그램에서는 Ａ~Ｍ으로 표시한 대소 관계 조합 13가지의 최댓값을 구합니다.

세 정수의 중앙값 구하기

중앙값을 구하는 절차는 최댓값, 최솟값을 구할 때에 비해 복잡합니다. 그래서 다양한 알고리즘을 생각할 수 있습니다. 다음 실습 1C-2는 세 정수 a, b, c의 중앙값을 구하는 프로그램입니다.

😊 중앙값(median)은 주어진 값을 크기 순서대로 정렬했을 때 가장 중앙에 위치하는 값을 의미합니다. 평균값(mean)과 헷갈리지 마세요.

```python
01: # 세 정수를 입력받아 중앙값 구하기 1
02:
03: def med3(a, b, c):
04:     """a, b, c의 중앙값을 구하여 반환"""
05:     if a >= b:
06:         if b >= c:
07:             return b
08:         elif a <= c:
09:             return a
10:         else:
11:             return c
12:     elif a > c:
13:         return a
14:     elif b > c:
15:         return c
16:     else:
17:         return b
18:
19: print('세 정수의 중앙값을 구합니다.')
20: a = int(input('정수 a의 값을 입력하세요.: '))
21: b = int(input('정수 b의 값을 입력하세요.: '))
22: c = int(input('정수 c의 값을 입력하세요.: '))
23:
24: print(f'중앙값은 {med3(a, b, c)}입니다.')
```

▶ 실행 결과

세 정수의 중앙값을 구합니다.
정수 a의 값을 입력하세요.: 1
정수 b의 값을 입력하세요.: 3
정수 c의 값을 입력하세요.: 2
중앙값은 2입니다.

med3( ) 함수는 다음과 같이 작성해도 됩니다. 실습 1C-2와 비교하면서 살펴보세요.

• 완성 파일 chap01/median3a.py

```
01: # 세 정수를 입력받아 중앙값 구하기 2
02:
03: def med3(a, b, c):
04:     """a, b, c의 중앙값을 구하여 반환(다른 방법)"""
05:     if (b >= a and c <= a) or (b <= a and c >= a):
06:         return a
07:     elif (a > b and c < b) or (a < b and c > b):
08:         return b
09:     return c
(… 생략 …)
```

위 프로그램의 코드는 짧지만 프로그램의 효율은 실습 1C-2보다 좋지 않습니다. 왜 그럴까요? 그 이유를 생각해 봅시다. 먼저 05행의 if 문에서 a와 b를 살펴봅시다(다음 밑줄 친 곳을 비교해 보세요).

```
05:     if (b >= a and c <= a) or (b <= a and c >= a):
```

여기서 b >= a와 b <= a를 그대로 뒤집은 판단(a > b와 a < b)은 이어지는 07행의 elif 문에서 수행됩니다.

```
07:     elif (a > b and c < b) or (a < b and c > b):
```

if 문의 조건식이 성립하지 않으면(즉, 거짓이면) 이어지는 elif 문은 이 판단을 수행할 필요가 없으므로 당연히 효율적이지 않습니다.

◎ a와 b의 비교를 이미 마친 상태에서 다시 비교하는 것이 효율적이지 않다는 뜻입니다.

조건문과 분기

실습 1-3은 입력받은 정숫값의 부호(양수, 음수, 0)를 판단하여 출력하는 프로그램입니다. 이 실습을 통해 프로그램 흐름의 분기를 자세히 살펴보겠습니다.

◎ 분기(branching)는 프로그램의 실행 흐름을 다른 곳으로 변경하는 명령을 뜻합니다. 05-4절에서 자세히 다룹니다.

Do it! 실습 1-3

```
01: # 입력받은 정수의 부호(양수, 음수, 0) 출력하기
02:
03: n = int(input('정수를 입력하세요.: '))
04:
05: if n > 0:
06:     print('이 수는 양수입니다.')    ─1
07: elif n < 0:
08:     print('이 수는 음수입니다.')    ─2
09: else:
10:     print('이 수는 0입니다.')      ─3
```

▶ 실행 결과
정수를 입력하세요.: 17
이 수는 양수입니다.
정수를 입력하세요.: -5
이 수는 음수입니다.
정수를 입력하세요.: 0
이 수는 0입니다.

[그림 1-3]은 실습 1-3 프로그램의 03~10행을 순서도로 나타낸 것입니다. n이 양수면 1이, 음수면 2가, 0이면 3이 실행됩니다. 곧, 실행되는 부분은 1, 2, 3 중 단 하나이며 2개가 동시에 실행되거나 하나도 실행되지 않는 경우는 없습니다. 왜냐하면 이 프로그램의 흐름은 3개로 분기하기 때문입니다.

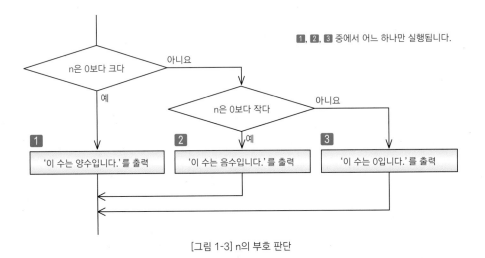

[그림 1-3] n의 부호 판단

이제 실습 1-3 프로그램과 비슷한 실습 1-4와 1-5 프로그램의 동작을 확인해 보겠습니다. 두 프로그램의 코드 분량은 같습니다. 그래서 '두 프로그램의 흐름 역시 3개로 분기할 것'이라고 추측하기 쉽지만 실상은 그렇지 않습니다. 두 프로그램은 모두 n이 1이면 A를, 2이면 B를, 3이면 C를 출력하지만 그 외의 값이 주어지면 결과가 달라집니다.

Do it! 실습 1-4

• 완성 파일 chap01/branch1.py

```
01: # 3개로 분기하는 조건문
02:
03: n = int(input('정수를 입력하세요.: '))
04:
05: if n == 1:
06:     print('A')
07: elif n == 2:
08:     print('B')
09: else:
10:     print('C')
```

▶ 실행 결과
정수를 입력하세요.: 3
C
정수를 입력하세요.: 4
C

실습 1-4는 n이 1, 2가 아니면 모두 C를 출력합니다. 즉, 실습 1-3과 마찬가지로 프로그램의 흐름이 3개로 분기합니다. 그러면 실습 1-5는 어떨까요?

Do it! 실습 1-5

• 완성 파일 chap01/branch2.py

```
01: # 4개로 분기하는 조건문
02:
03: n = int(input('정수를 입력하세요.: '))
04:
05: if n == 1:
06:     print('A')
07: elif n == 2:
08:     print('B')
09: elif n == 3:
10:     print('C')
```

실습 1-5는 n이 1, 2, 3이 아니면 아무것도 출력하지 않습니다. 코드를 얼핏 보면 프로그램의 흐름이 3개로 분기할 것 같지만 사실은 그렇지 않습니다. 이 프로그램을 조금 더 분명하게 보이도록 재구성한 것이 실습 1-6입니다. 그렇습니다. 실습 1-5에는 분기에 포함되지 않은 else 문이 숨어 있습니다. 즉, 이 프로그램의 흐름은 4개로 분기합니다.

ⓒ 실습 1-6의 pass 문은 '아무것도 수행하지 말고 그냥 지나치세요'를 뜻하는 키워드입니다.

Do it! 실습 1-6

• 완성 파일 chap01/branch2a.py

```
01: # 실습 1-5의 원래 모습
02:
03: n = int(input('정수를 입력하세요.'))
04:
05: if n == 1:
06:     print('A')
07: elif n == 2:
08:     print('B')
09: elif n == 3:
10:     print('C')
11: else :
12:     pass
```

▶ 실행 결과
정수를 입력하세요.: 3
C
정수를 입력하세요.: 4 — else 문의 pass 문이 실행됩니다.

📖 **보충 수업 1-6   연산자와 피연산자**

프로그래밍 언어에서는 +나 – 등의 기호를 **산술 연산자**^{operator}, 연산 대상을 **피연산자**^{operand}라고 합니다. 예를 들어 대소 관계를 판단하는 식 a > b에서 연산자는 >이고, 피연산자는 a와 b입니다. 연산자는 피연산자의 개수에 따라 3가지로 분류됩니다.

- **단항 연산자**(unary operator): 피연산자 1개　　예 -a
- **이항 연산자**(binary operator): 피연산자 2개　　예 a < b
- **삼항 연산자**(ternary operator): 피연산자 3개　　예 a if b else c

이 중에서 **조건 연산자**^{conditional operator}인 if~else 문은 파이썬의 유일한 삼항 연산자입니다. 예를 들어 조건식 a if b else c는 b를 평가한 값이 참^{True}이면 a를, 거짓^{False}이면 c를 보여 줍니다.

```
a = x if x > y else y
print('c는 0입니다.' if c == 0 else 'c는 0이 아닙니다.')
```

위의 예시에서 첫 번째 줄은 x와 y 중 큰 값을 a에 대입합니다. 그리고 두 번째 줄은 c값이 0이면 'c는 0입니다.'를 출력하고, 그렇지 않으면 'c는 0이 아닙니다.'를 출력합니다.

순서도 기호 살펴보기

순서도^{flowchart}는 문제를 정의·분석하고 해결하는 방법을 그림으로 표현합니다. 순서도에서 사용하는 용어와 기호를 살펴보겠습니다. 프로그램 순서도에는 다음과 같은 기호들이 있습니다.

- 실제로 실행할 연산을 나타내는 기호
- 제어 흐름을 나타내는 선 기호
- 프로그램 순서도를 이해하거나 작성하는 데 편리한 특수 기호

데이터

데이터는 기억 장치를 지정하지 않은 데이터 자체를 나타냅니다.

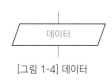

[그림 1-4] 데이터

처리

처리는 여러 종류의 처리 기능을 나타냅니다. 즉, 정보의 값·형·위치를 바꾸도록 정의한 연산이나 연산 집합의 실행, 또는 연속하는 몇 가지 흐름 가운데 하나의 방향을 결정하는 연산이나 연산 집합의 실행을 나타냅니다.

[그림 1-5] 처리

미리 정의한 처리

미리 정의한 처리는 서브루틴이나 모듈 등 다른 곳에서 이미 정의한 하나 이상의 연산 또는 명령으로 이루어진 처리를 나타냅니다.

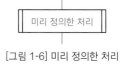

[그림 1-6] 미리 정의한 처리

판단

판단은 하나의 입구와 하나 이상을 선택하는 출구가 있고, 판단 기호 안에 정의한 조건을 평가하여 하나의 출구를 선택하는 판단 기능(스위치형 기능)을 나타냅니다. 주로 예상되는 평가 결과는 경로를 나타낸 선 가까이에 표기합니다.

[그림 1-7] 판단

루프 범위

루프 범위는 두 부분으로 구성되어 루프의 시작과 종료를 나타냅니다. 2개의 루프 범위 기호 안에는 같은 이름(내용)을 표기합니다. [그림 1-9]처럼 루프의 시작 기호(⬡) 또는 종료 기호(⬡) 안에 초깃값(1), 증갓값(1), 종룟값(n, 또는 종료 조건)을 표기합니다.

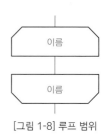

[그림 1-8] 루프 범위

[그림 1-9] 루프 범위와 초깃값·증갓값·종룟값

☺ [그림 1-9]에서 **a**와 **b**는 i를 1부터 n까지 1씩 증가시키면서 처리를 n번 반복하는 순서도입니다. '1, 1, n' 대신 '1, 2, …, n'을 사용하기도 합니다.

선

선은 제어의 흐름을 의미하며, [그림 1-10]과 같이 나타냅니다. 흐름의 방향을 분명히 나타낼 때는 화살표를 사용합니다.

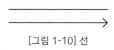

[그림 1-10] 선

☺ 보통 순서도에서 선은 위에서 아래로 내려가는 것을 원칙으로 합니다.

단말

단말은 외부 환경으로 나가거나 외부 환경에서 들어오는 것을 나타냅니다. 주로 프로그램 흐름의 시작과 종료를 나타냅니다.

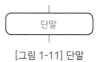

[그림 1-11] 단말

01-2 반복하는 알고리즘

여기에서는 프로그램의 흐름을 반복하는 간단한 알고리즘을 살펴보겠습니다.

1부터 n까지 정수의 합 구하기

1부터 n까지 정수의 합을 구하는 알고리즘을 살펴보겠습니다. n값이 2이면 1 + 2, n값이 3이면 1 + 2 + 3입니다. 즉, 1 + 2 + ⋯ + n값을 구하면 됩니다. 실습 1-7은 1부터 n까지 정수의 합을 구하는 프로그램입니다.

Do it! 실습 1-7

• 완성 파일 chap01/sum1ton_while.py

```
01: # 1부터 n까지 정수의 합 구하기 1(while 문)
02:
03: print('1부터 n까지 정수의 합을 구합니다.')
04: n = int(input('n값을 입력하세요.: '))
05:
06: sum = 0
07: i = 1                                          ① 1
08:
09: while i <= n:       # i가 n보다 작거나 같은 동안 반복
10:     sum += i        # sum에 i를 더함              ② 2
11:     i += 1          # i에 1을 더함
12:
13: print(f'1부터 {n}까지 정수의 합은 {sum}입니다.')
```

▶ 실행 결과
```
1부터 n까지 정수의 합을 구합니다.
n값을 입력하세요.: 5
1부터 5까지 정수의 합은 15입니다.
```

while 문 반복 알아보기

어떤 조건이 성립하는 동안 반복해서 처리(프로그램 명령문 또는 명령어의 집합)하는 것을 **반복 구조**repetition structure라 하고 일반적으로 루프loop라고 합니다. 이때 while 문은 실행하기

전에 반복을 계속할 것인지를 판단하는데 이런 구조를 사전 **판단 반복 구조**라고 합니다. 다음은 while 문의 형식으로 조건식의 평가 결과가 참인 동안 프로그램의 명령문이 반복됩니다.

```
while 조건식: 명령문
```

위 구문에서 반복 대상이 되는 **명령문**을 루프 본문이라고 합니다. [그림 1-12]는 실습 1-7의 프로그램을 순서도로 나타낸 것입니다. 이 순서도의 **1**과 **2**를 통해 프로그램을 이해해 봅시다.

1은 합을 구하는 준비 단계입니다. 합을 저장하는 sum값을 0으로, 반복을 제어하는 i값을 1로 초기화합니다.

2는 루프 본문입니다. 우선 i값이 n값 이하이면 i값을 1만큼 증가시키면서 루프 본문을 실행합니다. 이 과정을 n번 반복 실행합니다.

◎ [그림 1-12]의 **1**은 실습 1-7의 06~07행 과정을, **2**는 09~11행 과정을 나타냅니다.

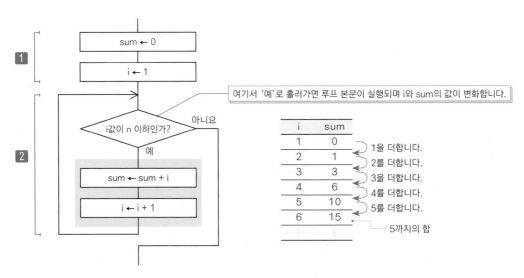

[그림 1-12] 1부터 n까지 정수의 합을 구하는 순서도와 변수의 변화

[그림 1-12]의 오른쪽 표는 i값과 sum값의 변화 과정을 보여 줍니다. 이 표의 값을 참고해서 실습 1-7 프로그램을 설명하겠습니다.

조건을 처음 지날 때의 i값, sum값은 **1**에서 설정한 1과 0이며, 루프 본문을 실행할 때마다 i값이 1씩 증가되어 sum값에 더해집니다. 예를 들어 n값이 5인 경우 i값은 1~5까지 증가하므로 sum값은 1~5까지의 합인 15가 됩니다. 이때 반복문을 마친 뒤의 i값은 5가 아니라 6입니다. i값이 n값을 초과해야 while 문의 반복을 마칠 수 있기 때문입니다. 이를 확인하기 위해 실습 1-7 프로그램의 맨 끝에 다음 코드를 추가해 보기 바랍니다.

```
14: print(f'i값은 {i}입니다.')
```

그러면 다음과 같은 실행 결과를 확인할 수 있습니다. 실행 결과에서 알 수 있듯이 n값이 5일 때 i값은 6입니다. 참고로 반복을 제어할 때 사용하는 i를 **카운터용 변수**라고 합니다.

☺ 다음 실행 결과의 파일은 chap01/sum1ton_while2.py입니다.

▶ 실행 결과
1부터 n까지 정수의 합을 구합니다.
n값을 입력하세요.: 5
1부터 5까지 정수의 합은 15입니다.
i값은 6입니다.

for 문 반복 알아보기

변수가 하나만 있을 때는 while 문보다 for 문을 사용하는 것이 좋습니다. 실습 1-8은 1부터 n까지 정수의 합을 for 문으로 구하는 프로그램입니다.

Do it! 실습 1-8　　　　　　　　　　　　　　　　　　　　• 완성 파일 chap01/sum1ton_for.py

```
01: # 1부터 n까지 정수의 합 구하기 2(for 문)
02:
03: print('1부터 n까지 정수의 합을 구합니다.')
04: n = int(input('n값을 입력하세요.: '))
05:
06: sum = 0
07: for i in range(1, n + 1):
08:     sum += i   # sum에 i를 더함
09:
10: print(f'1부터 {n}까지 정수의 합은 {sum}입니다.')
```

▶ 실행 결과
1부터 n까지 정수의 합을 구합니다.
n값을 입력하세요.: 5
1부터 5까지 정수의 합은 15입니다.

[그림 1-13]은 실습 1-8의 06~08행을 순서도로 나타낸 것입니다. 루프 범위$^{loop\ limit}$는 이름(내용)이 같은 시작 지점(⬭)부터 종료 지점(⬭)까지를 가리키며, 두 지점 사이를 반복하여 실행합니다. 그러므로 i값은 1부터 n까지 1씩 증가하며, 루프 본문에 있는 누적 대입문 sum += i를 실행하여 1부터 n까지 정수의 합을 구합니다.

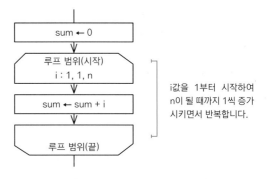

[그림 1-13] 1부터 n까지 정수의 합을 구하는 순서도

💬 조금만 더! 가우스의 덧셈으로도 1부터 n까지 정수의 합을 구할 수 있습니다

1부터 n까지 정수의 합은 수학식 n × (n + 1) / 2로도 구할 수 있습니다. 이를 가우스(gauss)의 덧셈이라고 합니다. 파이썬으로 표현하면 다음과 같습니다.

```
sum = n * (n + 1) // 2
```

◉ 전체 코드 파일은 chap01/sum_gauss.py입니다.

◉ //는 몫 연산자(floor division)입니다. 즉, 숫자를 나눈 몫을 구해 줍니다. 참고로 %는 나머지 연산자로 A를 B로 나누었을 때 남은 나머지를 구합니다.

📚 보충 수업 1-7 range( ) 함수로 이터러블 객체 생성하기

실습 1-8에서 사용한 range( ) 함수는 이터러블 객체를 생성합니다. [그림 1C-5]는 range( ) 함수로 이터러블 객체를 생성하는 방법을 나타낸 것입니다.

range(n)	0 이상 n 미만인 수를 차례로 나열하는 수열
range(a, b)	a 이상 b 미만인 수를 차례로 나열하는 수열
range(a, b, step)	a 이상 b 미만인 수를 step 간격으로 나열하는 수열

[그림 1C-5] range( ) 함수가 생성하는 수열

이터러블 객체는 **반복할 수 있는 객체**를 말하며, for i in range(1, 5)와 같이 for~in 문에 사용할 수 있습니다. 또한 파이썬에서 사용하는 대표적인 이터러블 자료형으로 list, str, tuple이 있습니다.

연속하는 정수의 합을 구하기 위해 값 정렬하기

연속하는 정수의 합을 구할 때 시작하는 값이 1이 아닌 정수를 입력받았다면 range( ) 함수에 전달할 시작값과 끝값을 오름차순으로 정렬해야 합니다.

실습 1-9는 두 정수 a와 b를 오름차순으로 정렬한 다음 해당 범위의 모든 정수를 더하는 프로그램입니다.

Do it! 실습 1-9

• 완성 파일 chap01/sum.py

```
01: # a부터 b까지 정수의 합 구하기(for 문)
02:
03: print('a부터 b까지 정수의 합을 구합니다.')
04: a = int(input('정수 a를 입력하세요.: '))
05: b = int(input('정수 b를 입력하세요.: '))
06:
07: if a > b:
08:     a, b = b, a    # a와 b를 오름차순으로 정렬
09:
10: sum = 0
11: for i in range(a, b + 1):
12:     sum += i       # sum에 i를 더함
13:
14: print(f'{a}부터 {b}까지 정수의 합은 {sum}입니다.')
```

▶ 실행 결과 1

a부터 b까지 정수의 합을 구합니다.
정수 a를 입력하세요.: 3
정수 b를 입력하세요.: 8
3부터 8까지 정수의 합은 33입니다.

▶ 실행 결과 2

a부터 b까지 정수의 합을 구합니다.
정수 a를 입력하세요.: 8
정수 b를 입력하세요.: 3
3부터 8까지 정수의 합은 33입니다.

실습 1-9의 07행과 08행에서는 a가 b보다 크면 둘을 교환하여 a와 b를 오름차순으로 정렬합니다. 그러므로 실행 결과 1에서는 a와 b를 교환하지 않고, 실행 결과 2에서는 a와 b를 교환하여 출력합니다. a와 b를 교환할 때는 다음과 같이 단일 대입문을 사용합니다.

```
08:     a, b = b, a   # a와 b의 값을 교환(단일 대입문 사용)
```

연속하는 수의 합을 구하는 알고리즘은 이미 실습 1-7과 실습 1-8에서 설명했으므로 생략하겠습니다. 다만 시작값과 끝값을 반영하기 위해 실습 1-8의 range(1, n + 1)이 실습 1-9의 range(a, b + 1)로 변경된 점만 주의하면 됩니다.

◎ 정렬은 06장에서 자세히 배웁니다.

📚 보충 수업 1-8 　두 값 교환하기 1

a와 b를 교환할 때 사용한 단일 대입문 a, b = b, a는 [그림 1C-6]과 같은 과정으로 수행됩니다.

> ① 우변의 b, a에 의해 두 값을 압축한 튜플 (b, a)가 생성됩니다.
> ② 대입할 때 튜플 (b, a)를 다시 풀어 b, a로 만든 다음 각각 a와 b에 대입합니다.

[그림 1C-6] 두 값의 교환

◎ 튜플은 파이썬의 리스트와 비슷합니다. 여기에서는 a, b를 튜플로 묶어서 두 값을 교환하는 과정을 설명하고 있습니다. 튜플은 02-1절에서 자세히 다룹니다.

반복 과정에서 조건 판단하기 1

실습 1-10은 a부터 b까지 정수의 합을 구하는 과정과 최종값을 출력하는 프로그램입니다.

Do it! 실습 1-10　　　　　　　　　　　　　　　　　　• 완성 파일 chap01/sum_verbose1.py

```
01: # a부터 b까지 정수의 합 구하기 1
02:
03: print('a부터 b까지 정수의 합을 구합니다.')
04: a = int(input('정수 a를 입력하세요.: '))
05: b = int(input('정수 b를 입력하세요.: '))
```

```
06:
07: if a > b:
08:     a, b = b, a
09:
10: sum = 0
11: for i in range(a, b + 1):
12:     if i < b:               # i가 b보다 작으면 합을 구하는 과정 출력
13:         print(f'{i} + ', end='')    ──1
14:     else:                   # i가 b보다 크거나 같으면 최종값 출력을 위해 i =를 출력
15:         print(f'{i} = ', end='')    ──2
16:     sum += i                # sum에 i를 더함
17:
18: print(sum)
```

😊 실습 1-10에서 for 문 반복은 n번, if 문 판단은 n번 합니다.

▶ 실행 결과
    a부터 b까지 정수의 합을 구합니다.
    정수 a를 입력하세요.: 3
    정수 b를 입력하세요.: 3
    3 = 3
    a부터 b까지 정수의 합을 구합니다.
    정수 a를 입력하세요.: 3
    정수 b를 입력하세요.: 4
    3 + 4 = 7
    a부터 b까지 정수의 합을 구합니다.
    정수 a를 입력하세요.: 3
    정수 b를 입력하세요.: 7
    3 + 4 + 5 + 6 + 7 = 25

더하는 수가 n개이면 + 기호는 n − 1개 출력해야 합니다. 실행 결과에서 보듯 3 + 4 + 5 + 6 + 7 = 25에서 더하는 수는 5개이고 + 기호는 4개입니다. 실습 1-10의 for 문에서 i값을 a부터 b까지 1씩 증가시키는 과정은 실습 1-9와 같습니다. 실습 1-10의 출력 과정은 다음과 같이 정리할 수 있습니다.

1 **진행 중인 값**: 수 뒤에 +를 출력합니다.   예 '3 + ', '4 + ', '5 + ', '6 + '
2 **최종값**: 수 뒤에 =를 출력합니다.   예 '7 = '

그런데 실습 1-10에서 사용한 if 문은 추천하지 않습니다. 그 이유를 설명하겠습니다. 예를 들어 a가 1이고 b가 10,000이라고 가정해 봅시다. 그러면 for 문에서 10,000번 반복하는 동안 1~9,999번은 i < b가 참이므로 13행이 9,999번 실행되고, 마지막 10,000번은 거짓이므로 15행은 단 1번만 실행됩니다. 잘 생각해 보면 if 문은 마지막에 단 1번 실행되는 15행을 위한 것입니다. 즉, 15행을 위해 13행이 9,999번 실행되는 셈입니다.

이럴 때는 for 문 안에 있는 if 문을 제외하여 별도로 두는 것이 좋습니다. 실습 1-11은 이 내용을 반영하여 개선한 프로그램입니다.

Do it! 실습 1-11

• 완성 파일 chap01/sum_verbose2.py

```
01: # a부터 b까지 정수의 합 구하기 2
02:
03: print('a부터 b까지 정수의 합을 구합니다.')
04: a = int(input('정수 a를 입력하세요.: '))
05: b = int(input('정수 b를 입력하세요.: '))
06:
07: if a > b:
08:     a, b = b, a
09:
10: sum = 0
11: for i in range(a, b):
12:     print(f'{i} + ', end='')       1
13:     sum += i   # sum에 i를 더함
14:
15: print(f'{b} = ', end ='')          2
16: sum += b        # sum에 b를 더함
17:
18: print(sum)
```

ⓖ 실습 1-11에서 for 문 반복은 n - 1번, if 문 판단은 0번 합니다.

실행 결과는 실습 1-10과 같습니다. 하지만 실습 1-11은 i가 b보다 크거나 같음을 판단하지 않으므로 실습 1-10보다 효율이 좋습니다. 즉, 판단 횟수가 n번에서 0번으로 바뀌고, 심지어 반복 횟수도 1번 감소했습니다. 실습 1-11의 출력 과정은 다음과 같이 정리할 수 있습니다.

> 1 **진행 중인 값**: for 문에서 a부터 b - 1까지 값 뒤에 +를 붙여 출력합니다.
> 2 **최종값**: b의 값 뒤에 =를 붙여 출력합니다.

이렇게 프로그램을 개선하면 알고리즘의 효율을 높일 수 있습니다.

📖 보충 수업 1-9 두 값 교환하기 2

보충 수업 1-8에서 살펴본 단일 대입문으로 a와 b의 값을 교환하는 방법 외에 임시용 변수 t를 이용하여 a와 b의 값을 교환할 수도 있습니다.

◎ 두 값의 정렬을 포함하여 정렬 프로그램의 구현은 보충 수업 6-4에서 자세히 다룹니다.

> **1** a값을 t에 저장합니다.
> **2** b값을 a에 대입합니다.
> **3** t에 저장한 처음 a값을 b에 대입합니다.

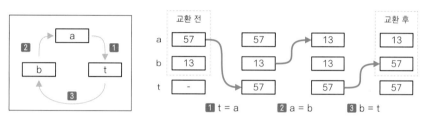

[그림 1C-7] 임시용 변수 t를 사용한 두 값의 교환

반복 과정에서 조건 판단하기 2

실습 1-12는 특정 문자를 줄바꿈 없이 연속으로 출력하는 프로그램입니다. 줄바꿈 없이 +, −를 연속해서 출력하는 방법을 조금 더 자세히 알아봅시다.

Do it! 실습 1-12

• 완성 파일 chap01/alternative1.py

```
01: # +와 -를 번갈아 출력하기 1
02:
03: print('+와 -를 번갈아 출력합니다.')
04: n = int(input('몇 개를 출력할까요?: '))
05:
06: for i in range(n):
07:     if i % 2:                # 홀수인 경우 - 출력
08:         print('-', end='')
09:     else:
10:         print('+', end='')    # 짝수인 경우 + 출력
11:
12: print()
```

◎ 실습 1-12에서 for 문 반복은 n번, 나눗셈은 n번, if 문 판단은 n번 합니다.

for 문은 다음과 같이 수행됩니다.

> • i가 홀수면 '-'를 출력합니다.
> • i가 짝수면 '+'를 출력합니다.

이 프로그램은 잘 동작하지만 2가지 문제점이 있습니다.

첫 번째는 for 문을 반복할 때마다 if 문을 수행한다는 것입니다. 즉, n이 50,000이라면 if 문도 50,000번 수행됩니다. 두 번째는 이 프로그램은 상황에 따라 유연하게 수정하기 어렵다는 것입니다.

실습 1-12는 카운터용 변수 i를 0에서 n − 1까지 1씩 증가시킵니다. 만약 i를 1부터 n까지 1씩 증가시키고 싶다면 다음과 같이 range( ) 함수로 전달하는 값과 for 문의 print( ) 함수 호출 순서를 바꿔야 합니다.

• 완성 파일 chap01/alternative1a.py

```
01: # +와 -를 번갈아 출력하기 1(for 문 수정)
02:
03: print('+와 -를 번갈아 출력합니다.')
04: n = int(input('몇 개를 출력할까요?: '))
05:
06: for i in range(1, n + 1):
07:     if i % 2:                 # 홀수
08:         print('+', end='')
09:     else:                     # 짝수
10:         print('-', end='')
11:
12: print()
```

실습 1-13은 앞에서 제시한 실습 1-12의 2가지 문제점을 해결한 프로그램입니다.

```
01: # +와 -를 번갈아 출력하기 2
02:
03: print('+와 -를 번갈아 출력합니다.')
04: n = int(input('몇 개를 출력할까요?: '))
05:
06: for _ in range(n // 2):
07:     print('+-', end='')    # +-를 n // 2개의 출력      ❶
08:
09: if n % 2:
10:     print('+', end='')      # n이 홀수일 때만 +를 출력   ❷
11:
12: print()
```

◎ 실습 1-13에서 for 문 반복은 n // 2번, 나눗셈은 2번, if 문 판단은 1번 합니다.

▶ 실행 결과

+와 -를 번갈아 출력합니다.
몇 개를 출력할까요?: 12
+-+-+-+-+-+-

[그림 1-14]를 참고하여 실습 1-13 프로그램의 주요 부분을 살펴보겠습니다.

❶ n이 짝수인 경우 출력

for 문은 '+-'를 n // 2번 출력합니다. 예를 들어 n이 12면 6번, n이 15면 7번 출력하며, n이 짝수면 이 단계에서 출력을 완료합니다. 이때 for 문에 언더스코어(_)를 사용한 이유는 for 문에서 range( ) 함수가 for 문을 순환하며 반환하는 값(인덱스)을 사용할 필요가 없기 때문입니다. 즉, 파이썬에서는 무시하고 싶은 값을 언더스코어로 표현할 수 있습니다. 참고로 알아 두기 바랍니다.

ⓐ n이 짝수인 경우 출력

```
몇 개를 출력할까요?: 12 ↵
+-+-+-+-+-+-
```

ⓑ n이 홀수인 경우 출력

```
몇 개를 출력할까요?: 15 ↵
+-+-+-+-+-+-+-+
```

❶ '+-'를 n // 2개 출력
❷ '+'를 출력

[그림 1-14] +와 -를 번갈아 n개 출력

2 n이 홀수인 경우 출력

n이 홀수인 경우 마지막에 '+'를 출력해야 하므로 이 코드를 추가했습니다.

지금까지 내용을 정리하면 이 프로그램은 반복문에서 if 문을 수행하지 않으므로 효율적입니다. if 문은 09~10행에서만 수행됩니다. 게다가 나눗셈도 06행에서 1번(n // 2), 09행에서 1번(n % 2)으로 총 2번만 수행됩니다.

카운터용 변수를 0에서 1로 변경해도 유연하게 대응할 수 있습니다. 실습 1-13에서 06~07행의 for 문을 다음과 같이 변경하면 됩니다. range( ) 함수의 인수만 수정하면 됩니다(루프 본문을 변경할 필요가 없습니다).

😊 다음과 같이 수정한 프로그램의 파일은 chap01/alternative2a.py입니다.

```
06: for _ in range(1, n // 2 + 1):
07:     print('+-', end='')
```

반복 과정에서 조건 판단하기 3

다음은 *를 n개 출력하되 w개마다 줄바꿈을 하는 프로그램입니다.

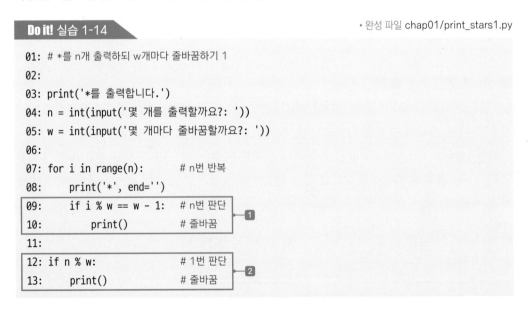

Do it! 실습 1-14

• 완성 파일 chap01/print_stars1.py

```
01: # *를 n개 출력하되 w개마다 줄바꿈하기 1
02:
03: print('*를 출력합니다.')
04: n = int(input('몇 개를 출력할까요?: '))
05: w = int(input('몇 개마다 줄바꿈할까요?: '))
06:
07: for i in range(n):          # n번 반복
08:     print('*', end='')
09:     if i % w == w - 1:      # n번 판단
10:         print()             # 줄바꿈
11:
12: if n % w:                   # 1번 판단
13:     print()                 # 줄바꿈
```

▶ 실행 결과

```
*를 출력합니다.
몇 개를 출력할까요?: 14
몇 개마다 줄바꿈할까요?: 5
```

```
*****
*****
****
```

i를 1씩 증가시키면서 *를 출력하고 줄바꿈은 **1**과 **2**에서 합니다. **1**은 i를 w로 나눈 나머지가 w − 1일 때 줄바꿈합니다. 즉, w가 5이면 i가 4, 9, 14일 때 줄바꿈합니다. [그림 1-15]의 **a**에서 보듯 n이 w의 배수이면 마지막 *을 출력한 다음 줄바꿈합니다. 하지만 **b**처럼 n이 w의 배수가 아니면 줄바꿈을 for 문 밖에서 따로 수행해야 합니다(**2**).

[그림 1-15] *를 n개 출력하되 w개마다 줄바꿈하기 1

하지만 실습 1-14는 for 문을 반복할 때마다 if 문을 실행하므로 효율적이지 않습니다. 이를 실습 1-15와 같이 개선할 수 있습니다.

Do it! 실습 1-15

• 완성 파일 chap01/print_stars2.py

```
01: # *를 n개 출력하되 w개마다 줄바꿈하기 2
02:
03: print('*를 출력합니다.')
04: n = int(input('몇 개를 출력할까요?: '))
05: w = int(input('몇 개마다 줄바꿈할까요?: '))
06:
07: for _ in range(n // w):  # n // w번 반복
08:     print('*' * w)
09:
10: rest = n % w
11: if rest:  # if 문 판단 1번
12:     print('*' * rest)
```

이 프로그램의 실행 결과는 실습 1-14와 같습니다. 다음과 같이 print( ) 함수를 2단계로 실행합니다. [그림 1-16]을 같이 보면서 이해해 봅시다.

1 *를 n // w번 출력하기

*를 n // w번 반복하며 출력합니다(마지막 줄바꿈 포함). 예를 들어 n이 15, w가 5이면 *****를 3번 출력하고 n이 14, w가 5이면 *****를 2번 출력합니다. 그러므로 n이 w의 배수이면 07행, 08행에서 모든 출력이 완료됩니다.

2 *를 n % w번 출력 후 줄바꿈하기

n이 w의 배수가 아닌 경우 마지막 행을 출력합니다. n을 w로 나눈 나머지를 rest에 저장하고 *를 rest개 출력한 다음 줄바꿈합니다. 예를 들어 n이 14, w가 5면 rest에는 4가 저장됩니다. n이 w의 배수면 rest는 0입니다. 즉, rest가 0이면 *와 줄바꿈을 하지 않습니다.

[그림 1-16] *를 n개 출력하되 w개마다 줄바꿈하기 2

양수만 입력받기

실습 1-8 프로그램으로 돌아가 봅시다. 이 프로그램을 실행하여 −5를 입력하면 이상한 결괏값을 출력합니다.

▶ 실행 결과
1부터 -5까지 정수의 합은 0입니다.

실행 결과는 0입니다. 누가 봐도 이상한 점을 알 수 있듯이 이 프로그램에서는 입력하는 n값을 양수로 한정해야 합니다. 실습 1-16은 그렇게 개선한 프로그램입니다.

Do it! 실습 1-16　　　　　　　　　　　　　　　• 완성 파일 chap01/sum1ton_positive.py

```
01: # 1부터 n까지 정수의 합 구하기(n값은 양수만 입력받음)
02:
03: print('1부터 n까지 정수의 합을 구합니다.')
04:
05: while True:
06:     n = int(input('n값을 입력하세요.: '))
07:     if n > 0:
08:         break   # n이 0보다 커질 때까지 반복
```

```
09:
10: sum = 0
11: i = 1
12:
13: for i in range(1, n + 1):
14:     sum += i   # sum에 i를 더함
15:     i += 1      # i에 1을 더함
16:
17: print(f'1부터 {n}까지 정수의 합은 {sum}입니다.')
```

▶ 실행 결과

1부터 n까지 정수의 합을 구합니다.
n값을 입력하세요.: -6 ── 0 이하 값이면 다시 입력받습니다.
n값을 입력하세요.: 0
n값을 입력하세요.: 10
1부터 10까지 정수의 합은 55입니다.

무한 루프와 break 문 알아보기

실습 1-16의 05~08행 사이에는 입력받은 값을 n에 대입하는 문장이 있습니다. 여기서 while 문의 조건식에 True가 사용된 점에 주목하기 바랍니다. 이는 프로그래머가 의도적으로 while 문이 무한 반복되도록 만든 것이며 무한 루프infinite loop라고 합니다.

```
05: while True:
06:     n = int(input('n값을 입력하세요.: '))
07:     if n > 0:
08:         break
```

여기서는 '반복문 안에서 break 문을 실행하면 반복문을 종료할 수 있다'는 점을 이용하여 무한 루프에서 탈출했습니다. 07~08행을 보면 n이 양수인 경우 break 문이 실행되며 무한 루프에서 빠져나옵니다. 즉, 이 프로그램은 사용자가 양수를 입력할 때까지 다시 입력받는 구조입니다. [그림 1-18]을 참고하여 break 문의 역할을 잘 이해하기 바랍니다.

프로그래밍 언어에서는 대부분 루프 본문을 한 번 실행한 다음 계속 반복할지 판단하는 사후 판단 반복문을 지원합니다. do~while 문, repeat~until 문 등이 대표적인 사후 판단 반복문입니다. 사후 판단 반복문을 사용하면 break 문을 사용하지 않고도 '양수를 입력받는 프로그

램'을 만들 수 있지만, 파이썬은 사후 판단 반복문을 제공하지 않으므로 break 문을 사용해야만 양수를 입력받는 프로그램을 만들 수 있습니다. [그림 1-17]은 실습 1-16의 while 문과 break 문을 순서도로 나타낸 것입니다.

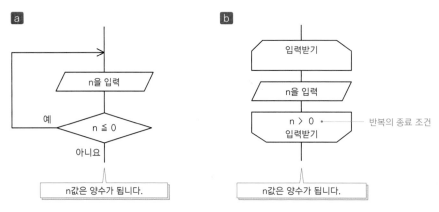

[그림 1-17] 양수 입력받기

ⓐ와 ⓑ 순서도는 같은 기능을 하지만 ⓑ는 사전 판단 반복과 구별하기 어려우므로 ⓐ를 더 많이 사용합니다.

📚 보충 수업 1-10 for 문이 종료된 이후 카운터용 변수 i값 살펴보기

실습 1-7에서 살펴보았듯 while i <= n:에서 while 문이 종료될 때 카운터용 변수 i는 n이 아니라 n + 1입니다. 그런데 실습 1-8에서는 for i in range(1, n + 1):의 for 문이 종료될 때 카운터용 변수 i는 n입니다. 그 이유를 간단히 살펴보겠습니다.

for i in range(a, b):는 [a, a + 1, a + 2, …, b - 1]이라는 이터러블 객체를 생성합니다. 그리고 이터러블 객체의 값을 하나씩 꺼내 i에 넣어 반복합니다. 따라서 for 문이 종료될 때 i는 b가 아니라 b - 1입니다. 지금까지 내용을 정리하면 루프 본문이 맨 마지막에 실행될 때 i의 값은 다음과 같습니다.

```
while i <= n:                    # 반복을 종료할 때 i는 n + 1
for i in range(시작값, n + 1):    # 반복을 종료할 때 i는 n
```

직사각형 넓이로 변의 길이 구하기

실습 1-17은 변의 길이와 넓이가 모두 정수인 직사각형에서 변의 길이를 구하는 프로그램입니다. 이때 짧은 변과 긴 변의 길이는 구별하지 않습니다. 예를 들어 직사각형의 넓이가 32이면 변의 길이를 1 × 32, 2 × 16, 4 × 8만 출력합니다. 2 × 16은 이미 출력했으므로 16 × 2 는 출력하지 않습니다.

• 완성 파일 chap01/rectangle.py

Do it! 실습 1-17

```python
01: # 가로, 세로 길이가 정수이고 넓이가 area인 직사각형에서 변의 길이 나열하기
02:
03: area = int(input('직사각형의 넓이를 입력하세요.: '))
04:
05: for i in range(1, area + 1):    # 1부터 사각형의 넓이 계산
06:     if i * i > area: break
07:     if area % i: continue
08:     print(f'{i} × {area // i}')
```

▶ 실행 결과
```
직사각형의 넓이를 입력하세요.: 32
1 × 32
2 × 16
4 × 8
```

실습 1-17은 약수를 나열하는 프로그램입니다. 실행 결과로 출력된 값 1, 32, 2, 16, 4, 8은 모두 32의 약수입니다. 05행 for 문에서는 카운터용 변수 i값이 1부터 area까지 1씩 증가하 며 다음과 같이 실행됩니다.

06행: i * i가 area를 초과하면 for 문을 강제로 종료합니다. 그 이유는 i가 가장 긴 변의 길이가 되기 때문입니다. 예를 들어 i가 6이 되면 6 × 6 = 36이므로 사각형의 최대 넓이(32)를 초과 하면서도 가장 긴 변의 길이가 되므로 프로그램을 종료합니다.

07행: continue 문은 area가 i로 나누어 떨어지지 않으면 for 문의 다음 반복으로 진행됩니 다. area가 i로 나누어 떨어지지 않으면 i는 변의 길이(약수)가 될 수 없습니다. 예를 들어 i가 3이면 32 % 3은 2이므로(나머지 2가 생김) 3은 약수가 아닙니다. 따라서 출력할 필요가 없습니 다. [그림 1-18]에서 보듯 반복문에서 continue 문이 실행되면 루프 본문의 나머지 부분(명 령문 2)을 건너뛰고 조건식으로 돌아갑니다. 참고로 while 문이나 for 문 등 반복문의 끝부분 에는 else 문을 둘 수 있습니다. else 문은 조건식에 의해 반복문이 종료되는 경우 실행됩니다.

08행: i와 area // i의 값을 짧은 변, 긴 변의 순서로 출력합니다.

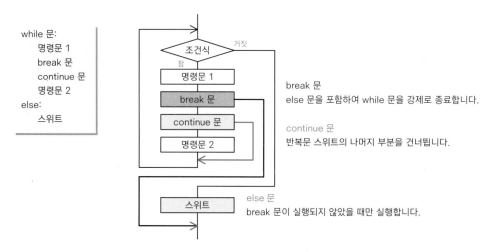

```
while 문:
    명령문 1
    break 문
    continue 문
    명령문 2
else:
    스위트
```

break 문
else 문을 포함하여 while 문을 강제로 종료합니다.

continue 문
반복문 스위트의 나머지 부분을 건너뜁니다.

else 문
break 문이 실행되지 않았을 때만 실행합니다.

[그림 1-18] while · break · continue 문의 순서도

☺ 이 순서도는 while 문을 예로 들었지만, break 문과 continue 문의 동작은 for 문에서도 같습니다.

실습 1-18은 else 문이 뒤따르는 for 문을 구현한 프로그램입니다.

Do it! 실습 1-18

• 완성 파일 chap01/for_else.py

```
01: # 10~99 사이의 난수 n개 생성하기(13이 나오면 중단)
02:
03: import random
04:
05: n = int(input('난수의 개수를 입력하세요.: '))
06:
07: for _ in range(n):
08:     r = random.randint(10, 99)
09:     print(r, end=' ')
10:     if r == 13:
11:         print('\n프로그램을 중단합니다.')
12:         break
13: else:
14:     print('\n난수 생성을 종료합니다.')
```

▶ 실행 결과

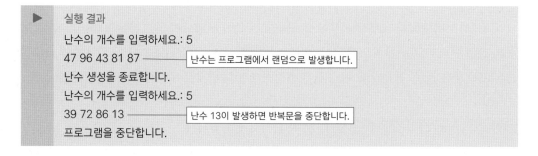

난수의 개수를 입력하세요.: 5
47 96 43 81 87 ——— 난수는 프로그램에서 랜덤으로 발생합니다.
난수 생성을 종료합니다.
난수의 개수를 입력하세요.: 5
39 72 86 13 ——— 난수 13이 발생하면 반복문을 중단합니다.
프로그램을 중단합니다.

실습 1-18은 for 문을 사용하여 2자리 정수인 난수를 n개 생성하여 출력합니다. 이 과정에서 13이 생성될 경우 break 문으로 반복문을 강제 종료합니다. 실행 결과와 같이 13 이후 난수는 출력되지 않고 else 문도 실행되지 않습니다. 만약 13이 생성되지 않으면 반복이 끝난 다음 else 문이 실행되어 '난수 생성을 종료합니다.'를 출력합니다.

ⓒ 난수를 생성하는 random.randint( ) 함수는 보충 수업 1-12에서 자세히 다룹니다.

반복문 건너뛰기와 여러 범위 스캔하기

for 문을 반복하는 과정에서 특정 조건일 때 반복문을 건너뛰도록 만들 수 있습니다. 예를 들어 1~12까지 출력할 때 8을 건너뛰게 하려면 실습 1-19와 같이 i가 8이 되었을 때 continue 문을 실행하도록 프로그램을 작성하면 됩니다.

Do it! 실습 1-19

• 완성 파일 chap01/skip1.py

```
01: # 1~12까지 8을 건너뛰고 출력하기 1
02:
03: for i in range(1, 13):
04:     if i == 8:
05:         continue
06:     print(i, end=' ')
07:
08: print()
```

▶ 실행 결과

    1 2 3 4 5 6 7 9 10 11 12

실행 결과에서 보듯 8은 출력되지 않습니다. 그러나 이 프로그램은 비효율적입니다. 왜냐하면 건너뛰는 판단을 하려면 비용이 많이 들기 때문입니다. 예를 들어 숫자를 100,000까지 출력해야 하는 경우 숫자를 딱 1개만 건너뛰도록 if, continue 문을 사용한다면 판단을 10만 번 하기 때문입니다. 조금 더 구체적으로 설명하면 건너뛰어야 하는 값을 모르거나, 건너뛰어야 하는 값이 변화한다면 매번 if, continue 문을 사용해야 합니다.

실습 1-20은 건너뛰는 값을 아는 경우에 효율적인 프로그램입니다.

Do it! 실습 1-20

```
01: # 1부터 12까지 8을 건너뛰고 출력하기 2
02:
03: for i in list(range(1, 8)) + list(range(9, 13)):
04:     print(i, end=' ')
05: print()
```

▶ 실행 결과

　　1 2 3 4 5 6 7 9 10 11 12

여기서는 단순히 리스트를 사용하여 8을 건너뛰었습니다. [1, 2, 3, 4, 5, 6, 7]과 [9, 10, 11, 12]를 연결한 것이죠. 다만 for 문은 생성한 리스트의 원소를 하나씩 꺼내 반복하므로 반복을 위한 연산 비용은 여전히 발생합니다.

😊 리스트는 02-1절에서 배웁니다.

📖 **보충 수업 1-11 비교 연산자를 연속으로 사용하는 방법과 드모르간의 법칙**

실습 1C-3은 2자리 양수를 입력받는 프로그램입니다.

Do it! 실습 1C-3

```
01: # 2자리 양수(10~99) 입력받기
02:
03: print('2자리 양수를 입력하세요.')
04:
05: while True:
06:     no = int(input('값을 입력하세요.: '))
07:     if no >= 10 and no <= 99:
08:         break
09:
10: print(f'입력받은 양수는 {no}입니다.')
```

▶ 실행 결과

　　2자리 양수를 입력하세요.

　　값을 입력하세요.: 9 ——— [2자리 양수가 아닌 경우 다시 입력받습니다.]

　　값을 입력하세요.: 146

　　값을 입력하세요.: 57

　　입력받은 양수는 57입니다.

07행의 조건식 no >= 10 and no <= 99는 no가 10 이상 99 이하면 while 문을 빠져나옵니다. 이때 비교 연산자 >=와 <=를 and 연산자로 연결했습니다. 입력받는 값을 제한하기 위해 while 문과 break 문을 조합한 점은 실습 1-16과 같습니다. 실습 1C-3에서 07행의 조건식을 다른 방법으로 작성한 프로그램을 살펴봅시다.

비교 연산자를 연속으로 사용한 방법

연속으로 사용한 비교 연산자는 'and 결합'으로 취급하여 no >= 10 and no <= 99는 다음과 같이 간결하게 구현할 수 있습니다.

```
07:     if 10 <= no <= 99:   # no >= 10 and no <= 99와 같음
```

◎ 이렇게 수정한 프로그램은 chap01/2digits2.py입니다.

드모르간의 법칙을 사용한 방법

no >= 10 and no <= 99를 논리 부정 연산자인 not 연산자를 사용하여 수정하면 다음과 같습니다.

```
07:     if not(no < 10 or no > 99):   # no >= 10 and no <= 99와 같음
```

◎ 이렇게 수정한 프로그램은 chap01/2digits3.py입니다.

이때 no >= 10 and no <= 99는 반복을 종료하는 조건이고, not(no < 10 or no > 99)는 반복을 계속하기 위한 조건 no < 10 or no > 99의 부정입니다. [그림 1C-8]과 함께 설명을 다시 읽어 보기 바랍니다. 드모르간의 법칙^{De Morgan's laws}은 '각 조건을 부정하고 논리곱을 논리합으로, 논리합을 논리곱으로 바꾸고 다시 전체를 부정하면 원래의 조건과 같다'는 것입니다. 이 법칙을 일반적으로 나타내면 다음과 같습니다.

> **1** x and y와 not(not x or not y)의 논릿값은 같습니다.
> **2** x or y와 not(not x and not y)의 논릿값은 같습니다.

◎ 논리 연산자는 보충 수업 8-3에서 자세히 다룹니다.

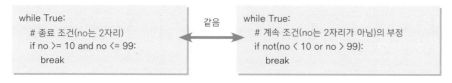

[그림 1C-8] 반복의 종료 조건과 계속 조건

용어 정리 구조적 프로그래밍이란?

입력과 출력으로 이루어진 구성 요소를 계층으로 배치하여 프로그램을 구성하는 방법을 구조적 프로그래 밍(structured programming)이라고 합니다. 구조적 프로그래밍은 **순차**, **선택**, **반복**이라는 세 종류의 제어 흐름을 사용합니다. 지금까지 배운 내용은 모두 구조적 프로그래밍의 개념을 바탕으로 합니다.

다중 루프 알아보기

지금까지는 단순 반복문을 사용하여 프로그래밍했습니다. 그런데 반복문 안에서 다시 반복 문을 사용할 수도 있습니다. 이렇게 반복문이 중첩하는 정도에 따라 이중 루프, 삼중 루프 … 이런 식으로 이름을 붙이고, 이를 통틀어 다중 루프라고 합니다.

구구단 곱셈표 출력하기

실습 1–21은 이중 루프로 구구단 곱셈표를 출력하는 프로그램입니다.

Do it! 실습 1-21

• 완성 파일 chap01/multiplication_table.py

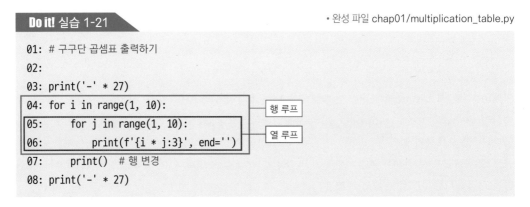

```
01: # 구구단 곱셈표 출력하기
02:
03: print('-' * 27)
04: for i in range(1, 10):          ──── 행 루프
05:     for j in range(1, 10):      ──── 열 루프
06:         print(f'{i * j:3}', end='')
07:     print()  # 행 변경
08: print('-' * 27)
```

▶ 실행 결과

```
---------------------------
 1  2  3  4  5  6  7  8  9
 2  4  6  8 10 12 14 16 18
 3  6  9 12 15 18 21 24 27
 4  8 12 16 20 24 28 32 36
 5 10 15 20 25 30 35 40 45
 6 12 18 24 30 36 42 48 54
 7 14 21 28 35 42 49 56 63
 8 16 24 32 40 48 56 64 72
 9 18 27 36 45 54 63 72 81
---------------------------
```

04~07행을 순서도로 나타내면 [그림 1-19]와 같습니다. 바깥쪽 for 문(행 루프)은 i값을 1~9까지 1씩 증가시킵니다. 각 반복은 1행, 2행, …, 9행에 해당합니다. 즉, 바깥쪽의 for 문은 세로 방향의 반복문입니다. 세로 방향 반복문에서 다시 실행되는 안쪽 for 문(열 루프)은 j값을 1~9까지 1씩 증가시킵니다. 즉, 각 행에서 가로 방향의 반복문입니다.

ⓒ 열 루프에서 06행은 i와 j를 3자리로 가지런히 출력하기 위해 :3을 사용했습니다.

정리하자면 i값을 1~9까지 증가시키는 행 루프는 9번 반복하며, 각 행 루프가 반복되면서 j값을 1~9까지 증가시키는 열 루프는 9번 반복합니다. 열 루프가 종료되면 줄바꿈하여 다음 행을 출력할 준비를 합니다.

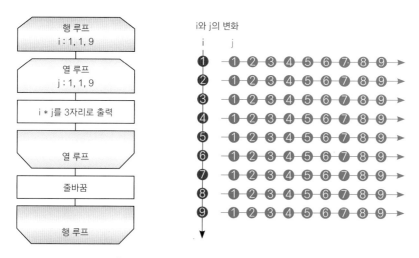

[그림 1-19] 구구단 곱셈표를 출력하는 순서도

이 프로그램에서 이중 루프는 다음과 같이 실행됩니다.

- **i가 1일 때:** j를 1~9까지 1씩 증가시키면서 1 * j를 3자리로 출력하고 줄바꿈
- **i가 2일 때:** j를 1~9까지 1씩 증가시키면서 2 * j를 3자리로 출력하고 줄바꿈
- **i가 3일 때:** j를 1~9까지 1씩 증가시키면서 3 * j를 3자리로 출력하고 줄바꿈
  (… 생략 …)
- **i가 9일 때:** j를 1~9까지 1씩 증가시키면서 9 * j를 3자리로 출력하고 줄바꿈

📚 보충 수업 1-12　난수를 생성하는 random.randint( ) 함수 알아보기

실습 1-18에서는 random 모듈에 포함된 randint( ) 함수를 사용했습니다. random.randint(a, b)
는 a 이상 b 이하인 난수를 생성하여(a 이상 b 이하인 정수 가운데 무작위로 1개를 뽑아) 반환합니다.
이 과정을 [그림 1C-9]로 나타냈습니다.

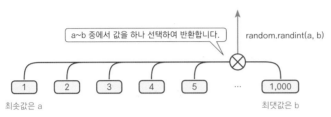

[그림 1C-9] random.randint( ) 함수로 난수 생성

직각 이등변 삼각형으로 출력하기

이중 루프를 응용하면 특수 문자로 표현한 삼각형이나 사각형을 출력할 수 있습니다. 실습
1-22는 왼쪽 아래가 직각인 이등변 삼각형으로 *를 출력하는 프로그램입니다.

Do it! 실습 1-22　　　　　　　　　　　　　　　　　• 완성 파일 chap01/triangle_lb.py

```
01: # 왼쪽 아래가 직각인 이등변 삼각형으로 * 출력하기
02:
03: print('왼쪽 아래가 직각인 이등변 삼각형을 출력합니다.')
04: n = int(input('짧은 변의 길이를 입력하세요.: '))
05:
06: for i in range(n):                           행 루프
07:     for j in range(i + 1):                   열 루프
08:         print('*', end='')
09:     print()  # 행 변경
```

▶　실행 결과
　　왼쪽 아래가 직각인 이등변 삼각형을 출력합니다.
　　짧은 변의 길이를 입력하세요.: 5
　　*
　　**
　　***
　　****
　　*****

06~09행의 순서도를 [그림 1-20]에 나타냈습니다. n값이 5인 경우 바깥쪽 for 문(행 루프)은 i값을 0~4까지 1씩 증가시킵니다. 이는 삼각형의 각 행에 대응하는 세로 방향의 반복문입니다. 안쪽 for 문(열 루프)은 j값을 0부터 i까지 1씩 증가시키면서 출력합니다. 이것은 삼각형의 각 열에 대응하는 가로 방향의 반복문입니다.

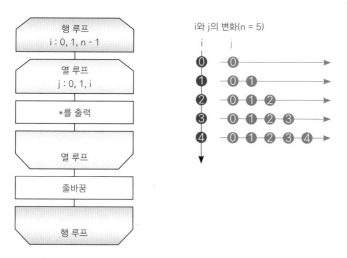

[그림 1-20] 왼쪽 아래가 직각인 이등변 삼각형을 출력하는 순서도

이 프로그램에서 이중 루프는 다음과 같이 실행됩니다.

- **i가 0일 때**: j를 0~0까지 1씩 증가시키면서 *를 출력하고 줄바꿈 *
- **i가 1일 때**: j를 0~1까지 1씩 증가시키면서 *를 출력하고 줄바꿈 **
- **i가 2일 때**: j를 0~2까지 1씩 증가시키면서 *를 출력하고 줄바꿈 ***
- **i가 3일 때**: j를 0~3까지 1씩 증가시키면서 *를 출력하고 줄바꿈 ****
- **i가 4일 때**: j를 0~4까지 1씩 증가시키면서 *를 출력하고 줄바꿈 *****

0행부터 n-1행까지 행 루프를 돌면서 i + 1만큼 열 루프로 *를 출력하는 것입니다. 실습 1-23은 실습 1-22를 응용하여 오른쪽 아래가 직각인 이등변 삼각형으로 *를 출력하는 프로그램입니다.

Do it! 실습 1-23

• 완성 파일 chap01/triangle_rb.py

```
01: # 오른쪽 아래가 직각인 이등변 삼각형으로 * 출력하기
02:
03: print('오른쪽 아래가 직각인 이등변 삼각형을 출력합니다.')
04: n = int(input('짧은 변의 길이를 입력하세요.: '))
```

```
05:
06: for i in range(n):
07:     for _ in range(n - i - 1):      ┐ 공백을 출력
08:         print(' ', end='')          ┘
09:     for _ in range(i + 1):          ┐ *을 출력
10:         print('*', end='')          ┘
11:     print()
```

▶ 실행 결과

오른쪽 아래가 직각인 이등변 삼각형을 출력합니다.
짧은 변의 길이를 입력하세요.: 5
```
    *
   **
  ***
 ****
*****
```

프로그램의 모습은 실습 1-22보다 조금 더 복잡합니다. *을 출력하기 전에 공백을 출력해야 하기 때문입니다. 따라서 06행 for 문 안에 for 문이 다음과 같이 2개 들어 있습니다.

- **첫 번째 for 문**: n - i - 1개의 공백 출력(07~08행)
- **두 번째 for 문**: i + 1개의 * 출력(09~10행)

모든 행에서 공백과 *의 개수를 합하면 n이라는 점에 주목하여 프로그램을 살펴보기 바랍니다. 이 프로그램은 안쪽의 두 for 문에서 카운터용 변수로 언더스코어(_)를 사용했습니다(언더스코어의 사용 방법은 실습 1-13에서 잠깐 배웠습니다).

ⓒ 실습 1-22의 카운터용 변수 j를 언더스코어로 수정한 프로그램 파일은 chap01/triangle_lb2.py입니다.

📚 **보충 수업 1-13 파이썬의 변수 알아보기**

파이썬에서는 데이터, 함수, 클래스, 모듈, 패키지 등을 모두 객체^{object}로 취급합니다. 객체는 자료형$^{data\ type}$을 가지며 메모리(저장 공간)를 차지합니다. 파이썬의 이런 특징 때문에 **파이썬의 변수는 값을 갖지 않는다**는 특징이 있습니다.

예를 들어 x = 17은 x가 17이라는 값을 갖고 있다고 말할 수 없습니다. 보통 프로그래밍 언어에서 변수란 값을 저장하는 상자와 같다고 비유하는데 파이썬에서는 이 비유가 알맞지 않습니다. 파이썬의 변수와 객체는 다음과 같이 정리할 수 있습니다.

- 변수는 객체를 참조하는 객체에 연결된 이름에 불과합니다.
- 모든 객체는 메모리를 차지하고, 자료형뿐만 아니라 식별 번호(identity)를 가집니다.

◎ 식별 번호는 다른 객체와 구별할 수 있는 객체 고유의 번호를 말합니다.

위 문장이 잘 이해되지 않는다면 다음 실행문을 통해 그 의미를 다시 한번 알아보겠습니다.

```
>>> n = 17
>>> id(17)
140710805205776    # 17의 식별 번호
>>> id(n)
140710805205776    # n의 식별 번호(17의 식별 번호와 같음)
```

◎ 화면에 출력되는 식별 번호는 실행 환경에 따라 달라질 수 있습니다.

위 실행문을 보면 n에 17을 대입한 뒤 id( ) 함수를 2번 호출합니다. id( ) 함수는 객체의 식별 번호를 반환해 줍니다. 여기서 주목해야 할 점은 n = 17이 값을 복사하여 대입하지 않는다는 점입니다. 파이썬의 대입 연산자는 [그림 1C-10]의 **a** 처럼 값을 복사하지 않습니다. 그림 **b** 처럼 먼저 값 17의 int형 객체를 참조하는 n이라는 이름을 결합^{bind}합니다. 그러므로 17의 식별 번호와 n의 식별 번호는 같습니다. 이를 조금 더 쉽게 표현하면 **정수 리터럴 17의 식별 번호와 n의 식별 번호가 같다**고 할 수 있습니다.

◎ 리터럴(literal)이란 값 자체를 의미합니다. 즉, 문자 자체에 의해 값이 주어지는 문자열입니다. 예를 들어 숫자 리터럴 7은 7의 값을 가지며, 문자 리터럴 CHARACTERS는 CHARACTERS의 값을 가집니다.

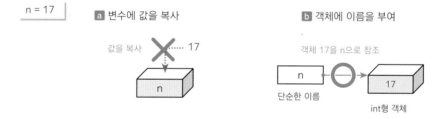

[그림 1C-10] 변수에 값 대입하기

[그림 1C-10]과 같이 **상자**라는 표현을 사용하여 정리하면 17이라는 int형 객체 자체가 상자라고 할 수 있습니다. 파이썬에서 변수는 값을 저장하는 상자가 아니라 단순한 이름에 불과합니다. 만약 n의 값을 17이 아닌 다른 값으로 갱신하면 새로운 값을 갖는 객체가 생성되고, 그 값을 n이 참조하는 것입니다. n의 식별 번호 역시 갱신됩니다.

◎ 이 내용은 보충 수업 2-1에서 자세히 설명합니다.

지금까지 설명한 것과 같이 파이썬에서 변수는 그저 이름에 불과하다는 사실을 실습 1C-4 프로그램을 통해 확인해 보겠습니다.

• 완성 파일 chap01/object_function.py

Do it! 실습 1C-4

```
01: # 함수 내부·외부에서 정의한 변수와 객체의 식별 번호를 출력하기
02:
03: n = 1          # 전역 변수(함수 내부·외부에서 사용)
04: def put_id():
05:     x = 1      # 지역 변수(함수 내부에서만 사용)
06:     print(f'id(x) = {id(x)}')
07:
08: print(f'id(1) = {id(1)}')
09: print(f'id(n) = {id(n)}')
10: put_id()
```

▶ 실행 결과
```
id(1) = 140731954589968
id(n) = 140731954589968
id(x) = 140731954589968
```

이 프로그램에서는 변수가 2개 정의되었습니다. 먼저 n은 함수 외부에서 정의한 변수로, 프로그램 전체에서 사용할 수 있는 전역 변수$^{global\ variable}$입니다. 그리고 x는 put_id( ) 함수 내부에서 정의한 변수로, 함수 내부에서만 사용할 수 있는 지역 변수$^{local\ variable}$입니다.

[그림 1C-11]과 같이 n은 전역 변수이고 x는 지역 변수이지만, 실행 결과에서 보듯 1, n, x의 식별 번호가 모두 같습니다. 따라서 n과 x는 모두 int형 객체 1을 참조하는 이름에 불과하다는 것을 알 수 있습니다.

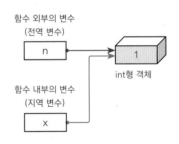

[그림 1C-11] 함수 내외부의 변수

혹시 C 언어를 알고 있다면 조금 이상하다고 느낄 것입니다. C 언어에서는 함수 내부에 선언한 지역 변수는 함수가 실행될 때 생성되고 종료될 때 소멸합니다. 하지만 실습 1C-4를 보면 파이썬에는 이러한 개념이 없다는 것을 알 수 있습니다. 프로그램에서 1이라는 정수 객체는 put_id( ) 함수와 무관하게 존재하기 때문입니다. 파이썬에서는 함수가 시작하고 종료함에 따라 객체가 생성되거나 소멸하지 않습니다. 예를 들어 for 문으로 1~100까지 반복하면 객체가 100개 생성됩니다. 실습 1C-5를 통해 확인해 봅시다.

• 완성 파일 chap01/for.py

Do it! 실습 1C-5

```
01:  # 1부터 100까지 반복하여 출력하기
02:  for i in range(1, 101):
03:      print(f'i = {i:3}   id(i) = {id(i)}')
```

▶ 실행 결과

```
i = 1   id(i) = 140731954589968
i = 2   id(i) = 140731954590000
i = 3   id(i) = 140731954590032
i = 4   id(i) = 140731954590064
(… 생략 …)
```

먼저 1~100까지 나열된 이터러블 객체가 생성되고 이 객체에서 i로 식별 번호를 1개씩 꺼내옵니다(보충 수업 1-10 참고). 따라서 i의 값과 식별 번호 둘 다 갱신(즉, i가 1씩 늘어날 때마다 참조하는 곳도 갱신)된다는 것을 실행 결과에서 알 수 있습니다.

02

기본 자료구조와 배열

02-1 자료구조와 배열

02-2 배열이란?

02-1 자료구조와 배열

여기에서는 자료구조를 정의하고 기본 자료구조인 배열을 살펴보겠습니다. 참고로 이 책에서는 배열을 리스트와 튜플로 구현합니다.

배열 개념 알아보기

배열을 사용하면 따로따로 흩어진 변수를 하나로 묶어서 사용할 수 있어 코드를 쉽고 효율적으로 작성할 수 있습니다.

어떤 학생 그룹의 시험 점수를 집계해야 한다고 가정한 프로그램을 작성해 봅시다. 실습 2-1은 학생 5명의 시험 점수를 입력받아 합계와 평균을 구하는 프로그램입니다.

Do it! 실습 2-1

• 완성 파일 chap02/total.py

```python
01: # 학생 5명의 시험 점수를 입력받아 합계와 평균을 출력하기
02:
03: print('학생 그룹 점수의 합계와 평균을 구합니다.')
04:
05: score1 = int(input('1번 학생의 점수를 입력하세요.: '))
06: score2 = int(input('2번 학생의 점수를 입력하세요.: '))
07: score3 = int(input('3번 학생의 점수를 입력하세요.: '))
08: score4 = int(input('4번 학생의 점수를 입력하세요.: '))
09: score5 = int(input('5번 학생의 점수를 입력하세요.: '))
10:
11: total = 0
12: total += score1
13: total += score2
14: total += score3
15: total += score4
16: total += score5
17:
18: print(f'합계는 {total}점입니다.')
19: print(f'평균은 {total / 5}점입니다.')
```

[그림 2-1]의 **a** 처럼 각 학생의 점수는 score1, score2, …에 대입됩니다. 그리고 실습 2-1
의 05~09행과 12~16행을 보면 비슷한 코드가 반복되고 있습니다. 만약 이 프로그램에 다음
과 같은 요구 사항이 생기면 어떻게 수정할 수 있을지 생각해 봅시다.

요구 사항 1: 학생 수를 변경하는 경우

실습 2-1은 학생 수가 5명으로 고정되어 있으므로 학생 수를 사용자로부터 입력받은 다음 합계와 평균을 구
하도록 프로그램을 수정해야 합니다.

요구 사항 2: 특정 학생의 시험 점수를 확인하거나 변경하는 경우

예를 들어 3번 또는 4번 학생의 점수를 확인하거나 변경하는 기능을 프로그램에 추가해야 합니다.

요구 사항 3: 최저점과 최고점을 구하거나 정렬이 필요한 경우

최저점과 최고점을 구하는 기능이나 시험 점수를 오름차순 또는 내림차순으로 정렬하는 기능을 프로그램에
추가해야 합니다. 이 기능은 학생 수가 변경될 때도 적용해야 합니다.

프로그램을 조금 수정하거나 확장하는 등의 방법으로는 이런 요구 사항을 반영하기가 어렵
다는 것을 알 수 있습니다. 즉, 프로그램의 작성 방식을 근본적으로 바꿔야 이러한 요구 사항
을 제대로 반영할 수 있습니다.

특히 학생 점수는 하나의 값을 저장하는 변수가 아니라 묶음 단위로 값을 저장하는 **배열**array
이라는 자료구조로 다뤄야 합니다. 배열에는 객체가 저장되며, 배열에 저장된 객체 하나하나
를 **원소**element라고 합니다. 또한 각 원소는 0, 1, 2, … 순으로 인덱스index를 부여받습니다.

ⓒ 나중에 설명하겠지만, 배열은 음수 인덱스(negative list index)를 사용할 수도 있으며, 슬라이스(slice)라는 기능으로 원
하는 구간의 원소를 추출할 수도 있습니다.

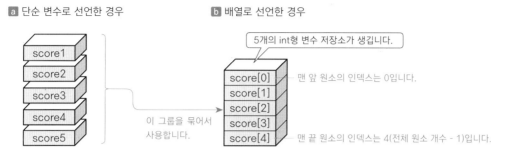

5개의 int형 변수 저장소가 생깁니다.

score[0] ─── 맨 앞 원소의 인덱스는 0입니다.
score[1]
score[2]
score[3]
score[4] ─── 맨 끝 원소의 인덱스는 4(전체 원소 개수 - 1)입니다.

score1
score2
score3
score4
score5

이 그룹을 묶어서 사용합니다.

[그림 2-1] 단순 변수와 배열

배열을 사용하면 앞에서 나열한 요구 사항 3가지를 간단히 해결할 수 있습니다. 배열은 생성할 때 원소 개수를 자유롭게 지정할 수 있으므로 요구 사항 1을 간단히 해결할 수 있습니다(원소 개수를 늘리거나 줄이는 것도 쉽습니다). 또한 score[2], score[3]과 같이 인덱스를 이용하여 3번째, 4번째 원소에 접근할 수 있으므로 요구 사항 2, 3도 쉽게 해결할 수 있습니다.

이렇듯 변수로 해결하기 어려운 문제를 배열로 보완하면 프로그래밍을 효율적으로 할 수 있습니다. 파이썬에서 배열 원소의 자료형^{type}은 int형, float형 등 어떤 것이라도 상관없습니다. 또한 배열에는 서로 다른 자료형을 같이 저장할 수 있으며, 배열 원소 자체를 배열에 저장할 수도 있습니다.

리스트와 튜플 알아보기

파이썬에서는 배열을 **리스트**^{list}와 **튜플**^{tuple}로 구현할 수 있습니다. 리스트와 튜플은 데이터 컨테이너$^{data\ container}$라고 하며, 비슷한 기능을 하는 듯하지만 원소를 변경할 수 있는지 없는지에 따라 차이가 있습니다. 자세한 내용은 보충 수업 2-1을 참고하세요.

리스트의 기초

리스트는 원소를 변경할 수 있는 **뮤터블**^{mutable} list형 객체입니다. 리스트는 연산자 [ ] 안에 원소를 쉼표(,)로 구분하여 표기하여 생성할 수 있습니다. 원소 없이 [ ]만 사용하면 빈 리스트를 생성합니다.

```
>>> list01 = []               # [ ] 빈 리스트
>>> list02 = [1, 2, 3]        # [1, 2, 3]
>>> list03 = ['A', 'B', 'C', ] # ['A', 'B', 'C'] 맨 마지막 원소에 쉼표를 써도 됨
```

ⓒ 리스트와 튜플을 생성하는 전체 코드는 chap02/list_tuple.py 파일에 모았습니다.

ⓒ 프롬프트에서 주석(#) 부분은 각 명령어를 실행한 결과와 설명입니다.

list03에서 보듯 쉼표는 맨 마지막 원소 뒤에 쓸 수 있습니다. 파이썬 내장 함수인 list( )를 사용하면 문자열이나 튜플 등 다양한 자료형 객체를 원소로 하는 리스트를 생성할 수 있습니다. 빈 리스트는 list04 = list( )와 같이 작성하면 생성할 수 있습니다.

```
>>> list04 = list()          # [ ] 빈 리스트
>>> list05 = list('ABC')     # ['A', 'B', 'C'] 문자열의 각 문자로부터 원소를 생성
>>> list06 = list([1, 2, 3]) # [1, 2, 3] 리스트로부터 원소를 생성
>>> list07 = list((1, 2, 3)) # [1, 2, 3] 튜플로부터 원소를 생성
>>> list08 = list({1, 2, 3}) # [1, 2, 3] 집합으로부터 원소를 생성
```

특정 범위의 정수로 구성된 리스트를 만들고자 한다면 range( ), list( ) 함수를 조합하여 사용하면 됩니다. 다음은 다양한 범위의 정수 리스트를 생성하는 예입니다.

```
>>> list09 = list(range(7))        # [0, 1, 2, 3, 4, 5, 6]
>>> list10 = list(range(3, 8))     # [3, 4, 5, 6, 7]
>>> list11 = list(range(3, 13, 2)) # [3, 5, 7, 9, 11]
```

ⓒ range( ) 함수가 잘 기억나지 않는다면 앞에서 다룬 보충 수업 1-7을 참고하세요.

리스트의 원소 개수는 리스트를 만들기 전에 반드시 결정해야 합니다. 하지만 원솟값을 정하지 않는 리스트는 None을 사용하면 만들 수 있습니다. 다음은 원소가 5개이면서 원솟값이 없는 리스트를 생성한 예입니다.

```
>>> list12 = [None] * 5  # [None, None, None, None, None]
```

ⓒ 문자열 자료형도 곱셈 연산자 *로 같은 값을 반복하는 문자열로 만들 수 있습니다.

튜플의 기초

튜플은 원소에 순서를 매겨 결합한 것으로 원소를 변경할 수 없는 **이뮤터블**immutable 자료형입니다. 튜플은 원소를 쉼표(,) 로 구분하여 나열한 뒤 결합 연산자 ( )로 둘러싸는 방식으로 생성합니다. 리스트와 마찬가지로 맨 마지막 원소 뒤에 쉼표를 써도 되며, ( )만 사용하면 빈 튜플을 생성합니다. 튜플은 리스트와 다르게 결합 연산자 ( )를 생략할 수 있습니다.

```
>>> tuple01 = ()       # ( ) 빈 튜플
>>> tuple02 = 1,       # (1,)
>>> tuple03 = (1,)     # (1,)
```

```
>>> tuple04 = 1, 2, 3          # (1, 2, 3)
>>> tuple05 = 1, 2, 3,         # (1, 2, 3)
>>> tuple06 = (1, 2, 3)        # (1, 2, 3)
>>> tuple07 = (1, 2, 3, )      # (1, 2, 3)
>>> tuple08 = 'A', 'B', 'C',   # ('A', 'B', 'C')
```

tuple02, tuple03처럼 원소가 1개인 경우 원소 뒤에 쉼표를 반드시 입력해야 합니다. 쉼표가 없으면 튜플이 아니라 단순 변수로 여기기 때문입니다. 다음은 튜플이 아닌 단일 값을 갖는 변수의 예입니다. 따라서 쉼표 입력에 주의하기 바랍니다.

```
>>> v01 = 1      # 1  튜플이 아닌 하나의 값을 가진 int형 변수
>>> v02 = (1)    # 1  튜플이 아닌 하나의 값을 가진 int형 변수
```

◎ 예를 들어 덧셈식을 결합 연산자 ( )로 묶은 (5 + 2)가 하나의 정숫값 7이 되는 것처럼 (7)도 하나의 정숫값 7이 됩니다. 이러한 표기와 구별하기 위해 원소를 1개만 갖는 튜플은 쉼표가 필요합니다.

파이썬 내장 함수인 tuple( )을 사용하면 문자열이나 리스트 등 여러 가지 자료형 객체를 원소로 하는 튜플을 생성할 수 있습니다. 빈 튜플은 tuple09 = tuple( )과 같이 작성하면 생성할 수 있습니다.

```
>>> tuple09 = tuple()          # ( ) 빈 튜플
>>> tuple10 = tuple('ABC')     # ('A', 'B', 'C') 문자열의 각 문자로부터 원소를 생성
>>> tuple11 = tuple([1, 2, 3]) # (1, 2, 3) 리스트로부터 원소를 생성
>>> tuple12 = tuple({1, 2, 3}) # (1, 2, 3) 집합으로부터 원소를 생성
```

리스트와 마찬가지로 특정 범위의 값을 원소로 갖는 튜플은 range( ) 함수가 생성하는 수열(이터러블 객체)을 tuple( ) 함수로 변환하여 만들 수 있습니다.

```
>>> tuple13 = tuple(range(7))        # (0, 1, 2, 3, 4, 5, 6)
>>> tuple14 = tuple(range(3, 8))     # (3, 4, 5, 6, 7)
>>> tuple15 = tuple(range(3, 13, 2)) # (3, 5, 7, 9, 11)
```

리스트와 튜플 풀어내기

좌변에는 여러 개의 변수를 놓고 우변에는 리스트나 튜플을 놓으면, 우변의 원소를 좌변의 변수에 한번에 대입할 수 있습니다. 이와 같이 리스트나 튜플의 원솟값들을 풀어 여러 변수에 대입하는 것을 언팩unpack이라고 합니다. 다음은 리스트 x를 a, b, c에 대입한 예입니다.

```
>>> x = [1, 2, 3]        # 리스트 x 선언
>>> a, b, c = x          # x를 언팩하여 변수 a, b, c에 대입
>>> a, b, c
(1, 2, 3)
```

인덱스로 원소에 접근하기

리스트나 튜플의 원소에 접근할 때는 인덱스^{index}를 사용하면 됩니다. [그림 2-2]를 참고하여 인덱스의 개념을 살펴보겠습니다.

[그림 2-2] 리스트와 인덱스

인덱스식 사용하기

인덱스 연산자 [ ] 안에 정숫값 인덱스를 지정하는 인덱스식은 리스트의 특정 원소를 정할 수 있습니다. 다음은 리스트에서 인덱스식을 사용한 예입니다.

```
>>> x = [11, 22, 33, 44, 55, 66, 77]
>>> x[2]            # 리스트 x의 앞에서 3번째 원소를 출력
33
>>> x[-3]           # 리스트 x의 뒤에서 3번째 원소를 출력
55
>>> x[-4] = 3.14    # 리스트 x의 뒤에서 4번째 원소에 새로운 값을 대입
>>> x
[11, 22, 33, 3.14, 55, 66, 77]
>>> x[7]            # 존재하지 않는 인덱스이므로 오류를 출력
>>> x[7] = 3.14     # x[7]에는 값을 대입할 수 없으므로 오류를 출력
```

인덱스식 x[2]와 x[-3]은 쉽게 이해할 수 있습니다. 하지만 인덱스식 x[-4]에 값 3.14를 대입하는 코드를 잘 살펴보세요. 인덱스식을 좌변에, 대입식을 우변에 놓습니다. 그러면 x[-4]에 있던 값이 44(int형)에서 3.14(float형)로 자동 형 변환됩니다. 이때 값 자체가 복사되는 것이 아니라 x[-4]가 참조하는 객체의 식별 번호가 변경됩니다. 다시 말하면 x[-4]가 참조하는 객

체의 식별 번호가 int형 객체 44에서 float형 객체 3.14로 달라진 것뿐입니다.

☺ 객체 식별 번호는 보충 수업 1-13을 참고하세요.

☺ x가 리스트가 아닌 튜플이면 대입할 때 오류가 발생합니다. 튜플은 원솟값을 변경할 수 없는 속성이 있기 때문입니다.

이어서 x[7]을 출력하는 코드를 보면 x[7]의 위치는 인덱스 범위를 벗어나므로 오류가 발생합니다. 당연히 x[7] = 3.14와 같이 대입해도 오류입니다. 즉, 존재하지 않는 원소에 접근하거나 대입해도 원소가 새롭게 추가되지는 않습니다.

슬라이스식으로 원소에 접근하기

리스트 또는 튜플의 원소 일부를 연속해서 또는 일정한 간격으로 꺼내 새로운 리스트 또는 튜플을 만드는 것을 **슬라이스**^{slice}라고 합니다. 여기서는 슬라이스식을 사용하는 방법을 알아봅시다.

슬라이스식으로 원소 꺼내기

슬라이스식은 다음과 같이 나타낼 수 있습니다.

- **s[i:j]**   ⋯ s[i]부터 s[j-1]까지 나열합니다.
- **s[i:j:k]** ⋯ s[i]부터 s[j-1]까지 k씩 건너뛰며 나열합니다.

다음은 리스트에서 슬라이스식을 사용한 예입니다.

```
>>> s = [11, 22, 33, 44, 55, 66, 77]
>>> s[0:6]      # 리스트 s의 0번째 원소부터 5번째 원소를 출력
[11, 22, 33, 44, 55, 66]
>>> s[0:7]      # 리스트 s의 0번째 원소부터 6번째 원소를 출력
[11, 22, 33, 44, 55, 66, 77]
>>> s[0:7:2]    # 리스트 s의 0번째 원소부터 6번째 원소 중 2씩 건너뛰며 원소를 출력
[11, 33, 55, 77]
>>> s[-4:-2]    # 리스트 s의 뒤에서 4번째 원소부터 뒤에서 3번째 원소를 출력
[44, 55]
>>> s[3:1]      # 리스트 s의 j값(1)이 i값(3)보다 작지만 오류가 나지 않음
[]
```

i, j, k를 지정하는 규칙은 다음과 같습니다.

- i, j가 len(s)보다 크면 len(s)가 지정된 것으로 간주합니다. 인덱스와 달리 범위에서 벗어나는 값을 지정해도 오류가 되지 않습니다.
- i가 없거나 None이면 0이 지정된 것으로 간주합니다.
- j가 없거나 None이면 len(s)가 지정된 것으로 간주합니다.

☺ len( ) 함수는 리스트의 원소 개수를 계산해 주는 함수입니다. 즉, len(s)는 리스트 s의 원소 개수를 말합니다.

i, j, k의 값 중에서 1개의 값 이상을 생략하는 패턴은 다음과 같이 정리할 수 있습니다.

패턴	설명	실행 예	실행 결과
s[:]	리스트 s의 원소를 모두 출력합니다.	s[:]	[11, 22, 33, 44, 55, 66, 77]
s[:n]	리스트 s의 원소 중 맨 앞부터 n개까지 출력합니다.	s[:3]	[11, 22, 33]
s[i:]	리스트 s의 원소 중 s[i]부터 맨 끝까지 출력합니다.	s[3:]	[44, 55, 66, 77]
s[-n:]	리스트 s의 원소 중 -n부터 맨 끝까지 출력합니다.	s[-3:]	[55, 66, 77]
s[::k]	리스트 s의 원소 중 맨 앞부터 k개씩 건너뛰며 출력합니다.	s[::2]	[11, 33, 55, 77]
s[::-1]	리스트 s의 원소 중 맨 끝부터 전부 출력합니다.	s[::-1]	[77, 66, 55, 44, 33, 22, 11]

📚 보충 수업 2-1 뮤터블과 이뮤터블의 대입

앞의 내용을 통해 변수에 값이 저장되어 있어도 다른 값을 대입할 수 있음을 알게 되었습니다. 이때 값이 변경되면 값을 복사하는 것이 아니라 값을 참조하는 객체의 식별 번호가 변경된다고 설명했습니다.

```
>>> n = 5           # n에 int형 정숫값 5를 대입
>>> id(n)           # id( ) 함수로 객체의 식별 번호를 출력
140711199888732
>>> n = 'ABC'       # n에 str형 문자열 'ABC'를 대입
>>> id(n)           # id( ) 함수로 객체의 고윳값을 출력
140711199888764     # 함수 식별 번호 변경
```

프롬프트와 [그림 2C-1]에서 보듯 n에 문자열 'ABC'를 대입하면 n의 식별 번호가 바뀝니다. n이 참조하는 곳이 int형인 정수 5에서 str형인 문자열 'ABC'로 업데이트된 것입니다. 당연히 int형 객체 5의 값 자체는 바뀌지 않습니다. 여기서 필자가 강조하고자 하는 것은 '변수에 어떤 값을 대입하면 값이 아니라 식별 번호가 바뀐다는 점'입니다.

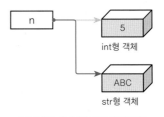

[그림 2C-1] 다른 자료형의 대입

이 원리로 어떤 자료형의 객체이든 상관없이 변수에 대입할 수 있습니다.

파이썬은 변수를 선언할 때 자료형을 선언하지 않더라도 변수 이름에 값을 대입하기만 하면 그 이름의 변수를 사용할 수 있도록 자료형을 자동으로 선언해 주는 기능이 있습니다. 또한 여러 변수에 여러 값을 한꺼번에 대입할 수 있는 기능도 제공합니다. 다음 예를 확인해 봅시다.

```
>>> a, b, c = 1, 2, 3     # a, b, c에 1, 2, 3을 각각 대입하여 변숫값을 출력
>>> a
1
>>> b
2
>>> c
3
```

앞의 예를 응용해 봅시다.

```
>>> x = 6
>>> y = 2
>>> x, y = y + 2, x + 3     # x에 (y + 2)를 대입하고, y에 (x + 3)을 대입
>>> x
4
>>> y
9
```

x, y = y + 2, x + 3을 보면 x와 y에 y + 2와 x + 3을 한꺼번에 대입하고 있습니다. 만일 한 줄씩 대입하도록 코드를 수정하면 x = y + 2에 의해 x는 4로 업데이트되고, y = x + 3에 의해 업데이트된 x(4)와 3을 더하여 y는 7로 업데이트될 것입니다. 하지만 여기에서는 두 대입식이 동시에 이루어지므로 x는 업데이트되기 전의 값(6)으로 실행합니다.

> - x = y + 2에 의해 2 + 2가 실행되어 x는 4가 됩니다.
> - y = x + 3에 의해 6 + 3이 실행되어 y는 9가 됩니다.

이번에는 누적 대입으로 변수의 값을 증가시키는 예를 살펴보겠습니다. n에 int형 객체 12를 대입한 다음 누적 변수 n을 통해 값을 1만큼 증가시켰습니다.

```
>>> n = 12
>>> id(n)
140711199888768
```

```
>>> n += 1        # n값을 1 증가
>>> id(n)
140711199888800  # 식별 번호 변경
```

누적 변수 n을 1만큼 증가시킨 결과 n의 식별 번호가 바뀌었습니다. [그림 2C-2]와 같이 n이 참조하는 곳이 int형 객체 12에서 13으로 업데이트된 것입니다. 정수를 나타내는 int형과 문자열을 나타내는 str형은 값을 변경할 수 없습니다. 이렇게 값을 변경할 수 없는 특성을 **이뮤터블**^{immutable}이라고 하며, 값을 변경할 수 있는 특성은 **뮤터블**^{mutable}이라고 합니다. 기존 컴퓨터 언어를 안다면 '변수 자체의 값은 변경할 수 있지 않을까?'라고 생각해 볼 수 있습니다. 하지만 파이썬은 이를 허용하지 않습니다.

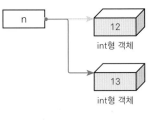

[그림 2C-2] 누적 대입

위 예의 경우 'int형 정수형 객체 12의 값 자체를 변경하는 것이 불가능하므로 다른 정수형 객체 13을 참조하도록 업데이트했다'고 이해하면 됩니다.

> ● 조금만 더! **누적 변수란?**
>
> 누적 변수란 '변숫값에 특정값을 더한 결괏값을 다시 대입하여 업데이트한 변수'를 말합니다. n += 1에서 n이 바로 누적 변수입니다. n++ 역시 n += 1과 같은 표현입니다.

파이썬의 자료형은 다음과 같이 2가지로 분류할 수 있습니다.

> • **뮤터블 자료형**: 리스트, 딕셔너리, 집합 등이 있으며 값을 변경할 수 있습니다.
> • **이뮤터블 자료형**: 수, 문자열, 튜플 등이 있으며 값을 변경할 수 없습니다.

파이썬의 대입은 다음과 같이 정리할 수 있습니다.

> • 좌변에 변수 이름이 처음 나온 경우, 그 변수에 맞는 자료형으로 자동 선언해 줍니다.
> • 대입식은 값 자체가 아니라 참조하는 객체의 식별 번호를 대입합니다.
> • 여러 변수에 여러 값을 한꺼번에 대입할 수 있습니다.

또한 파이썬은 대입 기호 =를 연산식에서 사용하는 +, * 등과 같이 취급하지 않습니다. 즉, x + 17은 식이지만 x = 17은 식이 아닙니다. 다음 예를 봅시다.

```
>>> x = 0
>>> type(x + 17)    # x + 17의 자료형을 확인
<class 'int'>
>>> type(x = 17)    # x = 17의 자료형을 확인하면 다음과 같은 오류 발생
Traceback (most recent call last):
  File "<pyshell#9>", line 1, in <module>
    type(x = 17)
TypeError: type() takes 1 or 3 arguments
```

결과에서 보듯 x = 17은 식^{expression}이 아니라 문^{statement}이므로 자료형을 확인할 수 없습니다. 다음과 같이 정리하고 넘어갑시다.

- x + 17은 식입니다.─ +는 덧셈을 수행하는 연산자입니다.
- x = 17은 문입니다.─ =는 연산자가 아닙니다.

다른 예도 봅시다. C, C++, Java 등의 언어에서는 =를 결합 연산자로 사용합니다. 예를 들어 다음의 경우 b에 1을 대입하여(b = 1을 평가하여) 얻은 결과를 a에 대입합니다. 즉 a = (b = 1)이 됩니다.

a = b = 1 ─ C , C ++, Java에서 입력

하지만 파이썬에서 =는 연산자가 아닙니다. 그러므로 위와 같이 =를 오른쪽 결합이든 왼쪽 결합이든 사용할 수 없습니다. 위 코드를 파이썬에서 입력한다면 다음과 같은 오류가 발생합니다.

```
>>> a = (b = 1) ─ 파이썬에서 입력
SyntaxError: invalid syntax
```

C, C++, JAVA 언어를 알고 있다면 파이썬에서도 =를 오른쪽 결합 연산자로 볼 것이라고 착각하여 예상하지 못한 오류에 빠지지 않도록 주의해야 합니다(보충 수업 8-4 참고).

자료구조의 개념 알아보기

자료구조$^{data structure}$는 논리적인 관계로 이루어진 데이터 구성을 말합니다. 이 책에서는 자료구조를 다음과 같이 정의합니다.

자료구조: 데이터 단위와 데이터 자체 사이의 물리적 또는 논리적인 관계

즉, 자료구조는 데이터가 모여 있는 구조입니다. 자료구조를 알아야 하는 이유는 컴퓨터에서 처리해야 하는 많은 데이터를 모아 효율적으로 관리하고 구조화하는 데 있습니다.

◎ 데이터가 0개 또는 1개인 경우에도 자료구조 개념을 사용할 수 있습니다.

예를 들어 파이썬의 자료형인 리스트와 튜플은 자료구조에 포함시켜 배열이라고 할 수 있습니다.

📚 보충 수업 2-2 　리스트와 튜플 1

앞에서 리스트와 튜플을 알아보았습니다. 이번 보충 수업에서는 리스트와 튜플을 다양하게 사용해 보면서 두 자료형의 중요한 사항 몇 가지를 알아봅시다.

◎ 여기에서 배열은 리스트와 튜플 모두를 의미합니다.

len( ) 함수로 배열의 원소 수 구하기

리스트나 튜플의 원소 수(배열의 길이)는 len( ) 함수로 구할 수 있습니다.

```
>>> x = [15, 64, 7, 3.14, [32, 55], 'ABC']
>>> len(x)
6
```

결과에서 보듯 원소 자체가 리스트(또는 튜플이나 집합 등)인 경우 1개로 계산합니다. 즉, 위의 예에서 [32, 55]는 x의 범주에서 볼 때 2개가 아니라 1개입니다.

min( ), max( ) 함수로 배열의 최솟값과 최댓값 구하기

min( ), max( ) 함수의 인수로 리스트나 튜플을 넘겨주면 그 리스트 또는 튜플이 가진 원소 중에서 최솟값 또는 최댓값을 얻을 수 있습니다.

◎ 이 내용은 보충 수업 6-1에서도 다룹니다.

빈 배열 판단하기

배열에 원소가 하나도 없는지 확인하고 싶다면 배열을 참조하는 변수를 조건식에 그대로 사용하면 됩니다. 만약 배열이 비어 있다면 조건식의 결과는 False입니다. 다음은 배열 x가 비어 있는지 검사하는 예입니다.

```
if x:
    # x가 비어 있지 않으면(True) 실행
else:
    # x가 비어 있으면(False) 실행
```

비교 연산자로 배열의 대소 또는 등가 관계 판단하기

배열의 대소 또는 등가 관계는 비교 연산자를 사용하여 판단합니다. 다음 코드의 결과는 모두 True인 예입니다.

```
>>> [1, 2, 3] == [1, 2, 3]
>>> [1, 2, 3] < [1, 2, 4]
>>> [1, 2, 3, 4] <= [1, 2, 3, 4]
>>> [1, 2, 3] < [1, 2, 3, 5]
>>> [1, 2, 3] < [1, 2, 3, 5] < [1, 2, 3, 5, 6]   # and 결합
```

맨 앞 원소부터 차례로 비교하면서 원소의 값이 같으면 다음 원소를 비교합니다. 만약 어느 원소의 값이 크면 그 배열이 큰 것으로 판단합니다. 또 배열의 원소 수가 다른 경우에는 원소 수가 많은 배열을 더 크다고 판단합니다.

> **조금만 더!** **등가성과 동일성은 다릅니다**
>
> 파이썬에서는 값을 비교할 때 등가성(equality)과 동일성(identity)을 사용합니다. 등가성 비교는 ==을, 동일성 비교는 is를 사용합니다. 등가성 비교는 좌변과 우변의 값이 같은지 비교하고, 동일성 비교는 값은 물론 객체의 식별 번호까지 같은지 비교합니다.
>
> 예 두 객체의 값이 같은지 비교하려면? ==
> 예 두 객체의 값과 식별 번호가 같은지 비교하려면? is

리스트와 튜플의 공통점과 차이점

마지막으로 리스트와 튜플의 공통점과 차이점을 비교·정리하고 넘어갑시다.

성질·기능	리스트	튜플	차이점
값을 변경할 수 있는가?	○	×	이뮤터블(변경 불가)
딕셔너리의 key로 사용할 수 있는가?	×	○	
이터러블한가?	○	○	
in 또는 not in 연산자를 사용할 수 있는가?	○	○	
덧셈 연산자 +를 사용할 수 있는가(연결)?	○	○	
곱셈 연산자 *를 사용할 수 있는가(반복)?	○	○	
+=로 연결 대입할 수 있는가?	○	△	내부에서 수행하지 않음
*=로 반복 대입할 수 있는가?	○	△	내부에서 수행하지 않음

인덱스식을 사용할 수 있는가?	○	△	좌변에 올 수 없음
슬라이스식을 사용할 수 있는가?	○	△	좌변에 올 수 없음
len( ) 함수를 사용할 수 있는가(원소 수)?	○	○	
min( ), max( ) 함수를 사용할 수 있는가(최댓값, 최솟값)?	○	○	
sum( ) 함수를 사용할 수 있는가(합)?	○	○	
index( ) 함수를 사용할 수 있는가(검색)?	○	○	
count( ) 함수를 사용할 수 있는가(원소 출현 횟수)?	○	○	
del( ) 함수를 사용할 수 있는가(원소 삭제)?	○	×	
append( ) 함수를 사용할 수 있는가(원소 추가)?	○	×	
clear( ) 함수를 사용할 수 있는가(전체 원소 삭제)?	○	×	
copy( ) 함수를 사용할 수 있는가(복사)?	○	×	
extend( ) 함수를 사용할 수 있는가(확장)?	○	×	
insert( ) 함수를 사용할 수 있는가(원소 삽입)?	○	×	
pop( ) 함수를 사용할 수 있는가(원소 추출)?	○	×	
remove( ) 함수를 사용할 수 있는가(지정값 삭제)?	○	×	
reverse( ) 함수를 사용할 수 있는가(역순 정렬)?	○	×	
내포 표기로 생성할 수 있는가?	○	×	

◎ 리스트와 튜플은 보충수업 2-3에서 더 설명합니다.

💬 **조금만 더! 내포 표기 생성이란?**

리스트 안에서 for, if 문을 사용하여 새로운 리스트를 생성하는 기법을 내포 표기 생성이라고 합니다. 다음은 numbers 리스트의 원솟값이 홀수인 경우에 그 원소에 *2를 하여 새 리스트(twice)를 생성한 예입니다.

```
>>> numbers = [1, 2, 3, 4, 5]
>>> twice = [num * 2 for num in numbers if num % 2 == 1]
>>> print(twice)
[2, 6, 10]
```
리스트 numbers의 홀수 원솟값을 *2한 리스트 생성

02-2 배열이란?

여기에서는 배열을 사용하는 기본 알고리즘을 본격적으로 알아보겠습니다.

배열 원소의 최댓값 구하기

배열 원소의 최댓값을 구하는 과정을 살펴보겠습니다. 만약 배열 a의 원소가 a[0], a[1], a[2]
일 때와 a[0], a[1], a[2], a[3]일 때 최댓값은 다음과 같이 구할 수 있습니다.

a a의 원소가 3개일 때

```
>>> maximum = a[0]
>>> if a[1] > maximum: maximum = a[1]
>>> if a[2] > maximum: maximum = a[2]
```

b a의 원소가 4개일 때

```
>>> maximum = a[0]
>>> if a[1] > maximum: maximum = a[1]
>>> if a[2] > maximum: maximum = a[2]
>>> if a[3] > maximum: maximum = a[3]
```

첫 번째 원소(a[0])의 값을 maximum에 대입합니다. 그런 다음 if 문을 실행하는 과정에서 필
요에 따라 maximum을 업데이트합니다. 원소 수가 n이면 if 문은 n − 1번 실행합니다. 프롬
프트에서 보듯 maximum과 비교하거나 maximum에 대입하는 원소의 인덱스는 1, 2, 3으로
1씩 증가합니다. 이를 순서도로 표현하면 [그림 2-3]과 같습니다.

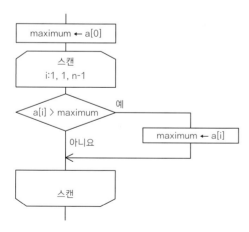

[그림 2-3] 배열 원소의 최댓값을 구하는 순서도

[그림 2-3]에 따라 배열 a의 원소 중에서 최댓값을 구하는 max_of( ) 함수를 정의하고, 최댓값을 구하는 과정을 [그림 2-4]로 나타냈습니다(원소 수가 5개인 경우).

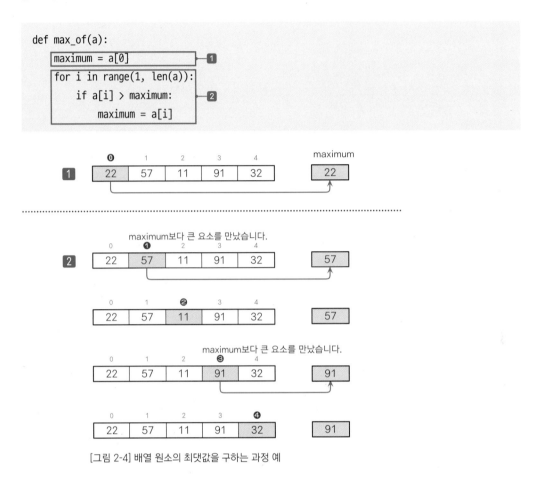

[그림 2-4] 배열 원소의 최댓값을 구하는 과정 예

[그림 2-4]에서 ● 안의 숫자는 프로그램을 실행해서 반복할 때마다 주목하는 원소의 인덱스입니다. 반복할 때마다 주목하는 원소의 인덱스는 1씩 증가합니다(한 칸씩 뒤로 이동).
1에서는 a[0]에 주목하여 a[0]의 값을 maximum에 대입합니다. **2**에서는 a[1]~a[4]까지 차례대로 주목합니다. 이와 같이 배열 원소를 하나씩 차례로 주목하여 살펴보는 방식을 알고리즘 용어로 **스캔**scan이라고 합니다.
😊 스캔은 주사(走査) 또는 트래버스(traverse)라고도 합니다. 스캔은 자주 사용하는 용어이므로 꼭 기억해 두세요.

2의 스캔 과정에서 if 문의 조건식(a[i] > maximum)이 True일 때, 즉 주목한 원소 a[i]의 값이 최댓값인 maximum보다 크면 a[i]의 값을 maximum에 대입합니다. 그 결과 배열의 모든 원소에 대해 스캔을 마치면 배열 a의 최댓값이 maximum에 남아 있게 됩니다.

배열 원소의 최댓값을 구하는 함수 구현하기

실습 2-2는 앞에서 살펴본 배열 원소의 최댓값을 구하는 함수를 프로그램으로 구현한 것입니다.

• 완성 파일 chap02/max.py

Do it! 실습 2-2

```python
01: # 시퀀스 원소의 최댓값 출력하기
02:
03: from typing import Any, Sequence
04:
05: def max_of(a: Sequence) -> Any:
06:     """시퀀스형 a 원소의 최댓값을 반환"""
07:     maximum = a[0]
08:     for i in range(1, len(a)):
09:         if a[i] > maximum:
10:             maximum = a[i]
11:     return maximum
12:
13: if __name__ == '__main__':
14:     print('배열의 최댓값을 구합니다.')
15:     num = int(input('원소 수를 입력하세요.: '))
16:     x = [None] * num    # 원소 수가 num인 리스트를 생성
17:
18:     for i in range(num):
19:         x[i] = int(input(f'x[{i}]값을 입력하세요.: '))
20:
21:     print(f'최댓값은 {max_of(x)}입니다.')
```

▶ 실행 결과

```
배열의 최댓값을 구합니다.
원소 수를 입력하세요.: 5
x[0]값을 입력하세요.: 172
x[1]값을 입력하세요.: 153
x[2]값을 입력하세요.: 192
x[3]값을 입력하세요.: 140
x[4]값을 입력하세요.: 165
최댓값은 192입니다.
```

05~11행은 배열 a의 최댓값을 구하는 max_of( ) 함수를 정의한 것이며, 13~21행은 값을 입력받아 max_of( ) 함수를 실행합니다.

또한 실습 2-2는 함수 어노테이션과 if __name__ == '__main__'에 따라 프로그램을 실행하도록 작성했습니다. 앞으로 이와 비슷한 구조로 프로그램을 작성할 것이므로 어떻게 구현되는지 잘 이해해야 합니다. 지금부터 그 이유를 살펴보겠습니다.

ⓒ 본문에서는 자료구조 관점에서 배열이라는 용어를 사용하지만, 프로그램의 주석에서는 파이썬 관점에서 시퀀스, 리스트라는 용어를 구분하여 사용합니다.

주석과 자료형 힌트

먼저 실습 2-2의 03행에 있는 Any와 Sequence를 임포트한 내용을 살펴보겠습니다.

```
03: from typing import Any, Sequence
```

Any는 제약이 없는 임의의 자료형을 의미하며, Sequence는 시퀀스형$^{sequence\ type}$을 의미합니다. 또한 시퀀스형에는 리스트^{list}형, 바이트 배열^{bytearry}형, 문자열^{str}형, 튜플^{tuple}형, 바이트열^{bytes}형이 있습니다.

```
05: def max_of(a: Sequence) -> Any:
```

따라서 두 자료형을 사용하여 max_of( ) 함수를 다음과 같이 정의합니다.

- 건네받는 매개변수 a의 자료형은 Sequence입니다.
- 반환하는 것은 임의의 자료형인 Any입니다.

이를 바탕으로 max_of( ) 함수의 특성은 다음과 같이 정리할 수 있습니다.

- 함수 안에서는 배열 a의 원솟값을 변경하지 않습니다.
- 호출하는 쪽이 넘겨주는 실제 인수의 자료형은 뮤터블인 리스트, 이뮤터블인 튜플·문자열 등 시퀀스 자료형이라면 무엇이든 상관 없습니다.
- 인수의 원소를 비교 연산자 >로 값을 비교할 수 있다면 다른 형(int형, float형)이 섞여 있어도 됩니다.
- 최댓값의 원소가 int형 원소이면 int형 값을 반환하고, float형 원소이면 float형 값을 반환합니다.

또 max_of( ) 함수 안에서 매개변수에 대한 함수 어노테이션^{annotation}은 시퀀스형이 아닌 뮤터블 시퀀스라고 명시합니다.

ⓒ 이 경우 뮤터블한 리스트에서는 실제 인수를 넘겨주지만, 이뮤터블한 문자열형·튜플형·바이트열형의 실제 인수는 넘겨주지 않습니다. 그래서 호출할 때 실제 인수를 넘겨주지 말라고 주석을 적어 놓은 것입니다.

🔵 **조금만 더!** **함수 어노테이션 알아보기**

파이썬은 문법의 제약성이 적어 유연성이 높지만 그로 인한 단점도 있습니다. 즉, 파이썬에서는 자료형 선언 없이 변수나 함수를 자유롭게 사용할 수 있지만, 명시적으로 해석하기 어려운 경우가 있습니다. 그래서 등장한 기능이 어노테이션(annotation, 주석 달기)입니다. 특히 함수 어노테이션은 파이썬 3 이상에서 사용 할 수 있으며 사용 방법도 간단합니다.

어노테이션의 가장 큰 특징은 강제성이 없다는 것입니다. 곧 어노테이션은 말 그대로 주석 달기일 뿐이며 코드 자체에는 어떠한 영향도 미치지 않습니다. 함수 어노테이션은 함수의 매개변수와 반환값을 나타내는 역할을 합니다.

재사용할 수 있는 모듈 작성하기

파이썬에서는 하나의 스크립트 프로그램을 **모듈**^{module}이라고 합니다. 확장자(.py)를 포함하지 않는 파일의 이름 자체를 모듈 이름으로 사용합니다. 따라서 실습 2-2 프로그램의 파일 이름이 max.py이므로 모듈 이름은 max입니다.

이 프로그램 13행의 if 문에서는 __name__과 '__main__'이 같은지를 판단합니다. 왼쪽 피연산자 __name__은 모듈 이름을 나타내는 변수이고 작성 규칙은 다음과 같습니다.

- 스크립트 프로그램이 직접 실행될 때 변수 __name__은 '__main__'입니다.
- 스크립트 프로그램이 임포트될 때 변수 __name__은 원래의 모듈 이름입니다.

모든 것을 객체로 다루는 파이썬에서는 모듈도 당연히 객체입니다. 모듈은 프로그램이 처음 임포트되는 시점에 그 모듈 객체가 생성되면서 초기화되는 구조입니다. 따라서 실습 2-2 프로그램에서 13행의 if 문은 max.py를 직접 시작한 경우에만(즉, __name__과 '__main__'이 일치하는 경우) 참이 되어 14~21행을 실행할 수 있습니다. 만약 다른 스크립트 프로그램에서 임포트한 경우에는 거짓이 되므로 if 문이 실행되지 않습니다.

ⓒ 모듈 객체에는 __name__ 이외에도 __loader__, __package__, __spec__, __path__, __file__ 등이 있습니다.

모듈 테스트하기

실습 2-2의 모듈 max로 정의된 max_of( ) 함수를 다른 프로그램에서 호출해 보겠습니다.

입력받을 때 원소 수를 결정하기

실습 2-3은 int형 정숫값을 차례로 입력받다가 End를 입력하면 더 이상 입력받지 않으며 그 시점에서 원소 수를 확정하는 프로그램입니다.

ⓖ 실습 2-3, 2-4, 2-5 프로그램은 max_of( ) 함수를 호출하므로 반드시 max.py 파일과 같은 경로에 저장해야 합니다.

Do it! 실습 2-3

• 완성 파일 chap02/max_of_test_input.py

```
01: # 배열 원소의 최댓값을 구해서 출력하기(원솟값을 입력받음)
02:
03: from max import max_of
04:
05: print('배열의 최댓값을 구합니다.')
06: print('주의: "End"를 입력하면 종료합니다.')
07:
08: number = 0
09: x = []                      # 빈 리스트
10:
11: while True:
12:     s = input(f'x[{number}]값을 입력하세요.: ')
13:     if s == 'End':
14:         break
15:     x.append(int(s))     # 배열의 맨 끝에 추가
16:     number += 1
17:
18: print(f'{number}개를 입력했습니다.')
19: print(f'최댓값은 {max_of(x)}입니다.')
```

▶ 실행 결과
배열의 최댓값을 구합니다.
주의: "End"를 입력하면 종료합니다.
x[0]값을 입력하세요.: 15
x[1]값을 입력하세요.: 72
x[2]값을 입력하세요.: 64
x[3]값을 입력하세요.: 7
x[4]값을 입력하세요.: End
4개를 입력했습니다.
최댓값은 72입니다.

03행을 보면 모듈 max로 정의된 max_of( ) 함수를 사용할 수 있도록 임포트했습니다. 그리
고 09행에서 빈 리스트 x를 생성합니다. 11행부터 while 문을 실행하고 사용자가 End를 입
력하면 break 문이 작동하여 while 문을 종료합니다. 하지만 입력받은 값이 End가 아니라면

입력받은 문자열을 int( ) 함수로 변환하고 배열 x에 차례대로 추가합니다. 변수 number는 0으로 초기화한 뒤 정수를 입력받을 때마다 1씩 증가시킵니다. 입력받은 정수의 개수는 배열 x의 원소 수와 일치됩니다.

ⓒ 참고로 모듈 max(실습 2-2의 max.py 파일)를 임포트하지만 max.py 파일 내에서 13행의 if 문은 실행되지 않습니다. 그 이유는 앞에서 설명한 것처럼 다른 프로그램(모듈)에서 임포트될 때 __name__ == '__main__'이 성립하지 않기 때문입니다.

배열의 원솟값을 난수로 결정하기

배열의 원소 수, 최댓값, 최솟값은 입력받고, 최댓값과 최솟값 안에서 배열을 구성하는 원솟값은 난수로 결정하는 실습 2-4 프로그램을 살펴봅시다.

Do it! 실습 2-4   • 완성 파일 chap02/max_of_test_randint.py

```
01: # 배열 원소의 최댓값을 구해서 출력하기(원솟값을 난수로 생성)
02:
03: import random
04: from max import max_of
05:
06: print('난수의 최댓값을 구합니다.')
07: num = int(input('난수의 개수를 입력하세요.: '))
08: lo = int(input('난수의 최솟값을 입력하세요.: '))
09: hi = int(input('난수의 최댓값을 입력하세요.: '))
10: x = [None] * num                    # 원소 수가 num인 리스트를 생성
11:
12: for i in range(num):
13:     x[i] = random.randint(lo, hi)  # lo 이상 hi 이하인 정수 난수를 반환
14:
15: print(f'{(x)}')
16: print(f'이 가운데 최댓값은 {max_of(x)}입니다.')
```

▶ 실행 결과
난수의 최댓값을 구합니다.
난수의 개수를 입력하세요.: 5
난수의 최솟값을 입력하세요.: 10
난수의 최댓값을 입력하세요.: 99
[67, 94, 53, 89, 60]
이 가운데 최댓값은 94입니다.

튜플, 문자열, 문자열 리스트의 최댓값 구하기

실습 2-5는 튜플, 문자열, 문자열 리스트의 최댓값을 구하는 프로그램입니다.

Do it! 실습 2-5

• 완성 파일 chap02/max_of_test.py

```
01: # 각 배열 원소의 최댓값을 구해서 출력하기(튜플, 문자열, 문자열 리스트)
02:
03: from max import max_of
04:
05: t = (4, 7, 5.6, 2, 3.14, 1)
06: s = 'string'
07: a = ['DTS', 'AAC', 'FLAC']
08:
09: print(f'{t}의 최댓값은 {max_of(t)}입니다.')
10: print(f'{s}의 최댓값은 {max_of(s)}입니다.')
11: print(f'{a}의 최댓값은 {max_of(a)}입니다.')
```

▶ 실행 결과
```
(4, 7, 5.6, 2, 3.14, 1)의 최댓값은 7입니다.
string의 최댓값은 t입니다.
['DTS', 'AAC', 'FLAC']의 최댓값은 FLAC입니다.
```

튜플 t는 정수와 실수 원소가 섞여 있지만 최댓값 7이 출력됩니다. s는 string이라는 문자 가운데 가장 큰 문자 코드인 t를 출력합니다. a는 문자열 리스트(모든 원소가 str형 문자열인 list형 리스트)로, 사전 순으로 가장 큰 문자열인 FLAC를 출력합니다.

ⓒ 리스트, 튜플, 문자열 등의 최댓값, 최솟값은 표준 라이브러리인 max( ), min( ) 함수로도 구할 수 있습니다(보충 수업 2-2 참고).

📚 **보충 수업 2-3 리스트와 튜플 2**

보충 수업 2-2에 이어서 리스트와 튜플을 좀 더 자세히 알아보겠습니다.

따로따로 생성한 리스트, 튜플의 동일성 판단하기

따로따로 생성한 리스트에서 모든 원소의 값이 같아도 실체는 각각 다릅니다. 무슨 말인지 다음 프롬프트를 확인합시다.

```
>>> lst1 = [1, 2, 3, 4, 5]
>>> lst2 = [1, 2, 3, 4, 5]
>>> lst1 is lst2
False
```

lst1과 lst2의 동일성^{identity}(식별 번호)이 같은지 연산자 is로 판단하는데 여기에서 결과는 False입니다(튜플도 마찬가지입니다). lst1과 lst2 모두 [1, 2, 3, 4, 5]로 같은 리스트를 생성한 것처럼 보이지만 이는 리터럴^{literal}(고정된 값)이 아니기 때문입니다.

리스트, 튜플의 대입

리스트를 2개 선언하여 서로 대입해도 원소 자체는 복사되지 않습니다. 앞에서도 설명했듯이 대입에서 복사되는 것은 값이 아니라 참조하는 곳이기 때문입니다.

```
>>> lst1 = [1, 2, 3, 4, 5]
>>> lst2 = lst1
>>> lst1 is lst2
True
>>> lst1[2] = 9
>>> lst1
[1, 2, 9, 4, 5]
>>> lst2
[1, 2, 9, 4, 5]
```

대입식 lst2 = lst1에서 lst2는 lst1(참조하는 곳의 리스트)을 참조합니다. [그림 2C-3]처럼 lst2와 lst1은 같은 실체(리스트)를 참조하는 것입니다. 따라서 lst1에서 인덱스식(또는 슬라이스식)으로 원솟값을 바꾸면 lst2의 원솟값도 바뀝니다. 튜플 또한 튜플 자체를 대입할 수 있지만 원소에는 대입할 수 없습니다.

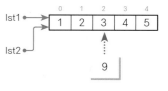

[그림 2C-3] 리스트의 대입

리스트 스캔

다음과 같이 리스트를 스캔하는 프로그램 4개를 살펴보겠습니다.

- **실습 2C-1**: 원소 수를 len( ) 함수로 미리 알아내서 0에서 원소 수 - 1까지 반복합니다.
- **실습 2C-2**: 인덱스와 원소를 짝지어 enumerate( ) 함수로 반복해서 꺼냅니다.
- **실습 2C-3**: 실습 2C-2와 같지만 1부터 카운트를 시작합니다.
- **실습 2C-4**: 인덱스값을 사용하지 않고 in을 사용해서 원소를 처음부터 순서대로 꺼냅니다.

실습 2C-2와 실습 2C-3 프로그램에서 사용하는 enumerate( ) 함수는 인덱스와 원소를 짝지어 튜플로 꺼내는 내장 함수입니다. 실습 2C-2는 처음부터 순서대로 (0, 'John'), (1, 'George'), …으로 꺼내고, 실습 2C-3은 처음부터 순서대로 (1, 'John'), (2, 'George'), …으로 꺼낸다는 점이 다릅니다. 실습 2C-4는 리스트 x에서 원소를 1개씩 i로 꺼냅니다. 이렇게 인덱스값을 따로 지정하지 않아도 되는 이유는 리스트가 이터러블 객체^{iterable object}, 곧 순차 반복 객체이기 때문입니다.

Do it! 실습 2C-1

• 완성 파일 chap02/list1.py

```
01: # 리스트의 모든 원소를 스캔하기(원소 수를 미리 파악)
02:
03: x = ['John', 'George', 'Paul', 'Ringo']
04:
05: for i in range(len(x)):
06:     print(f'x[{i}] = {x[i]}')
```

▶ 실행 결과

```
x[0] = John
x[1] = George
x[2] = Paul
x[3] = Ringo
```

Do it! 실습 2C-2

• 완성 파일 chap02/list2.py

```
01: # 리스트의 모든 원소를 enumerate( ) 함수로 스캔하기
02:
03: x = ['John', 'George', 'Paul', 'Ringo']
04:
05: for i, name in enumerate(x):
06:     print(f'x[{i}] = {name}')
```

▶ 실행 결과

```
x[0] = John
x[1] = George
x[2] = Paul
x[3] = Ringo
```

• 완성 파일 chap02/list3.py

Do it! 실습 2C-3

```
01: # 리스트의 모든 원소를 enumerate( ) 함수로 스캔하기(1부터 카운트)
02:
03: x = ['John', 'George', 'Paul', 'Ringo']
04:
05: for i, name in enumerate(x, 1):
06:     print(f'{i}번째 = {name}')
```

▶ 실행 결과

```
1번째 = John
2번째 = George
3번째 = Paul
4번째 = Ringo
```

• 완성 파일 chap02/list4.py

Do it! 실습 2C-4

```
01: # 리스트의 모든 원소를 스캔하기(인덱스 값을 사용하지 않음)
02:
03: x = ['John', 'George', 'Paul', 'Ringo']
04:
05: for i in x:
06:     print(i)
```

▶ 실행 결과

```
John
George
Paul
Ringo
```

튜플의 스캔

튜플은 다음처럼 리스트로 작성한 x = [ ]를 x = ( )로 수정하는 것만으로 스캔할 수 있습니다.

```
x = ('John', 'George', 'Paul', 'Ringo')
```

◎ 튜플로 작성한 프로그램은 chap02/tuple1.py, chap02/tuple2.py, chap02/tuple3.py, chap02/tuple4.py에 있습니다.

◎ 참고로 리스트와 튜플에서 역순(배열의 뒤에서 앞)으로 스캔하는 경우에는 reversed(x) 또는 x[::-1]로 작성합니다.

이터러블

문자열, 리스트, 튜플, 집합, 딕셔너리 등의 자료형 객체는 모두 이터러블^{iterable}(반복 가능)하다는
공통점이 있습니다. 이터러블 객체는 원소를 하나씩 꺼내는 구조이며, 이터러블 객체를 내장 함수
인 iter( )의 인수로 전달하면 그 객체에 대한 이터레이터^{iterator}(반복자)를 반환합니다. 이터레이터
는 데이터의 나열을 표현하는 객체입니다. 이터레이터의 __next__ 함수를 호출하거나 내장 함수인
next( ) 함수에 이터레이터를 전달하면 원소를 순차적으로 꺼낼 수 있습니다. 꺼낼 원소가 더 이상 없
는 경우에는 StopIteration으로 예외 발생을 시킵니다.

배열 원소를 역순으로 정렬하기

배열 원소를 역순(뒤에서 앞)으로 정렬하는 알고리즘을 생각해 봅시다. 예를 들어 배열 a의
원소가 7개이고 [2, 5, 1, 3, 9, 6, 7]로 저장되어 있다면, 이것을 [7, 6, 9, 3, 1, 5, 2]의 순서로
바꾸어 보겠습니다.

역순으로 정렬하는 과정을 [그림 2-5]로 나타냈습니다. 먼저 그림 **a** 처럼 맨 앞 원소 a[0]과
맨 끝 원소 a[6]의 값을 교환합니다. 이어서 그림 **b** 와 **c** 처럼 각각 하나씩 안쪽의 원솟값을
교환하는 작업을 반복합니다.

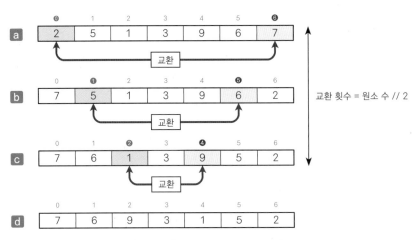

[그림 2-5] 배열 원소를 역순으로 정렬

교환 횟수는 원소 수 // 2번입니다. // 기호를 사용하여 나누기 연산을 한 후 소수점 이하는
버립니다. 앞의 예제에서 볼 수 있듯이 원소 수가 홀수인 경우에 가운데 원소는 교환할 필요
가 없습니다.

◎ '정수//정수' 연산에서는 나머지(소숫값)는 버리고 정숫값만 얻을 수 있습니다. 예를 들어 7 // 2, 즉 3을 얻습니다.

[그림 2-5]에서 원소 수가 n인 배열을 교환할 때 i값을 원소의 인덱스라고 한다면 다음과 같이 변화하여 서로를 교환합니다.

- 왼쪽 원소의 인덱스(배열의 맨 앞에서 시작하는 ●) ··· i ——————— n이 7이면 0 → 1 → 2
- 오른쪽 원소의 인덱스(배열의 맨 끝에서 시작하는 ●) ··· n - i - 1 ——— n이 7이면 6 → 5 → 4

따라서 배열 원소를 역순으로 정렬하는 알고리즘을 간단히 나타내면 다음과 같습니다.

```
for i in range(n // 2):
    a[i]와 a[n - i - 1]의 값을 교환
```

◎ 위 코드에서는 쉽고 빠르게 이해할 수 있도록 파이썬 명령어와 우리말을 섞어 표현했습니다. 이와 같이 컴퓨터에서 바로 실행할 수는 없지만 알고리즘을 간단하고 분명하게 나타내는 코드를 의사 코드(pseudo code)라고 합니다.

실습 2-6은 배열 원소를 역순으로 정렬하는 프로그램입니다.

Do it! 실습 2-6

• 완성 파일 chap02/reverse.py

```python
01: # 뮤터블 시퀀스 원소를 역순으로 정렬
02:
03: from typing import Any, MutableSequence
04:
05: def reverse_array(a: MutableSequence) -> None:
06:     """뮤터블 시퀀스 a의 원소를 역순으로 정렬"""
07:     n = len(a)
08:     for i in range(n // 2):
09:         a[i], a[n - i - 1] = a[n - i - 1], a[i]
10:
11: if __name__ == '__main__':
12:     print('배열 원소를 역순으로 정렬합니다.')
13:     nx = int(input('원소 수를 입력하세요.: '))
14:     x = [None] * nx   # 원소 수가 nx인 리스트를 생성
15:
16:     for i in range(nx):
17:         x[i] = int(input(f'x[{i}]값을 입력하세요.: '))
18:
19:     reverse_array(x)   # x를 역순으로 정렬
20:
21:     print('배열 원소를 역순으로 정렬했습니다.')
22:     for i in range(nx):
23:         print(f'x[{i}] = {x[i]}')
```

▶ 실행 결과

배열 원소를 역순으로 정렬합니다.
원소 수를 입력하세요.: 7
x[0]값을 입력하세요.: 2
x[1]값을 입력하세요.: 5
x[2]값을 입력하세요.: 1
x[3]값을 입력하세요.: 3
x[4]값을 입력하세요.: 9
x[5]값을 입력하세요.: 6
x[6]값을 입력하세요.: 7
배열 원소를 역순으로 정렬했습니다.
x[0] = 7
x[1] = 6
x[2] = 9
x[3] = 3
x[4] = 1
x[5] = 5
x[6] = 2

05~09행의 reverse_array( ) 함수는 인수로 받은 배열 a의 원소를 역순으로 정렬합니다. 11행 이후는 배열의 원소 수와 각 원솟값을 입력받은 뒤 reverse_array( ) 함수를 호출하여 역순으로 정렬하고 그 원솟값을 출력합니다.

◎ 배열 a의 원소 수를 저장하는 변수 n을 사용하지 않고도 프로그램을 작성할 수 있지만, 그렇게 하면 프로그램 코드를 이해하기가 어렵습니다. 그러므로 프로그램 코드의 가독성을 높이기 위해 변수 n을 사용합니다. 변수 n을 사용하지 않은 프로그램은 chap02/reverse2.py 파일을 참고하세요.

📚 보충 수업 2-4 리스트를 역순으로 정렬하기

파이썬의 표준 라이브러리를 사용하면 리스트를 역순으로 정렬하거나 정렬한 리스트를 새로 생성할 수 있습니다.

리스트를 역순으로 정렬

리스트 자기 자신을^{inplace} 역순으로 정렬하려면 list형의 reverse( ) 함수를 사용할 수 있습니다. 리스트 x는 다음과 같이 수행합니다.

```
x.reverse()   # 리스트 x의 원소를 역순으로 정렬
```

◎ 참고로 튜플은 이뮤터블하므로 자기 자신을 역순으로 정렬할 수 없습니다.

역순으로 정렬한 리스트 생성

reversed( ) 함수를 호출하는 reversed(x)는 x의 원소를 역순으로 정렬하는 이터러블 객체를 생성합니다. 엄밀하게 말하자면 x의 원소를 역순으로 꺼내는 이터레이터[iterator](반복자)를 반환하는 것입니다. 따라서 어떤 리스트의 원소를 역순으로 정렬한다면, reversed( ) 함수가 반환하는 이터러블 객체를 list( ) 함수에 넘기고 새로운 리스트를 생성해야 합니다. 예를 들어 리스트 x를 역순으로 정렬하여 y에 대입하려면 다음과 같이 작성하면 됩니다.

```
y = list(reversed(x))    # 리스트 x의 원소를 역순으로 정렬하여 y에 대입
```

기수 변환하기(n진수 구하기)

이번에는 정숫값을 임의의 기수(基數)로 변환하는 알고리즘을 살펴보겠습니다. 10진수 정수를 n진수로 변환하려면 정수를 n으로 나눈 나머지를 구하는 동시에 몫을 반복해서 나눠야 합니다. 몫이 0이 될 때까지 이 과정을 반복하고 나머지를 역순으로 늘어놓으면 기수로 변환한 수가 됩니다. 이 내용을 바탕으로 10진수 59를 2진수, 8진수, 16진수로 변환하는 모습을 [그림 2-6]으로 나타냈습니다.

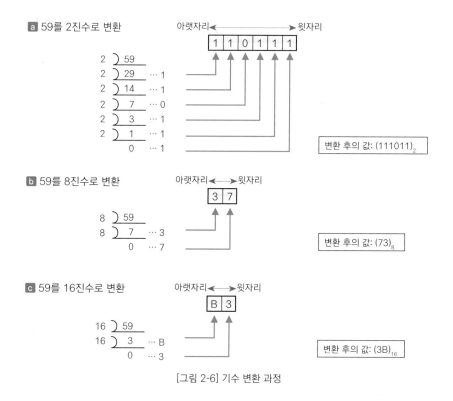

[그림 2-6] 기수 변환 과정

16진수는 다음과 같이 문자 16개로 표현하는 수입니다. 보충 수업 2-5에서 계속 설명합니다.

0, 1, 2, 3, 4, 5, 6, 7, 8, 9, A, B, C, D, E, F

따라서 기수가 10을 넘는 경우 0~9까지 이어지는 숫자가 끝나면 알파벳 문자인 A, B, …를 사용합니다. A, B, …는 10진수인 10, 11, …에 해당합니다.

😊 0~9까지의 숫자 10개와 A~Z까지의 알파벳 26개를 사용하여 36진수까지 표현할 수 있습니다.

> **💬 조금만 더!** **기수와 서수**
>
> **기수**는 수를 나타내는 데 기초가 되며 10진법에서는 0~9까지 정수를 말합니다. 이 10개의 기수를 사용하여 무수히 많은 값을 수로 나타낼 수 있습니다. 그리고 **서수**(序數)는 사물의 순서를 나타냅니다. 간단히 말해 기수는 1, 2, 3, …이고, 서수는 첫째, 둘째, 셋째, … 라고 생각하면 됩니다. 또 숫자는 수를 나타내는 기호로 10진법에서는 10개의 숫자를 사용하고, 수는 숫자를 사용하여 무수히 많은 값을 나타낼 수 있습니다.

📚 보충 수업 2-5 기수 살펴보기

n진수는 n을 기수로 하는 수입니다. 10진수, 8진수, 16진수를 예로 들어 각 기수를 간단히 살펴보겠습니다.

10진수

10진수^{decimal}는 다음과 같이 숫자 10종류를 사용하여 수를 나타냅니다.

0 1 2 3 4 5 6 7 8 9

0~9까지의 숫자 10종류를 모두 사용하면 한 자릿수를 올려서 10이 됩니다. 이를 2자릿수라고 하며 10~99까지 표현합니다. 99 다음 수는 다시 한 자릿수를 올려서 3자릿수(100)가 됩니다. 다음과 같이 정리할 수 있습니다.

- **1자릿수**: 0~9까지의 수를 나타냅니다.
- **2자릿수**: 10~99까지의 수를 나타냅니다.
- **3자릿수**: 100~999까지의 수를 나타냅니다.

10진수의 각 자리는 아랫자리부터 10^0, 10^1, 10^2, …으로 10의 거듭제곱값을 갖습니다. 예를 들어 1234는 다음과 같이 풀어 쓸 수 있습니다.

$$1234 = 1 \times 10^3 + 2 \times 10^2 + 3 \times 10^1 + 4 \times 10^0$$

☺ 10^0은 1입니다(이후에 나오는 2^0, 8^0 등 0 제곱의 값은 모두 1입니다).

8진수

8진수^{octal}는 다음과 같이 숫자 8종류를 사용하여 수를 나타냅니다.

0 1 2 3 4 5 6 7

0~7까지의 숫자 8종류를 모두 사용하면 한 자릿수를 올려서 10이 되고, 그다음 수는 11이 됩니다. 2 자릿수는 10~77까지입니다. 이 2자릿수를 모두 사용하면 그다음 수는 100이 됩니다. 다음과 같이 정리할 수 있습니다.

- **1자릿수**: 0~7까지의 수를 나타냅니다.
- **2자릿수**: 10~77까지의 수를 나타냅니다.
- **3자릿수**: 100~777까지의 수를 나타냅니다.

8진수의 각 자리는 아랫자리부터 8^0, 8^1, 8^2, …으로 8의 거듭제곱값을 갖습니다. 예를 들어 8진수 5306은 다음과 같이 풀어 쓸 수 있습니다.

$$5306 = 5 \times 8^3 + 3 \times 8^2 + 0 \times 8^1 + 6 \times 8^0$$

☺ 8진수 5306을 10진수로 나타내면 2,758입니다.

16진수

16진수^{hexadecimal}는 다음과 같이 숫자 16종류를 사용하여 수를 나타냅니다.

0 1 2 3 4 5 6 7 8 9 A B C D E F

0~F는 10진수로 0~15에 해당합니다(A~F는 소문자여도 상관없습니다). 0~F까지의 숫자 16종류를 모두 사용하고 나면 한 자릿수를 올려서 10이 됩니다. 2자릿수는 10~FF까지입니다. 이 2자릿수를 모두 사용하면 그다음 수는 100이 됩니다. 16진수의 각 자리는 아랫자리부터 16^0, 16^1, 16^2, …으로 16 의 거듭제곱값을 갖습니다. 예를 들어 12A0은 다음과 같이 풀어 쓸 수 있습니다.

$$12A0 = 1 \times 16^3 + 2 \times 16^2 + A \times 16^1 + 0 \times 16^0$$

ⓒ 16진수 12A0을 10진수로 나타내면 4,768입니다.

기수로 변환하는 프로그램을 살펴보겠습니다. 먼저 실습 2-7 [A]는 프로그램의 도입부로 cord_conv( ) 함수를 수행합니다.

Do it! 실습 2-7 [A]

• 완성 파일 chap02/card_conv.py

```
01: # 10진수 정숫값을 입력받아 2~36진수로 변환하여 출력하기
02:
03: def card_conv(x: int, r: int) -> str:
04:     """정숫값 x를 r진수로 변환한 뒤 그 수를 나타내는 문자열을 반환"""
05:
06:     d = ''                       # 변환 후의 문자열
07:     dchar = '0123456789ABCDEFGHIJKLMNOPQRSTUVWXYZ'
08:
09:     while x > 0:
10:         d += dchar[x % r]    # 해당하는 문자를 꺼내 결합
11:         x //= r
12:
13:     return d[::-1]           # 역순으로 반환
```

ⓞ 실습 2-7 [B]로 이어집니다.

ⓒ 10진수 59를 16진수로 변환하는 과정인 [그림 2-7]을 참고해서 코드를 살펴봅시다.

03행의 card_conv( ) 함수는 정수 x를 r 진수로 변환하고 그 수를 문자열로 반환합니다. 06행에서 문자열 d를 빈 문자열로 초기화합니다. 그 뒤 while 문의 루프 본문을 수행합니다. 10~11행에서는 x를 r로 나눈 나머지를 인덱스로 하는 문자, 곧 dchar [x % r]를 문자열 d에 추가합니다.

ⓒ 문자열 dchar에는 '0123456789ABCDEFGHIJKLMNOPQRSTUVWXYZ'이 들어 있으므로 각 문자를 맨 앞부터 차례로 dchar[0], dchar[1], …, dchar[35]로 접근할 수 있습니다. [그림 2-7]의 경우 x % r은 11이 되므로 dchar[11]에 있는 B를 변환한 후 문자열 d에 추가합니다.

x가 0이 될 때까지 이 과정(10~11행)을 반복합니다. 이때 x를 r로 나눈 나머지의 값 위치에 있는 문자를 d에 결합하므로 문자열 d의 맨 앞은 마지막으로 구한 문자가 됩니다. 따라서 변환된 문자열 d는 역순으로 출력해야 합니다. return 문은 슬라이스식 d[::-1]을 통해 d의 문자열을 역순으로 반환합니다.

ⓒ [그림 2-7]의 경우 문자열 d가 B3이므로 역순으로 정렬한 3B를 생성하여 반환합니다.

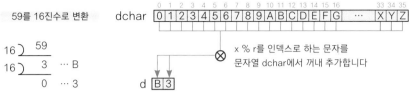

[그림 2-7] 59를 16진수로 변환

실습 2-7 [B]는 이 프로그램의 메인부로 기수 변환을 실행합니다.

Do it! 실습 2-7 [B]

• 완성 파일 chap02/card_conv.py

```
17: if __name__ == '__main__':
18:     print('10진수를 n진수로 변환합니다.')
19:
20:     while True:
21:         while True :    # 음이 아닌 정수를 입력받음
22:             no = int(input('변환할 값으로 음이 아닌 정수를 입력하세요.: '))
23:             if no > 0:
24:                 break
25:
26:         while True :    # 2~36진수의 정숫값을 입력받음
27:             cd = int(input('어떤 진수로 변환할까요?: '))
28:             if 2 <= cd <= 36:
29:                 break
30:
31:         print(f'{cd}진수로는 {card_conv(no, cd)}입니다.')
32:
33:         retry = input( "한 번 더 변환할까요?(Y … 예 / N … 아니요): ")
34:         if retry in {'N', 'n'}:
35:             break
```

▶ 실행 결과

10진수를 n진수로 변환합니다.
변환할 값으로 음이 아닌 정수를 입력하세요.: 29
어떤 진수로 변환할까요?: 2
2진수로는 11101입니다.
한 번 더 변환할까요?(Y … 예 / N … 아니요): N

22행에서 변환할 값(음이 아닌 정수)을 입력받고, 27행에서 변환할 진수(2~36까지의 정수)를 입력받습니다. 그 뒤 31행의 card_conv( ) 함수를 호출하여 반환된 문자열을 출력합니다.

출력이 끝나면 반복할 것인지 묻습니다. N이나 n을 입력하면 프로그램을 종료하고, Y나 y를 입력하면 다시 프로그램을 실행합니다.

⊜ card_conv( ) 함수는 일종의 블랙박스(black box)입니다. 그러므로 이 프로그램을 실행한다고 해도 구체적인 변환 모습을 알 수 없습니다.

실습 2-7 [A]의 card_conv( ) 함수 부분(03~13행)을 다음과 같이 수정하여 기수 변환하는 과정을 자세히 나타냈습니다.

⊜ 생략한 21행부터는 2-7 [B]의 코드를 그대로 쓰면 됩니다.

• 완성 파일 chap02/card_conv_verbose.py

```python
01: # 10진수 정숫값을 입력받아 2~36진수로 변환하여 출력하기(실습 2-7 [A] 수정)
02:
03: def card_conv(x: int, r: int) -> str:
04:     """정숫값 x를 r 진수로 변환한 뒤 그 수를 나타내는 문자열을 반환"""
05:
06:     d = ''                       # 변환 후의 문자열
07:     dchar = '0123456789ABCDEFGHIJKLMNOPQRSTUVWXYZ'
08:     n = len(str(x))              # 변환하기 전의 자릿수
09:
10:     print(f'{r:2} ¦ {x:{n}d}')
11:     while x > 0:
12:         print('   +' + (n + 2) * '-')
13:         if x // r:
14:             print(f'{r:2} ¦ {x // r:{n}d} … {x % r}')
15:         else:
16:             print(f'    {x // r:{n}d} … {x % r}')
17:         d += dchar [x % r]       # 해당하는 문자를 꺼내 결합
18:         x //= r
19:
20:     return d[::-1]               # 역순으로 반환
(… 생략 …)
```

▶ 실행 결과
```
10진수를 n진수로 변환합니다.
변환할 값으로 음이 아닌 정수를 입력하세요.: 29
어떤 진수로 변환할까요?: 2
 2 | 29
   +----
 2 | 14 … 1
```

```
        +----
    2 |   7 … 0
        +----
    2 |   3 … 1
        +----
    2 |   1 … 1
        +----
        0 … 1
```
2진수로는 11101입니다.
한 번 더 변환할까요?(Y … 예/ N … 아니요): N

📖 **보충 수업 2-6   함수 사이에 인수 주고받기**

실습 2C-5에서는 함수가 전달받는 매개변수와 호출하는 곳에서 전달하는 실제 인수를 살펴보겠습니다. 이 프로그램에서는 1부터 n까지 정수의 합을 구해 반환하는 sum_1ton( ) 함수를 구현합니다.

Do it! 실습 2C-5   • 완성 파일 chap02/sum_1ton.py

```python
01: # 1부터 n까지 정수의 합 구하기
02:
03: def sum_1ton(n):
04:     """1부터 n까지 정수의 합"""
05:     s = 0
06:     while n > 0:
07:         s += n
08:         n -= 1
09:     return s
10:
11: x = int(input('x의 값을 입력하세요.: '))
12: print(f'1부터 {x}까지 정수의 합은 {sum_1ton(x)}입니다.')
```

▶ 실행 결과
   x의 값을 입력하세요.: 5
   1부터 5까지 정수의 합은 15입니다.

sum_1ton( ) 함수의 실행 과정에서 매개변수 n값은 5 → 4 → …으로 1씩 감소합니다. 함수가 종료할 때 n값은 0입니다.

호출하는 곳에서 sum_1ton( ) 함수로 전달하는 실제 인수는 x입니다. 함수에서 돌아온 뒤 '1부터 5까지 정수의 합은 15입니다.'라고 출력되므로 변수 x의 값(5)은 호출하기 전의 값 그대로인 것을 확인할 수 있습니다. 이 결과를 보고 다음과 같이 생각하면 안 됩니다.

> 매개변수 n으로 실제 인수 x의 값이 복사(copy) 되었습니다. ✘

파이썬에서는 매개변수에 실제 인수가 **대입**됩니다. [그림 2C-4]의 **a** 처럼 원래 대입에서 복사되는 것은 값이 아니라 참조하는 곳이므로 n과 x가 참조하는 곳은 같습니다.

매개변수 n값을 sum_1ton( ) 함수 안에서 변경했는데도 실제 인수 x의 값이 변경되지 않는 것은 int가 이뮤터블 타입이기 때문입니다. 변수 n은 값이 업데이트되는 시점에 다른 객체를 참조하게 됩니다. 함수를 종료할 때 [그림 2C-4]의 **b** 처럼 n이 참조하는 곳은 정수 0이 됩니다.

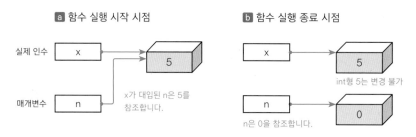

[그림 2C-4] 이뮤터블인 실제 인수와 매개변수의 참조

파이썬에서 인수 전달은 실제 인수인 객체에 대한 참조를 값으로 전달하여 매개변수에 대입되는 방식입니다. 다른 프로그래밍 언어에서는 실제 인수의 값을 매개변수에 복사하는 값에 의한 호출^{call by value}을 사용하거나, 실제 인수의 참조를 매개변수에 복사하여 매개변수가 실제 인수와 같아지는 참조에 의한 호출^{call by reference}을 사용합니다.

하지만 파이썬에서는 이 2가지 호출의 중간적인 방식으로 참조하는 값을 전달합니다. 파이썬 공식 문서에서는 객체 참조에 의한 전달^{call by object reference}이라는 용어를 사용하여 설명하고 있습니다. 함수 사이의 인수 전달을 정리하면 다음과 같습니다.

> 함수의 실행 시작 시점에서 매개변수는 실제 인수와 같은 객체를 참조합니다. 함수에서 매개변수의 값을 변경하면 인수의 형(type)에 따라 다음과 같이 구분합니다.
>
> **1 인수가 이뮤터블일 때**: 함수 안에서 매개변수의 값을 변경하면 다른 객체를 생성하고 그 객체에 대한 참조로 업데이트됩니다. 따라서 매개변수의 값을 변경해도 호출하는 쪽의 실제 인수에는 영향을 주지 않습니다.
>
> **2 인수가 뮤터블일 때**: 함수 안에서 매개변수의 값을 변경하면 객체 자체를 업데이트합니다. 따라서 매개변수의 값을 변경하면 호출하는 쪽의 실제 인수는 값이 변경됩니다.

앞에서 실행한 실습 2C-5는 **1**에 해당합니다. 이제 **2**의 특징인 인수의 형이 뮤터블인 경우를 생각해 봅시다. 실습 2C-6은 뮤터블 타입의 대표인 리스트를 다룹니다.

• 완성 파일 chap02/pass_list.py

Do it! 실습 2C-6

```
01: # 리스트에서 임의의 원솟값을 업데이트하기
02:
03: def change(lst, idx, val):
04:     """lst[idx]의 값을 val로 업데이트"""
05:     lst [idx] = val
06:
07: x = [11, 22, 33, 44, 55]
08: print('x =', x)
09:
10: index = int(input('업데이트할 인덱스를 선택하세요.: '))
11: value = int(input('새로운 값을 입력하세요.: '))
12:
13: change(x, index, value)
14: print(f'x = {x}')
```

▶ 실행 결과

```
x = [11, 22, 33, 44, 55]
업데이트할 인덱스를 선택하세요.: 2
새로운 값을 입력하세요.: 99
x = [11, 22, 99, 44, 55]
```

change( ) 함수는 lst 안에 들어 있는 인덱스가 idx인 원소, 즉 lst[idx]에 val을 대입하는 간단한 함수입니다. [그림 2C-5]와 같이 함수에서 돌아온 뒤 x[2]가 33에서 99로 되어 있다는 것을 확인할 수 있습니다. 인수가 뮤터블하면 함수 안에서 업데이트한 값이 원래 호출한 곳으로 전달된다는 것을 알 수 있습니다.

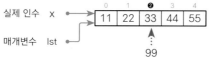

[그림 2C-5] 리스트의 업데이트

소수 나열하기

어떤 정수 이하의 소수prime number를 모두 나열하는 알고리즘을 살펴보겠습니다.

소수는 자신과 1 이외의 정수로 나누어 떨어지지 않는 정수입니다. 예를 들어 소수 13은 1과

13을 제외한 어떤 정수로도 나누어 떨어지지 않습니다. 그러므로 어떤 정수 n은 다음 조건을 만족하면 소수임을 알 수 있습니다.

2부터 n - 1까지 어떤 정수로도 나누어 떨어지지 않습니다.

만약 나누어 떨어지는 정수가 하나 이상 존재하면 그 수는 합성수^{composite number}입니다. 실습 2-8은 1,000 이하의 모든 소수를 나열하는 프로그램입니다. 소수를 구하는 부분은 이중 for 문 구조로 작성되었습니다. 05행의 바깥쪽 for 문에서는 n값을 2부터 시작하여 1,000이 될 때까지 1씩 증가시키면서 그 값이 소수인지를 판단합니다. 나누어 떨어지는 숫자가 나오면 다음 증가하는 과정은 진행하지 않습니다.

Do it! 실습 2-8

• 완성 파일 chap02/prime1.py

```
01: # 1,000 이하의 소수를 나열하기
02:
03: counter = 0                  # 나눗셈 횟수를 카운트
04:
05: for n in range(2, 1001):
06:     for i in range(2, n):
07:         counter += 1
08:         if n % i == 0 :     # 나누어 떨어지면 소수가 아님
09:             break           # 반복은 더 이상 불필요하여 중단
10:     else:                   # 끝까지 나누어 떨어지지 않으면 다음을 수행
11:         print(n)
12: print(f'나눗셈을 실행한 횟수: {counter}')
```

▶ 실행 결과
```
2
3
5
7
(… 생략 …)
991
997
나눗셈을 실행한 횟수: 78022
```

예를 들어 9와 13이 소수인지 판단하는 과정을 [그림 2-8]을 참고하여 구체적으로 살펴봅시다.

9가 소수인지 판단하기

06행의 안쪽 for 문에서는 i값을 2, 3, …, 8까지 1씩 증가시킵니다. 9는 i가 3일 때 나누어 떨어지므로 break 문이 동작하여 for 문의 반복이 중단됩니다. n이 9라면 나눗셈을 실행하는 것은 i값이 2와 3일 때 2번뿐입니다.

13이 소수인지 판단하기

마찬가지로 06행의 안쪽 for 문에서는 i값을 2, 3, …, 12까지 1씩 증가시킵니다. 13은 한 번도 나누어 떨어지지 않습니다. 즉, n이 i로 나누어 떨어지는 경우가 한 번도 없고, 나눗셈은 모두 11번 실행됩니다. 다음과 같이 정리할 수 있습니다.

- **n이 소수일 때**: for 문은 마지막까지 실행됩니다. → else 문을 실행하여 n값을 출력합니다.
- **n이 합성수일 때**: for 문은 중단됩니다.

else 문에서는 변수 n값을 소수로 출력합니다. 실행 결과에서 알 수 있듯이 총 78,022번 나눗셈을 합니다.

😊 나눗셈을 할 때마다 counter를 1씩 증가시키면서 나눗셈 실행 횟수를 카운드합니다.

[그림 2-8]은 실습 2-8의 과정을 나타낸 것입니다.

소수		
합성수		

두꺼운 검은색 글자	3	나누어 떨어지지 않는 숫자
기울어진 파란색 글자	3	나누어 떨어지는 숫자
취소선이 있는 검은색 글자	3	나누어 떨어진 숫자가 이미 나오면 수행하지 않음

n	나누는 수	나눗셈 횟수
2		
3	2	1
4	2 3	1
5	2 3 4	3
6	2 3 4 5	1
7	2 3 4 5 6	5
8	2 3 4 5 6 7	1
9	2 3 4 5 6 7 8	2
10	2 3 4 5 6 7 8 9	1
11	2 3 4 5 6 7 8 9 10	9
12	2 3 4 5 6 7 8 9 10 11	1
13	2 3 4 5 6 7 8 9 10 11 12	11
14	2 3 4 5 6 7 8 9 10 11 12 13	1
15	2 3 4 5 6 7 8 9 10 11 12 13 14	2
16	2 3 4 5 6 7 8 9 10 11 12 13 14 15	1
17	2 3 4 5 6 7 8 9 10 11 12 13 14 15 16 17	16
18	2 3 4 5 6 7 8 9 10 11 12 13 14 15 16 17 18	1

[그림 2-8] 소수인지 판단하는 나눗셈의 과정

그런데 n이 2와 3으로 나누어 떨어지지 않는다면 2×2인 4와 2×3인 6으로도 나누어 떨어지지 않는 것을 알 수 있습니다. 즉, 이 프로그램은 불필요한 나눗셈을 계속 실행하고 있는 것입니다. 정수 n이 소수인지 여부는 다음 조건을 만족하는지 알아보면 됩니다.

> 2부터 n - 1까지 어떤 소수로도 나누어 떨어지지 않습니다.

예를 들어 7이 소수인지는 7보다 작은 소수인 2, 3, 5로 나눗셈을 실행하는 것만으로 충분합니다(4와 6은 하지 않아도 됩니다). 이 아이디어를 적용하여 실습 2-8보다 나눗셈 횟수를 줄이는 프로그램을 작성해 보겠습니다.

알고리즘 개선하기 1

실습 2-9는 소수를 구하는 과정에서 지금까지 구한 소수를 배열 prime의 원소로 저장하도록 개선했습니다. n이 소수인지 판단할 때 배열 prime에 저장한 소수로 나눗셈을 하면 됩니다. 프로그램이 진행됨에 따라 배열에 저장되는 값이 변하는 모습을 [그림 2-9]로 나타냈습니다. 주의할 점은, 2는 소수인 것이 분명하므로 2를 배열의 첫 원소인 prime[0]에 저장한다는 것입니다(07행). 배열에 저장한 소수의 개수를 나타내는 변수 ptr도 선언합니다.

[그림 2-9]의 첫 번째 배열 그림에서 ptr(●)값은 prime[0]에 저장한 바로 다음 인덱스값인 1을 나타냅니다.

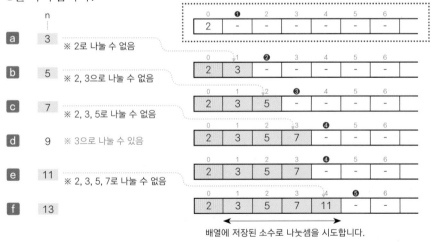

[그림 2-9] n이 소수인지 판단하는 나눗셈의 배열

```
01: # 1,000 이하의 소수를 나열하기(알고리즘 개선 1)
02:
03: counter = 0                    # 나눗셈 횟수를 카운트
04: ptr = 0                        # 이미 찾은 소수의 개수
05: prime = [None] * 500           # 소수를 저장하는 배열
06:
07: prime[ptr] = 2                 # 2는 소수이므로 초깃값으로 지정
08: ptr += 1
09:
10: for n in range(3, 1001, 2):    # 홀수만을 대상으로 설정
11:     for i in range(1, ptr):    # 이미 찾은 소수로 나눔
12:         counter += 1
13:         if n % prime[i] == 0:  # 나누어 떨어지면 소수가 아님
14:             break              # 반복 중단
15:     else:                      # 끝까지 나누어 떨어지지 않았다면
16:         prime[ptr] = n         # 소수로 배열에 등록
17:         ptr += 1
18:
19: for i in range(ptr):           # ptr의 소수를 출력
20:     print(prime[i])
21: print(f'나눗셈을 실행한 횟수: {counter}')
```

▶ 실행 결과

(… 생략 …)

나눗셈을 실행한 횟수: 14622

실습 2-9에서 n값은 3부터 시작하며 소수를 이중 for 문으로 구합니다. 먼저 10행의 바깥쪽 for 문에서는 n값을 2씩 증가시켜 3, 5, 7, 9, …, 999로 홀수의 값만 생성합니다. 4 이상의 짝수는 2로 나누어 떨어지므로 소수가 아니기 때문입니다. 그리고 11행의 안쪽 for 문에서는 i 값을 1부터 시작하여 ptr − 1번만 반복합니다. 이 for 문은 [그림 2-9]처럼 prime[i]의 i값(지금까지 구한 소수)으로 나눗셈을 반복하는 것입니다.

◎ i는 0이 아니라 1부터 1씩 증가합니다. 왜냐하면 판단 대상인 n이 홀수이므로 prime[0]에 저장된 2는 나눌 필요가 없기 때문입니다.

구체적으로 어떤 연산이 수행되는지 다음 4가지 과정을 예로 들어 살펴보겠습니다.

a 3이 소수인지 판단하기(n = 3일 때)

11행의 안쪽 for 문은 실행되지 않습니다. else 문에서는 n값 3을 prime[1]에 대입합니다.

☺ 11행의 for 문은 실행되지 않아도 15행의 else 문은 실행됩니다. 따라서 n은 소수로 판단되어 16~17행에서 prime[ptr]에 n값, 곧 3을 대입하고 ptr을 증가시킵니다.

b 5가 소수인지 판단하기(n = 5일 때)

prime[1]에 저장한 3으로 나눗셈을 실행하고 나누어 떨어지지 않는 것을 알 수 있습니다. 소수라고 판단되므로 n값 5를 prime[2]에 대입합니다.

☺ prime[i]로 나누어 떨어지지 않으면서 11행의 안쪽 for 문이 중단되지 않고 끝까지 실행된 경우 n은 소수이므로 else 문(16~17행)이 실행됩니다.

c 7이 소수인지 판단하기(n = 7일 때)

prime[1]에 저장한 3과 prime[2]에 저장한 5로 나눗셈을 실행하면 모두 나누어 떨어지지 않는 것을 알 수 있습니다. 소수라고 판단하여 n값 7을 prime[3]에 대입합니다.

d 9가 소수인지 판단하기(n = 9일 때)

prime[1]에 저장한 3으로 나눗셈을 실행하면 나누어 떨어지므로 소수가 아닌 합성수라는 것을 알 수 있습니다. 배열 prime 원소에 값을 대입하지 않습니다.

☺ prime[i]로 나누어 떨어지는 n값은 소수가 아닌 합성수입니다. 11행의 안쪽 for 문이 중단(break)되어 else 문은 실행되지 않습니다.

이렇게 알고리즘을 개선하자 나눗셈을 실행하는 횟수가 78,022번에서 14,622번으로 크게 줄었습니다. 실습 2-8과 실습 2-9의 프로그램을 비교해 보면 다음과 같은 사실을 알 수 있습니다.

> - 같은 결과(해답)를 얻을 수 있는 알고리즘은 여러 개일 수 있습니다.
> - 빠른 알고리즘은 많은 메모리를 요구합니다.

알고리즘 개선하기 2

실습 2-8 프로그램을 2번째로 개선한 알고리즘을 살펴봅시다. [그림 2-10]은 100의 약수를 그림으로 나타낸 것입니다(단, 1 × 100은 제외합니다).

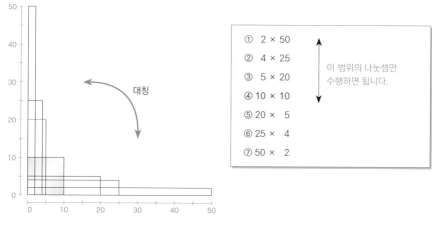

[그림 2-10] 약수 100의 대칭성

예를 들어 넓이가 100인 직사각형의 가로, 세로 변의 길이를 생각해 봅시다. 5 × 20과 20 × 5는 가로, 세로 변의 길이는 다르지만 같은 직사각형입니다. 따라서 모든 직사각형은 정사각형인 10 × 10을 경계로 대칭 구조를 이룹니다.

만약 100이 5로 나누어 떨어지지 않는다면 20으로도 나누어 떨어지지 않습니다. 이것은 직사각형 한 변의 길이만 나눗셈을 시도하고, 그 과정에서 한 번도 나누어 떨어지지 않으면 소수라고 판단해도 좋습니다. 즉, 어떤 정수 n은 다음 조건을 만족하면 소수라고 할 수 있습니다.

> n의 제곱근 이하의 어떤 소수로도 나누어 떨어지지 않습니다.

이 아이디어를 적용하여 개선한 프로그램이 실습 2-10입니다. 15행에 작성한 prime[i] * prime[i] <= n에서는 prime[i]가 n의 제곱근보다 작거나 같은지를 곱셈을 이용해 판단합니다. n의 제곱근을 구하는 것보다 prime[i]의 제곱을 구하는 것이 훨씬 간단하고 빠르기 때문입니다.

실습 2-8과 실습 2-9 프로그램에서는 나눗셈의 횟수만 카운트했습니다. 하지만 곱셈과 나눗셈을 하는 데 드는 비용^{cost}은 같으므로, 실습 2-10 프로그램에서는 곱셈과 나눗셈 횟수의 합계를 counter에 저장합니다.

☺ counter는 이 알고리즘이 계산 비용을 얼마나 요구하는지 저장하는 변수입니다.

Do it! 실습 2-10

```
01: # 1,000 이하의 소수를 나열하기(알고리즘 개선 2)
02:
03: counter = 0                    # 곱셈과 나눗셈을 합한 횟수
04: ptr = 0                        # 이미 찾은 소수의 개수
05: prime = [None] * 500          # 소수를 저장하는 배열
06:
07: prime[ptr] = 2   # 2는 소수
08: ptr += 1
09:
10: prime[ptr] = 3   # 3은 소수
11: ptr += 1
12:
13: for n in range(5, 1001, 2):     # 홀수만을 대상으로 설정
14:     i = 1
15:     while prime[i] * prime[i] <= n:
16:         counter += 2
17:         if n % prime[i] == 0:    # 나누어 떨어지므로 소수가 아님
18:             break                # 반복 중단
19:         i += 1
20:     else:                        # 끝까지 나누어 떨어지지 않았다면
21:         prime[ptr] = n           # 소수로 배열에 등록
22:         ptr += 1
23:         counter += 1
24:
25: for i in range(ptr):            # ptr의 소수를 출력
26:     print(prime[i])
27: print(f'곱셈과 나눗셈을 실행한 횟수: {counter}')
```

▶ 실행 결과

(… 생략 …)

곱셈과 나눗셈을 실행한 횟수: 3774

곱셈과 나눗셈의 실행 횟수를 나타내는 counter를 증가시키는 부분은 16행과 23행 두 곳입니다. while 문을 반복할 때마다 counter를 2씩 증가시키는 것은 다음 두 연산의 실행 횟수를 세기 때문입니다.

- **곱셈** … prime[i] * prime[i]
- **나눗셈** … n % prime[i]

그러나 prime[i] * prime[i] <= n이 성립하지 않는 경우 while 문이 실행되지 않으므로 그 곱셈 횟수는 계산되지 않습니다. 그래서 while 문을 종료한 뒤 else 문에서 1을 증가시킵니다.

◎ 17~18행에서 break 문으로 while 문을 강제로 종료하는 경우 prime[i] * prime[i]의 횟수는 계산되지 않습니다. 따라서 while 문을 강제로 종료하지 않은 경우에만 21~23행에서 counter를 증가시킵니다.

실습 2-10 프로그램에서는 곱셈과 나눗셈 횟수가 14,622번에서 3,774번으로 크게 줄었습니다. 처음에 작성한 실습 2-8에서 알고리즘을 개선함에 따라 계산 속도가 빨라지는 것을 실감할 수 있습니다.

◎ 실습 2-9와 실습 2-10에서는 소수를 저장하는 배열 prime의 원소 수를 500으로 지정했습니다. 짝수는 소수가 아니므로 전체 개수(1,000)의 반으로 모든 소수를 배열에 넣을 수 있기 때문입니다. 참고로 배열 prime의 원소 수를 미리 결정하지 않는(변수 ptr이 필요하지 않은) 프로그램의 코드는 chap02/prime3a.py 파일입니다.

📖 보충 수업 2-7 리스트의 원소와 복사

파이썬에서 변수는 객체와 연결된 이름에 불과하다고 설명했습니다. 따라서 리스트, 튜플의 원소 자료형을 미리 정할 필요가 없습니다. 다음 실습 2C-7 프로그램에서 확인해 봅시다.

Do it! 실습 2C-7

• 완성 파일 chap02/list_element.py

```
01: # 자료형을 정하지 않은 리스트 원소 확인하기
02:
03: x = [15, 64, 7, 3.14, [32, 55], 'ABC']
04: for i in range(len(x)):
05:     print(f'x[{i}] = {x[i]}')
```

▶ 실행 결과
```
x[0] = 15
x[1] = 64
x[2] = 7
x[3] = 3.14
x[4] = [32, 55]
x[5] = ABC
```

[그림 2C-6]은 배열 x의 형태를 나타낸 것입니다. 각 원소 x[0], x[1], x[2], x[3,] x[4], x[5]는 각각 int형, int형, int형, float형, list형, str형의 객체를 참조하는 이름입니다. 이렇듯 파이썬에서는 리스트 내 각 원소의 자료형을 다르게 사용할 수 있습니다.

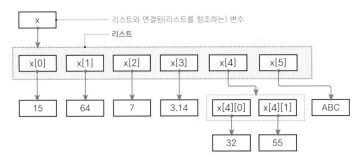

[그림 2C-6] 리스트 안의 이미지

리스트를 복사할 때 사용하는 copy( ) 함수는 주의해서 사용해야 합니다. 리스트를 복사한 후 원솟값을 변경하면 복사된 원솟값까지 변경될 수 있기 때문입니다. 다음을 확인해 봅시다.

```
>>> x = [[1, 2, 3], [4, 5, 6]]
>>> y = x.copy()      # x를 y로 얕은 복사
>>> x[0][1] = 9
>>> x
[[1, 9, 3], [4, 5, 6]]
>>> y
[[1, 9, 3], [4, 5, 6]]
```

copy를 사용하여 리스트 y를 복사한 뒤 x[0][1]의 값을 9로 업데이트하면 y[0][1]의 값까지 9로 업데이트됩니다. 그 이유는 리스트의 얕은 복사$^{shallow\ copy}$를 수행하기 때문입니다. [그림 2C-7]의 **a** 처럼 얕은 복사에서는 리스트 안의 모든 원소가 참조하는 곳까지 복사됩니다. 이 그림에서 복사되는 모든 원소는 x[0]과 x[1] 2개입니다. x[0]과 y[0]이 참조하는 곳이 같으므로 x[0][1]과 y[0][1]이 참조하는 곳도 같습니다. 즉, 리스트 x가 참조하는 곳이 다르면 y도 달라집니다. 이러한 상황을 피하려면 구성 원소 수준으로 복사하는 방법이 필요하며, 이를 깊은 복사$^{deep\ copy}$라고 합니다. 깊은 복사는 copy 모듈 안의 deepcopy( ) 함수로 수행합니다. 다음을 확인해 봅시다.

```
>>> import copy            # deepcopy를 사용하기 위한 copy 모듈을 임포트
>>> x = [[1, 2, 3], [4, 5, 6]]
>>> y = copy.deepcopy(x)        # x를 y로 깊은 복사
>>> x[0][1] = 9
>>> x
[[1, 9, 3], [4, 5, 6]]        # 대입된 9가 출력됨
>>> y
[[1, 2, 3], [4, 5, 6]]        # y 배열은 영향을 받지 않음
```

[그림 2C-7]의 **b** 와 같이 리스트의 원소뿐만 아니라 구성 원소(원소의 원소)도 복사됩니다. 따라서 x[0][1]에 9를 대입하면 x[0][1]이 참조하는 곳을 2에서 9로 업데이트합니다. 그 결과 y[0][1]이 참조하는 곳은 업데이트되지 않습니다.

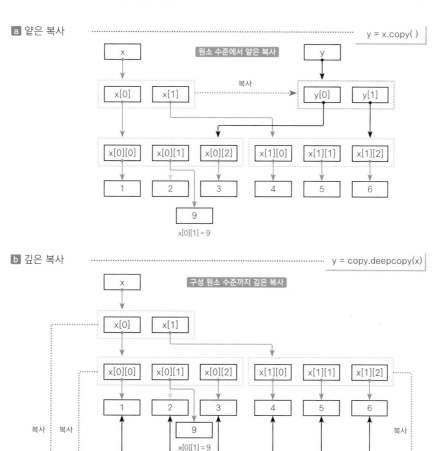

[그림 2C-7] 리스트의 얕은 복사와 깊은 복사

> 💬 **조금만 더! 얕은 복사와 깊은 복사**
>
> 객체가 갖는 멤버의 값을 새로운 객체로 복사할 때 객체가 참조 자료형의 멤버를 포함할 경우 얕은 복사라고 하며, 이는 참조값만 복사하는 방식입니다. 깊은 복사는 참조값 뿐만 아니라 참조하는 객체 자체를 복사합니다. 즉, 객체가 갖는 모든 멤버(값과 참조 형식 모두)를 복사하므로 전체 복사라고도 합니다.

03

검색 알고리즘

03-1 검색 알고리즘이란?

03-2 선형 검색

03-3 이진 검색

03-4 해시법

03-1 검색 알고리즘이란?

03장에서는 데이터 집합에서 원하는 값을 가진 원소를 찾아내는 검색 알고리즘을 살펴보겠습니다.

검색과 키

주소록을 검색한다고 가정해 보겠습니다. 검색 조건은 다음과 같이 다양할 수 있습니다.

- 국적이 한국인 사람을 찾습니다.
- 나이가 21세 이상 27세 미만인 사람을 찾습니다.
- 이름에 '민' 자가 들어간 사람을 찾습니다.

이 검색 조건은 모두 어떠한 항목에 주목하고 있습니다. 이렇게 주목하는 항목을 키^{key}라고 합니다. 국적으로 검색하는 경우 국적이 키고, 나이로 검색하는 경우 나이가 키인 것입니다. 대부분 키는 **데이터의 일부**입니다. 데이터가 간단한 정숫값이나 문자열이면 데이터값이 그대로 키값이 될 수도 있습니다. 다시 말해 위의 주소록 검색 조건을 수행하려면 다음과 같은 키를 지정해야 합니다.

- **국적**: 키값과 일치하도록 지정합니다.
- **나이**: 키값의 구간을 지정합니다.
- **문자**: 키값에 가깝도록 지정합니다.

검색에서는 이러한 조건을 하나만 지정할 수도 있고 논리곱, 논리합을 사용하여 복합해서 지정할 수도 있습니다.

검색의 종류

알고리즘에는 다양한 검색 방법이 있지만 먼저 [그림 3-1]의 3가지 종류를 살펴보겠습니다. 이 3가지 검색 종류는 이 책에서 다루는 검색 방법이기도 합니다. 그 중에는 자료구조에 의존하는 알고리즘이 있습니다.

a 배열 검색

| 6 | 4 | 3 | 2 | 1 | 9 | 8 |

2를 검색

b 연결 리스트 검색

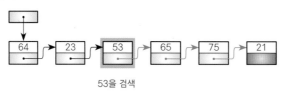

53을 검색

c 이진 검색 트리 검색

4를 검색

[그림 3-1] 검색의 종류

◎ [그림 3-1]의 **b** 연결 리스트 검색은 08장에서, **c**의 이진 검색 트리 검색은 09장에서 배웁니다. 또 [그림 3-1]에는 없지만 문자열에서 일부 문자열을 검색하는 방법도 있는데 07장에서 소개하겠습니다.

03장에서 학습할 내용은 그림 **a**의 '배열 검색'이며 구체적으로 다음과 같은 알고리즘입니다.

- **선형 검색**: 무작위로 늘어놓은 데이터 집합에서 검색을 수행합니다.
- **이진 검색**: 일정한 규칙으로 늘어놓은 데이터 집합에서 아주 빠른 검색을 수행합니다.
- **해시법**: 추가·삭제가 자주 일어나는 데이터 집합에서 아주 빠른 검색을 수행합니다.
  - 체인법: 같은 해시값 데이터를 연결 리스트로 연결하는 방법입니다.
  - 오픈 주소법: 데이터를 위한 해시값이 충돌할 때 재해시하는 방법입니다.

데이터 집합이 있을 때 '검색만 잘되면 좋지!'라고 생각한다면 계산 시간이 짧은 검색 알고리즘을 선택하면 됩니다. 그런데 데이터 집합에서 검색뿐 아니라 데이터의 추가·삭제 등을 자주 수행해야 한다면 검색 이외의 작업에 들어가는 비용을 종합 평가하여 알고리즘을 선택해야 합니다.

예를 들어 데이터를 자주 추가해야 한다면 검색을 아주 빠르게 수행하는 알고리즘이더라도 데이터를 추가할 때 비용이 많이 든다면 피하는 것이 좋습니다. 따라서 선택할 수 있는 알고리즘이 다양한 경우에는 용도, 목적, 실행 속도, 자료구조 등 여러 사항을 고려해서 선택해야 합니다.

03-2 선형 검색

배열에서 검색하는 방법 중 가장 기본적인 알고리즘은 선형 검색입니다. 이 알고리즘은 04장에서도 사용하므로 확실하게 알아 둡시다.

선형 검색

선형 검색$^{linear\ search}$이란 직선 모양(선형)으로 늘어선 배열에서 검색하는 경우에 원하는 키값을 가진 원소를 찾을 때까지 맨 앞부터 스캔하여 순서대로 검색하는 알고리즘입니다.

[그림 3-2]를 참고하여 선형 검색의 구체적인 과정을 알아봅시다. 두 그림은 배열 원소가 6, 4, 3, 2, 1, 2, 8일 때 검색하는 과정을 보여 줍니다. 그림 A 는 2를 검색하는 데 성공한 예이고, 그림 B 는 5를 검색하는 데 실패한 예입니다.

◎ 선형 검색은 순차 검색(sequential search)이라고도 합니다.

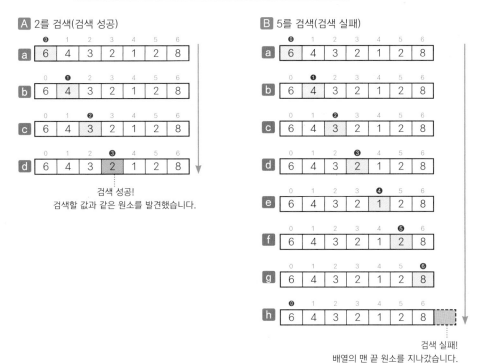

[그림 3-2] 선형 검색

[그림 3-2]에서 배열 위 ● 안의 숫자는 배열을 스캔하는 과정에서 주목하는 원소의 인덱스입니다. 그림 Ⓐ에서 검색은 다음과 같이 진행됩니다.

> **ⓐ** 인덱스 0인 원소 6에 주목합니다. 찾는 값이 아닙니다.
> **ⓑ** 인덱스 1인 원소 4에 주목합니다. 찾는 값이 아닙니다.
> **ⓒ** 인덱스 2인 원소 3에 주목합니다. 찾는 값이 아닙니다.
> **ⓓ** 인덱스 3인 원소 2에 주목합니다. 찾는 값이므로 검색에 성공했습니다.

그림 Ⓑ에서도 ⓐ~ⓗ까지 배열 원소를 맨 앞부터 순서대로 스캔하면서 5를 검색합니다. 하지만 배열의 맨 끝까지 키값(찾는 값)이 같은 원소 5를 만나지 못합니다. 키값과 같은 원소가 배열에 존재하지 않으므로 검색에 실패합니다.

[그림 3-2]와 같이 선형 검색에서 배열 스캔의 종료 조건은 2가지라는 것을 알 수 있습니다. 따라서 다음 조건 중 어느 하나라도 성립하면 스캔을 종료합니다.

> **선형 검색의 종료 조건**
> **1** 검색할 값을 찾지 못하고 배열의 맨 끝을 지나간 경우 ⋯ 검색 실패
> **2** 검색할 값과 같은 원소를 찾는 경우 ⋯ 검색 성공

배열 원소의 개수가 n이라면 이 조건을 판단하는 횟수는 평균 n / 2번입니다.

😊 배열에 원하는 값이 존재하지 않는 경우 **1**과 **2**는 각각 n + 1번, n번 수행됩니다.

배열 a에서 검색하는 프로그램을 다음과 같이 나타낼 수 있습니다.

```
i = 0
while True:
    if i == len(a): ─ 1
        # 검색 실패
    if a[i] == key: ─ 2
        # 검색 성공(찾은 원소의 인덱스는 i)
    i += 1
```

배열을 스캔할 때 주목하는 원소의 인덱스를 카운터용 변수 i로 나타냈습니다([그림 3-2]에서 ● 안의 값에 해당합니다). i를 0으로 초기화하고 원소를 하나씩 검사할 때마다 while 문의 끝에서 1씩 증가합니다. while 문을 빠져나가는 것은 앞에서 설명한 선형 검색의 종료 조건

1과 **2** 가운데 어느 하나가 성립하는 경우이며 각 if 문과 대응합니다.

- 선형 검색의 종료 조건 **1** … if i == len(a)가 성립하면 스캔 종료
- 선형 검색의 종료 조건 **2** … if a[i] == key가 성립하면 스캔 종료

지금까지 설명한 선형 검색 알고리즘을 실습 3-1 프로그램으로 구현했습니다.

Do it! 실습 3-1

• 완성 파일 chap03/ssearch_while.py

```python
01: # while 문으로 작성한 선형 검색 알고리즘
02:
03: from typing import Any, Sequence
04:
05: def seq_search(a: Sequence, key: Any) -> int:
06:     """시퀀스 a에서 key와 값이 같은 원소를 선형 검색(while 문)"""
07:     i = 0
08:
09:     while True:
10:         if i == len(a):
11:             return -1        # 검색에 실패하여 -1을 반환
12:         if a[i] == key:
13:             return i         # 검색에 성공하여 현재 검사한 배열의 인덱스를 반환
14:         i += 1
15:
16: if __name__ == '__main__':
17:     num = int(input('원소 수를 입력하세요.: '))      # num값을 입력받음
18:     x = [None] * num                               # 원소 수가 num인 배열을 생성
19:
20:     for i in range(num):
21:         x[i] = int(input(f'x[{i}]: '))
22:
23:     ky = int(input('검색할 값을 입력하세요.: '))       # 검색할 키 ky를 입력받음
24:
25:     idx = seq_search(x, ky)                        # ky와 값이 같은 원소를 x에서 검색
26:
27:     if idx == -1:
28:         print('검색값을 갖는 원소가 존재하지 않습니다.')
29:     else:
30:         print(f'검색값은 x[{idx}]에 있습니다.')
```

seq_search( )는 배열 a에서 값이 key인 원소를 선형 검색하는 함수이며, 찾은 원소의 인덱스를 반환합니다. 값이 key인 원소가 여러 개 존재하는 경우에는 스캔 과정에서 맨 처음 발견한 원소(배열에서 맨 앞의 원소)를 반환합니다. 또 배열 안에 값이 key인 원소가 존재하지 않으면 −1을 반환합니다.

ⓒ 실행 결과는 배열 6, 4, 3, 2, 1, 2, 8에서 2를 검색한 것입니다. 이 값은 x[3]과 x[5]에 모두 존재하지만 맨 처음에 찾은 원소의 인덱스 3을 반환합니다.

배열의 스캔을 for 문으로 구현하면 코드가 더 짧고 간결해집니다. 앞에서 작성한 while 문을 for 문으로 수정하면 실습 3-2와 같이 나타낼 수 있습니다.

Do it! 실습 3-2

• 완성 파일 chap03/ssearch_for.py

```
01: # for 문으로 작성한 선형 검색 알고리즘
02:
03: from typing import Any, Sequence
04:
05: def seq_search(a: Sequence, key: Any) -> int:
06:     """시퀀스 a에서 key와 값이 같은 원소를 선형 검색(for 문)"""
07:     for i in range(len(a)):
08:         if a[i] == key:
09:             return i      # 검색 성공(인덱스를 반환)
10:     return -1             # 검색 실패(-1을 반환)
(… 생략 …)
```

배열 맨 앞부터 순서대로 원소를 스캔하는 선형 검색은 원소의 값이 정렬되지 않은 배열에서 검색할 때 사용하는 유일한 방법입니다.

📖 보충 수업 3-1 다양한 자료형인 시퀀스에서 검색

실습 3-1에서 작성한 seq_search( ) 함수는 임의의 자료형인 시퀀스에서 검색할 수 있습니다. 이는 02장 실습 2-2에서 max_of( ) 함수가 임의의 자료형인 시퀀스에서 최댓값을 구할 수 있는 것과 같은 개념입니다. 먼저 실습 3C-1 프로그램을 살펴봅시다.

Do it! 실습 3C-1

• 완성 파일 chap03/ssearch_test1.py

```python
01: # seq_search( ) 함수를 사용하여 실수 검색하기
02: from ssearch_while import seq_search
03:
04: print('실수를 검색합니다.')
05: print('주의: "End"를 입력하면 종료합니다.')
06:
07: number = 0
08: x = []                                   # 빈 리스트 x를 생성
09:
10: while True:
11:     s = input(f'x[{number}]: ')
12:     if s == 'End':
13:         break
14:     x.append(float(s))                   # 배열 맨 끝에 원소를 추가
15:     number += 1
16:
17: ky = float(input('검색할 값을 입력하세요.: '))   # 검색할 키 ky를 입력받기
18:
19: idx = seq_search(x, ky)                   # ky와 값이 같은 원소를 x에서 검색
20: if idx == -1:
21:     print('검색값을 갖는 원소가 존재하지 않습니다.')
22: else:
23:     print(f'검색값은 x[{idx}]에 있습니다.')
```

▶ 실행 결과

```
실수를 검색합니다.
주의: "End"를 입력하면 종료합니다.
x[0]: 12.7
x[1]: 3.14
x[2]: 6.4
x[3]: 7.2
x[4]: End
검색할 값을 입력하세요.: 6.4
검색값은 x[2]에 있습니다.
```

실습 3C-1 프로그램은 float형인 실수(부동 소수점 수)의 배열에서 검색하는 것을 알 수 있습니다. 다음 실습 3C-2를 살펴보겠습니다.

Do it! 실습 3C-2

• 완성 파일 chap03/ssearch_test2.py

```
01: # seq_search( ) 함수를 사용하여 특정 인덱스 검색하기
02:
03: from ssearch_while import seq_search
04:
05: t = (4, 7, 5.6, 2, 3.14, 1)
06: s = 'string'
07: a = ['DTS', 'AAC', 'FLAC']
08:
09: print(f'{t}에서 5.6의 인덱스는 {seq_search(t, 5.6)}입니다.')
10: print(f'{s}에서 "n"의 인덱스는 {seq_search(s, "n")}입니다.')
11: print(f'{a}에서 "DTS"의 인덱스는 {seq_search(a, "DTS")}입니다.')
```

▶ 실행 결과

(4, 7, 5.6, 2, 3.14, 1)에서 5.6의 인덱스는 2입니다.
string에서 "n"의 인덱스는 4입니다.
['DTS', 'AAC', 'FLAC']에서 "DTS"의 인덱스는 0입니다.

실습 3C-2는 3개의 배열에서 특정 인덱스를 각각 검색하는 프로그램입니다. 튜플 t에는 int형 정수와 float형 실수인 원소가 섞여 있지만 검색하는 데 문제가 없습니다. str형 문자열 s 안에서는 문자를 검색할 수도 있습니다(문자열도 시퀀스이기 때문입니다). a는 문자열의 배열(모든 원소가 str형이고 list형인 리스트)인데, 이 배열에서도 검색을 정확하게 수행합니다.

◎ 03-3절에서 학습할 이진 검색 함수에서도 임의의 자료형인 시퀀스에서 검색할 수 있습니다.

보초법

앞에서 설명했듯이 선형 검색은 반복할 때마다 2가지 종료 조건을 체크합니다. 단순한 판단이지만 이 과정을 계속 반복하면 종료 조건을 검사하는 비용^{cost}을 무시할 수 없습니다. 이 비용을 반으로 줄이는 방법이 앞으로 배울 보초법$^{sentinel\ method}$입니다.

앞에서 선형 검색 과정을 나타낸 [그림 3-2]를 바탕으로 보초법 수행 과정을 [그림 3-3]으로 나타냈습니다. [그림 3-3]을 보면서 보초법을 이해하기 바랍니다.

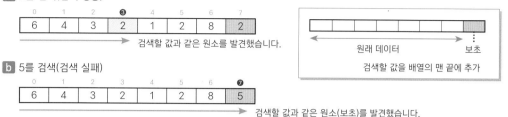

a 2를 검색(검색 성공)

| 6 | 4 | 3 | 2 | 1 | 2 | 8 | 2 |

검색할 값과 같은 원소를 발견했습니다.

b 5를 검색(검색 실패)

| 6 | 4 | 3 | 2 | 1 | 2 | 8 | 5 |

검색할 값과 같은 원소(보초)를 발견했습니다.

원래 데이터   보초

검색할 값을 배열의 맨 끝에 추가

검색할 값과 같은 원소를 발견해야 하므로 맨 끝에 도달했는지 판단은 필요하지 않습니다.

[그림 3-3] 보초법을 사용한 선형 검색

[그림 3-3]에서 배열 원소 a[0] ~ a[6]은 원래 데이터입니다. 그리고 검색하고자 하는 키값을 배열의 맨 끝 a[7]에 저장합니다. 이때 저장하는 값을 보초^{sentinel}라고 합니다. 보초는 다음과 같이 검색하는 키와 같은 값으로 추가합니다.

- **그림 a**: 2를 검색하려고 준비, a[7]에 보초 2를 추가합니다.
- **그림 b**: 5를 검색하려고 준비, a[7]에 보초 5를 추가합니다.

그림 **b** 처럼 찾는 값이 원래 데이터에 존재하지 않아도 a[7]의 보초까지 스캔하는 단계에서 선형 검색의 종료 조건 **2**(검색할 값과 같은 원소를 찾았습니까?)가 성립합니다. 따라서 선형 검색의 종료 조건 **1**(검색할 값을 찾지 못하고 배열의 맨 끝을 지나갔습니까?)은 판단할 필요가 없습니다. 이처럼 보초는 반복을 종료하는 판단 횟수를 줄이는 역할을 합니다.

실습 3-3은 실습 3-1에 보초법을 반영하여 수정한 프로그램입니다.

Do it! 실습 3-3

• 완성 파일 chap03/ssearch_sentinel.py

```
01: # 선형 검색 알고리즘(실습 3-1)을 보초법으로 수정
02:
03: from typing import Any, Sequence
04: import copy
05:
06: def seq_search(seq: Sequence, key: Any) -> int:
07:     """시퀀스 seq에서 key와 일치하는 원소를 선형 검색(보초법)"""
08:     a = copy.deepcopy(seq)      # seq를 복사
09:     a.append(key)               # 보초 key를 추가
10:
11:     i = 0
12:     while True:
```

```
13:        if a[i] == key:
14:            break                              # 검색에 성공하면 while 문을 종료
15:        i += 1
16:    return -1 if i == len(seq) else i
17:
18: if __name__ == '__main__':
19:    num = int(input('원소 수를 입력하세요.: '))     # num값을 입력
20:    x = [None] * num                             # 원소 수가 num인 배열을 생성
21:
22:    for i in range(num):
23:        x[i] = int(input(f'x[{i}]: '))
24:
25:    ky = int(input('검색할 값을 입력하세요.: '))     # 검색할 키 ky를 입력받기
26:
27:    idx = seq_search(x, ky)                       # 키 ky값과 같은 원소를 x에서 검색
28:
29:    if idx == -1:
30:        print('검색값을 갖는 원소가 존재하지 않습니다.')
31:    else:
32:        print(f'검색값은 x[{idx}]에 있습니다.')
```

▶ 실행 결과

원소 수를 입력하세요.: 7
x[0]: 6
x[1]: 4
x[2]: 3
x[3]: 2
x[4]: 1
x[5]: 2
x[6]: 8
검색할 값을 입력하세요.: 2
검색값은 x[3]에 있습니다.

08~09행: 배열 seq를 a로 복사하고 a의 마지막에 보초인 key를 추가합니다. 그러면 원래의 배열 맨 끝에 보초를 추가한 새로운 배열이 완성됩니다.

11~15행: 배열 원소를 스캔하여 검색하는 과정을 반복합니다.

실습 3-1 프로그램에는 while 문 안에 다음과 같은 if 문이 2개 있습니다.

- **선형 검색의 종료 조건 1** ⋯ if i == len(a)가 성립하면 스캔 종료 — 보초법에서는 필요 없으므로 삭제
- **선형 검색의 종료 조건 2** ⋯ if a[i] == key가 성립하면 스캔 종료

실습 3-3에서는 종료 조건 1이 필요 없으므로 if 문은 13행에 1개뿐입니다. 따라서 반복을 종료하기 위해 판단하는 횟수가 절반으로 줄어듭니다.

16행: while 문에 의한 반복이 종료되면 찾은 원소가 배열의 원래 데이터인지 보초인지 판단 해야 합니다. i값이 len(seq)와 같으면 찾은 것이 보초이므로 검색에 실패한 것을 나타내는 −1을 반환하고, 그렇지 않으면 i를 반환합니다. 보초법을 사용한 결과 if 문의 판단 횟수는 실 습 3-1보다 반으로 줄었지만 16행을 수행하기 위해 1번 늘어납니다.

03-3 이진 검색

여기에서는 이진 검색^{binary search}을 알아보겠습니다. 이진 검색 알고리즘을 사용하려면 배열의 데이터가 정렬^{sort}되어 있어야 합니다. 이진 검색은 선형 검색보다 빠르게 검색할 수 있다는 장점이 있습니다.

이진 검색

이진 검색은 원소가 오름차순이나 내림차순으로 정렬된 배열에서 좀 더 효율적으로 검색할 수 있는 알고리즘입니다.

ⓒ 정렬(sort) 알고리즘은 06장에서 자세히 다룹니다.

다음 그림을 보면서 오름차순으로 정렬된 배열에서 39를 검색하는 과정을 생각해 봅시다. 이진 검색에서는 먼저 배열의 중앙에 위치한 원소 a[5]인 31에 주목합니다.

0	1	2	3	4	❺	6	7	8	9	10
5	7	15	28	29	31	39	58	68	70	95

찾아야 할 값인 39는 중앙 원소인 31보다 뒤쪽에 존재합니다. 그러면 검색 대상을 a[6] ~ a[10]으로 좁힐 수 있습니다. 이어서 업데이트된 대상 범위의 중앙 원소인 a[8], 즉 68에 주목합니다.

0	1	2	3	4	5	6	7	❽	9	10
5	7	15	28	29	31	39	58	68	70	95

찾아야 할 값인 39는 중앙 원소인 68보다 앞쪽에 존재하므로 검색 대상을 a[6] ~ a[7]로 좁힐 수 있습니다. 이제 검색해야 하는 대상은 2개입니다. 다시 중앙 원소로 앞쪽의 39에 주목합니다.

ⓒ 정수의 나눗셈은 소수점 이하를 버리므로 원소 인덱스 6과 7의 중앙값은 (6 + 7) // 2로 계산하여 6이 됩니다.

0	1	2	3	4	5	❻	7	8	9	10
5	7	15	28	29	31	39	58	68	70	95

39는 찾아야 할 키의 값과 일치하므로 검색하는 데 성공했습니다.

일반적으로 n개의 원소가 오름차순으로 정렬된 배열 a에서 이진 검색하는 과정의 알고리즘을 [그림 3-4]로 나타냈습니다. 이때 검색 범위의 맨 앞, 맨 끝, 중앙의 인덱스를 각각 pl, pr, pc라고 하면, 검색을 시작할 때 pl은 0, pr는 n − 1, pc는 (n − 1) // 2로 초기화합니다. 여기까지 설명한 내용이 [그림 3-4]의 ⓐ 입니다.

검색 범위는 흰색 배열(☐) 안의 원소이고, 검색에서 제외되는 범위는 회색 배열(▨) 안의 원소입니다. 이진 검색을 한 단계씩 진행할 때마다 검색 범위는 거의 반으로 좁혀집니다. 또한 주목할 원소(●)를 하나씩 차례대로 이동하는 선형 검색과 달리, 이진 검색에서는 주목할 원소를 다음에 검색할 범위의 중간 지점으로 단숨에 이동합니다.

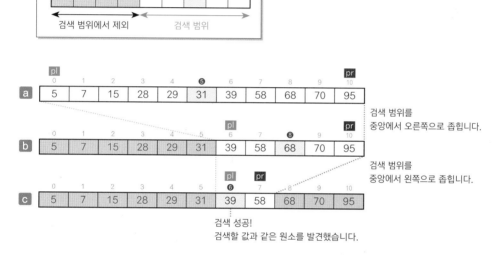

[그림 3-4] 39를 검색하는 데 성공한 이진 검색

[그림 3-4]의 ⓒ 처럼 a[pc]와 key(찾아야 할 값)를 비교하여 같으면 검색에 성공한 것입니다. 하지만 key를 찾지 못하면 다음과 같은 방법으로 검색 범위를 좁힐 수 있습니다.

a[pc] 〈 key일 때(ⓐ → ⓑ)

a[pl]~a[pc]는 key보다 작은 것이 분명하므로 검색 대상에서 제외합니다. 검색 범위는 중앙 원소 a[pc]보다 뒤쪽인 a[pc + 1]~a[pr]로 좁혀집니다. 따라서 pl값을 pc + 1로 업데이트합니다.

a[pc] > key일 때(b → c)

a[pc]~a[pr]는 key보다 큰 것이 분명하므로 검색 대상에서 제외합니다. 검색 범위는 중앙 원소 a[pc]보다 앞쪽인 a[pl]~a[pc − 1]로 좁혀집니다. 따라서 pr값을 pc − 1로 업데이트 합니다.

이진 검색에서 검색 범위를 좁히는 과정을 정리하면 다음과 같습니다.

> - a[pc] < key: 중앙(pc)에서 오른쪽으로 한 칸 이동하여 새로운 왼쪽 끝 pl로 지정하고, 검색 범위를 뒤쪽 절반으로 좁힙니다.
> - a[pc] > key: 중앙(pc)에서 왼쪽으로 한 칸 이동하여 새로운 오른쪽 끝 pr로 지정하고, 검색 범위를 앞쪽 절반으로 좁힙니다.

따라서 이진 검색 알고리즘의 종료 조건은 다음 조건 중 하나만 성립하면 됩니다.

> **이진 검색의 종료 조건**
> 1. a[pc]와 key가 일치하는 경우
> 2. 검색 범위가 더 이상 없는 경우

[그림 3-4]는 조건 1이 성립하여 검색에 성공한 예입니다. 다음으로 조건 2가 성립하여 검색에 실패하는 예를 구체적으로 살펴보겠습니다. [그림 3-4]와 같은 배열에서 6을 검색하는 과정을 [그림 3-5]에 나타냈습니다.

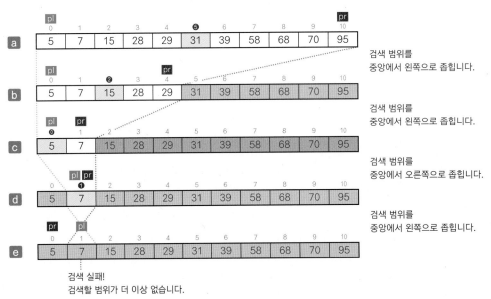

[그림 3-5] 6을 검색하는 데 실패한 이진 검색

a 검색할 범위는 전체 배열 a[0]~a[10]이고, 중앙 원소 a[5]의 값은 31입니다. 31은 key값인 6보다 크므로 검색할 범위를 맨 앞부터 중앙 원소(a[5])보다 한 칸 앞쪽인 a[0]~a[4]로 좁힙니다.

b 새로 검색할 범위에서 중앙 원소 a[2]의 값은 15입니다. 15는 key값인 6보다 크므로 검색할 범위를 중앙 원소(a[2])보다 한 칸 앞쪽인 a[0]~a[1]로 좁힙니다.

c 새로 검색할 범위에서 중앙 원소 a[0]의 값은 5입니다. 5는 key값인 6보다 작으므로 pl을 pc + 1, 즉 1로 업데이트합니다. 그러면 pl과 pr는 둘 다 1이 됩니다.

d 이제 중앙 원소 a[1]의 값은 7입니다. 7은 key값인 6보다 크므로 pr를 pc - 1, 즉 0으로 업데이트합니다. 그 결과 pl이 pr보다 커져서 검색할 범위가 더 이상 없습니다. 앞에서 살펴본 이진 검색 종료 조건 2가 성립하므로 검색 실패입니다.

실습 3-4는 앞에서 설명한 이진 검색 알고리즘을 실행하는 프로그램입니다.

Do it! 실습 3-4

• 완성 파일 chap03/bsearch.py

```python
01: # 이진 검색 알고리즘
02:
03: from typing import Any, Sequence
04:
05: def bin_search(a: Sequence, key: Any) -> int:
06:     """시퀀스 a에서 key와 일치하는 원소를 이진 검색"""
07:     pl = 0                      # 검색 범위 맨 앞 원소의 인덱스
08:     pr = len(a) - 1             # 검색 범위 맨 끝 원소의 인덱스
09:
10:     while True:
11:         pc = (pl + pr) // 2     # 중앙 원소의 인덱스
12:         if a[pc] == key:
13:             return pc           # 검색 성공
14:         elif a[pc] < key:
15:             pl = pc + 1         # 검색 범위를 뒤쪽 절반으로 좁힘
16:         else:
17:             pr = pc - 1         # 검색 범위를 앞쪽 절반으로 좁힘
18:         if pl > pr:
19:             break
```

```
20:        return -1                                              # 검색 실패
21:
22: if __name__ == '__main__':
23:        num = int(input('원소 수를 입력하세요.: '))
24:        x = [None] * num                                      # 원소 수가 num인 배열을 생성
25:
26:        print('배열 데이터를 오름차순으로 입력하세요.')
27:
28:        x[0] = int(input('x[0]: '))
29:
30:        for i in range(1, num):
31:            while True:
32:                x[i] = int(input(f'x[{i}]: '))
33:                if x[i] >= x[i - 1]:                           # 바로 직전에 입력한 원솟값보다 큰 값을 입력
34:                    break
35:
36:        ky = int(input('검색할 값을 입력하세요.: '))      # 검색할 키값 ky를 입력
37:
38:        idx = bin_search(x, ky)                               # ky값과 같은 원소를 x에서 검색
39:
40:        if idx == -1:
41:            print('검색값을 갖는 원소가 존재하지 않습니다.')
42:        else:
43:            print(f'검색값은 x[{idx}]에 있습니다.')
```

▶   실행 결과

원소 수를 입력하세요.: 7
배열 데이터를 오름차순으로 입력하세요.
x[0]: 1
x[1]: 2
x[2]: 3
x[3]: 5
x[4]: 7
x[5]: 8
x[6]: 9
검색할 값을 입력하세요.: 5
검색값은 x[3]에 있습니다.

앞에서 설명했듯이 이진 검색에서는 검색 대상인 배열이 오름차순으로 정렬되어 있어야 합니다. 따라서 28~34행에서는 바로 앞에 입력한 원소보다 큰 값을 입력받도록 유도합니다. 만약 바로 앞에 입력한 원소보다 작은 값을 입력하면 다시 입력해야 합니다.

이진 검색 알고리즘은 반복할 때마다 검색 범위가 거의 절반으로 줄어들므로 검색하는 데 필요한 비교 횟수는 평균 $\log n$입니다. 검색에 실패할 경우는 $\lceil \log(n + 1) \rceil$번이며, 검색에 성공할 경우는 $\log n - 1$번입니다.

◉ $\lceil x \rceil$는 x의 천장 함수(ceiling function)라고 하며, x보다 크거나 같은 정수 가운데 가장 작은 수를 가리킵니다. 예를 들어 $\lceil 3.5 \rceil$는 4입니다. 보충 수업 3-3에서 이진 검색 과정을 자세히 보여 주는 프로그램을 알아보겠습니다.

복잡도

프로그램의 실행 속도(또는 실행하는 데 필요한 시간)는 프로그램이 동작하는 하드웨어나 컴파일러 등의 조건에 따라 달라집니다. 알고리즘의 성능을 객관적으로 평가하는 기준을 복잡도^{complexity}라고 합니다. 복잡도는 다음과 같이 2가지로 구분합니다.

- **시간 복잡도**(time complexity): 실행하는 데 필요한 시간을 평가합니다.
- **공간 복잡도**(space complexity): 메모리(기억 공간)와 파일 공간이 얼마나 필요한지를 평가합니다.

02장에서 다룬 소수를 나열하는 프로그램(실습 2-8, 2-9, 2-10)을 보면 알고리즘을 선택할 때 두 복잡도(시간, 공간)의 균형이 필요하다는 것을 알 수 있습니다. 여기에서는 선형 검색과 이진 검색의 시간 복잡도를 자세히 살펴보겠습니다.

선형 검색의 시간 복잡도

선형 검색하는 seq_search( ) 함수를 바탕으로 시간 복잡도를 알아봅시다.

```python
def seq_search(a: Sequence, key: Any) -> int:
1   i = 0

2   while i < n:
3       if a[i] == key:
4           return i       # 검색에 성공하여 인덱스를 반환
5       i += 1

6   return -1              # 검색에 실패하여 -1을 반환
```

◉ 실습 3-1의 seq_search( ) 함수를 개편한 코드입니다.

[표 3-1]은 1 ~ 6 의 각 단계가 몇 번 실행되는지를 정리한 것입니다.

[표 3-1] 선형 검색 단계별 실행 횟수와 복잡도

단계	실행 횟수	복잡도
1	1	O(1)
2	n / 2	O(n)
3	n / 2	O(n)
4	1	O(1)
5	n / 2	O(n)
6	1	O(1)

i에 0을 대입하면 1 이 1번 실행됩니다(데이터 수 n과는 무관합니다). 이렇게 1번만 실행되는 경우에는 복잡도를 O(1)로 나타냅니다. 물론 함수에서 값을 반환하는 4, 6 도 마찬가지로 O(1)입니다. 배열의 맨 끝에 도달했는지를 판단하는 2 와 주목할 원소와 검색할 값이 같은지를 판단하는 3 의 평균 실행 횟수는 n / 2입니다. 이와 같이 n에 비례하는 횟수만큼 실행되는 경우의 복잡도는 O(n)으로 나타냅니다.

◎ 복잡도를 표기할 때 사용하는 O는 order의 머리글자(initial)입니다. O(n)은 n의 오더 또는 오더 n이라고 읽습니다.

그런데 n이 점점 커지면 O(n)에 필요한 계산 시간은 n에 비례하여 점점 길어집니다. 하지만 O(1)에 필요한 계산 시간은 변하지 않습니다. 여기에서 짐작할 수 있듯이 O(f(n))과 O(g(n))의 동작을 연속으로 하는 경우 복잡도는 일반적으로 다음과 같이 나타냅니다.

$$O(f(n)) + O(g(n)) = O(\max(f(n), g(n)))$$

◎ max(a, b)는 a와 b 중에서 큰 값을 나타내는 함수입니다.

2가지 계산으로 구성된 알고리즘의 복잡도는 차원이 더 높은 쪽의 복잡도를 우선으로 합니다. 3가지 이상의 계산으로 구성된 알고리즘도 마찬가지입니다. 다시 말해 전체 복잡도는 차원이 가장 높은 복잡도를 선택하는 격입니다. 그러므로 선형 검색 알고리즘의 복잡도는 다음과 같이 O(n)이 됩니다.

$$O(1) + O(n) + O(n) + O(1) + O(n) + O(1) = O(\max(1, n, n, 1, n, 1)) = \mathbf{O(n)}$$

리스트 또는 튜플에서 검색은 각 클래스의 index( ) 함수로 수행할 수 있습니다. index( ) 함수는 다음과 같은 형식으로 호출합니다. 호출할 때 인수는 j 또는 i, j를 생략할 수 있습니다.

> obj.index(x, i, j)

리스트 또는 튜플 obj[i:j] 안에 x와 값이 같은 원소가 있으면 그 가운데 가장 작은 인덱스를 반환합니다. 또 x와 값이 같은 원소가 obj에 없으면 예외 처리로 ValueError를 내보냅니다.

선형 검색의 seq_search( ) 함수와 이진 검색의 bin_search( ) 함수에서 검색을 실패하면 Value Error를 내보내도록 수정한 프로그램의 파일은 각각 chap03/ssearch_ve.py와 chap03/bsearch_ve.py입니다.

이진 검색의 시간 복잡도

실습 3-4의 이진 검색하는 시간 복잡도를 알아보겠습니다. 이진 검색에서는 주목할 원소의 검색 범위가 거의 절반쯤 줄어듭니다. [표 3-2]는 **1** ~ **10**의 각 단계가 몇 번 실행되는지를 정리한 것입니다.

```
def bin_search(a: Sequence, key: Any) -> int:
    """시퀀스 a에서 key와 일치하는 원소를 이진 검색"""
 1  pl = 0                           # 검색 범위 맨 앞 원소의 인덱스
 2  pr = len(a) - 1                  # 검색 범위 맨 끝 원소의 인덱스

    while True:
 3      pc = (pl + pr) // 2          # 중앙 원소의 인덱스
 4      if a[pc] == key:
 5          return pc                # 검색 성공
 6      elif a[pc] < key:
 7          pl = pc + 1              # 검색 범위를 뒤쪽 절반으로 좁힘
        else:
 8          pr = pc - 1              # 검색 범위를 앞쪽 절반으로 좁힘
 9      if pl > pr:
            break
10  return -1                        # 검색 실패
```

[표 3-2] 이진 검색 단계별 실행 횟수와 복잡도

단계	실행 횟수	복잡도
1	1	O(1)
2	1	O(1)
3	log n	O(log n)
4	log n	O(log n)
5	1	O(1)
6	log n	O(log n)
7	log n	O(log n)
8	log n	O(log n)
9	log n	O(log n)
10	1	O(1)

이진 검색 알고리즘의 복잡도는 다음과 같이 O(log n)으로 얻을 수 있습니다.

O(1) + O(1) + O(log n) + O(log n) + O(1) + O(log n) + ⋯ + O(1) = **O(log n)**

O(n)과 O(log n)은 당연히 O(1)보다 큽니다. [그림 3-6]은 이러한 복잡도의 대소 관계를 나타냅니다. 수가 클수록 알고리즘의 실행 시간이 길어지고 복잡도가 높아집니다.

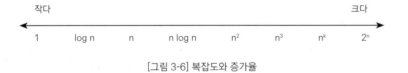

[그림 3-6] 복잡도와 증가율

📚 보충 수업 3-3 　이진 검색의 실행 과정 출력하기

이진 검색을 실행하는 실습 3-4의 bin_search( ) 함수는 일종의 블랙박스라고 할 수 있습니다. 검색 범위를 어떠한 방식으로 좁혀 나가는지 알 수 없기 때문입니다. 그래서 실습 3C-3에 검색하는 과정을 출력해서 나타냈습니다.

Do it! 실습 3C-3

```
01: # 이진 검색 알고리즘의 실행 과정을 출력
02:
03: from typing import Any, Sequence
04:
05: def bin_search(a: Sequence, key: Any) -> int:
06:     """시퀀스 a에서 key와 일치하는 원소를 이진 검색(실행 과정을 출력)"""
07:     pl = 0                       # 검색 범위 맨 앞 원소의 인덱스
08:     pr = len(a) - 1              # 검색 범위 맨 끝 원소의 인덱스
09:
10:     print('   │', end='')
11:     for i in range(len(a)):
12:         print(f'{i : 4}', end='')
13:     print()
14:     print('---+' + (4 * len(a) + 2) * '-')
15:
16:     while True:
17:         pc = (pl + pr) // 2    # 중앙 원소의 인덱스
18:
19:         print('   │', end='')
20:         if pl != pc:            # pl 원소 위에 <-를 출력
21:             print((pl * 4 + 1) * ' ' + '<-' + ((pc - pl) * 4) * ' ' + '+', end='')
22:         else:
23:             print((pc * 4 + 1) * ' ' + '<+', end='')
24:         if pc != pr:            # pr 원소 위에 ->를 출력
25:             print(((pr - pc) * 4 - 2) * ' ' + '->')
26:         else:
27:             print('->')
28:         print(f'{pc:3}│', end='')
29:         for i in range(len(a)):
30:             print(f'{a[i]:4}', end='')
31:         print('\n   │')
```

(⋯ 생략 ⋯)

☺ 실습 3C-3의 생략된 코드는 실습 3-4의 12~43행까지 똑같이 입력하면 됩니다.

```
원소 수를 입력하세요.: 11
배열 데이터를 오름차순으로 입력하세요.
x[0]: 1
x[1]: 2
x[2]: 3
x[3]: 4
x[4]: 5
x[5]: 6
x[6]: 7
x[7]: 8
x[8]: 9
x[9]: 10
x[10]: 11
검색할 값을 입력하세요.: 8
    |  0  1  2  3  4  5  6  7  8  9  10
 --+------------------------------------
    |  <-              +              ->
  5|  1  2  3  4  5  6  7  8  9  10 11
    |
    |                 <-     +     ->
  8|  1  2  3  4  5  6  7  8  9  10 11
    |
    |                 <+ ->
  6|  1  2  3  4  5  6  7  8  9  10 11
    |
    |                  <+->
  7|  1  2  3  4  5  6  7  8  9  10 11
    |
검색값은 x[7]에 있습니다.
```

실습 3C-3의 10~14행과 19~31행은 실습 3-4에 추가된 코드입니다. 실습 3C-3 프로그램을 실행하면 검색 범위의 pl 원소 위에는 <-를, pc 원소 위에는 +를, pr 원소 위에는 ->를 각각 출력합니다. 또한 수의 모양이 일정하게 나타나도록 출력하는 원소 수를 4자릿수에 맞춰 표시했습니다.

03-4 해시법

이번 절에서는 검색과 더불어 데이터의 추가·삭제도 효율적으로 수행할 수 있는 해시법을 알아보겠습니다.

정렬된 배열에서 원소 추가하기

[그림 3-7] **a** 에 나타낸 배열 x의 원소 수는 13이고, 앞에서부터 10개의 데이터가 오름차순으로 저장되어 있습니다. 그림 **a** 배열에 35를 추가해 봅시다.

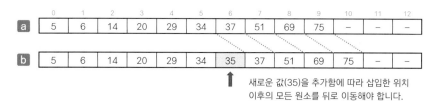

[그림 3-7] 정렬된 배열에 데이터 추가하기

그림 **a** 에 35를 추가하는 과정을 정리하면 다음과 같습니다.

> 1. x[5]와 x[6] 사이에 값이 추가되도록 이진 검색법으로 검사합니다.
> 2. 그림 **b** 처럼 x[6] 이후의 모든 원소를 한 칸씩 뒤로 이동합니다.
> 3. x[6]에 35를 대입합니다.

원소가 이동하는 데 필요한 복잡도는 O(n)이고 그 비용은 결코 작지 않습니다. 물론 데이터를 삭제하는 경우에도 똑같은 비용이 발생합니다.

해시법

해시법hashing은 '데이터를 저장할 위치 = 인덱스'를 간단한 연산으로 구하는 것을 말합니다. 이 방법은 원소의 검색뿐 아니라 추가·삭제도 효율적으로 수행할 수 있습니다. [그림 3-7] **a** 에 나타낸 배열의 키(원소의 값)를 원소 개수인 13으로 나눈 나머지를 [표 3-3]으로 정리했습니다. 이 값을 해시값^{hash value}이라고 합니다. 해시값은 데이터에 접근할 때 기준이 됩니다.

[표 3-3] 키와 해시값의 대응

키	5	6	14	20	29	34	37	51	69	75
해시값(13으로 나눈 나머지)	5	6	1	7	3	8	11	12	4	10

[표 3-3]에서 구한 해시값을 인덱스로 하여 원소를 새로 저장한 배열이 해시 테이블^{hash table}입니다. 해시 테이블은 [그림 3-8] **a**로 나타낼 수 있습니다.

☺ 예를 들어 원솟값 14를 해시 테이블 x[1]에 저장한 이유는 해시값(14를 13으로 나눈 나머지)이 1이기 때문입니다. 나머지가 없는 x[0], x[2], x[9]의 자리는 비어 둡니다.

이제 새로 만든 [그림 3-8] **a**에 35를 추가하겠습니다. 35를 13으로 나눈 나머지는 9이므로 그림 **b**처럼 x[9]에 바로 저장합니다. 앞에서 살펴본 [그림 3-7]의 **b**와 달리 데이터를 추가해도 원소를 이동할 필요가 없습니다.

[그림 3-8] 해시에 원소 추가하기

이렇게 키를 해시값으로 변환하는 과정을 해시 함수^{hash function}라고 합니다. 또한 일반적으로 해시 함수는 나머지를 구하는 연산 또는 그 연산을 응용할 때 주로 사용합니다. 해시 테이블에서 만들어진 원소를 버킷^{bucket}이라고 합니다.

해시 충돌

앞에서 만든 해시 테이블([그림 3-8] **a**)에 [그림 3-9]와 같이 18을 추가해 보겠습니다. 18을 13으로 나눈 나머지는 5이므로 저장할 곳은 버킷 x[5]이지만, 이곳에는 이미 값이 들어 있습니다. 키와 해시값의 대응 관계가 꼭 1:1일 필요는 없습니다. 키와 해시값은 일반적으로 다대 1(n:1)입니다. 이처럼 저장할 버킷이 중복되는 현상을 충돌^{collision}이라고 합니다.

☺ 해시 함수는 가능한 한 해시값이 한쪽으로 치우치지 않고 고르게 분산된 값을 출력하도록 만드는 것이 가장 좋습니다.

[그림 3-9] 해시값을 추가할 때 충돌 발생

이렇게 해시법에서 충돌이 발생하는 경우 다음 2가지 방법으로 대처할 수 있습니다.

- **체인법**: 해시값이 같은 원소를 연결 리스트로 관리합니다.
- **오픈 주소법**: 빈 버킷을 찾을 때까지 해시를 반복합니다.

체인법

체인법chaining이란 해시값이 같은 데이터를 체인chain 모양의 연결 리스트로 연결하는 방법을 말하며 오픈 해시법open hashing이라고도 합니다.

◎ 이 책에서 체인법은 연결 리스트를 사용합니다. 연결 리스트는 08장에서 다루지만 여기에서 먼저 학습해도 좋습니다.

해시값이 같은 데이터 저장하기

[그림 3-10]은 체인법으로 구현한 해시의 예입니다.

◎ [그림 3-10]에서는 키를 13으로 나눈 나머지를 해시값으로 지정했습니다.

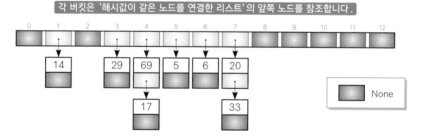

해시값이 같은 데이터를 연결 리스트(체인 모양)로 연결합니다.

[그림 3-10] 체인법으로 해시 구현하기

체인법에서는 해시값이 같은 데이터를 연결 리스트에 의해 체인 모양으로 연결합니다. 배열의 각 버킷(해시 테이블)에 저장하는 것은 인덱스를 해시값으로 하는 연결 리스트의 앞쪽 노드head node를 참조하는 것입니다.

예를 들어 69와 17의 해시값은 둘 다 4이며, 이들을 연결하는 연결 리스트의 앞쪽 노드를 참조하여 table[4]에 저장합니다. 참고로 해시값 0이나 2처럼 데이터가 하나도 없는 버킷의 값을 None이라고 합니다.

◎ table[4]는 버킷 69를 참조하는 것이며, 버킷 69의 뒤쪽 포인터는 17을 참조하는 것입니다. 또한 버킷 17의 뒤쪽 포인터는 뒤쪽 노드가 존재하지 않음을 알려 주는 None입니다.

실습 3-5는 체인법으로 구현한 해시 프로그램입니다. 이 프로그램에는 Node 클래스와 ChainedHash 클래스가 정의되어 있습니다.

◎ 프로그램 첫머리에 있는 import 문인 from __future__ import annotations는 08-2절에서 배웁니다.

• 완성 파일 chap03/chained_hash.py

Do it! 실습 3-5 [A]

```
01: # 체인법으로 해시 함수 구현하기
02:
03: from __future__ import annotations
04: from typing import Any, Type
05: import hashlib
06:
07: class Node:
08:     """해시를 구성하는 노드"""
09:
10:     def __init__(self, key: Any, value: Any, next: Node) -> None:
11:         """초기화"""
12:         self.key = key          # 키
13:         self.value = value      # 값
14:         self.next  = next       # 뒤쪽 노드를 참조
```

◎ 실습 3-5 [B]로 이어집니다.

Node 클래스 만들기

Node 클래스는 개별 버킷을 나타냅니다. 이 클래스에는 다음과 같이 필드가 3개 있습니다.

- **key**: 키(임의의 자료형)
- **value**: 값(임의의 자료형)
- **next**: 뒤쪽 노드를 참조(Node형)

Node 클래스는 키와 값이 짝을 이루는 구조입니다. 키에 해시 함수를 적용하여 해시값을 구합니다. 자기 참조형 클래스인 Node의 이미지를 [그림 3-11]로 나타냈습니다.

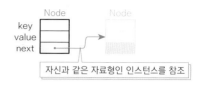

[그림 3-11] 버킷을 나타내는 Node 클래스

◎ 파이썬의 변수는 객체와 연결된 이름이므로 key와 vlalue도 값이 아니라 '객체에 대한 참조'를 나타냅니다(next만 참조한다는 것은 아닙니다).

Node형 인스턴스를 초기화하는 __init__( ) 함수는 3개의 인수 key, value, next를 전달받아 각각 대응하는 필드인 self.key, self.value, self.next에 대입합니다.

Do it! 실습 3-5 [B]

• 완성 파일 chap03/chained_hash.py

```
17: class ChainedHash:
18:     """체인법으로 해시 클래스 구현"""
19:
20:     def __init__(self, capacity: int) -> None:
21:         """초기화"""
22:         self.capacity = capacity            # 해시 테이블의 크기를 지정
23:         self.table = [None] * self.capacity # 해시 테이블(리스트)을 선언
24:
25:     def hash_value(self, key: Any) -> int:
26:         """해시값을 구함"""
27:         if isinstance(key, int):
28:             return key % self.capacity
29:         return(int(hashlib.sha256(str(key).encode()).hexdigest(), 16) % self.capacity)
```

◎ 실습 3-5 [C]로 이어집니다.

ChainedHash 해시 클래스 만들기

ChainedHash 해시 클래스는 필드 2개로 구성됩니다.

• **capacity**: 해시 테이블의 크기(배열 table의 원소 수)를 나타냅니다.
• **table**: 해시 테이블을 저장하는 list형 배열을 나타냅니다.

__init__( ) 함수로 초기화하기

__init__( ) 함수는 빈 해시 테이블을 생성합니다. 매개변수 capacity에 전달받는 것은 해시 테이블의 크기입니다. 원소 수가 capacity인 list형의 배열 table을 생성하고 모든 원소를 None으로 합니다.

해시 테이블의 각 버킷은 맨 앞부터 table[0], table[1], …, table[capacity − 1] 순으로 접근
할 수 있습니다.

__init__( ) 함수가 호출된 직후 배열 table의 모든 원소는 None이고 [그림 3-12]와 같이 전
체 버킷이 빈 상태입니다.

모든 버킷이 비어 있음(None)

[그림 3-12] 빈 해시

hash_value( ) 해시 함수 만들기

hash_value( ) 함수는 인수 key에 대응하는 해시값을 구합니다.

◎ 해시값을 구하는 방법은 보충 수업 3-4에 정리했습니다.

📚 보충 수업 3-4 해시와 해시 함수 알아보기

해시와 해시 함수를 알아봅시다. 먼저 해시^{hash}는 '긁어모음, 뒤죽박죽, 가늘게 썬 고기 음식'을 뜻합니
다. 만약 충돌이 전혀 발생하지 않는다면 해시 함수로 인덱스를 찾는 것만으로 검색·추가·삭제가 대
부분 완료되므로 시간 복잡도는 모두 O(1)입니다. 해시 테이블을 충분히 크게 만들면 충돌 발생을 억
제할 수 있지만 이 방법은 메모리를 낭비합니다. 즉, 시간과 공간의 트레이드-오프$^{trade\ off}$(상충 관계)
문제가 발생합니다. 충돌을 피하려면 해시 함수가 해시 테이블 크기보다 작거나 같은 정수를 고르게
생성해야 합니다. 따라서 해시 테이블의 크기는 소수를 선호합니다. ChainedHash 클래스의 hash_
value( ) 함수는 해시값을 다음과 같이 key가 int형인 경우와 아닌 경우로 구합니다.

◎ 해시값은 다이제스트(digest)값이라고도 합니다.

key가 int형인 경우

key를 해시의 크기 capacity로 나눈 나머지를 해시값으로 합니다. 예를 들어 ChainedHash 클래스
를 사용한 프로그램인 실습 3-6을 보면 key가 int형이고 크기가 13이므로 키를 13으로 나눈 나머지
가 해시값이 됩니다.

key가 int형이 아닌 경우

key가 정수가 아닌 경우(문자열, 리스트, 클래스형 등) 그 값으로는 바로 나눌 수 없습니다. 그래서 다
음과 같은 표준 라이브러리로 형 변환을 해야 해시값을 얻을 수 있습니다. 다음은 실습 3-5 [B]에서 사
용한 표준 라이브러리입니다.

- **sha256 알고리즘**: hashlib 모듈에서 제공하는 sha256은 RSA의 FIPS 알고리즘을 바탕으로 하며, 주어진 바이트(byte) 문자열의 해시값을 구하는 해시 알고리즘의 생성자(constructor)입니다. hashlib 모듈은 sha256 외에도 MD5 알고리즘인 md5 등 다양한 해시 알고리즘을 제공합니다.

- **encode( ) 함수**: hashlib.sha256에는 바이트 문자열의 인수를 전달해야 합니다. 그래서 key를 str형 문자열로 변환한 뒤 그 문자열을 encode( ) 함수에 전달하여 바이트 문자열을 생성합니다.

- **hexdigest( ) 함수**: sha256 알고리즘에서 해시값을 16진수 문자열로 꺼냅니다.

- **int( ) 함수**: hexdigest( ) 함수로 꺼낸 문자열을 16진수 문자열로 하는 int형으로 변환합니다.

키로 원소를 검색하는 search( ) 함수

실습 3-5 [C]의 search( ) 함수는 key인 원소를 검색합니다. search( ) 함수로 원소를 검색하는 과정을 [그림 3-13]을 참고하여 구체적으로 알아보겠습니다.

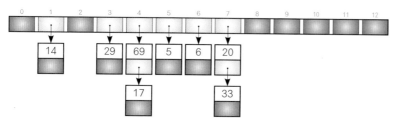

[그림 3-13] 체인법으로 해시에서 원소 검색하기

33 검색하기

33의 해시값은 7이므로 table[7]이 가리키는 연결 리스트를 찾아갑니다. 20 → 33으로 찾아가면 검색에 성공합니다.

26 검색하기

26의 해시값은 0입니다. table[0]이 None이므로 검색에 실패합니다.

search( ) 함수가 원소를 검색하는 과정은 다음과 같이 정리할 수 있습니다.

1. 해시 함수를 사용하여 키를 해시값으로 변환합니다.
2. 해시값을 인덱스로 하는 버킷에 주목합니다.
3. 버킷이 참조하는 연결 리스트를 맨 앞부터 차례로 스캔합니다. 키와 같은 값이 발견되면 검색에 성공하고, 원소의 맨 끝까지 스캔해서 발견되지 않으면 검색에 실패합니다.

```
32:     def search(self, key: Any) -> Any:
33:         """키가 key인 원소를 검색하여 값을 반환"""
34:         hash = self.hash_value(key)        # 검색하는 키의 해시값
35:         p = self.table[hash]               # 노드를 주목
36:
37:         while p is not None:
38:             if p.key == key:
39:                 return p.value             # 검색 성공
40:             p = p.next                     # 뒤쪽 노드를 주목
41:
42:         return None                        # 검색 실패
43:
44:     def add(self, key: Any, value: Any) -> bool:
45:         """키가 key이고 값이 value인 원소를 추가"""
46:         hash = self.hash_value(key)        # 추가하는 key의 해시값
47:         p = self.table[hash]               # 노드를 주목
48:
49:         while p is not None:
50:             if p.key == key:
51:                 return False               # 추가 실패
52:             p = p.next                     # 뒤쪽 노드를 주목
53:
54:         temp = Node(key, value, self.table[hash])
55:         self.table[hash] = temp            # 노드를 추가
56:         return True                        # 추가 성공
```

◐ 실습 3-5 [D]로 이어집니다.

원소를 추가하는 add( ) 함수

add( ) 함수는 키가 key이고 값이 value인 원소를 추가합니다.

[그림 3-14]를 참고하여 add( ) 함수에서 원소를 추가하는 과정을 구체적으로 알아보겠습니다.

13 추가하기

먼저 13의 해시값은 0이고 table[0]은 None입니다. [그림 3-14]처럼 13을 저장하는 노드를 새로 생성하고, 그 노드에 대한 참조를 table[0]에 대입합니다.

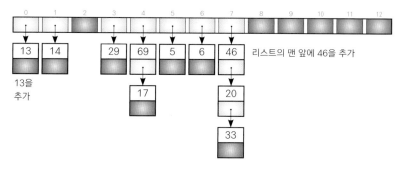

[그림 3-14] 체인법으로 해시에서 원소 추가하기

46 추가하기

46의 해시값은 7이고 table[7] 버킷에는 20과 33을 연결한 연결 리스트에 대한 참조가 저장되어 있습니다. 이 리스트 안에 46은 존재하지 않으므로 연결 리스트의 맨 앞에 46을 추가합니다. 구체적으로는 46을 저장하는 노드를 새로 생성하고, 그 노드에 대한 참조를 table[7]에 대입합니다. 또 추가한 노드의 뒤쪽 포인터인 next가 20을 저장한 노드를 주목하도록 업데이트합니다.

add( ) 함수가 원소를 추가하는 과정은 다음과 같이 정리할 수 있습니다.

---

1. 해시 함수를 사용하여 키를 해시값으로 변환합니다.
2. 해시값을 인덱스로 하는 버킷에 주목합니다.
3. 버킷이 참조하는 연결 리스트를 맨 앞부터 차례로 선형 검색을 합니다. 키와 같은 값이 발견되면 키가 이미 등록된 경우이므로 추가에 실패합니다. 원소의 맨 끝까지 발견되지 않으면 해시값인 리스트의 맨 앞에 노드를 추가합니다.

원소를 삭제하는 remove( ) 함수

실습 3-5 [D]의 remove( ) 함수는 키가 key인 원소를 삭제합니다. [그림 3-15] a에서 69를 삭제하는 예를 통해 구체적으로 알아보겠습니다.

69의 해시값은 4입니다. table[4]의 버킷에 저장되어 있는 참조하는 곳의 리스트를 선형 검색하면 69를 발견할 수 있습니다. 이 노드의 뒤쪽 노드는 17을 저장합니다. 그러므로 그림 b처럼 17을 저장한 노드에 대한 참조를 table[4] 버킷에 대입하면 노드가 삭제됩니다.

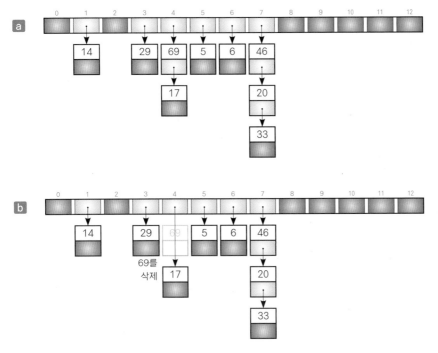

[그림 3-15] 체인법으로 해시에서 원소 삭제하기

remove( ) 함수로 원소를 삭제하는 과정은 다음과 같이 정리할 수 있습니다.

1. 해시 함수를 사용하여 키를 해시값으로 변환합니다.

2. 해시값을 인덱스로 하는 버킷에 주목합니다.

3. 버킷이 참조하는 연결 리스트를 맨 앞부터 차례로 선형 검색합니다. 키와 같은 값이 발견되면 그 노드를 리스트에서 삭제합니다. 그렇지 않으면 삭제에 실패합니다.

Do it! 실습 3-5 [D]

• 완성 파일 chap03/chained_hash.py

```
59:     def remove(self, key: Any) -> bool:
60:         """키가 key인 원소를 삭제"""
61:         hash = self.hash_value(key)      # 삭제할 key의 해시값
62:         p = self.table[hash]             # 노드를 주목
63:         pp = None                        # 바로 앞의 노드를 주목
64:
65:         while p is not None:
66:             if p.key == key:             # key를 발견하면 아래를 실행
67:                 if pp is None:
68:                     self.table[hash] = p.next
69:                 else:
```

```
70:                    pp.next = p.next
71:                    return True      # key 삭제 성공
72:              pp = p
73:              p = p.next            # 뒤쪽 노드를 주목
74:         return False               # 삭제 실패(key가 존재하지 않음)
75:
76:    def dump(self) -> None:
77:        """해시 테이블을 덤프"""
78:        for i in range(self.capacity):
79:            p = self.table[i]
80:            print(i, end='')
81:            while p is not None:
82:                print(f'  → {p.key} ({p.value})', end='')
83:                p = p.next
84:            print()
```

원소를 출력하는 dump( ) 함수

dump( ) 함수는 모든 원소을 덤프하는 것, 즉 해시 테이블의 내용을
한꺼번에 통째로 출력합니다. 해시 테이블의 모든 원소인 table[0] ~
table[capacity − 1]까지 뒤쪽 노드를 찾아가면서 각 노드의 키와
값을 출력하는 작업을 반복합니다. 예를 들어 [그림 3-15] **a** 를
dump( ) 함수로 실행하면 오른쪽과 같이 출력됩니다. 해시값이 같
은 버킷을 화살표(→)로 연결했습니다.

이 함수를 실행하면 해시값이 같은 버킷이 연결 리스트에 의해 체인
모양으로 묶인 모습을 확인할 수 있습니다.

```
00
01  → 14
02
03  → 29
04  → 69  → 17
05  →  5
06  →  6
07  → 46  → 20  → 33
08
09
10
11
12
```

😊 이 실행 결과에서는 키만 나타냈습니다. 실제로 dump( ) 함수를 실행하면 키와 값 모두 출력됩니다. 함수 이름 dump는
덤프 트럭(dump truck)에서 짐이 한번에 내리는 모습을 비유한 것입니다.

지금까지 다룬 ChainedHash 클래스를 실제 사용하는 프로그램을 실습 3-6으로 구현했습
니다. 여기에서는 키를 int형 정숫값으로, 값을 str형 문자열로 합니다.

😊 실습 3-6은 실습 3-5의 파일(chap03/chained_hash.py)과 같은 경로에서 실행해야 합니다.

• 완성 파일 chap03/chained_hash_test.py

```
01: # 체인법을 구현하는 해시 클래스 ChainedHash의 사용
02:
03: from enum import Enum
04: from chained_hash import ChainedHash
05:
06: Menu = Enum('Menu', ['추가', '삭제', '검색', '덤프', '종료'])   # 메뉴를 선언
07:
08: def select_menu() -> Menu:
09:     """메뉴 선택"""
10:     s = [f'({m.value}){m.name}' for m in Menu]
11:     while True:
12:         print(*s, sep = '   ', end='')
13:         n = int(input(': '))
14:         if 1 <=  n <=  len(Menu):
15:             return Menu(n)
16:
17: hash = ChainedHash(13)          # 크기가 13인 해시 테이블을 생성
18:
19: while True:
20:     menu = select_menu()        # 메뉴 선택
21:
22:     if menu == Menu.추가:       # 추가
23:         key = int(input('추가할 키를 입력하세요.: '))
24:         val = input('추가할 값을 입력하세요.: ')
25:         if not hash.add(key, val):
26:             print('추가를 실패했습니다!')
27:
28:     elif menu == Menu.삭제:     # 삭제
29:         key = int(input('삭제할 키를 입력하세요.: '))
30:         if not hash.remove(key):
31:             print('삭제를 실패했습니다!')
32:
33:     elif menu == Menu.검색:     # 검색
34:         key = int(input('검색할 키를 입력하세요.: '))
35:         t = hash.search(key)
36:         if t is not None:
37:             print(f'검색한 키를 갖는 값은 {t}입니다.')
38:         else:
39:             print('검색할 데이터가 없습니다.')
40:
```

```
41:     elif menu == Menu.덤프:     # 덤프
42:         hash.dump()
43:
44:     else:                       # 종료
45:         break
```

17행에서 클래스 ChainedHash형인 해시 테이블을 생성합니다. 테이블의 크기가 13이고 키가 int형이므로 키를 13으로 나눈 나머지가 해시값입니다.

ⓒ 메뉴의 출력·선택을 구현하기 위해 열거형(enum type)을 사용합니다. 이를 위해 프로그램 03행에서 enum 모듈로부터 Enum을 임포트합니다.

select_menu( ) 함수는 메뉴 5개를 출력한 뒤 1~5까지 정수를 입력받아 그 값에 대응하는 열거형의 값(Menu.추가, Menu.삭제, …)을 반환합니다.

▶ 실행 결과
    (1) 추가 (2)삭제 (3)검색 (4)덤프 (5)종료: 1
    추가할 키를 입력하세요.: 1
    추가할 값을 입력하세요.: 수연 ─────────────────────────────   (1 수연)을 추가
    (1)추가 (2)삭제 (3)검색 (4)덤프 (5)종료: 1
    추가할 키를 입력하세요.: 5
    추가할 값을 입력하세요.: 동혁 ─────────────────────────────   (5 동혁)을 추가
    (1)추가 (2)삭제 (3)검색 (4)덤프 (5)종료: 1
    추가할 키를 입력하세요.: 10
    추가할 값을 입력하세요.: 예지 ─────────────────────────────   (10 예지)를 추가
    (1)추가 (2)삭제 (3)검색 (4)덤프 (5)종료: 1
    추가할 키를 입력하세요.: 12
    추가할 값을 입력하세요.: 원준 ─────────────────────────────   (12 원준)을 추가
    (1)추가 (2)삭제 (3)검색 (4)덤프 (5)종료: 1
    추가할 키를 입력하세요.: 14
    추가할 값을 입력하세요.: 민서 ─────────────────────────────   (14 민서)를 추가
    (1)추가 (2)삭제 (3)검색 (4)덤프 (5)종료: 3
    검색할 키를 입력하세요.: 5 ──────────────────────────────   5를 검색
    검색한 키를 갖는 값은 동혁입니다.
    (1)추가 (2)삭제 (3)검색 (4)덤프 (5)종료: 4
    0 ──   해시 테이블의 내부를 출력
    1 → 14 (민서) → 1 (수연) ───────────────────────────   해시값이 같은 버킷 연결
    2
    3
    4

```
5 → 5 (동혁)
6
7
8
9
10 → 10 (예지)
11
12 → 12 (원준)
(1)추가  (2)삭제  (3)검색  (4)덤프  (5)종료: 2
삭제할 키를 입력하세요.: 14 ─────────────────────┤ 14를 삭제 │
(1)추가  (2)삭제  (3)검색  (4)덤프  (5)종료: 4
0 ──────────────────────────────────┤ 해시 테이블의 내부를 출력 │
1 → 1 (수연)
2
3
4
5 → 5 (동혁)
6
7
8
9
10 → 10 (예지)
11
12 → 12 (원준)
(1)추가  (2)삭제  (3)검색  (4)덤프  (5)종료: 5 ──────┤ 프로그램을 종료 │
```

☺ [그림 3-11]에 나타낸 바와 같이 버킷용 Node 클래스는 키와 값(뒤쪽 포인터)으로 구성됩니다. 만약 값이 없고 키만 있는 데이터의 해시 테이블을 사용해야 한다면 hash.add(key, key)처럼 키와 값에 같은 변수를 전달하면 됩니다.

오픈 주소법

해시 충돌이 발생할 때 해결하는 또 다른 방법으로 오픈 주소법open addressing이 있습니다. 오픈 주소법은 충돌이 발생했을 때 재해시rehashing를 수행하여 빈 버킷을 찾는 방법을 말하며 닫힌 해시법closed hashing이라고도 합니다. [그림 3-16]을 통해 원소를 추가·삭제·검색하는 과정을 구체적으로 살펴봅시다.

☺ 실습 3-5와 마찬가지로 키를 전체 원소 수인 13으로 나눈 나머지를 해시값으로 합니다.

원소 추가하기

[그림 3-16] @ 는 18을 추가하여 충돌이 발생하는 상태를 보여 줍니다. 이럴 때 재해시를 수행할 수 있습니다. 재해시를 위한 해시 함수는 자유롭게 정할 수 있습니다. 여기에서는 키에 1을 더하여 13으로 나눈 나머지를 사용합니다.

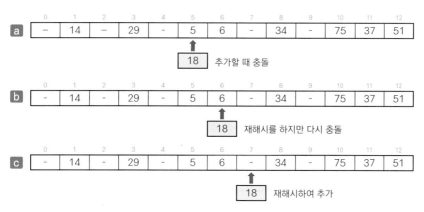

[그림 3-16] 오픈 주소법에서 재해시하기

재해시를 위한 식 (18 + 1) % 13으로 나머지 6을 얻었습니다. 그런데 [그림 3-16]의 ⓑ 처럼 인덱스 6인 버킷도 값이 채워져 있으므로 재해시를 합니다. 이번에는 (19 + 1) % 13을 통해 7을 얻으므로, ⓒ 와 같이 인덱스 7인 버킷에 18을 추가합니다. 이처럼 오픈 주소법은 빈 버킷이 나올 때까지 재해시를 반복하므로 선형 탐사법$^{linear\ probing}$이라고도 합니다.

원소 삭제하기

[그림 3-16] ⓒ 에서 5를 삭제하는 과정을 살펴봅시다. 인덱스가 5인 버킷을 비우기만 하면 될 것 같지만 실제로는 그렇지 않습니다. 해시값이 같은 18을 검색할 때 해시값이 5인 데이터는 존재하지 않는다고 착각하여 검색에 실패하기 때문입니다.

◎ 재해시한 것으로 보이지만 방금 추가한 18의 해시값은 5(13으로 나눈 나머지)입니다

이러한 오류를 방지하기 위해서 각 버킷에 다음과 같은 속성을 부여합니다.

- 데이터가 저장되어 있음(숫자)
- 비어 있음(-)
- 삭제 완료(★)

[그림 3-17]과 같이 버킷이 비어 있는 상태를 −으로, 삭제 완료된 상태를 ★로 나타냈습니다. 예를 들어 5를 삭제하면 그 위치 버킷에 삭제 완료임을 나타내는 속성 ★을 저장합니다.

삭제 완료: 해시값이 같은 데이터는 다른 버킷에 저장되어 있습니다.
비어 있음: 해시값이 같은 데이터는 존재하지 않습니다.

[그림 3-17] 오픈 주소법에서 버킷의 속성

원소 검색하기

17을 검색한다고 가정해 봅시다. 해시값이 4인 버킷을 들여다보면 속성은 비어 있음(−)이므로 검색 실패라고 판단할 수 있습니다. 그렇다면 18을 검색하는 경우를 [그림 3-18]을 보며 생각해 봅시다. 18의 해시값이 5인 버킷의 속성은 삭제 완료(★)입니다. 그래서 재해시하여 해시값이 6인 버킷의 속성을 살펴보지만, 6이 저장되어 있으므로 다시 재해시하여 7인 버킷을 들여다봅니다. 검색하는 값 18이 저장되어 있으므로 검색 성공입니다.

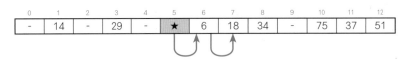

원하는 값을 찾을 때까지 재해시를 반복합니다.

[그림 3-18] 오픈 주소법에서 검색하기

지금까지 학습한 오픈 주소법을 구현하는 프로그램을 실습 3-7로 나타냈습니다. 이 프로그램에는 3개의 Status, Bucket, OpenHash 클래스가 정의되어 있습니다.

Do it! 실습 3-7 · 완성 파일 chap03/open_hash.py

```
001: # 오픈 주소법으로 해시 함수 구현하기
002:
003: from __future__ import annotations
004: from typing import Any, Type
005: from enum import Enum
006: import hashlib
007:
008: # 버킷의 속성
009: class Status(Enum):
010:     OCCUPIED = 0    # 데이터를 저장
011:     EMPTY = 1       # 비어 있음
```

```
012:     DELETED = 2    # 삭제 완료
013:
014: class Bucket:
015:     """해시를 구성하는 버킷"""
016:
017:     def __init__(self, key: Any = None, value: Any = None,
018:                       stat: Status = Status.EMPTY) -> None:
019:         """초기화"""
020:         self.key = key                        # 키
021:         self.value = value                    # 값
022:         self.stat = stat                      # 속성
023:
024:     def set(self, key: Any, value: Any, stat: Status) -> None:
025:         """모든 필드에 값을 설정"""
026:         self.key = key                        # 키
027:         self.value = value                    # 값
028:         self.stat = stat                      # 속성
029:
030:     def set_status(self, stat: Status) -> None:
031:         """속성을 설정"""
032:         self.stat = stat
033:
034: class OpenHash:
035:     """오픈 주소법으로 구현하는 해시 클래스"""
036:
037:     def __init__(self, capacity: int) -> None:
038:         """초기화"""
039:         self.capacity = capacity              # 해시 테이블의 크기를 지정
040:         self.table = [Bucket()] * self.capacity  # 해시 테이블
041:
042:     def hash_value(self, key: Any) -> int:
043:         """해시값을 구함"""
044:         if isinstance(key, int):
045:             return key % self.capacity
046:         return(int(hashlib.md5(str(key).encode()).hexdigest(), 16)
047:               % self.capacity)
048:
049:     def rehash_value(self, key: Any) -> int:
050:         """재해시값을 구함"""
051:         return(self.hash_value(key) + 1) % self.capacity
052:
```

```
053:     def search_node(self, key: Any) -> Any:
054:         """키가 key인 버킷을 검색"""
055:         hash = self.hash_value(key)          # 검색하는 키의 해시값
056:         p = self.table[hash]                 # 버킷을 주목
057:
058:         for i in range(self.capacity):
059:             if p.stat == Status.EMPTY:
060:                 break
061:             elif p.stat == Status.OCCUPIED and p.key == key:
062:                 return p
063:             hash = self.rehash_value(hash)   # 재해시
064:             p = self.table[hash]
065:         return None
066:
067:     def search(self, key: Any) -> Any:
068:         """키가 key인 원소를 검색하여 값을 반환"""
069:         p = self.search_node(key)
070:         if p is not None:
071:             return p.value                   # 검색 성공
072:         else:
073:             return None                      # 검색 실패
074:
075:     def add(self, key: Any, value: Any) -> bool:
076:         """키가 key이고 값이 value인 원소를 추가"""
077:         if self.search(key) is not None:
078:             return False                     #이미 등록된 키
079:
080:         hash = self.hash_value(key)          # 추가하는 키의 해시값
081:         p = self.table[hash]                 # 버킷을 주목
082:         for i in range(self.capacity):
083:             if p.stat == Status.EMPTY or p.stat == Status.DELETED:
084:                 self.table[hash] = Bucket(key, value, Status.OCCUPIED)
085:                 return True
086:             hash = self.rehash_value(hash)   # 재해시
087:             p = self.table[hash]
088:         return False                         # 해시 테이블이 가득 참
089:
090:     def remove(self, key: Any) -> int:
091:         """키가 key인 원소를 삭제"""
092:         p = self.search_node(key)            # 버킷을 주목
093:         if p is None:
```

```
094:            return False                        # 이 키는 등록되어 있지 않음
095:        p.set_status(Status.DELETED)
096:        return True
097:
098:    def dump(self) -> None:
099:        """해시 테이블을 덤프"""
100:        for i in range(self.capacity):
101:            print(f'{i:2} ', end='')
102:            if self.table[i].stat == Status.OCCUPIED:
103:                print(f'{self.table[i].key} ({self.table[i].value})')
104:            elif self.table[i].stat == Status.EMPTY:
105:                print('-- 미등록 --')
106:            elif self.table[i].stat == Status.DELETED:
107:                print('-- 삭제 완료 --')
```

열거형 Bucket 클래스의 필드 stat는 Bucket형인 각 버킷의 속성인 저장(OCCUPIED), 비어 있음(EMPTY), 삭제 완료(DELETED)를 나타냅니다. OpenHash 클래스의 rehash_value( ) 함수는 재해시값을 구합니다. 해시값에 1을 더하여 재해시한 식으로 새로운 해시값을 얻습니다. 실습 3-8은 오픈 주소법으로 구현한 Openhash 클래스를 실제 사용하는 프로그램입니다.

Do it! 실습 3-8

• 완성 파일 chap03/open_hash_test.py

```
01: # 오픈 주소법을 구현하는 해시 클래스 Openhash 사용
02:
03: from enum import Enum
04: from open_hash import OpenHash
05:
06: Menu = Enum('Menu', ['추가', '삭제', '검색', '덤프', '종료'])  # 메뉴를 선언
07:
08: def select_menu() -> Menu:
09:     """메뉴 선택"""
10:     s = [f'({m.value}){m.name}' for m in Menu]
11:     while True:
12:         print(*s, sep = '   ', end='')
13:         n = int(input(': '))
14:         if 1 <=  n <= len(Menu):
15:             return Menu(n)
16:
17: hash = OpenHash(13)      # 크기가 13인 해시 테이블 생성
18:
```

```
19: while True:
20:     menu = select_menu()        # 메뉴 선택
21:
22:     if menu == Menu.추가:        # 추가
23:         key = int(input('추가할 키를 입력하세요.: '))
24:         val = input('추가할 값을 입력하세요.: ')
25:         if not hash.add(key, val):
26:             print('추가를 실패했습니다!')
27:
28:     elif menu == Menu.삭제:      # 삭제
29:         key = int(input('삭제할 키를 입력하세요.: '))
30:         if not hash.remove(key):
31:             print('삭제를 실패했습니다!')
32:
33:     elif menu == Menu.검색:      # 검색
34:         key = int(input('검색할 키를 입력하세요.: '))
35:         t = hash.search(key)
36:         if t is not None:
37:             print(f'검색한 키를 갖는 값은 {t}입니다.')
38:         else:
39:             print('검색할 데이터가 없습니다.')
40:
41:     elif menu == Menu.덤프:      # 덤프
42:         hash.dump()
43:
44:     else:                        # 종료
45:         break
```

17행에서 클래스 OpenHash형인 해시 테이블을 생성합니다. 테이블의 크기는 13이고 키가 int형이므로 키를 13으로 나눈 나머지가 해시값입니다.

실습 3-6에서 구현한 체인법의 실행 결과와 같은 실행 결과가 나왔습니다. 체인법과 오픈 주소법의 실행 결과를 다음과 같이 비교할 수 있습니다.

- **체인법**: 해시값이 같은 (1 수연)과 (14, 민서)를 연결하는 연결 리스트가 버킷 1에 연결되어 있습니다.
- **오픈 주소법**: 나중에 추가한 (14 민서)는 재해시 결과 버킷 2에는 등록되어 있습니다. 또 데이터를 삭제한 뒤 버킷 2는 삭제 완료 속성이 들어 있습니다.

실습 3-8의 실행 결과는 다음과 같습니다. 앞에서 실행한 실습 3-6 체인법과 비교하여 살펴보기 바랍니다.

▶ 실행 결과

```
(1)추가  (2)삭제  (3)검색  (4)덤프  (5)종료: 1
추가할 키를 입력하세요.: 1
추가할 값을 입력하세요.: 수연 ───────────────────────  (1 수연)을 추가
(1)추가  (2)삭제  (3)검색  (4)덤프  (5)종료: 1
추가할 키를 입력하세요.: 5
추가할 값을 입력하세요.: 동혁 ───────────────────────  (5 동혁)을 추가
(1)추가  (2)삭제  (3)검색  (4)덤프  (5)종료: 1
추가할 키를 입력하세요.: 10
추가할 값을 입력하세요.: 예지 ───────────────────────  (10 예지)를 추가
(1)추가  (2)삭제  (3)검색  (4)덤프  (5)종료: 1
추가할 키를 입력하세요.: 12
추가할 값을 입력하세요.: 원준 ───────────────────────  (12 원준)을 추가
(1)추가  (2)삭제  (3)검색  (4)덤프  (5)종료: 1
추가할 키를 입력하세요.: 14
추가할 값을 입력하세요.: 민서 ───────────────────────  (14 민서)를 추가
(1)추가  (2)삭제  (3)검색  (4)덤프  (5)종료: 3
검색할 키를 입력하세요.: 5 ──────────────────────────  5를 검색
검색한 키를 갖는 값은 동혁입니다.
(1)추가  (2)삭제  (3)검색  (4)덤프  (5)종료: 4
 0 -- 미등록 -- ───────────────────────────  해시 테이블의 내부를 출력
 1 1 (수연)
 2 14 (민서)
 3 -- 미등록 --
 4 -- 미등록 --
 5 5 (동혁)
 6 -- 미등록 --
 7 -- 미등록 --
 8 -- 미등록 --
 9 -- 미등록 --
10 10 (예지)
11 -- 미등록 --
12 12 (원준)
(1)추가  (2)삭제  (3)검색  (4)덤프  (5)종료: 2
삭제할 키를 입력하세요.: 14 ──────────────────────────  14를 삭제
(1)추가  (2)삭제  (3)검색  (4)덤프  (5)종료: 4
 0 -- 미등록 -- ───────────────────────────  해시 테이블의 내부를 출력
 1 1 (수연)
```

```
2 -- 삭제 완료 --
3 -- 미등록 --
4 -- 미등록 --
5 5 (동혁)
6 -- 미등록 --
7 -- 미등록 --
8 -- 미등록 --
9 -- 미등록 --
10 10 (예지)
11 -- 미등록 --
12 12 (원준)
(1)추가  (2)삭제  (3)검색  (4)덤프  (5)종료: 5 ──────────────── 프로그램을 종료
```

04

스택과 큐

04-1 스택이란?

04-2 큐란?

04-1 스택이란?

04장에서는 데이터를 임시 저장하는 기본 자료구조인 스택과 큐를 배워 보겠습니다. 먼저 스택부터 알아봅시다.

스택 알아보기

스택^{stack}은 데이터를 임시 저장할 때 사용하는 자료구조로, 데이터의 입력과 출력 순서는 후입선출^{LIFO} 방식입니다.

◉ LIFO(last in first out)란 가장 나중에 넣은 데이터를 가장 먼저 꺼낸다는 뜻입니다.

스택에 데이터를 넣는 작업을 **푸시**^{push}라 하고, 스택에서 데이터를 꺼내는 작업을 **팝**^{pop}이라고 합니다. [그림 4-1]은 데이터를 스택에 푸시하고 팝하는 과정을 보여 줍니다. 겹쳐 쌓은 접시처럼 데이터를 넣고 꺼내는 작업을 맨 위부터 수행합니다. 이렇게 푸시하고 팝하는 윗부분을 **꼭대기**^{top}라 하고, 아랫부분을 **바닥**^{bottom}이라고 합니다.

◉ 스택(stack)은 '마른 풀을 쌓은 더미', '겹겹이 쌓음'을 뜻합니다. 여기에서는 데이터를 쌓는다는 의미로 푸시를 사용합니다.

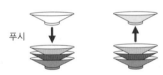

[그림 4-1] 스택에서 푸시하고 팝하기

[그림 4-2]는 스택에서 푸시와 팝을 하는 예입니다. 푸시한 데이터는 스택 꼭대기에 쌓입니다. 팝을 할 때는 꼭대기에 있는 데이터가 꺼내지므로 팝을 하면 방금 푸시한(푸시한 지 얼마 안 된) 데이터를 꺼낼 수 있습니다.

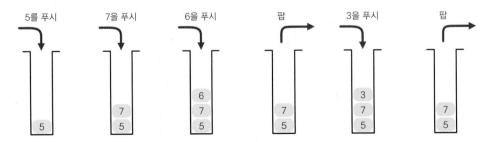

[그림 4-2] 스택에서 푸시와 팝하는 과정

스택 구현하기

스택을 구현하는 프로그램을 만들겠습니다. 스택의 기본 개념을 이해하기 위해 스택을 생성할 때 크기가 결정된 고정 길이 스택을 만들어 보겠습니다. [그림 4-3]은 스택을 구현하는 데 필요한 데이터를 정리하는 것을 보여 줍니다.

ⓒ 스택의 크기란 스택에 쌓을 수 있는 데이터의 최대 개수를 의미합니다.

스택 배열: stk

푸시한 데이터를 저장하는 스택 본체인 list형 배열입니다. [그림 4-3]처럼 인덱스가 0인 원소를 스택의 바닥이라고 합니다. 따라서 가장 먼저 푸시하여 데이터를 저장하는 곳은 stk[0]입니다.

스택 크기: capacity

스택의 최대 크기를 나타내는 int형 정수입니다. 이 값은 배열 stk의 원소 수인 len(stk)와 일치합니다.

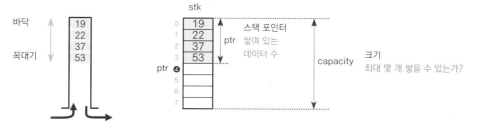

[그림 4-3] 스택을 구현한 예

스택 포인터: ptr

스택에 쌓여 있는 데이터의 개수를 나타내는 정숫값을 **스택 포인터**stack pointer라고 합니다. 물론 스택이 비어 있으면 ptr의 값은 0이 되고 가득 차 있으면 capacity와 같은 값이 됩니다. [그림 4-3]은 크기가 8인 스택에 4개의 데이터를 푸시한 상태입니다. 가장 먼저 푸시한 데이터는 stk[0]인 19이고, 가장 마지막에 푸시한 데이터는 stk[ptr-1]인 53입니다.

ⓒ [그림 4-3]에서 ● 안에 표시한 값인 인덱스 4는 ptr을 의미합니다. 가장 마지막에 푸시한 원소의 인덱스에 1을 더한 값과 일치합니다. 스택에 데이터를 푸시할 때 ptr을 1씩 증가시키고, 스택에서 데이터를 팝할 때 ptr을 1씩 감소시킵니다.

다음 실습 4-1은 고정 길이 스택을 구현하는 FixedStack 클래스를 보여 줍니다. 먼저 스택이 비어 있는지 또는 가득 차 있는지를 알아내는 예외 클래스와 사용하는 함수를 살펴보겠습니다.

예외 처리 클래스 Empty

pop( ) 함수 또는 peek( ) 함수를 호출할 때 스택이 비어 있으면 내보내는 예외 처리입니다.

예외 처리 클래스 Full

push( ) 함수를 호출할 때 스택이 가득 차 있으면 내보내는 예외 처리입니다.

초기화하는 __ init__( ) 함수

__init__( ) 함수는 스택 배열을 생성하는 등의 준비 작업을 수행합니다. 매개변수 capacity로 전달받은 값을 스택의 크기를 나타내는 필드인 capacity로 복사하여, 원소 수가 capacity이고 모든 원소가 None인 리스트형 stk를 생성합니다. 이때 스택이 비어 있으므로 스택 포인터 ptr의 값을 0으로 합니다.

쌓여 있는 데이터 개수를 알아내는 __len__( ) 함수

__len__( ) 함수는 스택에 쌓여 있는 데이터 개수를 반환합니다. 여기서는 스택 포인터 ptr값을 그대로 반환합니다.

◎ 예를 들어 스택 s의 원소 수는 s.__len__( ) 또는 len(s)로 알아볼 수 있습니다. __len__( ) 함수는 보충 수업 4-3에서 더 설명합니다.

스택이 비어 있는지를 판단하는 is_empty( ) 함수

is_empty( ) 함수는 데이터가 하나도 쌓여 있지 않은 상태, 즉 스택이 비어 있는지 판단합니다. 스택이 비어 있으면 True를, 그렇지 않으면 False를 반환합니다.

스택이 가득 차 있는지를 판단하는 is_full( ) 함수

is_full( ) 함수는 더 이상 데이터를 푸시할 수 없는 상태, 즉 스택이 가득 차 있는지 판단합니다. 스택이 가득 차 있으면 True를, 그렇지 않으면 False를 반환합니다.

Do it! 실습 4-1 [A]

• 완성 파일 chap04/fixed_stack.py

```python
01: # 고정 길이 스택 클래스 FixedStack 구현하기
02:
03: from typing import Any
04:
05: class FixedStack:
06:     """고정 길이 스택 클래스"""
07:
08:     class Empty(Exception):
09:         """비어 있는 FixedStack에 팝 또는 피크할 때 내보내는 예외 처리"""
10:         pass
11:
12:     class Full(Exception):
13:         """가득 찬 FixedStack에 푸시할 때 내보내는 예외 처리"""
14:         pass
15:
16:     def __init__(self, capacity: int = 256) -> None:
17:         """스택 초기화"""
18:         self.stk = [None] * capacity    # 스택 본체
19:         self.capacity = capacity        # 스택의 크기
20:         self.ptr = 0                    # 스택 포인터
21:
22:     def __len__(self) -> int:
23:         """스택에 쌓여 있는 데이터 개수를 반환"""
24:         return self.ptr
25:
26:     def is_empty(self) -> bool:
27:         """스택이 비어 있는지 판단"""
28:         return self.ptr <= 0
29:
30:     def is_full(self) -> bool:
```

```
31:          """스택이 가득 차 있는지 판단"""
32:          return self.ptr >= self.capacity
```

◐ 실습 4-1 [B]로 이어집니다.

📖 보충 수업 4-1 　 예외 처리의 기본 구조

파이썬에서는 프로그램을 실행하다가 오류가 발생하면 예외 처리 메시지를 내보낼 수 있습니다. 예외 처리를 수행하면 오류를 복구하여 프로그램이 실행되다가 중단되는 것을 피할 수 있습니다. 또한 예외 처리는 원래 처리하는 코드와 오류가 발생할 때 대처하는 코드를 분리할 수 있다는 장점이 있습니다. [그림 4C-1]은 try 문$^{try\ statement}$을 이용해서 파이썬 예외 처리의 기본 구조를 보여 줍니다.

◎ 스위트(suite)는 코드 한 세트라는 것을 보충 수업 1-2에서 배웠습니다.

[그림 4C-1] 예외 처리의 구조와 try 문

데이터를 푸시하는 push( ) 함수

push( ) 함수는 스택에 데이터를 추가합니다. 그러나 스택이 가득 차서 더 이상 푸시할 수 없는 경우에는 FixedStack.Full을 통하여 예외 처리를 내보냅니다. 푸시 작업을 수행하는 [그림 4-4]의 ⓐ를 보면서 이해해 봅시다. 스택이 가득 차 있지 않으면 전달받은 value를 배열 원소 stk[ptr]에 저장하고 스택 포인터 ptr을 1 증가시킵니다.

◎ 24를 stk[4]에 저장한 후 ptr을 1 증가시켜 5가 되도록 합니다.

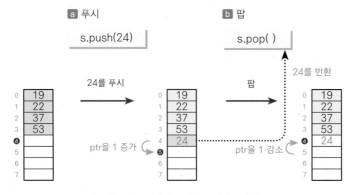

[그림 4-4] 스택에서 푸시하고 팝하는 과정

데이터를 팝하는 pop( ) 함수

pop( ) 함수는 스택의 꼭대기에서 데이터를 꺼내서 그 값을 반환합니다. 그러나 스택이 비어서 팝할 수 없는 경우에는 FixedStack.Empty를 통하여 예외 처리를 내보냅니다. 팝 작업을 수행하는 [그림 4-4]의 **b**를 보면서 이해해 봅시다. 스택이 비어 있지 않으면 스택 포인터 ptr의 값을 1 감소시키고 stk[ptr]에 저장된 값을 반환합니다.

ⓒ ptr을 1 감소시켜 5에서 4가 되면 stk[4]를 반환합니다.

데이터를 들여다보는 peek( ) 함수

peek( ) 함수는 스택의 꼭대기 데이터(다음에 팝하는 데이터)를 들여다봅니다. 그러나 스택이 비어 있는 경우에는 FixedStack.Empty를 통하여 예외 처리를 내보냅니다. 스택이 비어 있지 않으면 꼭대기 원소 stk[ptr-1]의 값을 반환합니다. 데이터의 입출력이 없으므로 스택 포인터는 변화하지 않습니다.

Do it! 실습 4-1 [B]

• 완성 파일 chap04/fixed_stack.py

```
35:     def push(self, value: Any) -> None:
36:         """스택에 value를 푸시(데이터를 넣음)"""
37:         if self.is_full():              # 스택이 가득 차 있는 경우
38:             raise FixedStack.Full       # 예외 처리 발생
39:         self.stk[self.ptr] = value
40:         self.ptr += 1
41:
42:     def pop(self) -> Any:
43:         """스택에서 데이터를 팝(꼭대기 데이터를 꺼냄)"""
44:         if self.is_empty():             # 스택이 비어 있는 경우
45:             raise FixedStack.Empty      # 예외 처리 발생
46:         self.ptr -= 1
47:         return self.stk[self.ptr]
48:
49:     def peek(self) -> Any:
50:         """스택에서 데이터를 피크(꼭대기 데이터를 들여다봄)"""
51:         if self.is_empty():             # 스택이 비어 있음
52:             raise FixedStack.Empty      # 예외 처리 발생
53:         return self.stk[self.ptr - 1]
54:
55:     def clear(self) -> None:
56:         """스택을 비움(모든 데이터를 삭제)"""
57:         self.ptr = 0
```

◐ 실습 4-1 [C]로 이어집니다.

스택의 모든 데이터를 삭제하는 clear( ) 함수

clear( ) 함수는 스택에 쌓여 있는 데이터를 모두 삭제하여 빈 스택을 만듭니다. 스택 포인터 ptr의 값을 0으로 하면 끝납니다.

ⓒ 스택에서 푸시나 팝 등 모든 작업은 스택 포인터 ptr을 바탕으로 이루어집니다. 따라서 스택의 배열 원솟값을 변경할 필요가 없습니다.

📚 보충 수업 4-2 raise 문을 통한 예외 처리

파이썬에서는 raise 문^{raise statement}으로 프로그램의 예외 처리를 의도적으로 내보낼 수 있습니다. 실습 4-1에서 FixedStack 클래스의 push( ), pop( ), peek( ) 함수는 스택이 가득 차 있거나 또는 비어 있을 때 raise 문을 통하여 예외 처리를 내보내고 있습니다.

ValueError 클래스, ZeroDivisionError 클래스 등 파이썬이 제공하는 예외 처리를 표준 내장 예외 처리라고 합니다. 표준 내장 예외 처리는 BaseException 클래스와 직간접적으로 파생한 클래스로 제공됩니다.

프로그래머가 정의하는 사용자 정의 예외 처리는 BaseException 클래스가 아니라 Exception 클래스(또는 그 파생 클래스)에서 파생하는 것이 원칙입니다. 왜냐하면 Exception 클래스는 사용자 정의 클래스가 파생하는 것을 전제로 하기 때문입니다. 04장에서 다루는 스택 클래스와 큐 클래스인 Empty와 Full은 모두 Exception 클래스의 하위 클래스로 정의하고 있습니다.

데이터를 검색하는 find( ) 함수

find( ) 함수는 스택 본체의 배열 stk 안에 value와 값이 같은 데이터가 포함되어 있는지 확인하고, 포함되어 있다면 배열의 어디에 들어 있는지를 검색합니다.

[그림 4-5]는 find( ) 함수가 스택에서 검색을 수행하는 예를 보여 줍니다. 이 그림을 보면 알 수 있듯이 검색은 꼭대기 쪽에서 바닥 쪽으로 선형 검색을 합니다. 즉, 배열의 인덱스가 큰 쪽에서 작은 쪽으로 스캔합니다. 검색에 성공하면 발견한 원소의 인덱스를 반환하고 실패하면 −1을 반환합니다.

ⓒ [그림 4-5]의 스택에는 인덱스 1과 4 두 곳에 25가 있습니다. 이 스택에서 25를 검색하는 경우 꼭대기 쪽에 있는 25의 인덱스 4를 반환합니다. 꼭대기 쪽부터 스캔하는 것은 먼저 팝할 데이터를 찾아가기 위해서입니다.

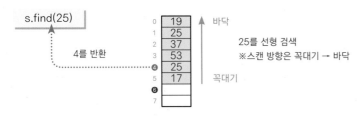

[그림 4-5] 스택에서 검색하기

데이터 개수를 세는 count( ) 함수

count( ) 함수는 스택에 쌓여 있는 데이터(value)의 개수를 구하여 반환합니다.

◎ [그림 4-5]의 스택에서 25를 카운트하면 2가 반환됩니다.

데이터가 포함되어 있는지 판단하는 __contains__( ) 함수

__contains__( ) 함수는 스택에 데이터(value)가 있는지 판단합니다. 있으면 True를 반환하고 그렇지 않으면 False를 반환합니다. 예를 들어 스택 s에 데이터 x가 포함되어 있는지 판단은 s.__contains__(x)뿐만 아니라 멤버십 판단 연산자^{membership test operator}인 in을 사용하여 x in s로 수행할 수 있습니다(보충 수업 4-3 참고).

◎ 어떤 데이터가 포함되어 있지 않은지 판단할 때에는 not in 연산자도 사용할 수 있습니다. 예를 들어 스택 s에 데이터 x가 포함되어 있지 않은지 판단은 x not in s로 할 수 있습니다.

Do it! 실습 4-1 [C]

• 완성 파일 chap04/fixed_stack.py

```
60:     def find(self, value: Any) -> Any:
61:         """스택에서 value를 찾아 인덱스를 반환(없으면 -1을 반환)"""
62:         for i in range(self.ptr - 1, -1, -1):   # 꼭대기 쪽부터 선형 검색
63:             if self.stk[i] == value:
64:                 return i              # 검색 성공
65:         return -1                     # 검색 실패
66:
67:     def count(self, value: Any) -> int:
68:         """스택에 있는 value의 개수를 반환"""
69:         c = 0
70:         for i in range(self.ptr):     # 바닥 쪽부터 선형 검색
71:             if self.stk[i] == value:  # 검색 성공
72:                 c += 1
73:         return c
74:
75:     def __contains__(self, value: Any) -> bool:
76:         """스택에 value가 있는지 판단"""
77:         return self.count(value) > 0
78:
79:     def dump(self) -> None:
80:         """덤프(스택 안의 모든 데이터를 바닥부터 꼭대기 순으로 출력)"""
81:         if self.is_empty():           # 스택이 비어 있음
82:             print('스택이 비어 있습니다.')
83:         else:
84:             print(self.stk[:self.ptr])
```

스택의 모든 데이터를 출력하는 dump( ) 함수

dump( ) 함수는 스택에 쌓여 있는 ptr개의 모든 데이터를 바닥부터 꼭대기까지 순서대로 출력합니다. 스택이 비어 있으면 '스택이 비어 있습니다.'를 출력합니다.

📚 보충 수업 4-3 __len__( ) 함수와 __contains__( ) 함수 알아보기

파이썬에서 시작과 끝에 언더스코어(_)가 2개 붙은 함수는 특별한 의미가 있습니다. 04장에서 사용한 __len__( ) 함수와 __contains__( ) 함수를 알아봅시다.

__len__( ) 함수

클래스에 __len__( ) 함수를 정의하면 클래스형의 인스턴스를 len( ) 함수에 전달할 수 있습니다. 예를 들어 클래스형의 인스턴스 obj에 대한 __len( )__ 함수를 호출하는 obj.__len__( )를 간단히 len(obj)로 작성할 수 있습니다.

__contains__( ) 함수

클래스에 __contains__( ) 함수를 정의하면 클래스형의 인스턴스에 멤버십 판단 연산자인 in을 적용할 수 있습니다. 예를 들어 클래스형의 인스턴스 obj에 대한 __contains( )__ 함수를 호출하는 obj.__contains__(x)를 간단히 x in obj로 작성할 수 있습니다.

ⓒ 밑줄 2개(__)인 더블 언더스코어(double underscore)를 줄여서 던더(dunder)라고 합니다. 그래서 더블 언더스코어 함수를 줄여서 던더 함수라고 하고, __len__( )을 던더 렌 던더, 또는 던더 렌이라고 합니다.

스택 프로그램 만들기

고정 길이 스택 FixedStack 클래스를 사용한 실습 4-2를 살펴보겠습니다.

Do it! 실습 4-2

• 완성 파일 chap04/fixed_stack_test.py

```
01: # 고정 길이 스택 클래스(FixedStack)를 사용하기
02:
03: from enum import Enum
04: from fixed_stack import FixedStack
05:
06: Menu = Enum('Menu', ['푸시', '팝', '피크', '검색', '덤프', '종료'])
07:
08: def select_menu() -> Menu:
09:     """메뉴 선택"""
10:     s = [f'({m.value}){m.name}' for m in Menu]
11:     while True:
12:         print(*s, sep = '   ', end='')
```

```
13:            n = int(input(': '))
14:            if 1 <= n <= len(Menu):
15:                return Menu(n)
16:
17: s = FixedStack(64)            # 최대 64개를 푸시할 수 있는 스택
18:
19: while True:
20:     print(f'현재 데이터 개수: {len(s)} / {s.capacity}')
21:     menu = select_menu()      # 메뉴 선택
22:
23:     if menu == Menu.푸시:      # 푸시
24:         x = int(input('데이터를 입력하세요.: '))
25:         try:
26:             s.push(x)
27:         except FixedStack.Full:
28:             print('스택이 가득 차 있습니다.')
29:
30:     elif menu == Menu.팝:      # 팝
31:         try:
32:             x = s.pop()
33:             print(f'팝한 데이터는 {x}입니다.')
34:         except FixedStack.Empty:
35:             print('스택이 비어 있습니다.')
36:
37:     elif menu == Menu.피크:    # 피크
38:         try:
39:             x = s.peek()
40:             print(f'피크한 데이터는 {x}입니다.')
41:         except FixedStack.Empty:
42:             print('스택이 비어 있습니다.')
43:
44:     elif menu == Menu.검색:    # 검색
45:         x = int(input('검색할 값을 입력하세요.: '))
46:         if x in s:
47:             print(f'{s.count(x)}개 포함되고, 맨 앞의 위치는 {s.find(x)}입니다.')
48:         else:
49:             print('검색값을 찾을 수 없습니다.')
50:
51:     elif menu == Menu.덤프:    # 덤프
52:         s.dump()
53:
54:     else:
55:         break
```

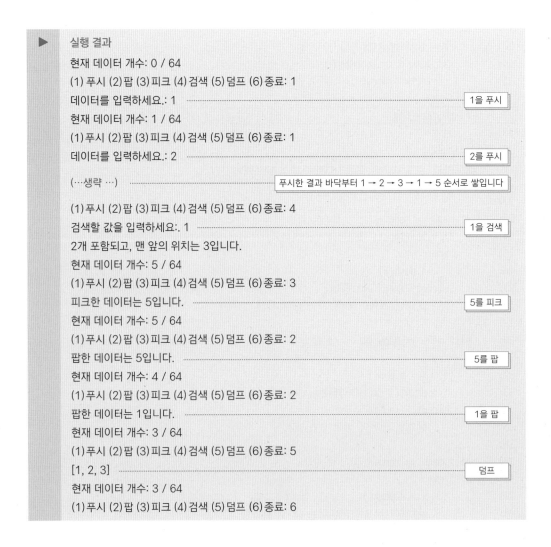

▶ 실행 결과

현재 데이터 개수: 0 / 64
(1) 푸시 (2) 팝 (3) 피크 (4) 검색 (5) 덤프 (6) 종료: 1
데이터를 입력하세요.: 1 ──────────────── 1을 푸시
현재 데이터 개수: 1 / 64
(1) 푸시 (2) 팝 (3) 피크 (4) 검색 (5) 덤프 (6) 종료: 1
데이터를 입력하세요.: 2 ──────────────── 2를 푸시

(… 생략 …) ───── 푸시한 결과 바닥부터 1 → 2 → 3 → 1 → 5 순서로 쌓입니다

(1) 푸시 (2) 팝 (3) 피크 (4) 검색 (5) 덤프 (6) 종료: 4
검색할 값을 입력하세요:. 1 ──────────────── 1을 검색
2개 포함되고, 맨 앞의 위치는 3입니다.
현재 데이터 개수: 5 / 64
(1) 푸시 (2) 팝 (3) 피크 (4) 검색 (5) 덤프 (6) 종료: 3
피크한 데이터는 5입니다. ──────────────── 5를 피크
현재 데이터 개수: 5 / 64
(1) 푸시 (2) 팝 (3) 피크 (4) 검색 (5) 덤프 (6) 종료: 2
팝한 데이터는 5입니다. ──────────────── 5를 팝
현재 데이터 개수: 4 / 64
(1) 푸시 (2) 팝 (3) 피크 (4) 검색 (5) 덤프 (6) 종료: 2
팝한 데이터는 1입니다. ──────────────── 1을 팝
현재 데이터 개수: 3 / 64
(1) 푸시 (2) 팝 (3) 피크 (4) 검색 (5) 덤프 (6) 종료: 5
[1, 2, 3] ──────────────── 덤프
현재 데이터 개수: 3 / 64
(1) 푸시 (2) 팝 (3) 피크 (4) 검색 (5) 덤프 (6) 종료: 6

실습 4-2의 17행에서 클래스 FixedStack형인 고정 길이 스택 s를 생성합니다. 이 프로그램
은 데이터를 최대 64개까지 넣을 수 있습니다.

ⓒ __len(s)__ 함수로 스택 s에 쌓여 있는 데이터 개수를 구하고 있습니다.

📚 보충 수업 4-4 collections.deque로 스택 구현하기

파이썬의 내장 컨테이너는 딕셔너리^{dictionary}, 리스트^{list}, 집합^{set}, 튜플^{tuple}이 있습니다. 이 외에도 여러 컨테이너를 collections 모듈로 제공합니다. 주요 컨테이너는 namedtuple( ), deque, ChainMap, Counter, OrderedDict, defaultdict, UserDict, UserList, UserString 같은 컬렉션입니다. 이 가운데 deque 모듈을 사용하면 스택을 간단하게 구현할 수 있습니다. collection. deque는 맨 앞과 맨 끝 양쪽에서 원소를 추가·삭제하는 자료구조인 덱^{deque}을 구현하는 컨테이너입니다. deque의 주요 속성과 함수를 다음과 같이 나타냈습니다.

[표 4C-1] deque의 주요 속성과 함수

속성과 함수	설명
maxlen 속성	deque의 최대 크기를 나타내는 속성으로 읽기 전용입니다. 크기 제한이 없으면 None입니다.
append(x) 함수	deque의 맨 끝(오른쪽)에 x를 추가합니다.
appendleft(x) 함수	deque의 맨 앞(왼쪽)에 x를 추가합니다.
clear( ) 함수	deque의 모든 원소를 삭제하고 크기를 0으로 합니다.
copy( ) 함수	deque의 얕은 복사(shallow copy)를 합니다.
count(x) 함수	deque 안에 있는 x와 같은 원소의 개수를 계산합니다.
extend(iterable) 함수	순차 반복 인수 iterable에서 가져온 원소를 deque의 맨 끝(오른쪽)에 추가하여 확장합니다.
extendleft(iterable) 함수	순차 반복 인수 iterable에서 가져온 원소를 deque의 맨 앞(왼쪽)에 추가하여 확장합니다.
index(x[, start [, stop]]) 함수	deque 안에 있는(인덱스 start부터 인덱스 stop까지 양 끝을 포함한 범위) x 가운데 가장 앞쪽에 있는 원소의 위치를 반환합니다. x가 없는 경우는 ValueError를 내보냅니다.
insert(i, x) 함수	x를 deque의 i 위치에 삽입합니다. 이때 크기에 제한이 있는 deque일 경우 maxlen을 초과한 삽입은 IndexError를 내보냅니다.
pop( ) 함수	deque의 맨 끝(오른쪽)에 있는 원소를 1개 삭제하고 그 원소를 반환합니다. 원소가 하나도 없는 경우에는 IndexError를 내보냅니다.
popleft( ) 함수	deque의 맨 앞(왼쪽)에 있는 원소를 1개 삭제하고 그 원소를 반환합니다. 원소가 하나도 없는 경우에는 IndexError를 내보냅니다.
remove(value) 함수	value의 첫 번째 항목을 삭제합니다. 원소가 없는 경우에는 ValueError를 내보냅니다.
reverse( ) 함수	deque 원소를 역순으로 재정렬하고 None을 반환합니다.
rotate(n = 1) 함수	deque의 모든 원소를 n값만큼 오른쪽으로 밀어냅니다. n이 음수라면 왼쪽으로 밀어냅니다.

이 외에도 이터레이션과 pickle, len(d), reversed(d), copy.copy(d), copy.deepcopy(d), in 연산자로 멤버십 판단, d[0] 등의 형식에서 인덱스에 의한 참조를 지원합니다.

양쪽 끝의 데이터를 인덱스로 접근하는 것은 O(1)로 빠르지만, 가운데 부분에 있는 데이터를 접근하는 것은 O(n)으로 느립니다. 그러므로 인덱스를 사용하여 임의의 원소를 무작위로 접근하는 것은 효율적 이지 않습니다.

다음 실습 4C-1의 Stack 클래스는 deque를 사용하여 고정 길이의 스택을 구현했습니다. 기본 동작 은 실습 4-1에서 작성한 FixedStack 클래스와 같습니다. collections.deque와 같은 표준 라이브 러리는 빠른 동작을 기대할 수 있고 프로그램이 간단하다는 점에서 FixedStack보다 Stack 클래스 가 프로그램 기능 면에서 우수하다고 볼 수 있습니다(그러나 자료구조를 배우려면 FixedStack 클래 스를 이해해야 합니다).

ⓒ deque는 보충 수업 4-6에서도 다룹니다.

Do it! 실습 4C-1
· 완성 파일 chap04/stack.py

```python
01: # 고정 길이 스택 클래스 구현하기(collections.deque를 사용)
02:
03: from typing import Any
04: from collections import deque
05:
06: class Stack:
07:     """고정 길이 스택 클래스(collections.deque를 사용)"""
08:
09:     def __init__(self, maxlen: int = 256) -> None:
10:         """스택 초기화"""
11:         self.capacity = maxlen
12:         self.__stk = deque([], maxlen)
13:
14:     def __len__(self) -> int:
15:         """스택에 쌓여 있는 데이터 개수를 반환"""
16:         return len(self.__stk)
17:
18:     def is_empty(self) -> bool:
19:         """스택이 비어 있는지 판단"""
20:         return not self.__stk
21:
22:     def is_full(self) -> bool:
23:         """스택이 가득 차 있는지 판단"""
24:         return len(self.__stk) == self.__stk.maxlen
25:
```

```
26:      def push(self, value: Any) -> None:
27:          """스택에 value를 푸시"""
28:          self.__stk.append(value)
29:
30:      def pop(self) -> Any:
31:          """스택에서 데이터를 팝"""
32:          return self.__stk.pop()
33:
34:      def peek(self) -> Any:
35:          """스택에서 데이터를 피크"""
36:          return self.__stk[-1]
37:
38:      def clear(self) -> None:
39:          """스택을 비움"""
40:          self.__stk.clear()
41:
42:      def find(self, value: Any) -> Any:
43:          """스택에서 value를 찾아 인덱스를 반환(찾지 못하면 -1을 반환)"""
44:          try:
45:              return self.__stk.index(value)
46:          except ValueError:
47:              return -1
48:
49:      def count(self, value: Any) -> int:
50:          """스택에 포함되어 있는 value의 개수를 반환"""
51:          return self.__stk.count(value)
52:
53:      def __contains__(self, value: Any) -> bool:
54:          """스택에 value가 포함되어 있는지 판단"""
55:          return self.count(value)
56:
57:      def dump(self) -> int:
58:          """스택 안에 있는 모든 데이터를 나열(바닥에서 꼭대기 순으로 출력)"""
59:          print(list(self.__stk))
```

◎ 실습 4C-1을 실제 사용하는 프로그램은 chap04/stack_test.py입니다.

04-2 큐란?

큐^{queue}는 스택과 같이 데이터를 임시 저장하는 자료구조입니다. 하지만 스택처럼 가장 나중에 넣은 데이터를 가장 먼저 꺼내지 않습니다. 여기에서는 큐를 자세히 알아보겠습니다.

큐 알아보기

큐는 [그림 4-6]처럼 가장 먼저 넣은 데이터를 가장 먼저 꺼내는 선입선출^{FIFO} 구조입니다. 예를 들어 은행 창구에서 차례를 기다리거나 마트에서 계산을 기다리는 줄을 생각하면 됩니다. 큐에 데이터를 추가하는 작업을 **인큐**^{enqueue}, 데이터를 꺼내는 작업을 **디큐**^{dequeue}라고 합니다. 또 데이터를 꺼내는 쪽을 **프런트**^{front}, 데이터를 넣는 쪽을 **리어**^{rear}라고 합니다.

ⓒ FIFO(first in first out)이란 가장 먼저 넣은 데이터를 가장 먼저 꺼낸다는 뜻입니다.

ⓒ 큐에서 프런트는 맨 앞의 원소를, 리어는 맨 끝의 원소를 가리킵니다. 뒤에서 설명하는 front, rear 변수와 혼동하지 않도록 원소 인덱스의 위치를 나타낼 때는 맨 앞, 맨 끝이라고 하겠습니다.

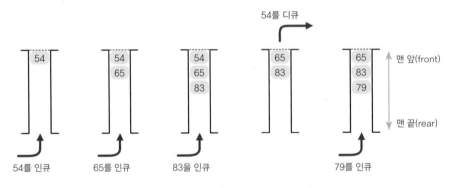

[그림 4-6] 큐에서 인큐와 디큐를 수행하는 과정

배열로 큐 구현하기

스택과 마찬가지로 큐 또한 배열을 사용하여 구현할 수 있습니다. [그림 4-7]을 참고하여 배열로 큐를 어떻게 구현하는지 살펴봅시다.

ⓒ 참고로 인큐는 밀어 넣기라고도 합니다. 디큐(dequeue)는 양방향 대기열 자료구조인 덱(deque)과 혼동하지 마세요.

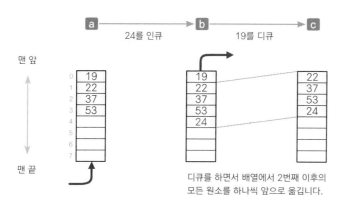

[그림 4-7] 배열로 큐를 구현한 예

[그림 4-7] a 는 배열의 맨 앞부터 순서대로 4개의 데이터 19, 22, 37, 53이 들어 있습니다. 배열 이름을 que라 하면 que[0]~que[3]까지 int형 데이터가 저장됩니다(인덱스 0인 원소가 큐의 첫 번째 원소입니다). 이 상태에서 데이터 24를 인큐하고 19를 디큐하는 과정을 알아봅시다.

24를 인큐하기

데이터 24를 인큐합니다. [그림 4-7] b 와 같이 맨 끝 데이터가 저장되어 있는 que[3]의 다음 원소인 que[4]에 24를 저장합니다. 이때 처리의 복잡도는 O(1)이고 비교적 적은 비용^{cost}으로 구현할 수 있습니다.

19를 디큐하기

다음으로 데이터 19를 디큐합니다. [그림 4-7] b 에서 que[0]에 저장되어 있는 19를 꺼내면서 2번째 이후의 모든 원소를 [그림 4-7] c 와 같이 앞쪽으로 옮겨야 합니다. 이 때 처리의 복잡도는 O(n)입니다. 데이터를 꺼낼 때마다 이런 처리 작업을 수행해야 한다면 프로그램의 효율성을 기대할 수 없습니다.

📚 **보충 수업 4-5 우선순위 큐**

우선순위 큐^{priority queue}를 알아봅시다. 인큐할 때는 데이터에 우선순위를 부여하여 추가하고, 디큐할 때 우선순위가 가장 높은 데이터를 꺼내는 방식입니다. 파이썬에서 우선순위를 부여하는 큐는 heapq 모듈에서 제공합니다. heap에서 data의 인큐는 heapq.heappush(heap, data)로 수행하고, 디큐는 heapq.heappop(heap)으로 수행합니다. heapq 모듈을 사용한 프로그램은 06장에서 다룹니다.

링 버퍼로 큐 구현하기

이번에는 디큐할 때 배열 안의 원소를 옮기지 않는 큐를 구현하겠습니다. 이럴 때 사용하는 자료구조가 **링 버퍼**^{ring buffer}입니다. 링 버퍼는 [그림 4-8]처럼 배열 맨 끝의 원소 뒤에 맨 앞의 원소가 연결되는 자료구조입니다. 어떤 원소가 맨 앞 원소이고, 어떤 원소가 맨 끝 원소인지 식별하는 변수가 각각 front와 rear입니다.

여기에서 프런트와 리어는 논리적인 데이터 순서일 뿐 배열의 물리적 원소의 순서는 아닙니다.

● 프런트(front): 맨 앞 원소의 인덱스
● 리어(rear): 맨 끝 원소 바로 뒤의 인덱스(다음 인큐되는 데이터가 저장되는 위치)

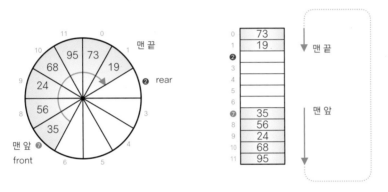

[그림 4-8] 링 버퍼를 사용해서 큐 구현하기

인큐와 디큐를 수행하면 front와 rear의 값은 변합니다. [그림 4-9]를 보면서 두 값이 변하는 과정을 구체적으로 알아봅시다.

a 7개의 데이터 35, 56, 24, 68, 95, 73, 19가 늘어선 순서대로 que[7], que[8], …, que[11], que[0], que[1]에 저장됩니다. front값은 7이고 rear값은 2입니다.

b [그림 4-9]의 **a**에서 82를 인큐한 다음의 상태입니다. 맨 끝의 다음에 위치한 que[rear], 즉 que[2]에 82를 저장하고 rear값을 1 증가시켜 3으로 만듭니다.

c [그림 4-9]의 **b**에서 35를 디큐한 다음의 상태입니다. 맨 앞 원소인 que[front], 즉 que[7]의 값인 35를 꺼내고 front값을 1 증가시켜 8로 만듭니다.

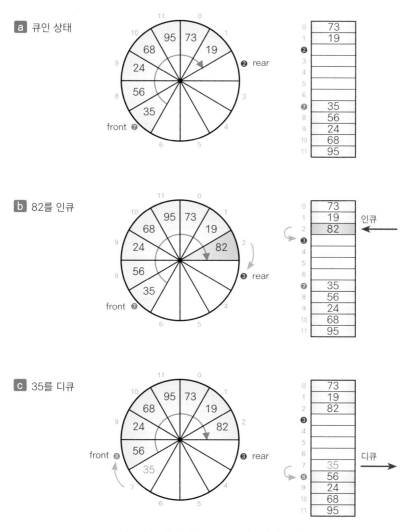

a 큐인 상태

b 82를 인큐

c 35를 디큐

[그림 4-9] 링 버퍼로 구현한 인큐와 디큐

[그림 4-9]와 같이 링 버퍼로 큐를 구현하면 원소를 옮길 필요 없이 front와 rear의 값을 업데이트하는 것만으로 인큐와 디큐를 수행할 수 있습니다. 모든 처리의 복잡도는 O(1)입니다.

이제 링 버퍼를 사용하여 큐를 구현하는 프로그램을 만들겠습니다. 04-1절에서 다룬 스택과 마찬가지로 큐를 생성할 때 크기(큐에 넣을 수 있는 데이터의 최대 개수)가 결정된 고정 길이 큐입니다. 실습 4-3은 고정 길이 큐를 구현하는 FixedQueue 클래스를 보여 줍니다. 먼저 큐가 비어 있는지 또는 가득 차 있는지 알아내는 예외 처리 클래스와 함수를 살펴보겠습니다.

```
01: # 고정 길이 큐 클래스 FixedQueue 구현하기
02:
03: from typing import Any
04:
05: class FixedQueue:
06:
07:     class Empty(Exception):
08:         """비어 있는 FixedQueue에서 디큐 또는 피크할 때 내보내는 예외 처리"""
09:         pass
10:
11:     class Full(Exception):
12:         """가득 차 있는 FixedQueue에서 인큐할 때 내보내는 예외 처리"""
13:         pass
14:
15:     def __init__(self, capacity: int) -> None:
16:         """큐 초기화"""
17:         self.no = 0                   # 현재 데이터 개수
18:         self.front = 0                # 맨 앞 원소 커서
19:         self.rear = 0                 # 맨 끝 원소 커서
20:         self.capacity = capacity      # 큐의 크기
21:         self.que = [None] * capacity  # 큐의 본체
22:
23:     def __len__(self) -> int:
24:         """큐에 있는 모든 데이터 개수를 반환"""
25:         return self.no
26:
27:     def is_empty(self) -> bool:
28:         """큐가 비어 있는지 판단"""
29:         return self.no <= 0
30:
31:     def is_full(self) -> bool:
32:         """큐가 가득 차 있는지 판단"""
33:         return self.no >= self.capacity
```

○ 실습 4-3 [B]로 이어집니다.

예외 처리 클래스 Empty와 Full

비어 있는 큐에 deque( ), peek( ) 함수를 호출할 때 내보내는 예외 처리는 Empty 클래스이고, 가득 차 있는 큐에 enque( ) 함수를 호출할 때 내보내는 예외 처리는 Full 클래스입니다.

초기화하는 __init__( ) 함수

__init__( ) 함수는 큐 배열을 생성하는 등의 준비 작업을 하며 다음과 같이 5개의 변수에 값을 설정합니다.

- **que**: 큐의 배열로서 밀어 넣는 데이터를 저장하는 list형 배열입니다.
- **capacity**: 큐의 최대 크기를 나타내는 int형 정수입니다. 이 값은 배열 que의 원소 수와 일치합니다.
- **front, rear**: 맨 앞의 원소, 맨 끝의 원소를 나타내는 인덱스입니다. 큐에 넣은 데이터 중에 가장 처음에 넣은 맨 앞 원소의 인덱스가 front이고, 가장 마지막에 넣은 맨 끝 원소의 바로 다음 인덱스가 rear입니다. rear는 다음에 인큐할 때 데이터를 저장하는 원소의 인덱스입니다.
- **no**: 큐에 쌓여 있는 데이터 개수를 나타내는 int형 정수입니다. 변수 front와 rear의 값이 같을 경우 큐가 비어 있는지 또는 가득 차 있는지 구별하기 위해 필요합니다([그림 4-10]). 큐가 비어 있는 경우에는 no가 0이 되고, 가득 차 있는 경우에는 capacity와 같은 값이 됩니다.

☺ [그림 4-10]의 ⓐ는 큐가 비어 있는 상태이고 front와 rear의 값이 같습니다. ⓑ는 큐가 가득 차 있는 상태이지만 front와 rear의 값이 같습니다(que[2]가 맨 앞 원소이고, que[1]이 맨 끝 원소입니다). 그림으로 나타내진 않았지만 front와 rear의 값이 둘 다 0이 아닌데도 큐가 비어 있는 경우도 있습니다.

ⓐ 비어 있는 큐(no = 0)

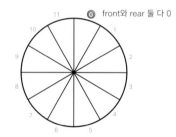

ⓑ 가득 차 있는 큐(no = 12)

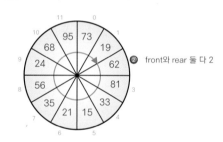

[그림 4-10] 비어 있는 큐와 가득 차 있는 큐

추가한 데이터 개수를 알아내는 __len__( ) 함수

__len__( ) 함수는 큐에 추가한 데이터 개수를 반환합니다. no의 값은 그대로 반환합니다.

큐가 비어 있는지를 판단하는 is_empty( ) 함수

is_empty( ) 함수는 큐가 비어 있는지를 판단합니다. 비어 있으면 True를, 그렇지 않으면 False를 반환합니다.

큐가 가득 차 있는지를 판단하는 is_full( ) 함수

is_full( ) 함수는 큐가 가득 차 있어서 더 이상 데이터를 추가할 수 없는 상태인지 검사합니다. 가득 차 있으면 True를, 그렇지 않으면 False를 반환합니다.

데이터를 넣는 enque( ) 함수

enque( ) 함수는 큐에 데이터를 인큐합니다. 하지만 큐가 가득 차서 인큐할 수 없는 경우 예외 처리인 FixedQueue.Full을 내보냅니다.

• 완성 파일 chap04/fixed_queue.py

Do it! 실습 4-3 [B]

```
36:     def enque(self, x: Any) -> None:
37:         """데이터 x를 인큐"""
38:         if self.is_full():
39:             raise FixedQueue.Full   # 큐가 가득 차 있는 경우 예외 처리 발생
40:         self.que[self.rear] = x
41:         self.rear += 1
42:         self.no += 1
43:         if self.rear == self.capacity:
44:             self.rear = 0
```

◐ 실습 4-3 [C]로 이어집니다.

인큐를 수행하는 예를 [그림 4-11] a에 나타냈습니다. 맨 앞부터 순서대로 35, 56, 24, 68, 95, 73, 19를 넣은 큐에 82를 인큐하는 모습입니다. que[rear]인 que[2]에 인큐하는 데이터를 저장하고 rear와 no의 값을 1 증가시키면 인큐가 완료됩니다(40∼42행).

그런데 인큐를 하기 전의 rear값이 배열의 맨 끝([그림 4-11]에서는 11)인 경우에 rear값을 1 증가시키면 capacity([그림 4-11]에서는 12)의 값과 똑같이 되어 배열 인덱스의 한계를 넘어갑니다. 이런 경우 인큐의 모습을 보여 주는 [그림 4-11]의 b입니다. rear에 1을 증가시킨 뒤 rear값이 큐의 크기인 capacity와 같을 경우 rear를 배열의 맨 앞 인덱스 0으로 되돌립니다(43∼44행). 이렇게 하면 다음에 인큐하는 데이터가 que[0] 위치에 제대로 저장됩니다.

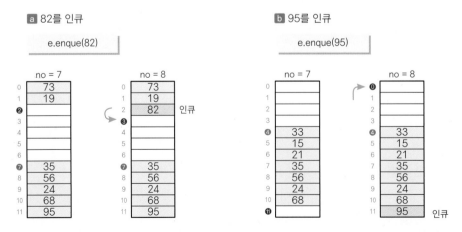

[그림 4-11] 큐에 인큐하는 과정

데이터를 꺼내는 deque( ) 함수

deque( ) 함수는 큐의 맨 앞부터 데이터를 디큐하여 그 값을 반환합니다. 그러나 큐가 비어 있어 디큐할 수 없는 경우 예외 처리인 FixedQueue.Epmty를 내보냅니다.

• 완성 파일 chap04/fixed_queue.py

Do it! 실습 4-3 [C]

```
47:     def deque(self) -> Any:
48:         """데이터를 디큐"""
49:         if self.is_empty():
50:             raise FixedQueue.Empty    # 큐가 비어 있는 경우 예외 처리 발생
51:         x = self.que[self.front]
52:         self.front += 1
53:         self.no -= 1
54:         if self.front == self.capacity:
55:             self.front = 0
56:         return x
```

○ 실습 4-3 [D]로 이어집니다.

디큐를 수행하는 예를 [그림 4-12] **a** 로 나타냈습니다. 맨 앞부터 순서대로 35, 56, 24, 68, 95, 73, 19, 82를 넣은 큐에서 35를 디큐하는 모습입니다. 큐의 맨 앞인 que[front], 즉 que[7]에 저장된 값 35를 꺼내고 front를 1 증가, no를 1 감소시킵니다(51~53행).

그런데 디큐하기 전에 front가 배열의 맨 끝인 경우 front를 1 증가시키면 그 값이 capacity 와 같아져서 배열 인덱스의 한계를 넘어갑니다. 그럴 땐 [그림 4-12]의 **b** 처럼 front의 값이 큐의 크기인 capacity와 같을 경우 front를 1 증가시켜 배열의 맨 앞 인덱스인 0으로 되돌립니다(54~55행). 이렇게 하면 다음 디큐를 수행할 때 데이터를 que[0] 위치에서 제대로 꺼낼 수 있습니다.

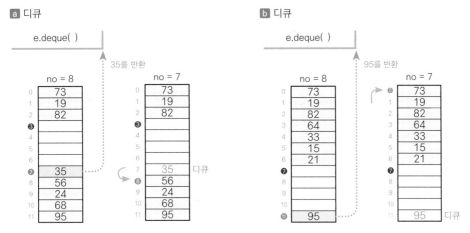

[그림 4-12] 큐에서 디큐하는 과정

데이터를 들여다보는 peek( ) 함수

peek( ) 함수는 맨 앞 데이터, 즉 다음 디큐에서 꺼낼 데이터를 들여다봅니다. que[front]의 값을 반환할 뿐 데이터를 꺼내지는 않으므로 front, rear, no의 값은 변하지 않습니다. 큐가 비어 있을 때는 예외 처리 FixedQueue.Epmty를 내보냅니다.

검색하는 find( ) 함수

find( ) 함수는 큐의 배열에서 value와 같은 데이터가 포함되어 있는 위치를 알아냅니다. [그림 4-13]과 같이 맨 앞에서 맨 끝 쪽으로 선형 검색을 수행합니다. 물론 스캔은 배열의 맨 앞 원소가 아니라 큐의 맨 앞 원소(front)부터 시작합니다. 따라서 스캔할 때 주목하는 인덱스 idx를 구하는 식은 $(i + front)$ % capacity 입니다. [그림 4-13]에서는 다음과 같이 i와 idx의 값이 변합니다.

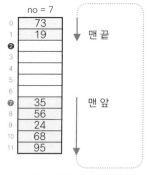

no = 7

맨 끝

맨 앞

[그림 4-13] 큐의 선형 검색

i	0 ⇨ 1 ⇨ 2 ⇨ 3 ⇨ 4 ⇨ 5 ⇨ 6
idx	7 ⇨ 8 ⇨ 9 ⇨ 10 ⇨ 11 ⇨ 0 ⇨ 1

검색에 성공하면 찾은 원소의 인덱스를 반환하고 실패하면 −1을 반환합니다.

데이터 개수를 세는 count( ) 함수

count( ) 함수는 큐에 있는 데이터(value)의 개수를 구하여 반환합니다.

데이터가 포함되어 있는지를 판단하는 __contains__( ) 함수

__contains__( ) 함수는 큐에 데이터(value)가 들어 있는지를 판단합니다. 들어 있으면 True를, 그렇지 않으면 False를 반환합니다. 내부의 count( ) 함수를 호출하여 구현합니다.

큐의 전체 원소를 삭제하는 clear( ) 함수

clear( ) 함수는 현재 큐에 들어 있는 모든 데이터를 삭제합니다.

ⓒ 인큐와 디큐는 no, front, rear의 값을 바탕으로 수행됩니다. 그러므로 값을 0으로만 하면 됩니다(실제 큐 배열 que의 원솟값을 변경할 필요가 없습니다).

큐의 전체 데이터를 출력하는 dump( ) 함수

dump( ) 함수는 큐에 들어 있는 모든 데이터를 맨 앞부터 맨 끝 쪽으로 순서대로 출력합니다. 하지만 큐가 비어 있으면 '큐가 비어 있습니다.'를 출력합니다.

```
59:    def peek(self) -> Any:
60:        """큐에서 데이터를 피크(맨 앞 데이터를 들여다봄)"""
61:        if self.is_empty():
62:            raise FixedQueue.Empty        # 큐가 비어 있는 경우 예외 처리를 발생
63:        return self.que[self.front]
64:
65:    def find(self, value: Any) -> Any:
66:        """큐에서 value를 찾아 인덱스를 반환(없으면 -1을 반환)"""
67:        for i in range(self.no):
68:            idx = (i + self.front) % self.capacity
69:            if self.que[idx] == value:    # 검색 성공
70:                return idx
71:        return -1                         # 검색 실패
72:
73:    def count(self, value: Any) -> int:
74:        """큐에 있는 value의 개수를 반환"""
75:        c = 0
76:        for i in range(self.no):          # 큐 데이터를 선형 검색
77:            idx = (i + self.front) % self.capacity
78:            if self.que[idx] == value:    # 검색 성공
79:                c += 1                    # 들어 있음
80:        return c
81:
82:    def __contains__(self, value: Any) -> bool:
83:        """큐에 value가 있는지 판단"""
84:        return self.count(value)
85:
86:    def clear(self) -> None:
87:        """큐의 모든 데이터를 비움"""
88:        self.no = self.front = self.rear = 0
89:
90:    def dump(self) -> None:
91:        """모든 데이터를 맨 앞부터 맨 끝 순으로 출력"""
92:        if self.is_empty():               # 큐가 비어 있음
93:            print('큐가 비었습니다.')
94:        else:
95:            for i in range(self.no):
96:                print(self.que[(i + self.front) % self.capacity], end='')
97:            print()
```

📚 **보충 수업 4-6 양방향 대기열 덱의 구조**

양방향 대기열인 덱^{deque}은 [그림 4C-2]처럼 맨 앞과 맨 끝 양쪽에서 데이터를 넣고 꺼낼 수 있는 자료구조입니다. 파이썬에서는 collections.deque 컨테이너로 제공됩니다(보충 수업 4-4 참고).

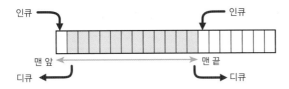

[그림 4C-2] 양방향 대기열 덱의 구조

💬 **용어 정리 덱이란?**

덱(deque: double-ended queue)은 맨 앞과 맨 끝 양쪽에서 데이터를 모두 삽입·삭제할 수 있는 자료구조입니다. 2개의 포인터를 사용하여 양쪽에서 삭제·삽입을 할 수 있으며, 큐와 스택을 합친 형태라고 생각하면 됩니다.

링 버퍼로 큐 프로그램 만들기

큐 FixedQueue 클래스를 실제 사용하는 프로그램 예를 실습 4-4로 구현했습니다.

Do it! 실습 4-4

• 완성 파일 chap04/fixed_queue_test.py

```
01: # 고정 길이 큐 클래스(FixedQueue)를 사용하기
02:
03: from enum import Enum
04: from fixed_queue import FixedQueue
05:
06: Menu = Enum('Menu', ['인큐', '디큐', '피크', '검색', '덤프', '종료'])
07:
08: def select_menu() -> Menu:
09:     """메뉴 선택"""
10:     s = [f'({m.value}){m.name}' for m in Menu]
11:     while True:
12:         print(*s, sep='   ', end='')
13:         n = int(input(': '))
14:         if 1 <= n <= len(Menu):
15:             return Menu(n)
```

```
16:
17: q = FixedQueue(64)              # 최대 64개를 인큐할 수 있는 큐
18:
19: while True:
20:     print(f'현재 데이터 개수: {len(q)} / {q.capacity}')
21:     menu = select_menu()        # 메뉴 선택
22:
23:     if menu == Menu.인큐:        # 인큐
24:         x = int(input('인큐할 데이터를 입력하세요.: '))
25:         try:
26:             q.enque(x)
27:         except FixedQueue.Full:
28:             print('큐가 가득 찼습니다.')
29:
30:     elif menu == Menu.디큐:      # 디큐
31:         try:
32:             x = q.deque()
33:             print(f'디큐한 데이터는 {x}입니다.')
34:         except FixedQueue.Empty:
35:             print('큐가 비어 있습니다.')
36:
37:     elif menu == Menu.피크:      # 피크
38:         try:
39:             x = q.peek()
40:             print(f'피크한 데이터는 {x}입니다.')
41:         except FixedQueue.Empty:
42:             print('큐가 비었습니다.')
43:
44:     elif menu == Menu.검색:      # 검색
45:         x = int(input('검색할 값을 입력하세요.: '))
46:         if x in q.que:
47:             print(f'{q.count(x)}개 포함되고, 맨 앞의 위치는 {q.find(x)}입니다.')
48:         else:
49:             print('검색값을 찾을 수 없습니다.')
50:
51:     elif menu == Menu.덤프:      # 덤프
52:         q.dump()
53:     else:
54:         break
```

실습 4-4에서 17행은 클래스 FixedQueue형의 고정 길이 큐 s를 생성합니다. 이 프로그램은
데이터를 최대 64개까지 넣을 수 있습니다.

▶ 실행 결과
현재 데이터 개수: 0 / 64
(1) 인큐 (2) 디큐 (3) 피크 (4) 검색 (5) 덤프 (6) 종료: 1
인큐할 데이터를 입력하세요.: 1 ─────────────────── | 1을 인큐 |
현재 데이터 개수: 1 / 64
(1) 인큐 (2) 디큐 (3) 피크 (4) 검색 (5) 덤프 (6) 종료: 1
인큐할 데이터를 입력하세요.: 2 ─────────────────── | 2를 인큐 |
현재 데이터 개수: 2 / 64
(1) 인큐 (2) 디큐 (3) 피크 (4) 검색 (5) 덤프 (6) 종료: 1
인큐할 데이터를 입력하세요.: 3 ─────────────────── | 3을 인큐 |
현재 데이터 개수: 3 / 64
(1) 인큐 (2) 디큐 (3) 피크 (4) 검색 (5) 덤프 (6) 종료: 1
인큐할 데이터를 입력하세요.: 1 ─────────────────── | 1을 인큐 |
현재 데이터 개수: 4 / 64
(1) 인큐 (2) 디큐 (3) 피크 (4) 검색 (5) 덤프 (6) 종료: 1
인큐할 데이터를 입력하세요.: 5 ─────────────────── | 5를 인큐 |
현재 데이터 개수: 5 / 64
(1) 인큐 (2) 디큐 (3) 피크 (4) 검색 (5) 덤프 (6) 종료: 5
1 2 3 1 5 ─────────────────────────── | 덤프 |
현재 데이터 개수: 5 / 64
(1) 인큐 (2) 디큐 (3) 피크 (4) 검색 (5) 덤프 (6) 종료: 4
검색할 데이터를 입력하세요.: 1 ─────────────────── | 1을 검색 |
2개 포함되고 맨 앞의 위치는 0입니다.
현재 데이터 개수: 5 / 64
(1) 인큐 (2) 디큐 (3) 피크 (4) 검색 (5) 덤프 (6) 종료: 3
피크한 데이터는 1입니다. ──────────────────── | 1을 피크 |
현재 데이터 개수: 5 / 64
(1) 인큐 (2) 디큐 (3) 피크 (4) 검색 (5) 덤프 (6) 종료: 2
디큐한 데이터는 1입니다. ──────────────────── | 1을 디큐 |
현재 데이터 개수: 4 / 64
(1) 인큐 (2) 디큐 (3) 피크 (4) 검색 (5) 덤프 (6) 종료: 2
디큐한 데이터는 2입니다. ──────────────────── | 2를 디큐 |
현재 데이터 개수: 3 / 64
(1) 인큐 (2) 디큐 (3) 피크 (4) 검색 (5) 덤프 (6) 종료: 5
3 1 5 ─────────────────────────────── | 덤프 |
현재 데이터 개수: 3 / 64
(1) 인큐 (2) 디큐 (3) 피크 (4) 검색 (5) 덤프 (6) 종료: 6

🕮 보충 수업 4-7 링 버퍼의 활용

링 버퍼는 오래된 데이터를 버리는 용도로 활용할 수 있습니다. 예를 들면 원소 수가 n인 배열에 데이터를 계속해서 입력할 때 가장 최근에 들어온 데이터 n개만 저장하고 나머지 오래된 데이터는 버리는 경우입니다.

실습 4C-2는 이러한 방법으로 링 버퍼를 활용하는 프로그램입니다. 리스트형 배열 a의 원소 수는 총 n개입니다. 정수를 계속해서 입력(인큐)할 수는 있지만 배열에 저장되는 데이터는 가장 최근에 입력한 n개만 링 버퍼에 남아 있습니다.

Do it! 실습 4C-2

• 완성 파일 chap04/last_elements.py

```
01: # 원하는 개수(n)만큼 값을 입력받아 마지막 n개를 저장
02:
03: n = int(input('정수를 몇 개 저장할까요?: '))
04: a = [None] * n                    # 입력받은 값을 저장하는 배열
05:
06: cnt = 0                           # 정수를 입력받은 개수
07: while True:
08:     a[cnt % n] = int(input((f'{cnt + 1}번째 정수를 입력하세요.: ')))
09:     cnt += 1
10:
11:     retry = input(f'계속 할까요?(Y … Yes / N … No): ')
12:     if retry in {'N', 'n'}:    # N이나 n을 입력하면 더 이상 값을 받지 않음
13:         break
14:
15: i = cnt - n
16: if i < 0: i = 0
17:
18: while i < cnt:
19:     print(f'{i + 1}번째 = {a[i % n]}')
20:     i += 1
```

[그림 4C-3]은 n이 10일 때 다음과 같이 정수를 12개 입력받는 예입니다. 하지만 배열에 남는 것은 마지막에 입력받은 정수 10개입니다. 그러므로 가장 먼저 입력받은 정수 2개는 버립니다.

```
15, 17, 64, 57, 99, 21, 0, 23, 44, 55, 97, 85
|←→|
 버림
```

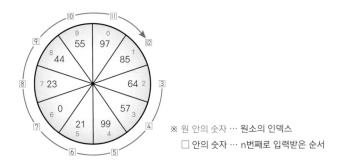

※ 원 안의 숫자 … 원소의 인덱스
　　□ 안의 숫자 … n번째로 입력받은 순서

[그림 4C-3] 링 버퍼의 활용

▶ 실행 결과

정수를 몇 개 저장할까요?: 10
1번째 정수를 입력하세요.: 15
계속 할까요?(Y … Yes / N … No): Y
2번째 정수를 입력하세요.: 17
계속 할까요?(Y … Yes / N … No): Y
(… 생략 …)
12번째 정수를 입력하세요.: 85
계속 할까요?(Y … Yes / N … No): N
3번째 = 64
4번째 = 57
5번째 = 99
(… 생략 …)
10번째 = 55
11번째 = 97
12번째 = 85

실습 4C-2의 08행을 보면 입력받은 값을 a[cnt % n]에 저장합니다. 입력받은 값을 어떻게 배열 원소에 저장하는지 구체적으로 살펴보겠습니다.

1번째 값 입력받기

cnt값은 0이고, 이것을 10으로 나눈 나머지는 0입니다. 입력받은 값을 a[0]에 저장합니다.

2번째 값 입력받기

cnt값은 1이고, 이것을 10으로 나눈 나머지는 1입니다. 입력받은 값을 a[1]에 저장합니다.

(… 생략 …)

10번째 값 입력받기

cnt값은 9이고, 이것을 10으로 나눈 나머지는 9입니다. 입력받은 값을 a[9]에 저장합니다.

11번째 값 입력받기

cnt값은 10이고, 이것을 10으로 나눈 나머지는 0입니다. 입력받은 값을 a[0]에 저장합니다. a[0]에 이미 1번째 값이 있지만 11번째 값이 덮어씁니다.

12번째 값 입력받기

cnt값은 11이고, 이것을 10으로 나눈 나머지는 1입니다. 입력받은 값을 a[1]에 저장합니다. a[1]에 이미 2번째 값이 있지만 12번째 값이 덮어씁니다.

입력받은 값을 저장하는 곳의 인덱스를 cnt % n으로 구하고, 그 뒤 cnt값을 1 증가시켜 링 버퍼(배열)의 모든 원소를 순환하면서 저장하고 있습니다.

 FixedQueue 클래스의 find( ) 함수에서 인덱스를 구하는 방법도 이와 같은 원리입니다.

입력받은 값을 모두 출력하는 동작은 실습 4C-2의 15~20행에 구현되어 있습니다. 여기에서 한 가지 생각해 볼 문제가 있습니다. 입력받은 개수 cnt가 10개 이하라면 a[0]~a[cnt - 1]을 앞에서 차례대로 출력할 수 있습니다(출력하는 값은 cnt개입니다). 그런데 [그림 4C-3]처럼 데이터를 12개 입력받은 경우에는 마지막에 저장된 10개의 데이터인 a[2], a[3], …, a[9], a[0], a[1]의 순서대로 출력해야 합니다(출력하는 값은 n개, 즉 10개입니다). 그래서 이 프로그램은 19행에서 나머지 연산자 %를 사용하여 마지막에 남은 값의 인덱스 순서대로 출력합니다. 시간을 내서 이 프로그램을 꼼꼼히 읽고 완전히 이해하고 넘어갑시다.

05

재귀 알고리즘

05-1 재귀 알고리즘의 기본

05-2 재귀 알고리즘 분석

05-3 하노이의 탑

05-4 8퀸 문제란?

05-1 재귀 알고리즘의 기본

05장에서는 여러 가지 재귀 알고리즘과 분석 방법, 그리고 재귀 알고리즘을 비재귀적으로 구현하는 방법을 배웁니다. 먼저 재귀 알고리즘의 기본을 알아보겠습니다.

재귀 알아보기

어떠한 이벤트에서 자기 자신을 포함하고 다시 자기 자신을 사용하여 정의되는 경우 **재귀**recursion 라고 합니다. [그림 5-1]은 재귀의 개념을 표현한 예로, 화면 가운데에 계속해서 같은 화면이 반복해서 나타납니다. 이러한 재귀의 개념을 사용하여 1, 2, 3, …과 같이 무한하게 이어지는 자연수를 다음과 같이 정의할 수 있습니다.

자연수의 정의

- 1은 자연수입니다.
- 어떤 자연수의 바로 다음 수도 자연수입니다.

무한히 존재하는 자연수를 재귀적 정의recursive definition를 사용하여 위의 두 문장으로 정의했습니다. 재귀를 효과적으로 사용하면 이러한 정의뿐만 아니라 프로그램을 간결하고 효율성 좋게 작성할 수 있습니다.

◎ 재귀는 06장에서 살펴볼 '병합 정렬'과 '퀵 정렬', 09장에서 살펴볼 '이진 검색 트리'에서 다시 다룹니다.

[그림 5-1] 재귀 개념을 표현한 예

팩토리얼 알아보기

재귀를 사용하는 대표적인 예로 양의 정수 곱을 구하는 팩토리얼^{factorial} 문제가 있습니다. 팩토리얼은 양의 정수를 순서대로 곱한다는 의미로 순차 곱셈이라고도 합니다. 양의 정수 n의 팩토리얼(n!)은 다음과 같이 재귀적 정의를 할 수 있습니다.

팩토리얼 n!의 정의(n은 양의 정수)

- 0! = 1
- n > 0이면 n! = n × (n - 1)!

예를 들어 10!(10의 팩토리얼)은 10 × 9!로 구할 수 있고, 다시 9!은 9 × 8!로 구할 수 있습니다. 이러한 정의를 그대로 프로그램 실습 5-1에서 factorial( ) 함수로 구현했습니다.

Do it! 실습 5-1　　　　　　　　　　　　　　　　　　　• 완성 파일 chap05/factorial.py

```python
01: # 양의 정수 n의 팩토리얼 구하기
02:
03: def factorial(n: int) -> int:
04:     """양의 정수 n의 팩토리얼값을 재귀적으로 구함"""
05:     if n > 0:
06:         return n * factorial(n - 1)
07:     else:
08:         return 1
09:
10: if __name__ == '__main__':
11:     n = int(input('출력할 팩토리얼값을 입력하세요.: '))
12:     print(f'{n}의 팩토리얼은 {factorial(n)}입니다.')
```

▶　실행 결과
　　출력할 팩토리얼값을 입력하세요.: 3
　　3의 팩토리얼은 6입니다.

factorial( ) 함수는 매개변수 n에 전달받은 값이 0보다 크면 n * factorial(n - 1)의 값을 반환하고, 그렇지 않으면 1을 반환합니다.

ⓒ 실습 5-1의 factorial( ) 함수는 음수를 입력하면 계산하지 않습니다.

📚 보충 수업 5-1 math.factorial ( ) 함수

파이썬에서는 팩토리얼값을 구하는 표준 라이브러리로 math 모듈에서 factorial() 함수를 제공합니다. 예를 들어 math.factorial(x)는 정수 x의 팩토리얼값을 반환합니다. x가 정수가 아니거나 음수라면 ValueError 예외 처리를 내보냅니다. 이처럼 음수를 인수로 전달받으면 예외 처리를 내보내도록 실습 5-1 프로그램을 수정했습니다. 완성 파일은 chap05/factorial_ve.py입니다.

재귀 호출

factorial( ) 함수로 3의 팩토리얼값을 구하는 과정을 [그림 5-2]와 함께 살펴봅시다.

ⓐ 함수 호출식 factorial(3)을 실행하면 factorial( ) 함수가 호출됩니다. 이 함수는 매개변수 n에 3을 전달받아 3 * factorial(2)의 값을 반환합니다. 그런데 이 곱셈을 하려면 factorial(2)의 값을 구해야 합니다. 그래서 실제 인수로 2를 전달해서 함수 factorial(2)를 호출합니다.

ⓑ 호출된 factorial( ) 함수는 매개변수 n에 2를 전달받습니다. 다시 2 * factorial(1)을 실행하기 위해 함수 factorial(1)을 호출합니다.

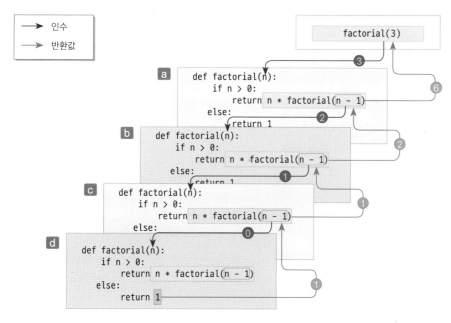

[그림 5-2] 3의 팩토리얼값을 재귀적으로 구하는 과정

🇨 호출된 factorial( ) 함수는 매개변수 n에 1을 전달받습니다. 1 * factorial(0)을 실행하기 위해 함수 factorial(0)을 호출합니다.

🇩 호출된 factorial( ) 함수는 매개변수 n에 전달받은 값이 0이므로 1을 반환합니다. 이때 처음으로 return 문이 실행되고 반환값 1을 🇨 로 보냅니다.

🇨 반환된 값 1을 전달받은 factorial( ) 함수는 1 * factorial(0), 즉 (1 * 1)을 반환합니다.

🇧 반환된 값 1을 전달받은 factorial( ) 함수는 2 * factorial(1), 즉 (2 * 1)을 반환합니다.

🇦 반환된 값 2를 전달받은 factorial( ) 함수는 3 * factorial(2), 즉 (3 * 2)를 반환합니다.

이렇게하면 최종 3의 팩토리얼값인 6을 얻을 수 있습니다.

factorial( ) 함수는 n − 1의 팩토리얼값을 구하기 위해 다시 자신과 똑같은 factorial( ) 함수를 호출합니다. 이런 함수의 호출을 **재귀 호출**^{recursive call}이라고 합니다.

ⓒ 재귀 호출은 '함수 자신'이 아니라 '자기 자신과 똑같은 함수'를 호출한다고 이해하는 것이 자연스럽습니다. 만약 함수 자신을 호출하면 끝없이 자신을 호출하는 행위를 계속 하기 때문입니다.

직접 재귀와 간접 재귀

factorial( ) 함수는 내부에서 자신과 똑같은 factorial( ) 함수를 호출합니다. 이와 같이 자신과 똑같은 함수를 호출하는 방식을 직접^{direct} 재귀라고 합니다. 이와 다르게 간접^{indirect} 재귀는 a( ) 함수가 b( ) 함수를 호출하고 다시 b( ) 함수가 a( ) 함수를 호출하는 구조입니다. 이 2가지 재귀 방식을 [그림 5-3]으로 나타냈습니다.

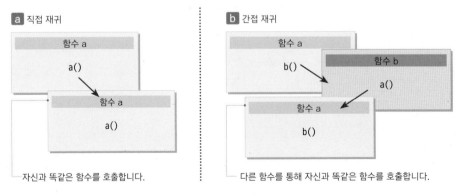

[그림 5-3] 직접 재귀와 간접 재귀

재귀 알고리즘은 풀어야 할 문제나 계산할 함수 또는 처리할 자료구조가 재귀적으로 정의되는 경우에 적용됩니다. 이러한 점에서 재귀 과정으로 팩토리얼값을 구하는 문제는 재귀의 원리를 이해하기 위한 예제일 뿐 현실적으로는 적절하지 않습니다.

◎ factorial( ) 함수는 재귀 함수로 정의하지 않는 것이 오히려 간단하고 효율적입니다.

유클리드 호제법 알아보기

두 정숫값의 최대 공약수^{GCD}를 재귀적으로 구하는 방법을 생각해 봅시다. 2개의 정숫값을 직사각형 두 변의 길이라고 생각하면 두 정숫값의 최대 공약수를 구하는 문제는 다음과 같이 바꿀 수 있습니다.

◎ GCD는 greatest common divisor의 줄임말입니다.

> **Q.** 직사각형 안을 정사각형 여러 개로 가득 채워 나갑니다. 이렇게 만들 수 있는 정사각형 가운데 가장 작은 정사각형의 변의 길이를 구하세요.

문제를 이해하기 쉽도록 [그림 5-4]로 나타냈습니다. 변의 길이가 22와 8인 직사각형에서 정사각형을 만드는 구체적인 과정을 보여 줍니다.

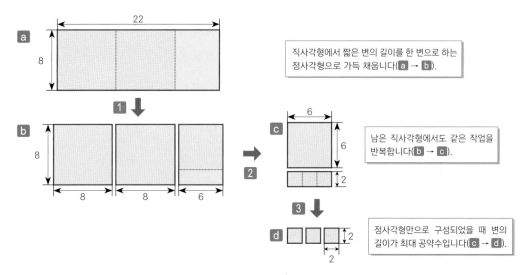

[그림 5-4] 22와 8의 최대 공약수를 구하는 과정

1 [그림 5-4]의 **a** 처럼 22 × 8 크기의 직사각형에서 짧은 변의 길이인 8을 한 변으로 하는 정사각형으로 나눕니다. 그러면 **b** 처럼 8 × 8 크기의 정사각형 2개가 만들어지고 8 × 6 크기의 직사각형이 남습니다.

2 남은 8 × 6 크기의 직사각형에서도 다시 같은 과정을 수행한 결과가 **c** 입니다. 6 × 6 크기의 정사각형 1개가 만들어지고 6 × 2 크기의 직사각형이 남습니다.

3 남은 6 × 2 크기의 직사각형에서도 다시 같은 과정을 수행한 결과가 **d** 입니다. 이번에는 2 × 2 크기의 정사각형 3개가 만들어집니다. 이렇게 얻은 정사각형의 변의 길이인 2가 8과 22의 최대 공약수입니다.

정리하면 **3** 과정처럼 두 정숫값이 주어질 때 큰 값을 작은 값으로 나누어 떨어지면 작은 값이 최대 공약수가 됩니다. 나누어 떨어지지 않으면 작은 값과 나머지에 대해 같은 과정을 나누어 떨어질 때까지 재귀적으로 반복합니다(**1**, **2**).

이 과정을 수학에서는 어떻게 표현하는지 알아보겠습니다. 두 정수 x와 y의 최대 공약수를 gcd(x, y)로 표기하겠습니다. 예를 들어 x = az와 y = bz를 만족하는 정수 a, b와 최대의 정수 z가 존재할 때 z는 gcd(x, y)라고 할 수 있습니다. 다시 말해 최대 공약수는 다음과 같이 구할 수 있습니다.

> • y가 0이면   ⋯ x
> • y가 0이 아니면 ⋯ gcd(y, x % y)

이 알고리즘을 **유클리드 호제법**$^{Euclidean\ algorithm}$이라고 합니다. 실습 5-2는 유클리드 호제법으로 두 정숫값의 최대 공약수를 구하는 프로그램입니다.

Do it! 실습 5-2

• 완성 파일 chap05/gcd.py

```
01: # 유클리드 호제법으로 최대 공약수 구하기
02:
03: def gcd(x: int, y: int) -> int:
04:     """정숫값 x와 y의 최대 공약수를 반환"""
05:     if y == 0:
06:         return x
07:     else:
08:         return gcd(y, x % y)
09:
10: if __name__ == '__main__':
11:     print('두 정숫값의 최대 공약수를 구합니다.')
```

```
12:     x = int(input('첫 번째 정숫값을 입력하세요.: '))
13:     y = int(input('두 번째 정숫값을 입력하세요.: '))
14:
15:     print(f'두 정숫값의 최대 공약수는 {gcd(x, y)}입니다.')
```

▶ 실행 결과

두 정숫값의 최대 공약수를 구합니다.
첫 번째 정숫값을 입력하세요.: 22
두 번째 정숫값을 입력하세요.: 8
두 정숫값의 최대 공약수는 2입니다.

📚 보충 수업 5-2 math.gcd( ) 함수

파이썬에서는 최대 공약수를 구하는 표준 라이브러리로 math 모듈에서 gcd( ) 함수를 제공합니다. 예를 들어 math.gcd(a, b)는 정수 a와 b의 최대 공약수를 반환합니다. a, b가 0이 아닌 경우 gcd(a, b)의 값은 a와 b 모두를 나누어 떨어지게 하는 가장 큰 정수를 반환합니다. 실습 5-2와 같이 두 인수가 모두 0인 경우 gcd(0, 0)은 0을 반환합니다.

05-2 재귀 알고리즘 분석

여기에서는 재귀 알고리즘을 분석하는 방법으로 하향식 분석과 상향식 분석을 살펴보고, 재귀 알고리즘을 비재귀적으로 구현하는 방법을 알아보겠습니다.

재귀 알고리즘의 2가지 분석 방법

다음 실습 5-3 프로그램을 살펴보면 recur( )라는 재귀 함수와 이 함수를 호출하는 코드로 구성되어 있습니다. recur( ) 함수를 통해 재귀 알고리즘을 자세히 알아봅시다.

Do it! 실습 5-3

• 완성 파일 chap05/recur1.py

```
01: # 순수한 재귀 함수 구현하기
02:
03: def recur(n: int) -> int:
04:     """순수한 재귀 함수 recur의 구현"""
05:     if n > 0:
06:         recur(n - 1)
07:         print(n)
08:         recur(n - 2)
09:
10: x = int(input('정숫값을 입력하세요.: '))
11:
12: recur(x)
```

▶ 실행 결과
```
정숫값을 입력하세요.: 4
1
2
3
1
4
1
2
```

recur( ) 함수는 앞에서 다룬 factorial( ) 함수나 gcd( ) 함수와 달리 함수 안에서 재귀 호출을 2번 실행합니다. 이처럼 재귀 호출을 여러 번 실행하는 함수를 순수한genuinely 재귀라고 하는데 실제 동작은 복잡합니다. 실행 결과처럼 매개변수 n에 4를 전달하면 recur( ) 함수는 1, 2, 3, 1, 4, 1, 2를 한 줄에 하나씩 출력합니다. 만약에 n이 3이나 5라면 어떤 결과를 출력할지는 간단히 알 수 없습니다. 재귀 호출하는 recur( ) 함수를 하향식top-down과 상향식bottom-up 방법으로 분석해 보겠습니다.

하향식 분석

매개변수 n에 4를 전달하면 recur( ) 함수는 다음과 같은 순서로 실행합니다.

> **recur(4)의 실행 과정**
> 1. recur(3)을 실행합니다.
> 2. 4를 출력합니다.
> 3. recur(2)를 실행합니다.

위의 과정 2에서 4가 출력되려면 recur(3)의 실행을 완료한 뒤이므로 먼저 과정 1에서 recur(3)이 무엇을 하는지 [그림 5-5]를 참고하여 알아보겠습니다. 각각의 상자는 recur( ) 함수의 동작을 나타냅니다. 전달받은 값이 0 이하이면 recur( ) 함수는 아무 일도 하지 않으므로 비어 있다는 의미로 상자 안에 -를 표시합니다.

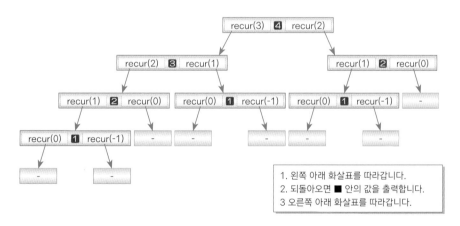

[그림 5-5] recur( ) 함수의 하향식 분석

[그림 5-5]에서 가장 위쪽에 있는 상자는 recur(4)의 실행을 나타냅니다. recur(3)을 실행하면 무엇을 하는지는 왼쪽 아래 화살표를 따라가야 알 수 있고(과정 1), recur(2)를 실행하면 무엇을 하는지는 오른쪽 아래 화살표를 따라가야 알 수 있습니다(과정 3).

이 내용을 정리하면 '왼쪽 화살표를 따라 1칸 아래쪽 상자로 이동하고, 다시 원래 호출한 상자로 되돌아오면 ■ 안의 값을 출력한다. 이어서 오른쪽 화살표를 따라 1칸 아래쪽 상자로 이동한다'를 하나의 단계로 생각해야 합니다. 이 단계를 1번 끝내야 비로소 1칸 위쪽 상자로 올라갈 수 있습니다. 물론 빈 상자인 경우에는 아무것도 하지 않고 원래 상자로 되돌아갑니다.

💬 조금만 더! **recur(3) 함수 호출을 더 자세히 알아볼까요?**

예를 들어 [그림 5-5]에서 가장 위쪽 상자인 recur(3)을 호출하면 가장 왼쪽 아래 상자인 recur(0)까지 계속 왼쪽 화살표를 따라가야 합니다. 그러므로 바로 4를 출력할 수가 없습니다. recur(0)에서 왼쪽 화살표를 따라 빈 상자(-)를 만나면 recur(0)을 호출한 원래 상자로 돌아가 1을 출력합니다. 이어서 recur(-1)을 호출하고 오른쪽 화살표를 따라 내려가서 빈 상자를 만나면 돌아옵니다.

이렇게 한 단계를 완료하면 1칸 위 상자인 recur(1)로 올라갑니다. recur(1)은 이전 단계에서 실행했으므로 2를 출력하고, recur(0)을 따라 오른쪽 아래 상자로 내려가지만 빈 상자를 만나서 돌아옵니다.

이처럼 recur( ) 함수를 호출하는 과정을 하향식 분석으로 차근차근 생각해 보면 recur(3)을 호출한 상자로 돌아가려면 많은 단계를 거쳐야 한다는 것을 알 수 있습니다.

가장 위쪽에 위치한 상자의 함수 호출부터 시작하여 계단식으로 자세히 조사해 나가는 분석 방법을 하향식 분석top-down analysis이라고 합니다. 그런데 [그림 5-5]를 보면 recur (1), recur(2)를 여러 번 호출하고 있습니다. 꼭대기부터 분석하면 이렇게 같은 함수를 여러 번 호출할 수 있으므로 하향식 방식이 반드시 효율적이라고 말할 수는 없습니다.

상향식 분석

하향식 분석과는 반대로 아래쪽부터 쌓아 올리며 분석하는 방법을 상향식 분석bottom-up analysis이라고 합니다. recur( ) 함수는 n이 양수일 때만 실행하므로 먼저 recur(1)이 어떻게 처리되는지 알아야 합니다. recur(1)은 다음과 같은 순서로 실행합니다.

---

recur(1)의 실행 과정

1. recur(0)을 실행합니다.
2. 1을 출력합니다.
3. recur(-1)을 실행합니다.

---

recur(1)을 실행하면 과정 1의 recur(0)과 과정 3의 recur(-1)은 출력할 내용이 없으므로 결국 과정 2의 1만 출력한다는 것을 알 수 있습니다. 다음으로 recur(2)를 실행하는 과정을 알아봅시다.

> **recur(2)의 실행 과정**
>
> 1. recur(1)을 실행합니다.
> 2. 2를 출력합니다.
> 3. recur(0)을 실행합니다.

recur(2)를 실행하면 과정 1에서 recur(1)은 1을 출력하지만 과정 3의 recur(0)은 아무것도 출력하지 않습니다. 결국 recur(1)과 recur(2)의 과정을 거쳐서 1과 2를 출력합니다. 이 작업을 recur(4)까지 쌓아 올리며 설명한 내용이 [그림 5-6]입니다. 이 과정을 통하여 recur(4)의 최종 출력을 얻을 수 있습니다.

◎ [그림 5-6]은 상향식 분석을 나타냈으며 실행 결과는 [그림 5-5]처럼 1, 2, 3, 1, 4, 1, 2를 순서대로 출력합니다. 분석하는 방식에 따라 모습은 다르지만 실행 결과는 같습니다.

recur(-1) : 아무것도 하지 않음

recur(0)   : 아무것도 하지 않음

....

recur(1)   : recur(0) **1** recur(-1) → **1**

recur(2)   : recur(1) **2** recur(0)   → **1** **2**

recur(3)   : recur(2) **3** recur(1)   → **1** **2** **3** **1**

recur(4)   : recur(3) **4** recur(2)   → **1** **2** **3** **1** **4** **1** **2**

[그림 5-6] recur( ) 함수의 상향식 분석

🔵 **조금만 더! recur( ) 함수의 재귀 호출을 거꾸로 출력하기**

실습 5-3에서 작성한 recur( ) 함수의 재귀 호출을 거꾸로 출력하려면 다음과 같이 03~08행을 수정해야 합니다. 완성 파일은 chap05/recur2.py입니다.

```
(… 생략 …)
03: def recur(n: int) -> int:
04:     """순수한 재귀 함수 recur의 구현(거꾸로 출력)"""
05:     if n > 0:
06:         recur(n - 2)
07:         print(n)
08:         recur(n - 1)
(… 생략 …)
```

recur(4) 함수의 실행 결과는 2, 1, 4, 1, 3, 2, 1을 순서대로 출력합니다. 이 프로그램을 상향식 분석하면 다음과 같이 나타낼 수 있습니다.

```
recur(-1)  :  아무것도 하지 않음

recur(0)   :  아무것도 하지 않음
..........................................................................

recur(1)   :  recur(-1) [1] recur(0)  → [1]

recur(2)   :  recur(0) [2] recur(1)  → [2][1]

recur(3)   :  recur(1) [3] recur(2)  → [1][3][2][1]

recur(4)   :  recur(2) [4] recur(3)  → [2][1][4][1][3][2][1]
```

재귀 알고리즘의 비재귀적 표현

재귀 알고리즘으로 구현한 실습 5-3의 recur( ) 함수를 비재귀적으로 나타내는 방법을 알아보겠습니다.

꼬리 재귀를 제거하기

recur( ) 함수의 맨 끝에서 재귀 호출하는 꼬리 재귀 recur(n − 2) 함수의 의미는 '인수로 n − 2의 값을 전달하고 recur( ) 함수를 호출하는 것'입니다. 따라서 이 호출은 다음 동작으로 바꿀 수 있습니다.

> n의 값을 n − 2로 업데이트하고 함수의 시작 지점으로 돌아갑니다.

실습 5-4는 이 동작을 반영하여 recur( ) 함수를 구현했습니다. n값을 2 감소시킨 뒤 함수의 시작 지점으로 돌아갑니다.

ⓒ 생략된 코드는 실습 5-3과 같고, recur( ) 함수에서 if 문이 while 문으로 바뀌었습니다. 실행 결과는 실습 5-3과 같습니다.

Do it! 실습 5-4 • 완성 파일 chap05/recur1a.py

```python
01: # 비재귀적으로 재귀 함수 구현하기(꼬리 재귀를 제거)
02:
03: def recur(n: int) -> int:
04:     """꼬리 재귀를 제거한 recur( ) 함수"""
05:     while n > 0:
06:         recur(n - 1)
07:         print(n)
08:         n = n - 2
(… 생략 …)
```

이렇게 하면 recur( ) 함수의 맨 끝에서 실행된 재귀 호출인 꼬리 재귀^{tail recursion}를 쉽게 제거할 수 있습니다.

재귀를 제거하기

꼬리 재귀와 달리 맨 앞에서 재귀 호출하는 recur(n − 1) 함수는 제거하기가 쉽지 않습니다. 왜냐하면 n값을 출력하기 전에 recur(n − 1)을 실행해야 하기 때문입니다. 예를 들어 n값이 4인 경우 재귀 호출 recur(3)의 처리가 완료될 때까지 4를 어딘가에 저장해야 합니다. 다시 말해 재귀 호출하는 recur(n − 1)을 제거하려면 다음과 같이 간단하게 바꿀 수는 없습니다.

> n값을 n − 1로 업데이트하고 함수의 시작 지점으로 돌아갑니다.   ✘

왜냐하면 현재의 n값을 임시로 저장할 필요가 있기 때문입니다. 또한 recur(n − 1)의 처리를 완료하고 n값을 출력할 때 임시로 저장했던 n을 꺼내 그 값을 출력해야 합니다. 이러한 문제는 04장에서 다룬 스택^{stack}으로 해결할 수 있습니다.

실습 5-5는 스택을 사용하여 비재귀적으로 구현한 recur( ) 함수입니다.

ⓖ 실습 5-5를 실행할 때는 실습 4C-1의 Stack 클래스를 사용하므로 recur1b.py는 chap04/stack.py와 같은 경로에 있어야 합니다. 실행 결과는 실습 5-3과 같습니다.

Do it! 실습 5-5 · 완성 파일 chap05/recur1b.py

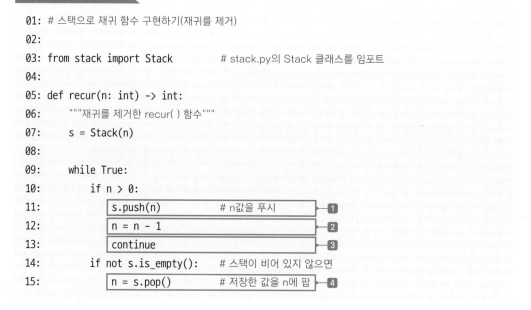

```
01: # 스택으로 재귀 함수 구현하기(재귀를 제거)
02:
03: from stack import Stack          # stack.py의 Stack 클래스를 임포트
04:
05: def recur(n: int) -> int:
06:     """재귀를 제거한 recur( ) 함수"""
07:     s = Stack(n)
08:
09:     while True:
10:         if n > 0:
11:             s.push(n)             # n값을 푸시           1
12:             n = n - 1                                   2
13:             continue                                    3
14:         if not s.is_empty():      # 스택이 비어 있지 않으면
15:             n = s.pop()           # 저장한 값을 n에 팝   4
```

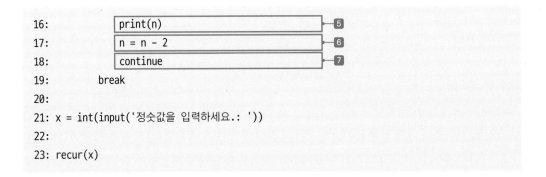

```
16:              print(n)                          5
17:              n = n - 2                         6
18:              continue                          7
19:          break
20:
21: x = int(input('정숫값을 입력하세요.: '))
22:
23: recur(x)
```

recur(4)가 호출될 때 어떻게 동작하는지 [그림 5-7]과 함께 살펴보겠습니다. n에 전달받은 값 4는 0보다 크므로 10행의 if 문에서 다음과 같은 처리 과정을 수행합니다.

> **1** n값 4를 스택에 푸시합니다([그림 5-7] **a**).
> **2** n값을 1 감소시켜 3으로 만듭니다.
> **3** continue 문이 실행되어 while 문으로 돌아갑니다.

n값은 3이 되었고 이는 0보다 크므로 다시 10행의 if 문이 실행됩니다. 그 결과 **1**, **2**, **3** 과정이 반복됩니다. [그림 5-7]의 **b** → **c** → **d** 순으로 진행되며 스택에는 4, 3, 2, 1이 쌓입니다. 스택에 1을 쌓은 뒤에 n값은 0이 되고, 09행으로 돌아가지만 n값은 0이 되므로 10행의 if 문이 실행되지 않습니다. 그리고 14행의 if 문에서 다음 과정을 실행합니다.

> **4** 스택에서 팝한 값 1을 n으로 꺼냅니다([그림 5-7] **e**).
> **5** n값 1을 출력합니다.
> **6** n값을 2 감소시켜 -1로 합니다.
> **7** continue 문의 동작으로 while 문의 맨 앞으로 돌아갑니다.

n값이 −1이므로 다시 14행의 if 문이 실행되고, 그림 **f** 처럼 스택에서 2가 팝되어 출력됩니다. 지금까지의 과정은 [그림 5-7]로 나타냈으며 나머지 과정 설명은 생략합니다. 이 그림을 통하여 스택이 변화하는 과정과 그에 따라 n값이 어떻게 출력되는지 잘 살펴보기 바랍니다. n이 0 이하가 되어 스택이 비면 19행의 break 문이 실행되어 함수 실행을 종료합니다.

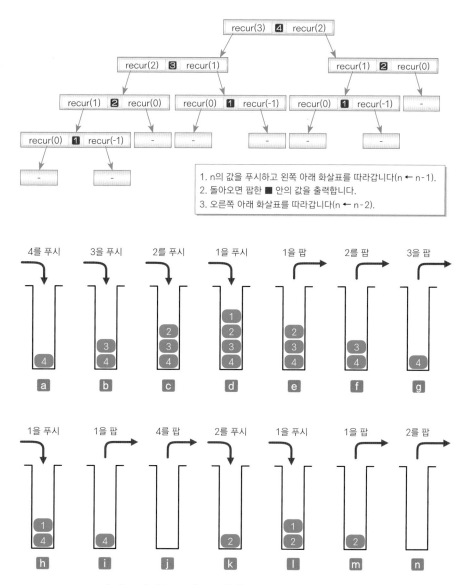

1. n의 값을 푸시하고 왼쪽 아래 화살표를 따라갑니다(n ← n-1).
2. 돌아오면 팝한 ■ 안의 값을 출력합니다.
3. 오른쪽 아래 화살표를 따라갑니다(n ← n-2).

[그림 5-7] 실습 5-5의 recur( ) 함수 실행에 따른 스택의 변화

05-3 하노이의 탑

여기에서는 쌓아 놓은 원반을 최소 횟수로 옮기는 알고리즘인 하노이의 탑을 알아보겠습니다.

하노이의 탑 알아보기

하노이의 탑^{towers of Hanoi}은 작은 원반이 위에, 큰 원반이 아래에 위치하는 규칙을 지키면서 기둥 3개를 이용해서 원반을 옮기는 문제입니다. 먼저 크기가 모두 다른 원반이 첫 번째 기둥에 쌓여 있는 상태로 시작합니다(이때 작은 원반은 위에, 큰 원반은 아래에 있습니다). 이 상태에서 모든 원반을 세 번째 기둥에 최소 횟수로 옮기면 됩니다. 원반은 1개씩 옮길 수 있으며 큰 원반은 작은 원반 위에 쌓을 수 없다는 규칙을 지켜야 합니다.

[그림 5-8]은 원반이 3개일 때 전체 이동 과정을 나타낸 것입니다. 차례대로 살펴보면 하노이 탑의 원반 이동 과정을 쉽게 이해할 수 있습니다.

☺ 하노이의 탑은 피보나치 수를 연구한 프랑스 수학자 프랑수아 É. A. 뤼카(François É. A. Lucas)가 1883년에 발매한 게임 퍼즐입니다. 이 게임은 "황금 원반 64개를 3개의 탑 사이에서 바꿔 옮기면 종말이 찾아온다."는 인도 신화에서 유래합니다.

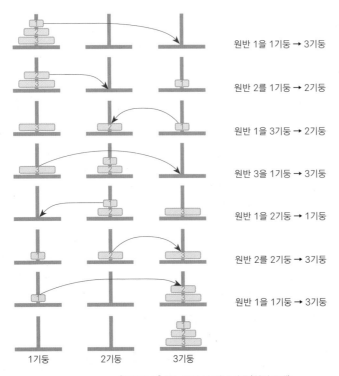

원반 1을 1기둥 → 3기둥

원반 2를 1기둥 → 2기둥

원반 1을 3기둥 → 2기둥

원반 3을 1기둥 → 3기둥

원반 1을 2기둥 → 1기둥

원반 2를 2기둥 → 3기둥

원반 1을 1기둥 → 3기둥

1기둥 2기둥 3기둥

[그림 5-8] 하노이의 탑 알고리즘(원반 3개)

a 원반이 3개일 때

원반을 그룹으로 묶어서 옮기는 과정을 살펴보겠습니다. 지금부터는 원반이 처음 놓인 1기둥을 시작 기둥이라 하고, 중간에 놓인 2기둥을 중간 기둥, 최종 목적지인 3기둥을 목표 기둥이라고 하겠습니다.

원반 1과 원반 2를 그룹으로 묶으면, [그림 5-9]처럼 가장 먼저 이 그룹을 중간 기둥으로 옮긴 후에 가장 큰 원반 3을 목표 기둥으로 옮기면 됩니다. 그러면 총 3단계로 이동할 수 있습니다.

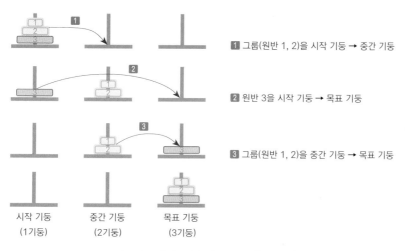

[그림 5-9] 하노이의 탑 문제 풀이(원반 3개)

b 원반이 2개일 때

원반 1과 원반 2를 묶은 그룹을 풀어서 옮기는 단계를 어떻게 구현할지 생각해야 합니다. [그림 5-10]은 원반 1과 원반 2의 이동 과정을 보여 줍니다. 원반 1을 그룹으로 본다면 [그림 5-9]와 똑같이 3단계로 이동할 수 있습니다.

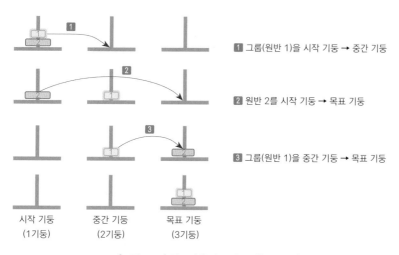

[그림 5-10] 하노이의 탑 문제 풀이(원반 2개)

c 원반이 4개일 때

원반이 4개일 때도 방법은 똑같습니다. [그림 5-11]과 같이 원반 1, 원반 2, 원반 3을 그룹으로 묶으면 3단계로 이동할 수 있습니다. 그리고 다시 원반 3개를 묶었던 그룹을 풀어서 옮기면 되는데, 이 경우는 이미 [그림 5-9]와 [그림 5-10]에서 설명했으므로 생략합니다. 이 과정을 통하여 원반이 n개인 하노이의 탑 문제를 해결할 수 있습니다.

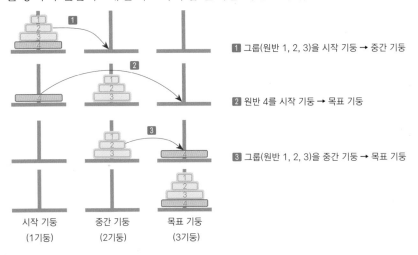

1 그룹(원반 1, 2, 3)을 시작 기둥 → 중간 기둥

2 원반 4를 시작 기둥 → 목표 기둥

3 그룹(원반 1, 2, 3)을 중간 기둥 → 목표 기둥

시작 기둥　　중간 기둥　　목표 기둥
(1기둥)　　　(2기둥)　　　(3기둥)

[그림 5-11] 하노이의 탑 문제 풀이(원반 4개)

실습 5-6은 하노이의 탑을 구현하는 프로그램입니다. move( ) 함수의 매개변수 no는 옮겨야 할 원반의 개수, x는 시작 기둥의 번호, y는 목표 기둥의 번호입니다.

Do it! 실습 5-6

• 완성 파일 chap05/hanoi.py

```
01: # 하노이의 탑 구현하기
02:
03: def move(no: int, x: int, y: int) -> None:
04:     """원반 no개를 x기둥에서 y기둥으로 옮김"""
05:     if no > 1:
06:         move(no - 1, x, 6 - x - y)
07:
08:     print(f'원반 [{no}]을(를) {x}기둥에서 {y}기둥으로 옮깁니다.')
09:
10:     if no > 1:
11:         move(no - 1, 6 - x - y, y)
12:
13: print('하노이의 탑을 구현합니다.')
14: n = int(input('원반의 개수를 입력하세요.: '))
15:
16: move(n, 1, 3)    # 1기둥에 쌓인 원반 n개를 3기둥으로 옮김
```

이 프로그램에서는 기둥 번호를 정숫값 1, 2, 3으로 나타냅니다. 기둥 번호의 합이 6이므로 시작 기둥, 목표 기둥이 어느 위치에 있든 중간 기둥은 (6 - x - y)로 구할 수 있습니다.
move( ) 함수는 no개의 원반을 다음과 같은 과정으로 이동합니다.

> **1** 바닥에 있는 원반을 제외한 그룹(원반[1]~원반[no - 1])을 1기둥에서 2기둥으로 옮깁니다.
> **2** 바닥에 있는 원반 [no]를 1기둥에서 3기둥으로 옮겼다는 것을 출력합니다.
> **3** 바닥에 있는 원반을 제외한 그룹(원반[1]~원반[no - 1])을 2기둥에서 3기둥으로 옮깁니다.

1, **3** 과정은 재귀 호출로 구현합니다. no가 3일 때 move( ) 함수의 동작을 [그림 5-12]로 나타냈습니다.

◎ **1**, **3**은 no가 1보다 큰 경우이므로 [그림 5-12]에서 no가 1인 부분(맨 마지막 흐름에 해당하는 부분)에서는 **2**만 실행합니다.

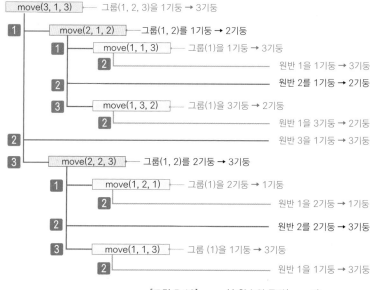

[그림 5-12] move( ) 함수의 동작(no = 3)

05-4 8퀸 문제

이번에는 8퀸 문제를 알아보겠습니다. 이 문제는 하노이의 탑과 마찬가지로 문제를 나누어 해결합니다.

8퀸 문제 알아보기

8퀸 문제^{8-Queen problem}는 재귀 알고리즘을 설명할 때 자주 나오는 예제로, 19세기의 수학자 카를 F. 가우스^{Carl F. Gauss}가 오답을 발표한 것으로 유명합니다. 이 문제는 다음과 같습니다.

> 8개의 퀸이 서로 공격하여 잡을 수 없도록 8 × 8 체스판에 배치하세요.

☺ 체스에서 퀸은 체스판의 가로, 세로, 대각선 어디든지 8개의 방향으로 직선 이동해서 상대를 잡을 수 있습니다. 퀸은 장기에서 차(車)와 말(馬)의 움직임을 합친 것과 같은 기능을 합니다.

결과를 먼저 말하자면 이 문제는 92가지 해결 방법이 나옵니다. 그 가운데 하나를 [그림 5-13]으로 나타냈습니다.

체스판의 가로 줄을 행(行), 세로 줄을 열(列)이라 하고 배열 인덱스에 맞춰서 행과 열에 0~7까지 번호를 부여합니다. [그림 5-13]에 배치한 퀸은 왼쪽부터 차례로 0행 0열, 4행 1열, 7행 2열, 5행 3열, 2행 4열, 6행 5열, 1행 6열, 3행 7열에 있습니다.

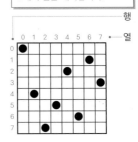

[그림 5-13] 8퀸 문제 풀이

퀸 배치하기

이제 퀸을 8개 배치하는 조합이 모두 몇 가지인지 알아보겠습니다. 체스판은 64칸(8 × 8)이므로 첫 번째 퀸을 배치할 때는 64칸 중 아무 곳이나 선택할 수 있습니다. 그리고 두 번째 퀸을 배치할 때는 나머지 63칸 중에서 임의로 선택합니다. 이렇게 계속해서 8번째까지 퀸을 배치할 곳을 생각하면 다음과 같은 조합의 수가 만들어집니다.

> 64 × 63 × 62 × 61 × 60 × 59 × 58 × 57 = 178,462,987,637,760

그런데 이 조합을 모두 나열하고 각 조합이 8퀸 문제의 조건을 만족하는지 조사하는 것은 비현실적입니다. 퀸은 자신과 같은 열에 있는 다른 퀸을 공격할 수 있으므로 다음과 같은 규칙을 세울 수 있습니다.

> **규칙 1** 각 열에 퀸을 1개만 배치합니다.

이렇게 하면 퀸을 배치하는 조합의 수가 다음과 같이 아주 많이 줄어들지만 여전히 그 수는 많습니다.

> $8 \times 8 \times 8 \times 8 \times 8 \times 8 \times 8 \times 8 = 16{,}777{,}216$

[그림 5-14]는 이 조합 가운데 일부만 표현한 것으로 이 그림에서 8퀸 문제를 만족하는 풀이는 하나도 없습니다. 왜냐하면 퀸은 자신과 같은 행에 있는 다른 퀸을 공격할 수 있기 때문입니다.

😊 같은 행에 퀸을 2개 이상 배치하면 안 된다는 것을 알 수 있습니다.

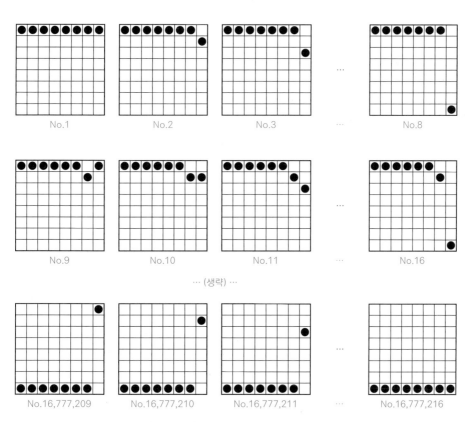

[그림 5-14] 퀸을 각 열에 1개만 배치한 조합

그래서 다음 규칙을 추가합니다.

> **규칙 2** 각 행에 퀸을 1개만 배치합니다.

[그림 5-15]는 앞에서 소개한 배치 가운데 규칙 2를 처음으로 만족하는 4가지 방법을 보여 줍니다. 이렇게 하면 조합의 개수는 더 줄어듭니다.

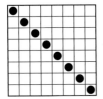 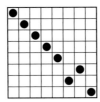 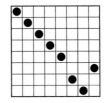

[그림 5-15] 퀸을 각 행과 열에 1개만 배치한 조합

이런 방식으로 조합을 나열하는 알고리즘은 간단히 만들 수 없습니다. 문제를 정리하기 위해 처음에 세운 규칙 1에 따라 조합을 나열하는 알고리즘부터 생각해 보겠습니다.
[그림 5-16]은 퀸을 배치하기 직전의 상태이며, 그림 안의 물음표(?)는 그 열에 퀸이 아직 배치되지 않았다는 것을 의미합니다.

모든 열이 아직 배치되지 않은 상태입니다. 퀸을 배치하여 물음표를 해결하세요.

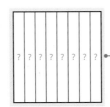

[그림 5-16] 각 열에 퀸을 1개만 배치하는 원래 문제

처음에는 모든 열에 물음표가 있고 이 물음표에 퀸을 채우면서 배치합니다. 우선 0열에서 퀸의 배치를 검토해 봅시다. [그림 5-17]과 같이 0열에 퀸을 배치하는 방법은 총 8가지입니다. **1**~**8**의 모든 0열에는 퀸을 배치했고 나머지 열에는 아직 배치하지 않은 상태입니다. 다시 말해 [그림 5-16]의 '원래 문제'를 '8개의 문제'로 나눈 결과가 [그림 5-17]입니다.

😊 ●는 퀸이 배치된 위치를, ?는 비어 있는 상태를 의미합니다.

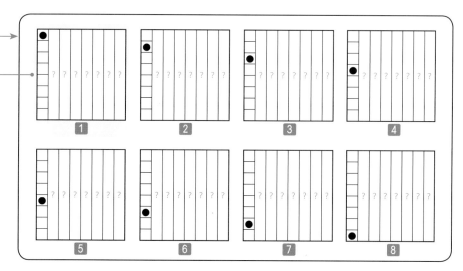

[그림 5-17] 0열에 퀸을 1개만 배치한 조합

0열에 퀸의 배치 작업을 완료했으므로 다음으로 1열에 퀸을 배치하는 방법을 생각해 봅시다. 예를 들어 [그림 5-17] **1**의 상황에서 1열에 퀸을 배치하는 조합을 나열하면 [그림 5-18]과 같이 8가지로 나타낼 수 있습니다. 다시 말해 [그림 5-17] **1**의 문제를 다시 '8개의 문제'로 나눈 결과가 [그림 5-18]입니다.

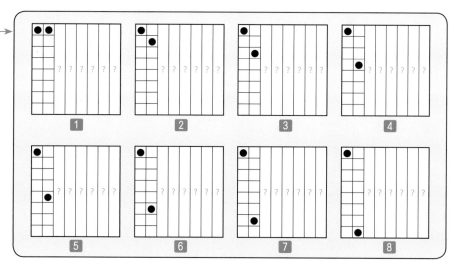

[그림 5-18] [그림 5-17] **1**의 상황에서 1열에 퀸을 1개만 배치한 조합

이와 같이 0열과 1열에 퀸을 배치하는 방법은 64가지입니다. 이제 남은 [그림 5-17]의 **2** ~ **8**에서도 **1**과 같은 방법으로 배치하면 됩니다. 이 작업을 반복하여 7열까지 퀸을 배치한 조합은 [그림 5-19]와 같습니다. 이 조합의 수는 총 16,777,216가지입니다.

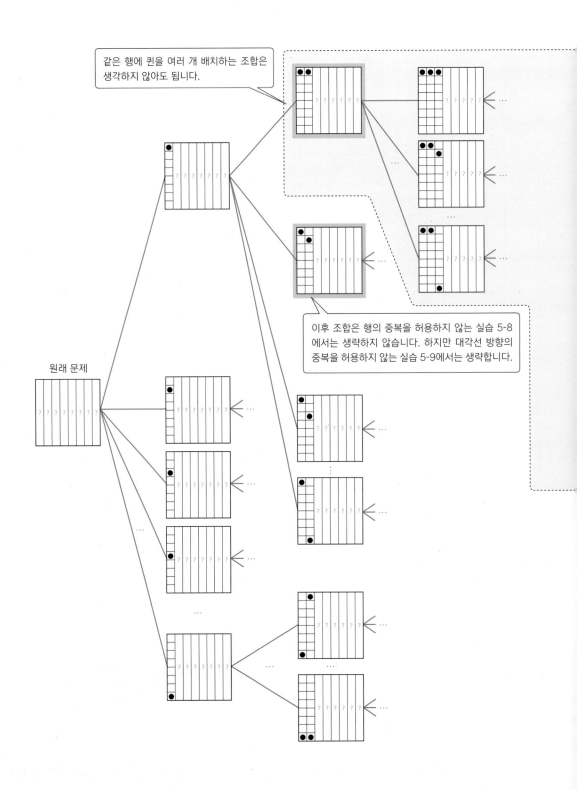

[그림 5-19] 각 열에 퀸을 1개만 배치한 조합의 나열

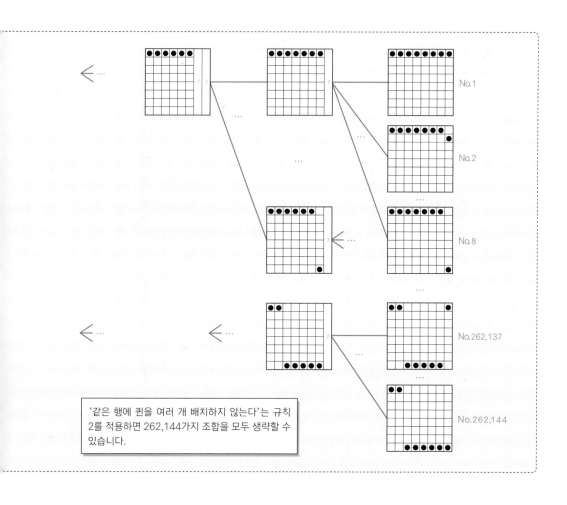

'같은 행에 퀸을 여러 개 배치하지 않는다'는 규칙 2를 적용하면 262,144가지 조합을 모두 생략할 수 있습니다.

퀸을 1개 배치하고 나서 문제를 다시 8개의 부분 문제로 나누는 작업을 반복합니다.

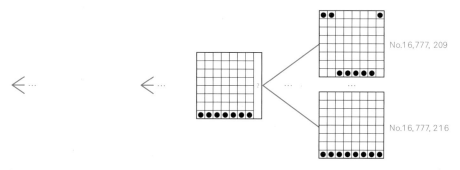

No.16,777,209

No.16,777,216

ⓒ [그림 5-19]에는 다음 쪽 이후에 배울 내용도 들어 있습니다.

분기 작업으로 문제 해결하기

여기에서는 [그림 5-19]처럼 가지를 나누는 식으로 모든 조합을 나열하는 프로그램 실습 5-7을 만들겠습니다. 지금은 조합만 나열할 뿐 아직 8퀸 문제를 해결한 것은 아닙니다.

ⓘ 나누는 작업을 프로그래밍 용어로 '분기'라고 합니다.

배열 pos는 퀸의 배치를 나타냅니다. i열에 배치한 퀸의 위치가 j행에 있다면, pos[i]의 값을 j로 합니다. 구체적인 예를 나타낸 것이 [그림 5-20]입니다.

예를 들어 pos[0]의 값이 0이라면 퀸이 0열 0행에 배치되었다는 것을 의미합니다. 또 pos[1]의 값이 4라면 퀸은 1열 4행에 배치되어 있습니다.

이때 set( )는 pos[i]에 0~7까지의 값을 차례로 대입하여 i열에 퀸을 1개만 배치하는 8가지 조합을 만드는 재귀 함수입니다. 즉, i는 퀸이 배치될 열입니다.

이 함수를 가장 먼저 호출하는 곳은 실습 5-7의 20행으로 다음과 같이 작성합니다.

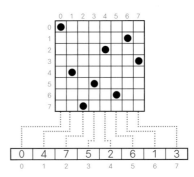

> i열에 배치한 퀸의 위치가 j행이면 pos[i]의 값을 j로 합니다.

[그림 5-20] 퀸의 배치를 나타낸 배열

```
set(0)
```

호출된 set( ) 함수는 i에 0을 전달받습니다. 여기서 실행하는 것이 [그림 5-17]에 나타낸 0열에 퀸을 1개만 배치하는 작업입니다. for 문으로 반복을 수행하며 j값을 0~7까지 1씩 증가시키면서 pos[i]에 j를 대입하여 퀸을 j행에 배치합니다. 이 대입에서 0열의 배치가 확정되므로 다음 1열의 배치가 필요합니다. 이때 수행하는 것이 실습 5-7에서 18행의 재귀 호출입니다.

```
set(i + 1)
```

이 호출을 통해 0열에서 했던 작업을 다음 열인 1열에서 수행합니다.

ⓘ set(0)으로 호출한 set( ) 함수는 for 문의 반복을 실행하며 [그림 5-17] **1**~**8**의 조합을 나열합니다. 다시 **1**을 나열할 때 호출된 set(1)은 for 문을 수행하여 [그림 5-18] **1**~**8**의 조합을 나열합니다.

Do it! 실습 5-7

```
01: # 각 열에 퀸을 1개 배치하는 조합을 재귀적으로 나열하기
02:
03: pos = [0] * 8          # 각 열에서 퀸의 위치를 출력
04:
05: def put() -> None:
06:     """각 열에 배치한 퀸의 위치를 출력"""
07:     for i in range(8):
08:         print(f'{pos[i]:2}', end='')
09:     print()
10:
11: def set(i: int) -> None:
12:     """i열에 퀸을 배치"""
13:     for j in range(8):
14:         pos[i] = j        # 퀸을 j행에 배치
15:         if i == 7 :       # 모든 열에 퀸 배치를 종료
16:             put()
17:         else:
18:             set(i + 1)    # 다음 열에 퀸을 배치
19:
20: set(0)  # 0열에 퀸을 배치
```

▶ 실행 결과
```
 0 0 0 0 0 0 0 0
 0 0 0 0 0 0 0 1
 0 0 0 0 0 0 0 2
 0 0 0 0 0 0 0 3
 0 0 0 0 0 0 0 4
 0 0 0 0 0 0 0 5
 0 0 0 0 0 0 0 6
 0 0 0 0 0 0 0 7
 0 0 0 0 0 0 1 0
 0 0 0 0 0 0 1 1
 0 0 0 0 0 0 1 2
 0 0 0 0 0 0 1 3
 0 0 0 0 0 0 1 4
 0 0 0 0 0 0 1 5
 0 0 0 0 0 0 1 6
(… 생략 …)
 7 7 7 7 7 7 7 6
 7 7 7 7 7 7 7 7
```

이와 같이 재귀 호출을 반복하여 i가 7이 되면 퀸 8개의 배치 작업이 완료됩니다. 이제 퀸을 더 이상 배치할 필요가 없으므로 이때 put( ) 함수를 호출하여 퀸을 배치한 위치를 출력합니다. 물론 출력하는 것은 배열 pos의 원솟값입니다. 프로그램을 실행하면 [그림 5-19]에 나타낸 16,777,216가지 조합을 모두 나열합니다.

ⓒ 예를 들어 맨 처음에 출력된 O O O O O O O O은 모든 퀸이 O행에 배치된 것을([그림 5-19]의 No.1) 나타냅니다.

이렇게 차례대로 가지가 뻗어 나가듯이 배치 조합을 열거하는 방법을 **분기**^{branching} **작업**이라고 합니다. 하노이의 탑이나 8퀸 문제처럼 큰 문제를 작은 문제로 분할하고, 작은 문제 풀이법을 결합하여 전체 풀이법을 얻는 방법을 분할 정복법^{divide and conquer}(분할 해결법)이라고 합니다. 여기서 주의할 점은 문제를 분할할 때 작은 문제 풀이법에서 원래의 문제 풀이법을 쉽게 도출 할 수 있도록 설계해야 합니다.

한정 작업과 분기 한정법

분기 작업으로 퀸을 배치하는 조합을 나열할 수는 있지만 8퀸 문제의 최종 답을 얻을 수는 없 습니다. 다음은 앞에서 분기를 한정할 때 정했던 규칙입니다.

> **규칙 2** 각 행에 퀸을 1개만 배치합니다.

실습 5-8은 규칙 2를 적용한 프로그램입니다.

Do it! 실습 5-8 • 완성 파일 chap05/8queen_bb.py

```
01: # 행과 열에 퀸을 1개 배치하는 조합을 재귀적으로 나열하기
02:
03: pos = [0] * 8              # 각 열에서 퀸의 위치
04: flag = [False] * 8         # 각 행에 퀸을 배치했는지 체크
05:
06: def put() -> None:
07:     """각 열에 배치한 퀸의 위치를 출력"""
08:     for i in range(8):
09:         print(f'{pos[i]:2}', end='')
10:     print()
11:
12: def set(i: int) -> None:
13:     """i열의 알맞은 위치에 퀸을 배치"""
14:     for j in range(8):
15:         if not flag[j]:      # j행에 퀸을 배치하지 않았으면
```

```
16:            pos[i] = j          # 퀸을 j행에 배치
17:            if i == 7:          # 모든 열에 퀸 배치를 완료
18:                put()
19:            else:
20:                flag[j] = True
21:                set(i + 1)      # 다음 열에 퀸을 배치
22:                flag[j] = False
23:
24: set(0)                         # 0열에 퀸을 배치
```

▶ 실행 결과
        0 1 2 3 4 5 6 7
        0 1 2 3 4 5 7 6
        0 1 2 3 4 6 5 7
        0 1 2 3 4 6 7 5
        0 1 2 3 4 7 5 6
        0 1 2 3 4 7 6 5
        0 1 2 3 5 4 6 7
        0 1 2 3 5 4 7 6
        0 1 2 3 5 6 4 7
        0 1 2 3 5 6 7 4
        0 1 2 3 5 7 4 6
        0 1 2 3 5 7 6 4
        0 1 2 3 6 4 5 7
        0 1 2 3 6 4 7 5
        0 1 2 3 6 5 4 7
        0 1 2 3 6 5 7 4
        0 1 2 3 6 7 4 5
        0 1 2 3 6 7 5 4
        0 1 2 3 7 4 5 6
        0 1 2 3 7 4 6 5
        (… 생략 …)
        7 6 5 4 3 2 1 0

실습 5-8 프로그램은 flag라는 새로운 list형 배열을 사용합니다. 이 배열은 같은 행에 중복하
여 퀸을 배치하지 않기 위한 표시로 사용됩니다. j행에 퀸을 배치하면 flag[j]를 True로, 배치
하지 않으면 False로 합니다.

◎ 배열을 생성할 때 flag의 모든 원소를 False로 초기화합니다.

05 • 재귀 알고리즘   213

그러면 조금 더 자세히 살펴보겠습니다. 0열에 퀸을 배치하기 위해 호출된 set( ) 함수는 for 문의 동작으로 j를 0~7까지 1씩 증가시킵니다. 따라서 flag[0]이 False이므로 맨 처음에는 0행에 퀸을 배치합니다. 이때 flag[0]에 퀸의 배치를 나타내는 True를 대입하고 set( ) 함수를 재귀적으로 호출합니다. 호출된 set( ) 함수에서는 다음 1열에 퀸을 배치합니다. [그림 5-21]은 1열에 퀸을 배치하는 set( ) 함수의 동작을 보여 줍니다.

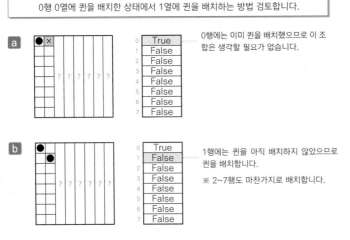

[그림 5-21] 배열 flag를 이용한 한정 작업

for 문은 0~7행에 반복해서 퀸을 배치합니다. [그림 5-21]을 통해 더 자세히 살펴보겠습니다.

ⓐ 퀸을 0행에 배치하는 방법을 검토합니다. flag[0]은 True이므로 이 행에는 퀸이 이미 배치되어 있어서 실습 5-8의 16~22행 전체를 실행하지 않아 set( ) 함수를 재귀 호출하지 않습니다. 그 결과 [그림 5-19]에서 점선으로 둘러싼 부분의 262,144가지 조합을 나열하지 않고 모두 생략합니다.

ⓑ 퀸을 1행에 배치하는 방법을 검토합니다. flag[1]은 False이므로 이 행에는 퀸을 아직 배치하지 않았습니다. 퀸을 배치하기 위해 실습 5-8의 16~22행을 실행합니다. 따라서 set( ) 함수를 재귀 호출하여 다음 열인 2열에 퀸을 배치합니다.
ⓒ [그림 5-21]의 2~7행에도 ⓑ와 같은 방법으로 퀸을 배치합니다.

또한 재귀 호출한 set(i + 1) 함수가 끝나면 퀸을 j행에서 제거해야 하므로 flag[j]에 아직 배치하지 않았음을 나타내는 False를 대입합니다. set( ) 함수에서는 퀸을 아직 배치하지 않은 행(flag[j]가 False인 행)에만 퀸을 배치할 수 있습니다. 이처럼 필요하지 않은 분기를 없애서 불

필요한 조합을 열거하지 않는 방법을 **한정**^{bounding} **작업**이라고 합니다. 분기 작업과 한정 작업을 조합하여 문제를 풀이하는 방법을 **분기 한정법**^{branching and bounding method}이라고 합니다.

8퀸 문제 해결 프로그램 만들기

실습 5-8은 퀸이 행과 열 방향으로 겹치지 않는 조합을 나열하는 프로그램입니다. 하지만 체스에서 퀸은 대각선 방향으로 이동할 수 있으므로 어떤 대각선에서 보더라도 퀸을 1개만 배치하는 한정 작업을 추가로 적용해야 합니다. 실습 5-9는 8퀸의 대각선 배치 문제까지 고려하여 해결한 프로그램입니다.

Do it! 실습 5-9

• 완성 파일 chap05/8queen.py

```
01: # 8퀸 문제 알고리즘 구현하기
02:
03: pos = [0] * 8                              # 각 열에 배치한 퀸의 위치
04: flag_a = [False] * 8                       # 각 행에 퀸을 배치했는지 체크
05: flag_b = [False] * 15                      # 대각선 방향(／／)으로 퀸을 배치했는지 체크
06: flag_c = [False] * 15                      # 대각선 방향(＼＼)으로 퀸을 배치했는지 체크
07:
08: def put() -> None:
09:     """각 열에 배치한 퀸의 위치를 출력"""
10:     for i in range(8):
11:         print(f'{pos[i]:2}', end='')
12:     print()
13:
14: def set(i: int) -> None:
15:     """i열의 알맞은 위치에 퀸을 배치"""
16:     for j in range(8):
17:         if(     not flag_a[j]              # j행에 퀸이 배치되지 않았다면
18:            and not flag_b[i + j]           # 대각선 방향(／／)으로 퀸이 배치되지 않았다면
19:            and not flag_c[i - j + 7]):     # 대각선 방향(＼＼)으로 퀸이 배치되지 않았다면
20:             pos[i] = j                     # 퀸을 j행에 배치
21:             if i == 7:                     # 모든 열에 퀸을 배치 완료
22:                 put()
23:             else:
24:                 flag_a[j] = flag_b[i + j] = flag_c[i - j + 7] = True
25:                 set(i + 1)                 # 다음 열에 퀸을 배치
26:                 flag_a[j] = flag_b[i + j] = flag_c[i - j + 7] = False
27:
28: set(0)            # 0열에 퀸을 배치
```

▶ 실행 결과
```
0 4 7 5 2 6 1 3
0 5 7 2 6 3 1 4
0 6 3 5 7 1 4 2
0 6 4 7 1 3 5 2
1 3 5 7 2 0 6 4
1 4 6 0 2 7 5 3
1 4 6 3 0 7 5 2
(… 생략 …)
7 2 0 5 1 4 6 3
7 3 0 2 5 1 6 4
```

[그림 5-22]에서 ╱╱와 ╲╲ 방향 대각선에 퀸을 배치했는지 검토하는 것이 새로 추가한 배열 flag_b과 flag_c입니다.

☺ 실습 5-8에서 행 방향을 나타낸 배열 flag를 실습 5-9에서는 flag_a로 변경했습니다.

☺ [그림 5-22] 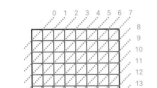 a 에서 ╱╱ 방향을 나타내는 flag_b의 인덱스는 i + j로 구할 수 있고, b 의 ╲╲방향을 나타내는 flag_c의 인덱스는 i - j + 7로 구할 수 있습니다

이제 각 칸에 배치된 퀸을 검토할 때 같은 행과 더불어 [그림 5-22]의 점선처럼 대각선으로 배치되었는지도 판단합니다(17~19행). 가로 방향, 왼쪽 대각선 방향, 오른쪽 대각선 방향의 어느 곳인가에 퀸을 배치했다면 다른 칸에는 더 이상 배치할 수 없습니다. 이 경우 실습 5-9의 20~26행은 실행하지 않습니다.

a flag_b를 검토하는 라인   b flag_c를 검토하는 라인

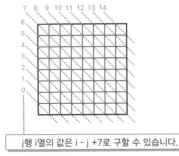

[그림 5-22] 대각선 방향으로 퀸을 배치

조금 더 구체적으로 예를 들어 생각해 보겠습니다. [그림 5-21] **b** 는 flag[1]이 False이므로 1열 1행에 퀸을 배치했습니다. 같은 행의 왼쪽 옆에 퀸을 아직 배치하지 않았기 때문입니다. 하지만 이번에는 1열 1행에 퀸을 배치하지 않습니다. flag_c[7]이 True이므로 이미 0열 0행에 퀸이 배치되었기 때문입니다. 배열 3개를 사용하는 한정 작업을 통하여 8퀸 문제를 해결할 수 있습니다. 실습 5-9를 실행하면 92가지 조합이 출력됩니다.

실행 결과에서 나타낸 숫자만으로는 퀸의 배치를 쉽게 알 수가 없습니다. □와 ■를 사용하여 퀸을 배치하면 좀 더 알기 쉽습니다. 여기에서 ■는 퀸이 배치된 상태입니다. 실습 5-9의 put( ) 함수를 다음과 같이 바꾸어서 작성해 봅시다.

• 완성 파일 chap05/8queen2.py

```
(… 생략 …)
08: def put() -> None:
09:     """퀸의 배치를 □와 ■로 출력"""
10:     for j in range(8):
11:         for i in range(8):
12:             print('■' if pos[i] == j else '□', end='')
13:         print()
14:     print()
(… 생략 …)
```

▶ 실행 결과

(… 생략 …)

☺ 실행 결과에는 첫 번째 배치 조합만 나타냈습니다. 전체 결과는 프로그램을 직접 실행하여 살펴봅시다.

06

정렬 알고리즘

06-1 정렬 알고리즘

06-2 버블 정렬

06-3 단순 선택 정렬

06-4 단순 삽입 정렬

06-5 셸 정렬

06-6 퀵 정렬

06-7 병합 정렬

06-8 힙 정렬

06-9 도수 정렬

06-1 정렬 알고리즘

06장에서는 데이터를 일정한 순서로 정렬하는 정렬 알고리즘을 배워 보겠습니다.

정렬이란?

정렬sorting이란 이름, 학번, 학점 등의 키key를 항목값의 대소 관계에 따라 데이터 집합을 일정한 순서로 바꾸어 늘어놓는 작업을 말합니다. 데이터를 정렬하면 더 쉽게 검색할 수 있습니다. 예를 들어 사전에 단어가 가나다 순이나 알파벳 순으로 정렬되어 있지 않으면 찾기 어려울 것입니다. [그림 6-1]처럼 값이 작은 데이터를 앞쪽에 늘어놓는 것을 **오름차순**ascending order 정렬이라 하고, 그 반대를 **내림차순**descending order 정렬이라 합니다.

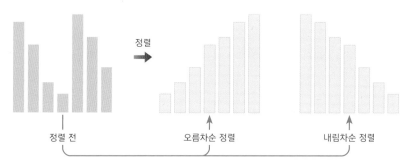

[그림 6-1] 오름차순 정렬과 내림차순 정렬

정렬 알고리즘의 안정성

06장에서는 여러 가지 정렬 알고리즘 가운데 대표적인 알고리즘 8가지를 소개합니다. 정렬 알고리즘은 안정적인stable 알고리즘과 그렇지 않은 알고리즘으로 나눌 수 있습니다. 안정적인 정렬 알고리즘을 나타낸 것이 [그림 6-2]입니다.

막대 높이는 점수를 나타내고, 막대 안 아래쪽의 1~9까지 수는 학번입니다. 왼쪽 그림은 학번 순으로 늘어놓은 시험 점수의 배열입니다. 점수를 기준으로 오름차순 정렬하면 오른쪽 그림처럼 됩니다. 이때 점수가 같은 학생들의 순서는 변하지 않습니다. 이처럼 안정적인 정렬 알고리즘은 값이 같은 원소의 순서가 정렬한 후에도 유지되는 것을 말합니다. 하지만 안정적이지 않은 알고리즘은 정렬한 후에도 원래의 순서가 유지된다는 보장을 할 수 없습니다.

◎ 알고리즘의 안정성은 앞으로 다룰 8가지 정렬 알고리즘으로 더 자세히 알아보겠습니다. 우선 여기에서는 안정적인 알고리즘과 안정적이지 않은 알고리즘이라는 2가지 개념이 있다는 것을 기억해 두세요.

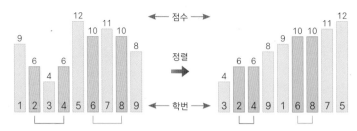

값이 같은 원소의 순서는 정렬한 후에도 같습니다.

[그림 6-2] 안정적인 정렬

내부 정렬과 외부 정렬

카드를 최대 30장까지 한 줄로 늘어놓을 수 있는 책상에서 정렬하는 것을 생각해 봅시다. 만약 카드가 30장 이하라면 모든 카드를 책상 위에 늘어놓고 작업을 수행할 수 있습니다. 그러나 카드가 500장이라면 어떨까요? 500장의 카드를 다 늘어놓을 수 없으므로 더 큰 책상을 따로 마련해야 합니다. 이처럼 정렬 알고리즘도 하나의 배열에서 작업할 수 있는 경우 내부 정렬^{internal sorting}을 사용하고, 그렇지 않은 경우에는 외부 정렬^{external sorting}을 사용합니다.

- **내부 정렬**: 정렬할 모든 데이터를 하나의 배열에 저장할 수 있는 경우에 사용하는 알고리즘입니다.
- **외부 정렬**: 정렬할 데이터가 많아서 하나의 배열에 저장할 수 없는 경우에 사용하는 알고리즘입니다.

외부 정렬은 내부 정렬을 응용한 것으로, 외부 정렬을 구현하려면 별도로 작업용 파일이 필요하고 알고리즘도 복잡합니다. 이 책에서 다루는 알고리즘은 모두 내부 정렬입니다.

🗨 조금만 더! 정렬 알고리즘의 핵심은 교환·선택·삽입입니다

정렬 알고리즘은 데이터를 교환·선택·삽입하면서 정렬을 완료합니다. 대부분의 정렬 알고리즘은 이 3가지를 응용하고 있으며, 앞으로 다룰 8가지의 정렬 알고리즘에서도 자주 등장하는 핵심 개념입니다.

😊 앞으로 다룰 8가지의 정렬 알고리즘은 버블 정렬, 단순 선택 정렬, 단순 삽입 정렬, 셸 정렬, 퀵 정렬, 병합 정렬, 힙 정렬, 도수 정렬입니다.

06-2 버블 정렬

버블 정렬^{bubble sort}은 이웃한 두 원소의 대소 관계를 비교하여 필요에 따라 교환을 반복하는 알고리즘으로, 단순 교환 정렬이라고도 합니다.

버블 정렬 알아보기

다음 배열을 이용하여 버블 정렬 과정을 알아보겠습니다. 먼저 오른쪽 끝에 있는 두 원소 9와 8에 주목합니다. 이때 배열을 오름차순으로 정렬한다면 왼쪽의 값(9)이 오른쪽의 값(8)과 같거나 작아야 합니다.

6	4	3	7	1	9	8

따라서 9와 8을 교환하면 다음과 같이 됩니다. 이제 다음 비교 대상인 1과 8에 주목합니다. 1은 8보다 작으므로 교환할 필요가 없습니다.

6	4	3	7	1	8	9

이렇게 이웃한 원소를 비교하고, 필요하면 교환하는 전체 작업 과정을 [그림 6-3]으로 나타냈습니다. 이때 원소 수가 n인 배열에서 n - 1번 비교·교환을 하면 가장 작은 원소인 1이 맨 앞으로 이동합니다. 이러한 일련의 비교·교환하는 과정을 패스^{pass}라고 합니다.

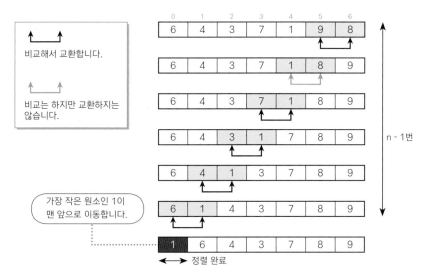

[그림 6-3] 버블 정렬의 첫 번째 패스

첫 번째 패스로 가장 작은 원소의 정렬이 끝났습니다. 이어서 그다음 작은 원소를 정렬하기 위해 비교·교환하는 패스를 [그림 6-4]에 나타냈습니다.

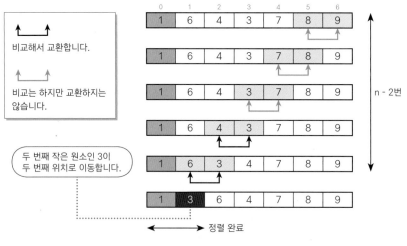

[그림 6-4] 버블 정렬의 두 번째 패스

이 패스를 종료하면 3은 맨 앞에서 두 번째 위치로 이동하고 그 결과 1과 3 원소의 정렬이 끝납니다. 패스를 한 번 수행할 때마다 정렬할 대상은 1개씩 줄어듭니다. 그러므로 두 번째 패스의 비교 횟수는 첫 번째 패스보다 1번 적은 n − 2번입니다. 패스를 k번 수행하면 맨 앞부터 k개 원소가 정렬됩니다. 모든 정렬이 끝나려면 패스를 n − 1번 수행해야 합니다.

☺ 수행하는 패스 횟수가 n번이 아니라 n − 1번인 이유는 n − 1개 원소의 정렬이 끝나면 마지막 원소는 이미 끝에 놓이기 때문입니다.

☺ 버블 정렬(bubble sort)은 액체 속의 공기 방울이 가벼워서 위로 보글보글 올라오는 모습에 착안해서 붙인 이름입니다.

버블 정렬 프로그램

버블 정렬 알고리즘을 실습 6-1 프로그램으로 구현하겠습니다. 이 프로그램은 n개의 원소 수와 각각의 원솟값을 입력받습니다. i값을 0부터 n − 2까지 1씩 증가시키고, 패스를 n − 1번 수행합니다.

Do it! 실습 6-1
• 완성 파일 chap06/bubble_sort1.py

```
01: # 버블 정렬 알고리즘 구현하기
02:
03: from typing import MutableSequence
04:
05: def bubble_sort(a: MutableSequence) -> None:
06:     """버블 정렬"""
```

```
07:    n = len(a)
08:    for i in range(n - 1):
09:        for j in range(n - 1, i, -1):
10:            if a[j - 1] > a[j]:
11:                a[j - 1], a[j] = a[j], a[j - 1]
12:
13: if __name__ == '__main__':
14:    print('버블 정렬을 수행합니다.')
15:    num = int(input('원소 수를 입력하세요.: '))
16:    x = [None] * num    # 원소 수가 num인 배열을 생성
17:
18:    for i in range(num):
19:        x[i] = int(input(f'x[{i}]: '))
20:
21:    bubble_sort(x)      # 배열 x를 버블 정렬
22:
23:    print('오름차순으로 정렬했습니다.')
24:    for i in range(num):
25:        print(f'x[{i}] = {x[i]}')
```

패스 (09~11)

▶ 실행 결과

```
버블 정렬을 수행합니다.
원소 수를 입력하세요.: 7
x[0]: 6
x[1]: 4
x[2]: 3
x[3]: 7
x[4]: 1
x[5]: 9
x[6]: 8
오름차순으로 정렬했습니다.
x[0] = 1
x[1] = 3
x[2] = 4
x[3] = 6
x[4] = 7
x[5] = 8
x[6] = 9
```

여기에서 비교하는 두 원소의 인덱스를 a[j – 1]과 a[j]라 하고 j의 값이 어떻게 변화하는지 [그림 6-5]를 통해 살펴보겠습니다. 배열의 맨 끝에서 맨 앞을 향해 스캔하므로 j의 시작값은 n – 1입니다. 이때 두 원소 a[j – 1]과 a[j]의 값을 비교하여 앞쪽 값이 뒷쪽 값보다 크면 교환합니다. 그 이후의 비교·교환 과정은 맨 앞쪽을 향해 수행하므로 j값은 1씩 감소합니다 (09~11행).

각 패스에서 앞쪽 i개 원소는 정렬이 끝난 상태이고, 정렬하지 않은 부분은 a[i]~a[n – 1]이라고 가정합니다. 따라서 한 번의 패스에서는 j값을 i + 1이 될 때까지 비교·교환합니다.

😊 i가 0인 첫 번째 패스는 j값이 1이 될 때까지 반복하고([그림 6-3]), i가 1인 두 번째 패스는 j값이 2가 될 때까지 반복합니다([그림 6-4])

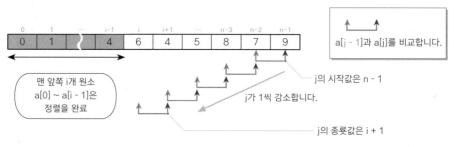

[그림 6-5] 버블 정렬의 i번째 패스

버블 정렬은 1칸 이상 떨어져 있는 원소를 교환하는 것이 아니라 서로 이웃한 원소만 교환하므로 안정적입니다. 원소를 비교하는 횟수는 첫 번째 패스에서는 n - 1번, 두 번째 패스에서는 n - 2번, … 이므로 합계는 다음과 같습니다.

$$(n - 1) + (n - 2) + \cdots + 1 = n(n - 1) / 2$$

그런데 실제 원소를 교환하는 횟수는 배열의 원솟값에 따라 영향을 받으므로 그 평균값은 비교 횟수 전체의 절반인 n(n - 1) / 4번입니다.

교환 과정 출력

실습 6-1의 bubble_sort( ) 함수에서 원소를 어떤 순서로 비교·교환하는지 구체적으로 알아보겠습니다. 버블 정렬 과정을 상세하게 출력하도록 수정한 프로그램이 실습 6-2입니다.

😊 실습 6-2에서 파란색 박스로 표시한 부분은 교환 과정을 상세하게 출력하기 위해 추가한 코드입니다. 나머지 코드는 실습 6-1과 같습니다.

Do it! 실습 6-2

```python
01: # 버블 정렬 알고리즘 구현하기(정렬 과정을 출력)
02:
03: from typing import MutableSequence
04:
05: def bubble_sort_verbose(a: MutableSequence) -> None:
06:     """버블 정렬(정렬 과정을 출력)"""
07:     ccnt = 0   # 비교 횟수
08:     scnt = 0   # 교환 횟수
09:     n = len(a)
10:     for i in range(n - 1):
11:         print(f'패스 {i + 1}')
12:         for j in range(n - 1, i, -1):
13:             for m in range(0, n - 1):
14:                 print(f'{a[m]:2}' + ('  ' if m != j - 1 else
15:                                      ' +' if a[j - 1] > a[j] else ' -'),
16:                                      end='')
17:             print(f'{a[n - 1]:2}')
18:             ccnt += 1
19:             if a[j - 1] > a[j]:
20:                 scnt += 1
21:                 a[j - 1], a[j] = a[j], a[j - 1]
22:         for m in range(0, n - 1):
23:             print(f'{a[m]:2}', end='  ')
24:         print(f'{a[n - 1]:2}')
25:     print(f'비교를 {ccnt}번 했습니다.')
26:     print(f'교환을 {scnt}번 했습니다.')
```

(… 생략 …)

▶ 실행 결과

```
버블 정렬을 수행합니다.
원소 수를 입력하세요.: 7
(… 생략 …)
패스 1
 6  4  3  7  1  9 + 8
 6  4  3  7  1 - 8  9
 6  4  3  7 + 1  8  9
 6  4  3 + 1  7  8  9
 6  4 + 1  3  7  8  9
 6 + 1  4  3  7  8  9
 1  6  4  3  7  8  9
```

```
패스 2
  1  6  4  3  7  8 - 9
  1  6  4  3  7 - 8  9
  1  6  4  3 - 7  8  9
  1  6  4 + 3  7  8  9
  1  6 + 3  4  7  8  9
  1  3  6  4  7  8  9
패스 3
  1  3  6  4  7  8 - 9
  1  3  6  4  7 - 8  9
  1  3  6  4 - 7  8  9
  1  3  6 + 4  7  8  9
  1  3  4  6  7  8  9
패스 4
  1  3  4  6  7  8 - 9
  1  3  4  6  7 - 8  9
  1  3  4  6 - 7  8  9
  1  3  4  6  7  8  9
패스 5
  1  3  4  6  7  8 - 9
  1  3  4  6  7 - 8  9
  1  3  4  6  7  8  9
패스 6
  1  3  4  6  7  8 - 9
  1  3  4  6  7  8  9
비교를 21번 했습니다.
교환을 8번 했습니다.
오름차순으로 정렬했습니다.
(… 생략 …)
```

☺ 배열의 각 원소를 가지런히 출력하기 위해 원소 사이에 공백을 2개 넣어 출력했습니다.

실행 결과에서 값을 입력하는 것과 정렬된 내용은 실습 6-1과 같으므로 생략했습니다. 비교하는 두 원소 사이에 교환할 경우 +를, 교환하지 않을 경우 −를 출력합니다. 정렬을 완료한 뒤에는 비교 횟수와 교환 횟수를 출력합니다.

알고리즘의 개선 1

[그림 6-4]에서는 두 번째 원소까지 정렬된 모습을 나타냈습니다. 비교·교환 작업을 계속하면서 이 알고리즘을 어떻게 개선할 수 있을지 살펴보겠습니다. [그림 6-6]은 세 번째 패스 과

정입니다. 패스를 종료하면 세 번째 자리에 4가 위치합니다.

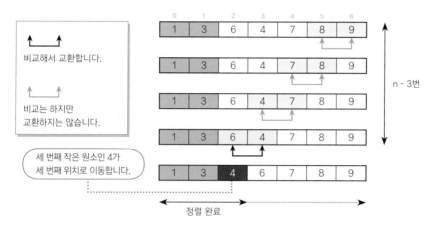

[그림 6-6] 버블 정렬의 세 번째 패스 과정

[그림 6-7]은 네 번째 패스를 보여 줍니다. 그런데 여기서는 원소 교환이 한 번도 발생하지 않습니다. 왜냐하면 세 번째 패스에서 이미 모든 원소의 정렬이 완료되었기 때문입니다.

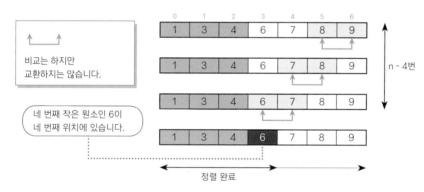

[그림 6-7] 버블 정렬의 네 번째 패스 과정

이미 정렬을 마친 상태라면 그 이후의 패스는 원소 교환을 하지 않습니다. 그림은 생략했지만 다섯 번째 패스, 여섯 번째 패스에서도 원소 교환은 이루어지지 않습니다.

즉, 어떤 패스의 원소 교환 횟수가 0이면 모든 원소가 정렬을 완료한 경우이므로 그 이후의 패스는 불필요하다고 판단하여 정렬을 중단합니다. 예를 들어 처음에 주어진 배열이 다음 그림과 같이 이미 정렬을 마쳤다고 합시다.

1	3	4	6	7	8	9

이 배열은 첫 번째 패스부터 한 번도 교환하지 않으므로 첫 번째 패스를 마친 시점에 정렬을 종료할 수 있습니다. 이러한 중단 방식을 적용하면 정렬을 모두 마쳤거나 정렬이 거의 다 된 배열에서는 비교 연산이 크게 줄어 실행 시간을 단축할 수 있습니다.

실습 6-3은 교환 횟수에 따라 중단 방식을 적용하여 개선한 프로그램입니다.

Do it! 실습 6-3 · 완성 파일 chap06/bubble_sort2.py

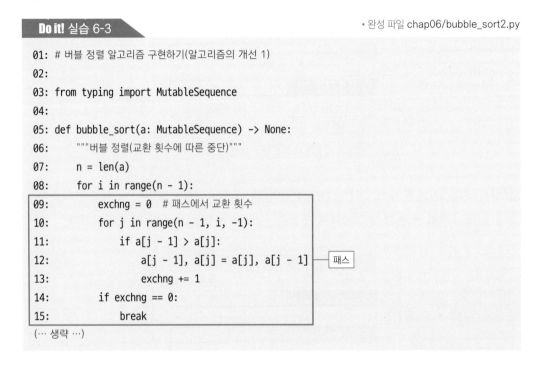

```python
01: # 버블 정렬 알고리즘 구현하기(알고리즘의 개선 1)
02:
03: from typing import MutableSequence
04:
05: def bubble_sort(a: MutableSequence) -> None:
06:     """버블 정렬(교환 횟수에 따른 중단)"""
07:     n = len(a)
08:     for i in range(n - 1):
09:         exchng = 0   # 패스에서 교환 횟수
10:         for j in range(n - 1, i, -1):
11:             if a[j - 1] > a[j]:
12:                 a[j - 1], a[j] = a[j], a[j - 1]
13:                 exchng += 1
14:         if exchng == 0:
15:             break
```
(… 생략 …)

새로 추가한 변수 exchng는 패스를 시작하기 전에 0으로 초기화하고, 원소를 교환할 때마다 1씩 증가시킵니다. 따라서 하나의 패스를 마친(10행의 for 문을 완료한) 시점에서 exchng 값은 패스에서의 교환 횟수와 같습니다.

마지막 패스를 종료한 시점에서 exchng값이 0이면 정렬을 마친 것이므로, break 문에 의해 바깥쪽 for 문을 강제로 탈출하고 함수 실행을 종료합니다(09~15행).

실습 6-2와 같은 방법으로 비교·교환하는 과정을 자세히 출력하도록 수정한 실습 6-3의 실행 결과는 다음과 같습니다.

ⓒ 다음 실행 결과를 나타내는 프로그램은 chap06/bubble_sort2_verbose.py에 있습니다.

```
(… 생략 …)
패스 1
 6  4  3  7  1  9 + 8
 6  4  3  7  1 - 8  9
 6  4  3  7 + 1  8  9
 6  4  3 + 1  7  8  9
 6  4 + 1  3  7  8  9
 6 + 1  4  3  7  8  9
 1  6  4  3  7  8  9
패스 2
 1  6  4  3  7  8 - 9
 1  6  4  3  7 - 8  9
 1  6  4  3 - 7  8  9
 1  6  4 + 3  7  8  9
 1  6 + 3  4  7  8  9
 1  3  6  4  7  8  9
패스 3
 1  3  6  4  7  8 - 9
 1  3  6  4  7 - 8  9
 1  3  6  4 - 7  8  9
 1  3  6 + 4  7  8  9
 1  3  4  6  7  8  9
패스 4
 1  3  4  6  7  8 - 9
 1  3  4  6  7 - 8  9
 1  3  4  6 - 7  8  9
 1  3  4  6  7  8  9
비교를 18번 했습니다.
교환을 8번 했습니다.
(… 생략 …)
```

실습 6-2와 마찬가지로 배열 6, 4, 3, 7, 1, 9, 8을 정렬할 때 실행 결과는 같지만 네 번째 패스를 완료한 시점에서 프로그램을 종료합니다. 이러한 개선 방법으로 실습 6-2보다 비교 횟수가 21번에서 18번으로 줄었습니다.

알고리즘의 개선 2

배열 1, 3, 9, 4, 7, 8, 6을 버블 정렬해 봅시다. 첫 번째 패스에서 비교·교환하는 과정은 [그림 6-8]과 같습니다.

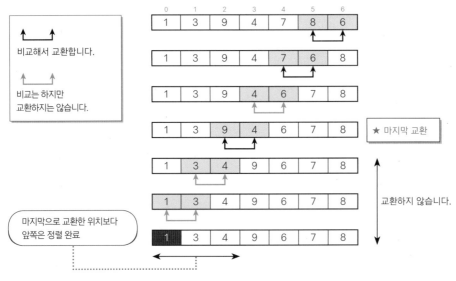

[그림 6-8] 버블 정렬의 첫 번째 패스

마지막으로 교환한 위치(★)에서 3개의 원소 1, 3, 4는 정렬된 상태입니다. 이렇게 각각의 패스에서 비교·교환을 하다가 어떤 특정한 원소 이후에 교환하지 않는다면 그 원소보다 앞쪽에 있는 원소는 이미 정렬을 마친 것입니다. 따라서 두 번째 패스는 [그림 6-9]처럼 첫 번째 원소를 제외한 6개가 아니라 4개로 좁혀서 비교·교환하면 됩니다.

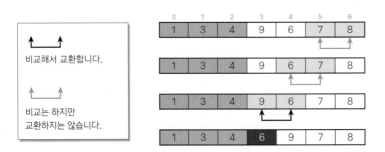

[그림 6-9] 버블 정렬의 두 번째 패스

실습 6-4는 이미 정렬된 원소를 제외한 나머지만 비교·교환하도록 스캔 범위를 제한하는 방법으로 개선한 프로그램입니다.

```
01: # 버블 정렬 알고리즘 구현하기(알고리즘의 개선 2)
02:
03: from typing import MutableSequence
04:
05: def bubble_sort(a: MutableSequence) -> None:
06:     """버블 정렬(스캔 범위를 제한)"""
07:     n = len(a)
08:     k = 0
09:     while k < n - 1:
10:         last = n - 1
11:         for j in range(n - 1, k, -1):
12:             if a[j - 1] > a[j]:
13:                 a[j - 1], a[j] = a[j], a[j - 1]
14:                 last = j
15:         k = last
```
　　　　　패스

(… 생략 …)

◎ 실습 6-4의 비교·교환 과정을 자세히 출력하도록 수정한 프로그램은 chap06/bubble_sort3_verbose.py에 작성되어 있습니다.

새로운 변수 last는 각 패스에서 마지막으로 교환한 두 원소 가운데 오른쪽 원소인 a[j] 인덱스를 저장합니다. 교환할 때마다 오른쪽 원소의 인덱스값을 last에 대입합니다. 하나의 패스를 마친 시점에 last의 값을 k에 대입하여 다음에 수행할 패스의 스캔 범위를 a[k]로 제한합니다. 그러면 다음 패스에서 마지막으로 비교할 두 원소는 a[k]와 a[k + 1]입니다(10~15행).

◎ [그림 6-8]에서 패스를 종료할 때 last의 값은 3입니다. 이것은 9와 4를 비교할 때 오른쪽 원소의 인덱스(4)입니다. 따라서 다음에 수행하는 두 번째 패스([그림 6-9])에서는 j값을 6, 5, 4로 1씩 감소시키면서 원소의 교환이 3번 이루어집니다.

◎ 실습 6-4의 08행에서 k값을 0으로 초기화하는 것은 첫 번째 패스에서 맨 앞까지 모든 원소를 스캔하기 때문입니다.

실행 결과 비교하기

다음 배열과 같이 값을 입력받아 실습 6-2, 실습 6-3, 실습 6-4를 각각 실행한 결과를 비교해 봅시다.

◎ 앞에서 학습한 알고리즘의 개선 방법을 떠올리며 직접 확인해 보세요.

1	3	9	4	7	8	6

Do it! 실습 6-2 실행 결과	Do it! 실습 6-3 실행 결과	Do it! 실습 6-4 실행 결과

<table>
<tr><td>

Do it! 실습 6-2 실행 결과

(… 생략 …)
패스 1
1 3 9 4 7 8 + 6
1 3 9 4 7 + 6 8
1 3 9 4 - 6 7 8
1 3 9 + 4 6 7 8
1 3 - 4 9 6 7 8
1 - 3 4 9 6 7 8
1 3 4 9 6 7 8
패스 2
1 3 4 9 6 7 - 8
1 3 4 9 6 - 7 8
1 3 4 9 + 6 7 8
1 3 4 - 6 9 7 8
1 3 - 4 6 9 7 8
1 3 4 6 9 7 8
패스 3
1 3 4 6 9 7 - 8
1 3 4 6 9 + 7 8
1 3 4 6 - 7 9 8
1 3 4 - 6 7 9 8
1 3 4 6 7 9 8
(… 생략 … 패스 6까지 수행)
비교를 21번 했습니다.
교환을 6번 했습니다.

</td><td>

Do it! 실습 6-3 실행 결과

(… 생략 …)
패스 1
1 3 9 4 7 8 + 6
1 3 9 4 7 + 6 8
1 3 9 4 - 6 7 8
1 3 9 + 4 6 7 8
1 3 - 4 9 6 7 8
1 - 3 4 9 6 7 8
1 3 4 9 6 7 8
패스 2
1 3 4 9 6 7 - 8
1 3 4 9 6 - 7 8
1 3 4 9 + 6 7 8
1 3 4 - 6 9 7 8
1 3 - 4 6 9 7 8
1 3 4 6 9 7 8
패스 3
1 3 4 6 9 7 - 8
1 3 4 6 9 + 7 8
1 3 4 6 - 7 9 8
1 3 4 - 6 7 9 8
1 3 4 6 7 9 8
(… 생략 … 패스 5까지 수행)
비교를 20번 했습니다.
교환을 6번 했습니다.

</td><td>

Do it! 실습 6-4 실행 결과

(… 생략 …)
패스 1
1 3 9 4 7 8 + 6
1 3 9 4 7 + 6 8
1 3 9 4 - 6 7 8
1 3 9 + 4 6 7 8
1 3 - 4 9 6 7 8
1 - 3 4 9 6 7 8
1 3 4 9 6 7 8
패스 2
1 3 4 9 6 7 - 8
1 3 4 9 6 - 7 8
1 3 4 9 + 6 7 8
1 3 4 6 9 7 8
패스 3
1 3 4 6 9 7 - 8
1 3 4 6 9 + 7 8
1 3 4 6 7 9 8
패스 4
1 3 4 6 7 9 + 8
1 3 4 6 7 8 9
비교를 12번 했습니다.
교환을 6번 했습니다.

</td></tr>
</table>

셰이커 정렬 알아보기

다음과 같이 정렬이 거의 완료된 배열을 버블 정렬 프로그램으로 실행하면 어떤 결과가 나올
지 생각해 봅시다.

9	1	3	4	6	7	8

다음 페이지의 실행 결과처럼 원솟값을 거의 정렬한 듯이 입력했지만, 정렬 작업을 빠르게 마칠
수가 없습니다. 가장 큰 원소인 9가 한 패스에 하나씩 뒤로 이동하기 때문입니다. 만약에 9를 빠
르게 맨 뒤로 이동시킨다면 작업 속도는 훨씬 빨라질 것입니다. 위의 데이터로 실습 6-2, 실습
6-3, 실습 6-4를 실행하면 다음과 같이 모두 비교를 21번 하고 교환을 6번 합니다.

Do it! 실습 6-2, 6-3, 6-4 실행 결과

(⋯ 생략 ⋯)

패스 1

```
9   1   3   4   6   7 - 8
9   1   3   4   6 - 7   8
9   1   3   4 - 6   7   8
9   1   3 - 4   6   7   8
9   1 - 3   4   6   7   8
9 + 1   3   4   6   7   8
1   9   3   4   6   7   8
```

패스 2

```
1   9   3   4   6   7 - 8
1   9   3   4   6 - 7   8
1   9   3   4 - 6   7   8
1   9   3 - 4   6   7   8
1   9 + 3   4   6   7   8
1   3   9   4   6   7   8
```

패스 3

```
1   3   9   4   6   7 - 8
1   3   9   4   6 - 7   8
1   3   9   4 - 6   7   8
1   3   9 + 4   6   7   8
1   3   4   9   6   7   8
```

패스 4

```
1   3   4   9   6   7 - 8
1   3   4   9   6 - 7   8
1   3   4   9 + 6   7   8
1   3   4   6   9   7   8
```

패스 5

```
1   3   4   6   9   7 - 8
1   3   4   6   9 + 7   8
1   3   4   6   7   9   8
```

패스 6

```
1   3   4   6   7   9 + 8
1   3   4   6   7   8   9
```

비교를 21번 했습니다.
교환을 6번 했습니다.

이제부터 홀수 패스에서는 가장 작은 원소를 맨 앞으로 이동시키고, 짝수 패스에서는 가장 큰 원소를 맨 뒤로 이동시켜 패스의 스캔 방향을 번갈아 바꾸어 보겠습니다. 그러면 앞의 실행 결과보다 적은 비교 횟수로 정렬할 수 있습니다.

이렇게 버블 정렬을 개선한 알고리즘을 셰이커 정렬$^{shaker\ sort}$이라고 하며, 양방향 버블 정렬$^{bidirectional\ bubble\ sort}$, 칵테일 정렬$^{cocktail\ sort}$, 칵테일 셰이커 정렬$^{cocktail\ shaker\ sort}$ 이라고도 합니다.

◉ 칵테일용 셰이커에서 파생한 셰이커(shaker)는 '흔드는 사람', '흔드는 것', '섞는 기구' 등을 의미합니다. 주로 칵테일 셰이커 정렬, 줄여서 셰이커 정렬이라고 합니다.

다음 실습 6-5 프로그램은 실습 6-4의 버블 정렬을 셰이커 정렬로 개선하여 shaker_sort( ) 함수를 사용하는 프로그램입니다.

Do it! 실습 6-5

• 완성 파일 chap06/shaker_sort.py

```python
01: # 셰이커 정렬 알고리즘 구현하기
02:
03: from typing import MutableSequence
04:
05: def shaker_sort(a: MutableSequence) -> None:
06:     """셰이커 정렬"""
07:     left = 0
08:     right = len(a) - 1
09:     last = right
10:     while left < right:
11:         for j in range(right, left, -1):
12:             if a[j - 1] > a[j]:
13:                 a[j - 1], a[j] = a[j], a[j - 1]
14:                 last = j
15:         left = last
16:
17:         for j in range(left, right):
18:             if a[j] > a[j + 1]:
19:                 a[j], a[j + 1] = a[j + 1], a[j]
20:                 last = j
21:         right = last
(… 생략 …)
```

실습 6-5에서 비교·교환하는 과정을 자세히 출력하도록 수정한 실행 결과는 다음과 같습니다.

◉ 다음 실행 결과를 나타내는 프로그램은 chap06/shaker_sort_verbose.py에 있습니다.

```
(… 생략 …)
패스 1
9  1  3  4  6  7- 8
9  1  3  4  6- 7  8
9  1  3  4- 6  7  8
9  1  3- 4  6  7  8
9  1- 3  4  6  7  8
9+ 1  3  4  6  7  8
1  9  3  4  6  7  8
패스 2
1  9+ 3  4  6  7  8
1  3  9+ 4  6  7  8
1  3  4  9+ 6  7  8
1  3  4  6  9+ 7  8
1  3  4  6  7  9+ 8
1  3  4  6  7  8  9
패스 3
1  3  4  6  7- 8  9
1  3  4  6- 7  8  9
1  3  4- 6  7  8  9
1  3- 4  6  7  8  9
1  3  4  6  7  8  9
비교를 15번 했습니다.
교환을 6번 했습니다.
(… 생략 …)
```

실습 6-5는 while 문 안에 for 문이 2개 들어 있는 구조입니다. 첫 번째 for 문은 실습 6-4의 버블 정렬과 마찬가지로 나열된 원소를 맨 뒤에서 맨 앞으로 스캔합니다(11~15행). 그리고 두 번째 for 문에서는 원소를 맨 앞에서 맨 뒤로 스캔합니다(17~21행).

여기에서 선언한 변수 left는 스캔 범위의 첫 원소 인덱스이며, right는 스캔 범위의 마지막 원소 인덱스입니다. 실행 결과를 보면 실습 6-4보다 비교 횟수가 21번에서 15번으로 감소했습니다.

📚 보충 수업 6-1 산술 연산에 사용하는 내장 함수

파이썬에서는 사칙 연산 이외에 산술 연산을 수행할 수 있도록 다음과 같은 내장 함수를 제공합니다.

[표 6C-1] 산술 연산에 사용하는 내장 함수

abs(x)	x의 절댓값을 반환합니다.
bool(x)	x의 논릿값(True 또는 False)을 반환합니다.
complex(real, imag)	real + imag * 1j인 복소수를 반환하거나, 문자열 또는 수를 복소수로 변환한 값을 반환합니다. imag를 생략하면 real + 0j를, real과 imag 둘 다 생략한다면 0j를 반환합니다.
divmod(a, b)	a를 b로 나누었을 때의 몫과 나머지로 구성된 튜플을 반환합니다.
float(x)	문자열 또는 수로 입력받은 x를 부동 소수점 수로 변환하여 값을 반환합니다. x를 생략하면 0.0을 반환합니다.
hex(x)	정숫값 x의 16진수 문자열을 반환합니다.
int(x, base)	x를 int형 정수로 변환한 값을 반환합니다. base는 0 ~ 36의 범위에서 진수를 나타내야 하며, 생략할 경우는 10(10진법)입니다.
max(args1, ars2, …)	인수의 최댓값을 반환합니다.
min(args1, ars2, …)	인수의 최솟값을 반환합니다.
oct(x)	정숫값 x에 해당하는 8진수 문자열을 반환합니다.
pow(x, y, z)	x의 y 제곱인 (x ** y)를 반환합니다. z값을 입력하면 x의 y제곱을 z로 나누었을 때의 나머지를 반환합니다. 같은 식인 pow(x, y) % z보다 효율적으로 계산할 수 있습니다.
round(n, ndigits)	n의 소수부를 ndigits 자릿수가 되도록 반올림한 값을 반환합니다. ndigits가 None이거나 생략한 경우 입력한 값에 가장 가까운 정수를 반환합니다.
sum(x, start)	x의 원솟값을 처음부터 끝까지 순서대로 더한 총합에 start값을 더하여 반환합니다. start의 기본값은 0입니다.

ⓘ 01장에서는 1부터 n까지 정수의 합을 while 문이나 for 문으로 구하는 방법을 배웠습니다. 하지만 sum( ) 함수를 사용한다면 sum(range(1, n + 1))과 같이 간단하게 구할 수 있습니다.

06-3 단순 선택 정렬

단순 선택 정렬^{straight selection sort}은 가장 작은 원소부터 선택해 알맞은 위치로 옮기는 작업을 반복하며 정렬하는 알고리즘입니다.

단순 선택 정렬 알아보기

다음 배열에 단순 선택 정렬 알고리즘을 적용해 보겠습니다. 이 알고리즘은 가장 작은 원소부터 정렬하므로 가장 작은 원소 1에 주목합니다.

6	4	8	3	1	9	7

1은 배열의 맨 앞에 위치해야 하므로 맨 앞의 원소 6과 교환합니다. 교환한 다음 원소의 배열 상태는 다음과 같습니다.

1	4	8	3	6	9	7

가장 작은 원소인 1이 맨 앞에 위치했습니다. 이어서 두 번째로 작은 원소인 3을 주목합니다. 원소 3과 맨 앞에서 두 번째 원소인 4를 교환하면 다음과 같이 두 번째 원소까지 정렬이 완료됩니다.

1	3	8	4	6	9	7

다음으로 세 번째 작은 원소인 4를 주목합니다. 원소 4와 맨 앞에서 세 번째 원소인 8을 교환하면 다음과 같이 세 번째 원소까지 정렬이 완료됩니다.

1	3	4	8	6	9	7

[그림 6-10]은 같은 작업을 반복한 모습을 나타냅니다. 아직 정렬하지 않은 범위에서 값이 가장 작은 원소를 선택하고, 아직 정렬하지 않은 부분의 맨 앞 원소와 교환하는 작업을 반복합니다.

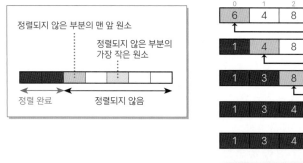

[그림 6-10] 단순 선택 정렬

단순 선택 정렬에서 교환 과정은 다음과 같습니다.

> 1. 아직 정렬하지 않은 부분에서 값이 가장 작은 원소 a[min]을 선택합니다.
> 2. a[min]과 아직 정렬하지 않은 부분에서 맨 앞에 있는 원소를 교환합니다.

이 과정을 n − 1번 반복하면 정렬하지 않은 부분이 없어지면서 전체 정렬을 완료합니다. 이 알고리즘의 개요는 다음과 같습니다.

```
for i in range(n - 1):
    min   # a[i], …, a[n - 1]에서 키값이 가장 작은 원소의 인덱스
    a[i]와 a[min]의 값을 교환합니다.
```

실습 6-6은 단순 선택 정렬 함수 selection_sort( )를 수행하는 프로그램입니다.

```python
01: # 단순 선택 정렬 알고리즘 구현하기
02:
03: from typing import MutableSequence
04:
05: def selection_sort(a: MutableSequence) -> None:
06:     """단순 선택 정렬"""
07:     n = len(a)
08:     for i in range(n - 1):
09:         min = i    # 정렬할 부분에서 가장 작은 원소의 인덱스
10:         for j in range(i + 1, n):
11:             if a[j] < a[min]:
12:                 min = j
13:         a[i], a[min] = a[min], a[i]    # 정렬할 부분에서 맨 앞의 원소와 가장 작은 원소를 교환
```
(…생략…)

단순 선택 정렬 알고리즘의 원솟값을 비교하는 횟수는 $(n^2 - n) / 2$번입니다.

하지만 이 알고리즘은 서로 이웃하지 않는 떨어져 있는 원소를 교환하므로 안정적이지 않습니다. [그림 6-11]은 안정적이지 않은 정렬을 하는 경우를 보여 줍니다. 그림에서 값이 3인 원소가 2개 있습니다. 이를 구별하기 위해 앞에 있는 3은 3^L, 뒤에 있는 3은 3^R이라고 표기했지만, 결국 두 원소의 순서는 정렬한 후 뒤바뀌었습니다.

☺ [그림 6-11]에서 원래 앞에 있던 3^L이 뒤로, 뒤에 있던 3^R이 앞으로 이동했습니다. 중복된 값으로 정렬이 필요 없는 데이터의 위치를 바꾸었으므로 이 알고리즘은 안정적이지 않습니다.

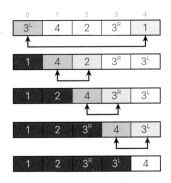

[그림 6-11] 안정적이지 않은 정렬

06-4 단순 삽입 정렬

단순 삽입 정렬^{straight insertion sort}은 주목한 원소보다 더 앞쪽에서 알맞은 위치로 삽입하며 정렬하는 알고리즘입니다. 단순 선택 정렬과 비슷해 보이지만 값이 가장 작은 원소를 선택하지 않는다는 점이 다릅니다.

단순 삽입 정렬 알아보기

단순 삽입 정렬은 카드를 한 줄로 늘어놓을 때 사용하는 방법과 비슷한 알고리즘입니다. 다음 배열을 예로 들어 단순 삽입 정렬하는 방법을 살펴보겠습니다.

6	4	1	7	3	9	8

단순 삽입 정렬은 두 번째 원소인 4부터 주목하여 진행합니다. 4는 6보다 앞쪽에 위치해야 하므로 맨 앞에 삽입합니다. 이 상태에서 6을 오른쪽으로 옮기면 다음과 같이 됩니다.

4	6	1	7	3	9	8

다음으로 세 번째 원소인 1에 주목합니다. 1은 4보다 앞쪽에 위치해야 하므로 맨 앞에 삽입합니다. 이 상태에서 4, 6을 오른쪽으로 옮기면 다음과 같습니다.

1	4	6	7	3	9	8

그 이후에도 계속해서 같은 작업을 수행합니다. [그림 6-12]처럼 정렬된 부분과 아직 정렬되지 않은 부분에서 다시 배열을 구성할 경우에는 다음 작업을 n – 1번 반복하면 정렬이 완료됩니다.

> 아직 정렬되지 않은 부분의 맨 앞 원소를 정렬된 부분의 알맞은 위치에 삽입합니다.

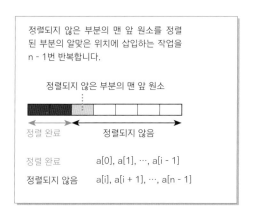

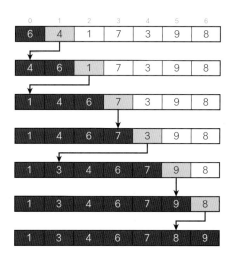

[그림 6-12] 단순 삽입 정렬

이때 i를 1, 2, …, n - 1까지 1씩 증가시키면서 인덱스 i의 원소를 꺼내 알맞은 위치에 삽입합니다. 따라서 알고리즘의 개요는 다음과 같습니다.

```
for i in range(1, n):
    tmp ← a[i]를 넣습니다.
    tmp를 a[0], …, a[i - 1]의 알맞은 위치에 삽입합니다.
```

그러면 배열에서 어떤 값을 '알맞은 위치에 삽입'하는 과정을 생각해 봅시다. [그림 6-13]에서는 값이 3인 원소를 선택해 앞쪽의 알맞은 위치에 삽입하는 과정을 보여 줍니다. 왼쪽에 이웃하는 원소(7)가 선택한 원소(3)보다 크면, 그 값을 오른쪽에 이웃하는 원소(3)에 대입하고 앞으로 이동하면서 이 작업을 반복합니다(①~③). 그러다가 선택한 값(3)보다 작은 원소(1)를 만나면 그보다 앞쪽은 스캔할 필요가 없으므로 그 위치에 선택한 값(3)을 삽입합니다(④).

①~③ … 3보다 작은 원소를 만날 때까지
        이웃한 왼쪽 원소를 하나씩 대입
        하는 작업을 반복합니다.
④   … 멈춘 위치에 3을 대입합니다.

```
j = i
tmp = a[i]
while j > 0 and a[j - 1] > tmp:
    a[j] = a[j - 1]
    j -= 1
a[j] = tmp
```

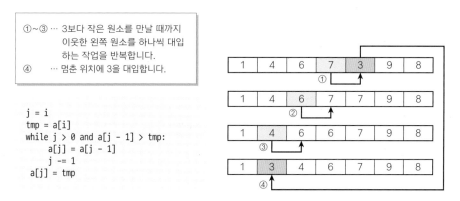

[그림 6-13] 단순 삽입 정렬에서 원소 삽입

반복 제어 변수 j에 i를, tmp에 a[i]를 대입하고 다음 조건 중 하나를 만족할 때까지 j를 1씩 감소시키면서 대입 작업을 반복합니다.

- **종료 조건 1**: 정렬된 배열의 왼쪽 끝에 도달한 경우
- **종료 조건 2**: tmp보다 작거나 키값이 같은 원소 a[j - 1]을 발견할 경우

이때 드모르간 법칙(보충 수업 1-11참고)을 적용하면 다음 2가지 조건이 모두 성립할 때까지 스캔 작업을 반복합니다.

- **계속 조건 1**: j가 0보다 큰 경우
- **계속 조건 2**: a[j - 1]의 값이 tmp보다 큰 경우

이 과정을 마치면 원소 a[j]에 삽입할 값인 tmp를 대입합니다. 실습 6-7은 단순 삽입 정렬을 수행하는 프로그램입니다.

Do it! 실습 6-7

• 완성 파일 chap06/insertion_sort.py

```python
01: # 단순 삽입 정렬 알고리즘 구현하기
02:
03: from typing import MutableSequence
04:
05: def insertion_sort(a: MutableSequence) -> None:
06:     """단순 삽입 정렬"""
07:     n = len(a)
08:     for i in range(1, n):
09:         j = i
10:         tmp = a[i]
11:         while j > 0 and a[j - 1] > tmp:
12:             a[j] = a[j - 1]
13:             j -= 1
14:         a[j] = tmp
15:
16: if __name__ == '__main__':
17:     print('단순 삽입 정렬을 수행합니다.')
18:     num = int(input('원소 수를 입력하세요.: '))
19:     x = [None] * num   # 원소 수가 num인 배열을 생성
20:
21:     for i in range(num):
```

```
22:        x[i] = int(input(f'x[{i}]: '))
23:
24:    insertion_sort(x)    # 배열 x를 단순 삽입 정렬
25:
26:    print('오름차순으로 정렬했습니다.')
27:    for i in range(num):
28:        print(f'x[{i}] = {x[i]}')
```

▶ 실행 결과
단순 삽입 정렬을 수행합니다.
원소 수를 입력하세요.: 7
x[0]: 6
x[1]: 4
x[2]: 3
x[3]: 7
x[4]: 1
x[5]: 9
x[6]: 8
오름차순으로 정렬했습니다.
x[0] = 1
x[1] = 3
x[2] = 4
x[3] = 6
x[4] = 7
x[5] = 8
x[6] = 9

이 알고리즘은 서로 떨어져 있는 원소를 교환하지 않으므로 안정적이라고 할 수 있습니다. 원소의 비교 횟수와 교환 횟수는 모두 $n^2 / 2$번입니다.

😊 단순 삽입 정렬은 셔틀 정렬(shuttle sort)이라고도 합니다.

단순 정렬 알고리즘의 시간 복잡도

지금까지 다룬 3가지 단순 정렬(버블, 선택, 삽입) 알고리즘의 시간 복잡도는 모두 $O(n^2)$으로 프로그램의 효율이 좋지 않습니다. 06-5절부터는 이러한 단순 정렬 알고리즘의 개선 방법을 적용한 정렬 알고리즘을 알아보겠습니다.

📚 보충 수업 6-2 이진 삽입 정렬

단순 삽입 정렬은 배열 원소 수가 많아지면 원소 삽입에 필요한 비교·교환 비용이 커집니다. 그러나 이진 검색법을 사용하여 삽입 정렬을 하면 이미 정렬을 마친 배열을 제외하고 원소를 삽입해야 할 위치를 검사하므로 비용을 줄일 수 있습니다. 이러한 알고리즘을 이진 삽입 정렬$^{binary\ insertion\ sort}$이라고 합니다. 이진 삽입 정렬을 구현한 실습 6C-1 프로그램을 살펴보겠습니다.

😊 이진 검색법이 잘 기억나지 않는다면 03-3절 '이진 검색'을 참고하여 다음 코드를 확인하는 것이 좋습니다.

Do it! 실습 6C-1 •완성 파일 chap06/binary_insertion_sort.py

```python
01: # 이진 삽입 정렬 알고리즘 구현하기
02:
03: from typing import MutableSequence
04:
05: def binary_insertion_sort(a: MutableSequence) -> None:
06:     """이진 삽입 정렬"""
07:     n = len(a)
08:     for i in range(1, n):
09:         key = a[i]
10:         pl = 0                              # 검색 범위의 맨 앞 원소 인덱스
11:         pr = i - 1                          # 검색 범위의 맨 끝 원소 인덱스
12:
13:         while True:
14:             pc = (pl + pr) // 2             # 검색 범위의 가운데 원소 인덱스
15:             if a[pc] == key:               # 검색 성공
16:                 break
17:             elif a[pc] < key:
18:                 pl = pc + 1                 # 검색 범위를 뒤쪽 절반으로 좁힘
19:             else:
20:                 pr = pc - 1                 # 검색 범위를 앞쪽 절반으로 좁힘
21:             if pl > pr:
22:                 break
23:
24:         pd = pc + 1 if pl <= pr else pr + 1 # 삽입해야 할 위치의 인덱스
25:
26:         for j in range(i, pd, -1):
27:             a[j] = a[j - 1]
28:         a[pd] = key
29:
30: if __name__ == "__main__":
31:     print("이진 삽입 정렬을 수행합니다.")
```

```
32:     num = int(input("원소 수를 입력하세요.: "))
33:     x = [None] * num                            # 원소 수가 num인 배열을 생성
34:
35:     for i in range(num):
36:         x[i] = int(input(f"x[{i}]: "))
37:
38:     binary_insertion_sort(x)                     # 배열 x를 이진 삽입 정렬
39:
40:     print("오름차순으로 정렬했습니다.")
41:     for i in range(num):
42:         print(f"x[{i}] = {x[i]}")
```

▶ 실행 결과

이진 삽입 정렬을 수행합니다.
원소 수를 입력하세요.: 7
x[0]: 6
x[1]: 4
x[2]: 3
x[3]: 7
x[4]: 1
x[5]: 9
x[6]: 8
오름차순으로 정렬했습니다.
x[0] = 1
x[1] = 3
x[2] = 4
x[3] = 6
x[4] = 7
x[5] = 8
x[6] = 9

단순 삽입 정렬 알고리즘은 파이썬 표준 라이브러리에서 bisect 모듈의 insort( ) 함수로 제공합니다.
이미 정렬이 끝난 배열의 상태를 유지하면서 원소를 삽입합니다. 이 함수를 사용하면 이진 삽입 정렬을
실습 6C-2와 같이 간결하게 구현할 수 있습니다.

◎ 이진 삽입 정렬로 구현하면 실습 6C-1의 05~28행이 실습 6C-2의 06~09행으로 줄었습니다.

```
01: # 이진 삽입 정렬 알고리즘 구현(bisect.insort 사용)
02:
03: from typing import MutableSequence
04: import bisect
05:
06: def binary_insertion_sort(a: MutableSequence) -> None:
07:     """이진 삽입 정렬(bisect.insort 사용)"""
08:     for i in range(1, len(a)):
09:         bisect.insort(a, a.pop(i), 0, i)
```

(… 생략 …)

> ▶ 실행 결과
>
> 이진 삽입 정렬을 수행합니다.
> 원소 수를 입력하세요.: 7
> x[0]: 6
> x[1]: 4
> x[2]: 3
> x[3]: 7
> x[4]: 1
> x[5]: 9
> x[6]: 8
> 오름차순으로 정렬했습니다.
> x[0] = 1
> x[1] = 3
> x[2] = 4
> x[3] = 6
> x[4] = 7
> x[5] = 8
> x[6] = 9

실습 6C-2는 실습 6C-1과 같은 이진 삽입 정렬을 하지만 코드가 훨씬 간단하게 구현되었습니다.
bisect.insort(a, x, lo, hi)를 호출하면 a가 이미 정렬된 상태를 유지하면서 a[lo]~a[hi] 사이에 x를
삽입합니다. 만약 a 안에 x와 같은 값을 갖는 원소가 여러 개 있으면 가장 오른쪽 위치에 삽입합니다.

06-5 셀 정렬

셀 정렬^{shell sort}은 단순 삽입 정렬의 장점은 살리고 단점은 보완하여 더 빠르게 정렬하는 알고리즘입니다.

단순 삽입 정렬의 문제

다음 배열에 단순 삽입 정렬을 적용해 보겠습니다.

1	2	3	4	5	0	6

06-4절에서 학습했듯이 두 번째 원소부터 주목하여 2, 3, 4, 5를 순서대로 선택하며 정렬합니다. 여기까지는 이미 정렬을 마친 상태이므로 원소의 이동(값의 대입)은 발생하지 않습니다. 이 단계까지는 아주 빠르게 완료합니다. 그러나 [그림 6-14]와 같이 여섯 번째 원소인 0을 삽입 정렬하려면 총 6번에 걸쳐 원소를 이동(대입)해야 합니다.

①~⑤ … 0보다 작은 원소를 만날 때까지 이웃한 왼쪽 원소를 하나씩 대입하는 작업을 반복합니다.
⑥ … 멈춘 위치에 0을 대입합니다.

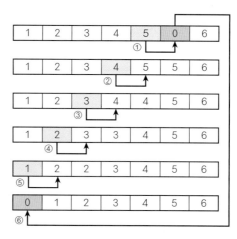

[그림 6-14] 단순 삽입 정렬에서 원소 0의 이동 과정

단순 삽입 정렬은 다음과 같은 특징이 있습니다.

- **장점**: 이미 정렬을 마쳤거나 정렬이 거의 끝나가는 상태에서는 속도가 아주 빠릅니다.
- **단점**: 삽입할 위치가 멀리 떨어져 있으면 이동 횟수가 많아집니다.

셸 정렬 알아보기

단순 삽입 정렬의 장점을 살리면서 단점을 보완 것이 도널드 L. 셸$^{Donald\ L.\ Shell}$이 고안한 셸 정렬$^{shell\ sort}$ 알고리즘입니다. 셸 정렬은 먼저 정렬할 배열의 원소를 그룹으로 나눠 각 그룹별로 정렬을 수행합니다. 그 후 정렬된 그룹을 합치는 작업을 반복하여 원소의 이동 횟수를 줄이는 방법입니다.

◎ 셸 정렬은 06-6절에서 살펴볼 퀵 정렬이 고안되기 전까지는 가장 빠른 알고리즘으로 알려졌습니다.

[그림 6-15]의 배열을 예로 들어 알고리즘을 이해해 봅시다. 먼저 서로 4칸씩 떨어진 원소를 꺼내어 (8, 7), (1, 6), (4, 3), (2, 5)의 4개 그룹으로 나누고 그룹별로 각각 정렬합니다. 즉, ①은 (8, 7)을 정렬하여 (7, 8)로, ②는 (1, 6)을 정렬하여 (1, 6)으로, ③은 (4, 3)을 정렬하여 (3, 4)로, ④는 (2, 5)를 정렬하여 (2, 5)로 만듭니다.

이처럼 서로 4칸 떨어진 원소를 정렬하는 방법을 '4-정렬'이라고 합니다. 아직 정렬을 마치진 않았지만 정렬을 거의 마친 상태에 가까워집니다.

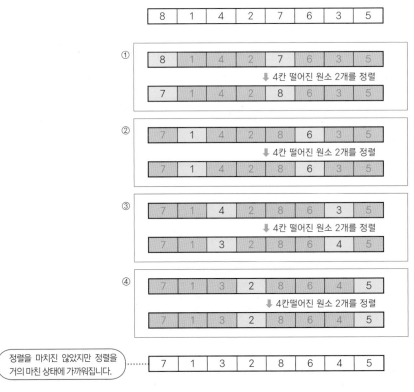

[그림 6-15] 셸 정렬의 4-정렬

이어서 2칸 떨어진 원소를 모두 꺼내 (7, 3, 8, 4), (1, 2, 6, 5)의 두 그룹으로 나누고 '2-정렬'을 수행합니다. 정렬을 마치고 나면 [그림 6-16]처럼 (3, 4, 7, 8)과 (1, 2, 5, 6)이 됩니다.

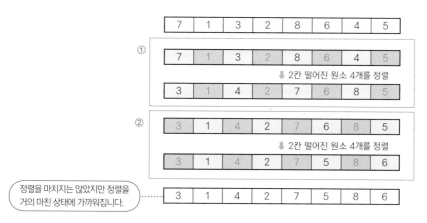

[그림 6-16] 셸 정렬의 2-정렬

이렇게 해서 얻은 배열은 좀 더 정렬된 상태에 가까워집니다. 마지막으로 '1-정렬'을 적용하여 1칸 떨어진 배열, 즉 배열 전체에 적용하면 정렬이 완료됩니다.

[그림 6-17]에 셸 정렬의 전체 흐름을 나타냈습니다. 셸 정렬 과정에서 수행하는 각각의 정렬을 h-정렬이라고 합니다. [그림 6-17]은 h값을 4, 2, 1로 감소시키면서 정렬을 총 7번 수행하여 정렬을 완료합니다.

[그림 6-17] 셸 정렬의 전체 흐름

[그림 6-17] a 배열을 바로 단순 삽입 정렬하지 않고 '4-정렬'과 '2-정렬'을 먼저 수행하여 정렬을 거의 마친 상태인 c를 만듭니다. 그리고 마지막으로 단순 삽입 정렬을 한 번 수행하

여 정렬을 완료하는 것입니다

◎ 7번의 정렬은 모두 단순 삽입 정렬을 수행합니다.

이렇듯 셸 정렬은 단순 삽입 정렬의 장점을 살리고 단점을 보완하기 위해 사용합니다. 정렬 횟수는 늘어나지만 전체적으로 원소의 이동 횟수가 줄어들어 효율적입니다. 실습 6-8은 셸 정렬을 수행하는 프로그램입니다.

Do it! 실습 6-8

• 완성 파일 chap06/shell_sort1.py

```python
01: # 셸 정렬 알고리즘 구현하기
02:
03: from typing import MutableSequence
04:
05: def shell_sort(a: MutableSequence) -> None:
06:     """셸 정렬"""
07:     n = len(a)
08:     h = n // 2
09:     while h > 0:
10:         for i in range(h, n):
11:             j = i - h
12:             tmp = a[i]
13:             while j >= 0 and a[j] > tmp:
14:                 a[j + h] = a[j]
15:                 j -= h
16:             a[j + h] = tmp
17:         h //= 2
18:
19: if __name__ == '__main__':
20:     print('셸 정렬을 수행합니다.')
21:     num = int(input('원소 수를 입력하세요.: '))
22:     x = [None] * num        # 원소 수가 num인 배열을 생성
23:
24:     for i in range(num):
25:         x[i] = int(input(f'x[{i}]: '))
26:
27:     shell_sort(x)           # 배열 x를 셸 정렬
28:
29:     print('오름차순으로 정렬했습니다.')
30:     for i in range(num):
31:         print(f'x[{i}] = {x[i]}')
```

10~17행은 단순 삽입 정렬을 수행하는 과정으로 실습 6-7의 08~14행과 거의 같습니다. 다른 점이 있다면 주목하는 원소와 비교하는 원소가 서로 이웃하지 않고 h개만큼 떨어져 있다는 것입니다.

08행에서 h의 초깃값은 n // 2로 구합니다(전체 배열의 절반값입니다). 그리고 while 문을 반복할 때마다 다시 2로 나눈 값으로 업데이트합니다. 즉, h는 다음과 같이 변화합니다.

- 원소 수가 8이면 4 → 2 → 1
- 원소 수가 7이면 3 → 1

이제 h값을 선택하는 방법을 알아보겠습니다.

h값의 선택

앞에서 원소 수인 n값이 8이라면 h값을 다음과 같이 변화시킵니다.

h = 4 → 2 → 1

h값은 n부터 감소하다가 마지막에는 1이 됩니다. 그렇다면 h값을 어떤 수열로 감소시키면 효율적인 정렬을 할 수 있을지 알아봅시다. [그림 6-18]을 보면서 배열 그룹을 나누는 과정부터 다시 살펴보겠습니다.

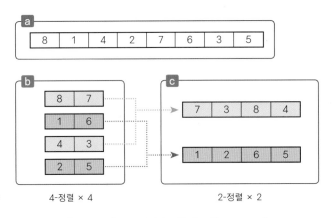

[그림 6-18] 셸 정렬에서 그룹 나누기(h = 4, 2, 1)

[그림 6-18] a 를 학생 8명의 점수라고 가정합시다. 먼저 그림 b 처럼 학생 2명씩 4개 그룹으로 나누어 정렬합니다. 그런 다음 그림 c 처럼 학생 4명씩 2개 그룹으로 나누어 다시 정렬합니다. 여기에서 b 의 두 그룹을 합쳐서 c 가 되는 과정을 잘 살펴봅시다.

그림에서 파란색 그룹((8, 7), (4, 3))과 검은색 그룹((1, 6), (2, 5))은 섞이지 않습니다. 그런데 이렇게 두 그룹이 섞이지 않은 상태에서 c 로 합치면 다시 처음 단계인 a 와 같아집니다. 이는 애써 그룹으로 나누어서 정렬했지만 충분히 그 기능을 하지 못한다는 것을 보여 줍니다.

이 문제를 해결하려면 h값이 서로 배수가 되지 않도록 해야 합니다. 그러면 원소가 충분히 뒤섞이므로 효율 좋은 정렬을 기대할 수 있습니다. 다음 수열을 사용하면 셸 정렬 알고리즘을 간단하게 만들 수 있고 효율적인 정렬도 할 수 있습니다.

h = ⋯ → 121 → 40 → 13 → 4 → 1

이 수열을 거꾸로 살펴보면 1부터 시작하여 3배한 값에 1을 더하고 있습니다. 하지만 h의 초 깃값이 지나치게 크면 효과가 없습니다. 따라서 배열의 원소 수인 n을 9로 나누었을 때 그 몫을 넘지 않도록 정해야 합니다. 실습 6-9는 이 방식의 수열을 사용하여 셸 정렬을 수행하는 프로그램입니다.

Do it! 실습 6-9

• 완성 파일 chap06/shell_sort2.py

```python
01: # 셸 정렬 알고리즘 구현하기(h * 3 + 1의 수열 사용)
02:
03: from typing import MutableSequence
04:
05: def shell_sort(a: MutableSequence) -> None:
06:     """셸 정렬(h * 3 + 1의 수열 사용)"""
07:     n = len(a)
08:     h = 1
09:
10:     while h < n // 9:
11:         h = h * 3 + 1
12:
13:     while h > 0:
14:         for i in range(h, n):
15:             j = i - h
16:             tmp = a[i]
17:             while j >= 0 and a[j] > tmp:
18:                 a[j + h] = a[j]
19:                 j -= h
20:             a[j + h] = tmp
21:         h //= 3
22:
23: if __name__ == '__main__':
24:     print('셸 정렬을 수행합니다(h * 3 + 1의 수열 사용).')
25:     num = int(input('원소 수를 입력하세요.: '))
26:     x = [None] * num        # 원소 수가 num인 배열을 생성
27:
28:     for i in range(num):
29:         x[i] = int(input(f'x[{i}]: '))
30:
31:     shell_sort(x)            # 배열 x를 셸 정렬
32:
33:     print('오름차순으로 정렬했습니다.')
34:     for i in range(num):
35:         print(f'x[{i}] = {x[i]}')
```

실행 결과

셸 정렬을 수행합니다(h * 3 + 1의 수열 사용).
원소 수를 입력하세요.: 8
x[0]: 8
x[1]: 1
x[2]: 4
x[3]: 2
x[4]: 7
x[5]: 6
x[6]: 3
x[7]: 5
오름차순으로 정렬했습니다.
x[0] = 1
x[1] = 2
x[2] = 3
x[3] = 4
x[4] = 5
x[5] = 6
x[6] = 7
x[7] = 8

10~11행: 이 while 문에서는 h의 초깃값을 구합니다. 1부터 시작해서 h * 3 + 1의 수열을 사용하는 작업을 반복하지만 n // 9를 넘지 않는 최댓값을 h에 대입합니다.

13~21행: 실습 6-8에서 작성한 while 문과 거의 같습니다. 다른 점은 h값이 변하는 방법입니다. 21행에서 h값을 3으로 나누는 작업을 반복해서 결국에 h값은 1이 됩니다.

☺ 실행 결과의 경우 원소 수가 8이므로 h의 초깃값은 1이 됩니다. 따라서 이 경우에는 셸 정렬 대신 단순 삽입 정렬이 이루어졌습니다.

셸 정렬의 시간 복잡도는 $O(n^{1.25})$이고 단순 정렬의 시간 복잡도인 $O(n^2)$보다 매우 **빠릅**니다. 그러나 셸 정렬 알고리즘은 이웃하지 않고 떨어져 있는 원소를 서로 교환하므로 안정적이지 않습니다.

06-6 퀵 정렬

퀵 정렬^{quick sort} 은 가장 빠른 정렬 알고리즘으로 알려져 있으며 널리 사용됩니다.

퀵 정렬 알아보기

퀵 정렬은 일반적으로 사용되는 아주 빠른 정렬 알고리즘입니다. 퀵 정렬은 알고리즘의 정렬 속도가 매우 빠르다^{quick} 하여 고안자인 찰스 A. R. 호어^{Charles A. R. Hoare}가 붙인 이름입니다. [그림 6-19]는 퀵 정렬 알고리즘을 사용하여 학생 그룹을 키 순서로 정렬하는 과정을 나타냈습니다.

먼저 키가 168cm인 학생 A를 선택하여 이 학생을 기준으로 168cm 미만인 그룹과 168cm 이상인 그룹으로 나눕니다. 이때 그룹을 나누는 기준(학생 A의 키)을 피벗^{pivot}이라고 합니다.

☺ 피벗은 다른 말로 중심축이라고 합니다. 피벗은 임의로 선택할 수 있고, 선택된 피벗은 2개로 나눈 그룹 어디에 넣어도 상관없습니다.

다시 각 그룹에서 피벗을 선택하여 나누기를 반복하며 모든 그룹이 1명씩 남으면 정렬이 완료됩니다. 이제 퀵 정렬 알고리즘을 자세히 알아보겠습니다.

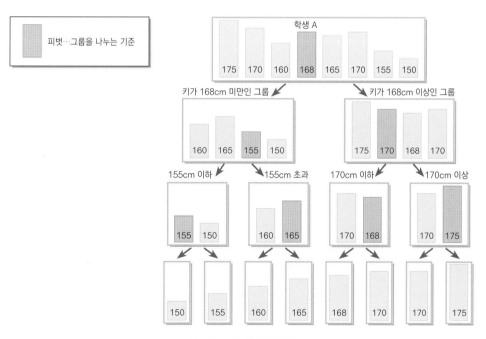

[그림 6-19] 퀵 정렬의 예

배열을 두 그룹으로 나누기

먼저 배열을 두 그룹으로 나누는 순서를 살펴봅시다. 다음 배열에서 6을 피벗으로 선택하여
그룹을 나눕니다. 피벗을 x, 왼쪽 끝 원소의 인덱스를 pl(왼쪽 커서), 오른쪽 끝 원소의 인덱스
를 pr(오른쪽 커서)라고 하겠습니다.

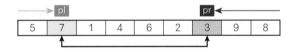

그룹을 나누려면 피벗 이하인 원소를 배열 왼쪽(맨 앞쪽)으로, 피벗 이상인 원소를 배열 오른
쪽(맨 뒤쪽)으로 이동시켜야 합니다. 따라서 다음과 같이 수행합니다.

- a[pl] >= x가 성립하는 원소를 찾을 때까지 pl을 오른쪽 방향으로 스캔합니다.
- a[pr] <= x가 성립하는 원소를 찾을 때까지 pr를 왼쪽 방향으로 스캔합니다.

이 과정을 거치면 pl(왼쪽 커서)과 pr(오른쪽 커서)는 다음 그림의 위치에서 정지합니다. pl은
피벗 이상인 원소에, pr는 피벗 이하인 원소에 위치합니다. 여기서 pl과 pr가 위치하는 원소
a[pl]과 a[pr]의 값을 교환합니다. 그러면 피벗 이하인 값은 왼쪽으로 이동하고, 피벗 이상인
값을 오른쪽으로 이동합니다.

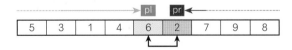

다시 스캔을 계속하면 pl과 pr는 다음 그림의 위치에서 정지하고, 원소 a[pl]과 a[pr]의 값을
교환합니다.

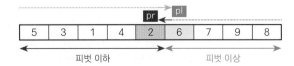

다시 스캔을 계속하면 다음 그림처럼 pl과 pr가 서로 교차합니다.

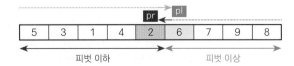

pl과 pr가 교차하면 이로써 그룹을 나누는 과정이 끝나고, 배열은 다음과 같이 두 그룹으로 나눕니다.

- **피벗 이하인 그룹**: a[0], ···, a[pl - 1]
- **피벗 이상인 그룹**: a[pr + 1], ···, a[n - 1]

또 그룹을 나누는 작업이 끝난 다음 pl > pr + 1일 때에 한해서 다음과 같은 그룹이 만들어집니다.

- **피벗과 일치하는 그룹**: a[pr + 1], ···, a[pl - 1]

앞의 예시에서는 피벗과 일치하는 그룹은 생성되지 않았습니다. [그림 6-20]은 피벗과 일치하는 그룹이 생성된 예입니다. 그림 **a** 는 초기 상태이며 피벗의 값은 가운데 위치한 5입니다.

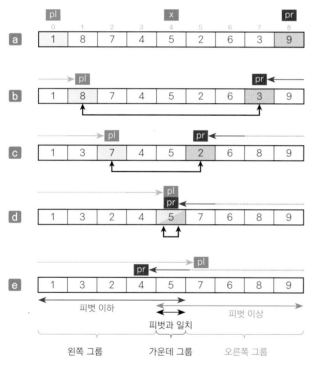

[그림 6-20] 배열을 나누는 예(피벗과 일치하는 그룹이 생성된 경우)

앞에서 살펴보았듯이 [그림 6-20]의 **b**, **c** 는 pl은 피벗 이상이고, pr는 피벗 이하인 원소를 찾아 서로 교환합니다. 그림 **d** 에서는 pl과 pr 모두 피벗과 같은 위치(a[4])에 있습니다. 이때에도 같은 원소인 pl(a[4])과 pr(a[4])를 교환합니다. 같은 원소를 교환하므로 의미가 없어 보이지만 이 시도는 최대 1번입니다.

😊 이렇게 같은 원소를 교환하지 않으면 원소를 교환할 때마다 매번 pl과 pr가 같은 위치에 있는지 체크해야 합니다. 매번 체크하는 횟수보다 1번만 같은 원소를 교환하는 것이 비용이 적게 듭니다.

계속해서 스캔하면 그림 🇪 처럼 pl과 pr가 교차하면서 나누는 과정을 완료합니다. 피벗과 일치하는 그룹이 만들어지는 경우는 배열 나누기가 완료되어 pl > pr + 1이 성립할 때뿐입니다.

실습 6-10은 배열을 두 그룹으로 나누는 프로그램을 구현했습니다. 배열 가운데에 있는 원소를 피벗으로 선택하고 12~18행에서 배열을 그룹으로 나눕니다.

Do it! 실습 6-10

• 완성 파일 chap06/partition.py

```python
01: # 배열을 두 그룹으로 나누기
02:
03: from typing import MutableSequence
04:
05: def partition(a: MutableSequence) -> None:
06:     """배열을 나누어 출력"""
07:     n = len(a)
08:     pl = 0          # 왼쪽 커서
09:     pr = n - 1      # 오른쪽 커서
10:     x = a[n // 2] # 피벗(가운데 원소)
11:
12:     while pl <= pr:
13:         while a[pl] < x: pl += 1
14:         while a[pr] > x: pr -= 1
15:         if pl <= pr:                        ─┤ 배열 a를 피벗 x로 나누기
16:             a[pl], a[pr] = a[pr], a[pl]
17:             pl += 1
18:             pr -= 1
19:
20:     print(f'피벗은 {x}입니다.')
21:
22:     print('피벗 이하인 그룹입니다.')
23:     print(*a[0 : pl])                # a[0] ~ a[pl - 1]
24:
25:     if pl > pr + 1:
26:         print('피벗과 일치하는 그룹입니다.')
27:         print(*a[pr + 1 : pl])       # a[pr + 1] ~ a[pl - 1]
28:
```

```
29:     print('피벗 이상인 그룹입니다.')
30:     print(*a[pr + 1 : n])              # a[pr + 1] ~ a[n - 1]
31:
32: if __name__ == '__main__':
33:     print('배열을 나눕니다.')
34:     num = int(input('원소 수를 입력하세요.: '))
35:     x = [None] * num                   # 원소 수가 num인 배열을 생성
36:
37:     for i in range(num):
38:         x[i] = int(input(f'x[{i}]: '))
39:
40:     partition(x)                       # 배열 x를 나누어서 출력
```

▶ 실행 결과

배열을 나눕니다.
원소 수를 입력하세요.: 9
x[0]: 1
x[1]: 8
x[2]: 7
x[3]: 4
x[4]: 5
x[5]: 2
x[6]: 6
x[7]: 3
x[8]: 9
피벗은 5입니다.
피벗 이하인 그룹입니다.
1 3 2 4 5
피벗과 일치하는 그룹입니다.
5
피벗 이상인 그룹입니다.
5 7 6 8 9

이 프로그램에서는 배열 가운데에 있는 원소를 피벗으로 선택했습니다. 피벗은 어떤 값으로 선택하느냐에 따라 배열을 나누는 것과 정렬하는 성능^{performance}에 영향을 미칩니다. 이 내용은 '피벗 선택하기'에서 자세히 알아보겠습니다. 지금은 배열 가운데에 있는 원소를 피벗으로 선택하겠습니다.

퀵 정렬 만들기

지금까지 알아본 배열을 두 그룹으로 나누는 것을 조금 더 발전시키면 퀵 정렬 알고리즘이 됩니다. 먼저 [그림 6-21]을 살펴보겠습니다. 예를 들어 원소가 9개인 배열 a를 나누면 그림 **a** 처럼 a[0]~a[4]의 왼쪽 그룹과 a[5]~a[8]의 오른쪽 그룹으로 나뉩니다. 그림 **b**, **c** 에서는 나누어진 두 그룹에 같은 과정을 적용하여 다시 나눕니다. 즉, **b** 에서는 a[0]~a[4]를 나누고, **c** 에서는 a[5]~a[8]을 나눕니다.

😊 여기에서는 **b** 와 **c** 이후의 나누는 과정을 생략했지만 [그림 6C-1]과 [그림 6-22]에서 나머지 과정을 확인할 수 있습니다.

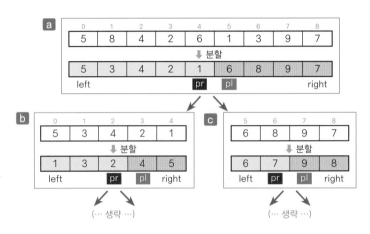

[그림 6-21] 퀵 정렬의 배열 나누기

원소 수가 1개인 그룹은 더 이상 나눌 필요가 없으므로 원소 수가 2개 이상인 그룹만 다음과 같이 반복해서 나눕니다.

- pr가 a[0]보다 오른쪽에 위치하면(left < pr) 왼쪽 그룹을 나눕니다.
- pl이 a[8]보다 왼쪽에 위치하면(pl < right) 오른쪽 그룹을 나눕니다.

😊 가운데 그룹(a[pr + 1]~a[pl - 1])은 나눌 필요가 없으므로 제외합니다.

퀵 정렬은 05장에서 살펴본 8퀸 문제와 같은 분할 정복 알고리즘이므로 재귀 호출을 사용하여 구현할 수 있습니다. 실습 6-11은 퀵 정렬을 수행하는 프로그램입니다. qsort( ) 함수는 배열 a, 나누는 구간의 첫 번째 원소(left), 마지막 원소(right)의 인덱스를 전달받아 퀵 정렬을 수행합니다. [그림 6-21]에서 left와 right의 값은 다음과 같이 정리할 수 있습니다.

- **a** : left = 0, right = 8
- **b** : left = 0, right = 4
- **c** : left = 5, right = 8

Do it! 실습 6-11

```python
01: # 퀵 정렬 알고리즘 구현하기
02:
03: from typing import MutableSequence
04:
05: def qsort(a: MutableSequence, left: int, right: int) -> None:
06:     """a[left] ~ a[right]를 퀵 정렬"""
07:     pl = left                        # 왼쪽 커서
08:     pr = right                       # 오른쪽 커서
09:     x = a[(left + right) // 2]        # 피벗(가운데 원소)
10:
11:     while pl <= pr:
12:         while a[pl] < x: pl += 1
13:         while a[pr] > x: pr -= 1
14:         if pl <= pr:
15:             a[pl], a[pr] = a[pr], a[pl]
16:             pl += 1
17:             pr -= 1
18:
19:     if left < pr: qsort(a, left, pr)
20:     if pl < right: qsort(a, pl, right)
21:
22: def quick_sort(a: MutableSequence) -> None:
23:     """퀵 정렬"""
24:     qsort(a, 0, len(a) - 1)
25:
26: if __name__ == '__main__':
27:     print('퀵 정렬을 수행합니다.')
28:     num = int(input('원소 수를 입력하세요.: '))
29:     x = [None] * num        # 원소 수가 num인 배열을 생성
30:
31:     for i in range(num):
32:         x[i] = int(input(f'x[{i}]: '))
33:
34:     quick_sort(x)           # 배열 x를 퀵 정렬
35:
36:     print('오름차순으로 정렬했습니다.')
37:     for i in range(num):
38:         print(f'x[{i}] = {x[i]}')
```

실습 6-10과 같음

```
퀵 정렬을 수행합니다.
원소 수를 입력하세요.: 9
x[0]: 5
x[1]: 8
x[2]: 4
x[3]: 2
x[4]: 6
x[5]: 1
x[6]: 3
x[7]: 9
x[8]: 7
오름차순으로 정렬했습니다.
x[0] = 1
x[1] = 2
x[2] = 3
x[3] = 4
x[4] = 5
x[5] = 6
x[6] = 7
x[7] = 8
x[8] = 9
```

11~17행은 실습 6-10의 12~18행과 똑같이 작성되었으며 나누는 과정을 수행합니다. 그리고 좌우 각 그룹을 다시 나누기 위해 qsort( ) 함수 끝부분인 19~20행에서 재귀 호출을 추가했습니다.

◎ qsort( ) 함수는 3개의 인수를 전달받는데 인수를 1개 전달받는 quick_sort( ) 함수로부터 다시 qsort( ) 함수를 호출하는 구조입니다(22~24행). 이렇게 작성하면 프로그램 본문에서 함수를 호출할 때 일관성을 유지할 수 있습니다. qsort( ) 함수를 호출하는 qsort(a, 0, len(a) - 1)에 의해 매개변수 left에는 맨 앞 원소의 인덱스(0)를, right에는 맨 끝 원소의 인덱스 (len(a) - 1)를 전달합니다.

하지만 퀵 정렬은 서로 이웃하지 않는 원소를 교환하므로 안정적이지 않은 알고리즘입니다.

📖 보충 수업 6-3 퀵 정렬에서 나누는 과정 출력하기

퀵 정렬 알고리즘을 구현한 실습 6-11의 실행 결과는 배열이 어떻게 나뉘는지 알 수 없습니다. 다음 실습 6C-3처럼 수정하면 배열을 나누는 과정을 자세히 출력합니다(11행 한 줄만 추가하면 됩니다).

Do it! 실습 6C-3

```
01: # 퀵 정렬 알고리즘 구현하기(배열을 나누는 과정 출력)
02:
03: from typing import MutableSequence
04:
05: def qsort(a: MutableSequence, left: int, right: int) -> None:
06:     """a[left] ~ a[right]를 퀵 정렬(배열을 나누는 과정 출력)"""
07:     pl = left                      # 왼쪽 커서
08:     pr = right                     # 오른쪽 커서
09:     x = a[(left + right) // 2]      # 피벗(가운데 원소)
10:
11:     print(f'a[{left}] ~ a[{right}] : ', *a[left : right + 1])   # 새로 추가된 부분
12:
13:     while pl <= pr:
14:         while a[pl] < x: pl += 1
15:         while a[pr] > x: pr -= 1
16:         if pl <= pr:
17:             a[pl], a[pr] = a[pr], a[pl]
18:             pl += 1
19:             pr -= 1
20:
21:     if left < pr: qsort(a, left, pr)
22:     if pl < right: qsort(a, pl, right)
```
(… 생략 …)

▶ 실행 결과

퀵 정렬을 수행합니다.
원소 수를 입력하세요.: 9
(… 생략 …)
a[0]~a[8] : 5 8 4 2 6 1 3 9 7
a[0]~a[4] : 5 3 4 2 1
a[0]~a[2] : 1 3 2
a[0]~a[1] : 1 2
a[3]~a[4] : 4 5
a[5]~a[8] : 6 8 9 7
a[5]~a[6] : 6 7
a[7]~a[8] : 9 8
(… 생략 …)

☺ 실행 결과의 입력값은 실습 6-11의 실행 결과와 같은 5, 8, 4, 2, 6, 1, 3, 9, 7을 순서대로 입력합니다.

다음 [그림 6C-1]에서 배열을 나누는 과정을 한눈에 살펴볼 수 있습니다.

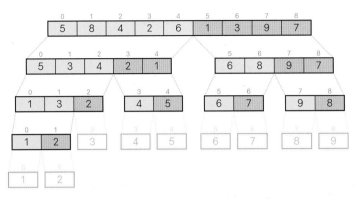

[그림 6C-1] 퀵 정렬의 배열 나누기(전체 과정)

비재귀적인 퀵 정렬 만들기

비재귀적인 퀵 정렬은 05-2절에서 배운 재귀 함수 recur( )를 비재귀적으로 구현하는 방법과 같이 만들 수 있습니다. 실습 6-12에서 퀵 정렬의 qsort( ) 함수를 비재귀적으로 구현하는 방법을 알아보겠습니다.

◎ 이 프로그램을 실행할 때는 실습 4C-1의 stack.py 파일이 quick_sort1_non_recur.py 파일과 같은 경로에 있어야 합니다.

Do it! 실습 6-12

• 완성 파일 chap06/quick_sort1_non_recur.py

```
01: # 비재귀적인 퀵 정렬 구현하기
02:
03: from stack import Stack              # 실습 4C-1 파일을 임포트
04: from typing import MutableSequence
05:
06: def qsort(a: MutableSequence, left: int, right: int) -> None:
07:     """a[left] ~ a [right]를 퀵 정렬(비재귀적인 퀵 정렬)"""
08:     range = Stack(right - left + 1)            # 스택 생성
09:
10:     range.push((left, right))
11:
12:     while not range.is_empty():
13:         pl, pr = left, right = range.pop()     # 왼쪽, 오른쪽 커서를 꺼냄
14:         x = a[(left + right) // 2]              # 피벗(가운데 원소)
15:
16:         while pl <= pr:
17:             while a[pl] < x: pl += 1
```

```
18:                while a[pr] > x: pr -= 1
19:                if pl <= pr:
20:                    a[pl], a[pr] = a[pr], a[pl]          ── 실습 6-10, 6-11과 같음
21:                    pl += 1
22:                    pr -= 1
23:
24:            if left < pr: range.push((left, pr))      # 왼쪽 그룹의 커서를 저장
25:            if pl < right: range.push((pl, right))     # 오른쪽 그룹의 커서를 저장
(… 생략 …)
```

05-2절에서 다룬 비재귀적으로 구현한 함수 recur( )와 마찬가지로 qsort( ) 함수에서도 데이터를 임시 저장하기 위해 다음 스택을 사용합니다.

> • range: 나눌 범위에서 맨 앞 원소의 인덱스와 맨 끝 원소의 인덱스를 조합한 튜플 스택

이 스택은 실습 6-12의 08행에서 생성됩니다. 스택의 크기는 right − left + 1이며 나누는 배열의 원소 수와 같습니다.

◎ 이때 스택은 어느 정도의 크기가 적당한지 '스택의 크기'에서 자세히 살펴보겠습니다.

실습 6-12에서 살펴볼 주요 부분은 다음 코드입니다. [그림 6-22]를 같이 보면서 이해합시다. [그림 6-22]에서는 원소 수가 9이고 원솟값이 5, 8, 4, 2, 6, 1, 3, 9, 7인 배열을 나누는 모습을 나타냈습니다.

```
10:        range.push((left, right))

11:
12:        while not range.is_empty():
13:            pl, pr = left, right = range.pop()
```

(… 생략 … a[left] ~ a[right]를 나누는 while 문)

```
24:            if left < pr: range.push((left, pr))
25:            if pl < right: range.push((pl, right))
```

10행: 튜플 (left, right)를 스택 range에 푸시합니다. left와 rigit는 나눠야 할 배열의 범위인 맨 앞 원소 인덱스와 맨 끝 원소 인덱스입니다. 이 경우 첫 번째 스택인 [그림 6-22] a 처럼

튜플 (0, 8)을 푸시합니다.

ⓒ range.push((left, right))에서 바깥쪽 ( )는 함수를 호출하는 연산자이고, 안쪽 ( )는 left와 right를 튜플로 만들기 위해 식을 결합하는 연산자입니다.

12행에 나오는 while 문은 스택이 비어 있지 않은 동안 작업을 반복합니다.
참고로 스택은 나눠야 할 배열의 범위이므로, 스택이 비어 있다면 나눌 배열이 없다는 것입니다. 반대로 스택이 비어 있지 않다면 나눠야 할 배열이 있다는 것입니다.

13행: 스택에서 팝한 튜플 (pl, pr)를 (left, right)에 대입합니다([그림 6-22] **b**). 그 결과 pl과 left는 0이 되고, pr와 right는 8이 됩니다. 이 값은 나눠야 할 배열의 범위를 의미합니다. 따라서 a[0]~a[8]을 나눕니다. 그러면 a[0]~a[4]의 왼쪽 그룹과 a[5]~a[8]의 오른쪽 그룹으로 나누어집니다(pl은 5가 되고, pr는 4가 됩니다).
24행: if 문에서 스택에 튜플 (0, 4)를 푸시합니다.
25행: if 문에서 튜플 (5, 8)을 푸시합니다. 그 결과 스택은 [그림 6-22] **c** 상태가 됩니다.

12행: while 문의 동작으로 루프 본문을 반복합니다.

13행: 스택에서 팝한 튜플을 (pl, pr)와 (left, right)에 대입합니다([그림 6-22] **d**). 그 결과 pl과 left는 5가 되고, pr와 right는 8이 됩니다. 따라서 배열 a[5]~a[8]을 나눕니다. 그러면 a[5]~a[6]의 왼쪽 그룹과 a[7]~a[8]의 오른쪽 그룹으로 나누어집니다(pl은 7이 되고, pr는 6이 됩니다).
24행: if 문에서 스택에 튜플 (5, 6)을 푸시합니다.
25행: if 문에서 튜플 (7, 8)을 푸시합니다. 그 결과 스택은 [그림 6-22] **e** 상태가 됩니다.

스택에 푸시한 값은 나눠야 할 배열의 맨 앞 원소와 맨 끝 원소의 인덱스입니다. 배열을 나누는 작업을 완료하면 왼쪽 그룹의 인덱스와 오른쪽 그룹의 인덱스 범위를 푸시합니다. 그리고 다시 스택에서 팝한 범위를 나누는 작업을 반복하여 정렬을 수행합니다. [그림 6-22]의 **n** 과 같이 스택이 비면 정렬이 끝납니다.

ⓒ [그림 6-22] **f** ~ **m** 의 설명은 생략하지만 앞의 과정과 같이 수행합니다. 그림을 통해 배열을 나누는 과정을 잘 살펴보세요.

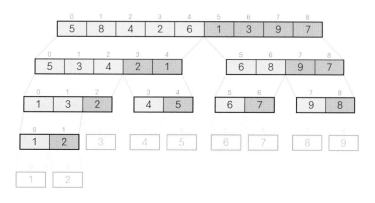

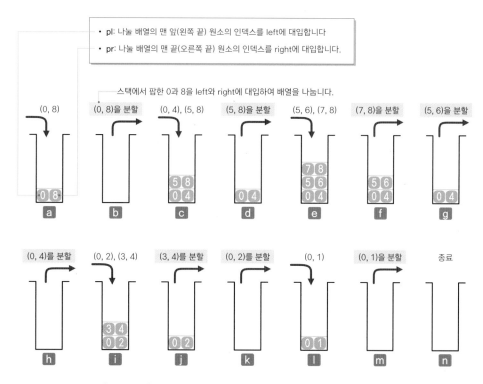

[그림 6-22] 비재귀적으로 구현한 퀵 정렬의 배열 나누기와 스택의 변화

스택의 크기

실습 6-12에서 스택의 크기는 정렬 대상인 배열의 원소 수와 같은 값으로 합니다. 그러면 스택의 크기는 어느 정도가 적당한지 알아보겠습니다. [그림 6-23]은 배열을 나누는 과정이며 이 배열을 예로 들어 살펴보겠습니다(피벗값은 2).

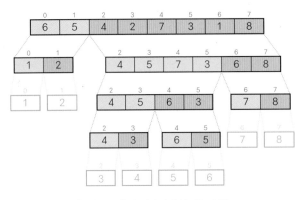

[그림 6-23] 퀵 정렬의 배열 나누기 예

[그림 6-23]의 배열을 스택에 푸시하는 순서를 정할 때는 다음 2가지 규칙을 고려할 수 있습니다.

- **규칙 1**: 원소 수가 많은 쪽의 그룹을 먼저 푸시합니다.
- **규칙 2**: 원소 수가 적은 쪽의 그룹을 먼저 푸시합니다.

[그림 6-24]와 [그림 6-25]에서 스택이 변화하는 모습을 살펴보면서 이 2가지 규칙은 어떤 차이가 있는지 자세히 알아보겠습니다.

규칙 1: 원소 수가 많은 그룹을 먼저 푸시

[그림 6-24] **b**를 보면 a[0]~a[7]을 꺼내 a[0]~a[1]의 왼쪽 그룹과 a[2]~a[7]의 오른쪽 그룹으로 나눕니다. 이때 원소 수가 많은 그룹(2, 7)을 먼저 푸시하므로 스택은 그림 **c**처럼 쌓입니다. 그다음에는 그림 **d**와 같이 원소 수가 적은 그룹(0, 1)이 먼저 팝되어 나뉩니다. 이렇게 하면 스택에 동시에 쌓여 있는 데이터의 개수는 그림 **c**, **f**, **i**와 같이 최대 2입니다.

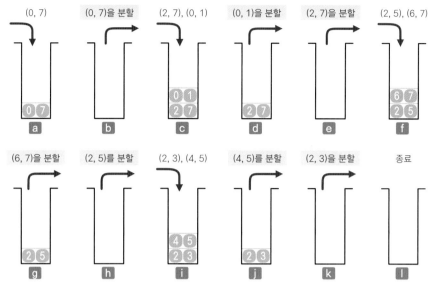

[그림 6-24] 비재귀적인 퀵 정렬에서 스택의 변화 1

규칙 2. 원소 수가 적은 그룹을 먼저 푸시

[그림 6-25] **b**를 보면 a[0]~a[7]을 꺼내 a[0]~a[1]의 왼쪽 그룹과 a[2]~a[7]의 오른쪽 그룹으로 나눕니다. 원소 수가 적은 쪽인 (0, 1)을 먼저 푸시하므로 스택은 그림 **c** 처럼 됩니다. 그다음에는 그림 **d**와 같이 원소 수가 더 많은 그룹(2, 7)이 먼저 팝되어 나뉩니다. 이렇게 하면 스택에 쌓여 있는 데이터의 개수는 그림 **g**와 같이 최대 4입니다.

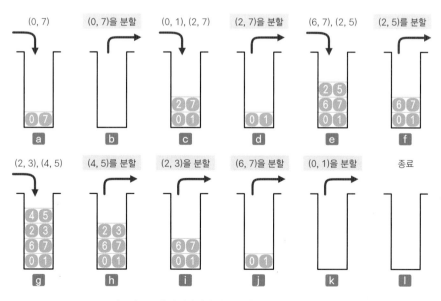

[그림 6-25] 비재귀적인 퀵 정렬에서 스택의 변화 2

일반적으로 원소 수가 적은 배열일수록 나누는 과정을 빠르게 마칠 수 있습니다. 따라서 앞에서 살펴본 규칙 1과 같이 원소 수가 많은 그룹의 나누기를 나중에 하고, 원소 수가 적은 그룹의 나누기를 먼저 하면 스택에 동시에 쌓이는 데이터 개수는 적어집니다. 규칙 1, 2의 경우 스택에 넣고 꺼내는 횟수(푸시, 팝)는 같지만, 동시에 쌓이는 데이터의 최대 개수는 다릅니다.

규칙 1에서 배열의 원소 수가 n이면, 스택에 쌓이는 데이터의 최대 개수는 log n보다 적습니다. 따라서 원소 수 n이 100만 개라도 스택의 최대 크기는 20으로 충분합니다.

피벗 선택하기

피벗 선택 방법은 퀵 정렬의 실행 효율에 큰 영향을 미칩니다. 다음 배열을 예로 들어 살펴봅시다.

8	7	6	5	4	3	2	1	0

피벗으로 맨 앞 원소(8)를 선택해 봅시다. 이 배열은 피벗(8)만 있는 그룹과 나머지 원소 그룹으로 나누어야 합니다. 하나의 원소와 그 외 나머지 원소로 나누는 것은 한쪽으로 완전히 치우친 분할을 반복하므로 빠른 정렬 속도를 기대할 수 없습니다.

빠른 정렬을 원한다면 배열을 정렬한 뒤 가운데에 위치하는 값, 즉 전체에서 중앙값을 피벗으로 하는 것이 이상적입니다. 그러면 배열이 한쪽으로 치우치지 않고 절반 크기로 나누어집니다. 하지만 정렬된 배열의 중앙값을 구하려면 그에 대한 처리가 필요하고, 이 처리를 위해 많은 계산 시간이 걸립니다. 결국 피벗을 선택하는 의미가 없어집니다.

이 문제를 해결하기 위해 다음 방법을 사용하면 최악의 경우를 피할 수 있습니다.

> **방법 1**: 나누어야 할 배열의 원소 수가 3 이상이면, 배열에서 임의의 원소 3개를 꺼내 중앙값인 원소를 피벗으로 선택합니다.

이 방법을 적용하여 위 배열에서 맨 앞 원소(8), 가운데 원소(4), 맨 끝 원소(0) 중에서 중앙값인 4를 피벗으로 선택하면 치우치지 않고 나눌 수 있습니다.

ⓒ 세 값의 중앙값을 구하는 알고리즘은 보충 수업 1-5에서 학습했습니다.

방법 1을 한 단계 더 발전시키면 다음과 같이 방법 2가 나옵니다.

> **방법 2**: 나누어야 할 배열의 맨 앞 원소, 가운데 원소, 맨 끝 원소를 정렬한 뒤 가운데 원소와 맨 끝에서 두 번째 원소를 교환합니다. 맨 끝에서 두 번째 원솟값 a[right - 1]이 피벗으로 선택되었고, 그 동시에 나눌 대상을 a[left + 1] ~ a[right - 2]로 좁힙니다.

이제 방법 2를 적용하여 [그림 6-26]을 구체적으로 살펴보겠습니다.

a : 정렬하기 전의 상태입니다. 맨 앞 원소(8), 가운데 원소(4), 맨 끝 원소(0)를 정렬합니다.

b : 정렬한 후 맨 앞 원소는 0, 가운데 원소는 4, 맨 끝 원소는 8이 됩니다. 여기서 가운데 원소(4)와 맨 끝에서 두 번째 원소(1)를 교환합니다.

c : 이때 맨 끝에서 두 번째 원소에 위치한 값(4)을 피벗으로 선택합니다. a[left]의 0은 피벗 이하인 값이고, a[right – 1]과 a[right]의 4와 8은 피벗 이상인 값입니다.

[그림 6-26] 피벗 선택과 분할 범위 축소

이 과정을 거치고 나면 스캔할 커서의 시작 위치(pl, pr)를 다음과 같이 변경하여 나눌 대상 범위를 좁힐 수 있습니다.

- **왼쪽 커서 pl의 시작 위치**: left → left + 1 ——— 오른쪽으로 1칸 옮김
- **오른쪽 커서 pr의 시작 위치**: right → right - 2 ── 왼쪽으로 2칸 옮김

이 방법을 사용하면 나누는 그룹이 한쪽으로 치우치는 것을 피할 수 있고, 스캔할 원소를 3개 줄일 수 있습니다. 그 결과 이 방법을 사용하지 않을 때보다 조금 더 빠른 속도로 정렬할 수 있습니다.

퀵 정렬의 시간 복잡도

퀵 정렬은 배열을 조금씩 나누어 보다 작은 문제를 푸는 과정을 반복하므로 시간 복잡도는 O(n log n)입니다. 그런데 정렬하는 배열의 초깃값이나 피벗을 선택하는 방법에 따라 실행 시간 복잡도가 증가하는 경우도 있습니다. 예를 들어 매번 1개의 원소와 나머지 원소로 나누어진다면 n번의 분할이 필요합니다. 이러한 최악의 경우 시간 복잡도는 $O(n^2)$이 됩니다.

퀵 정렬은 원소 수가 적은 경우에는 그다지 빠른 알고리즘이 아닌 것으로 알려져 있습니다. 그래서 다음 2가지 방법을 적용하여 실습 6-13 프로그램을 작성했습니다.

- 원소 수가 9개 미만인 경우 단순 삽입 정렬로 전환합니다.
- 피벗 선택은 방법 2를 채택합니다.

Do it! 실습 6-13　　　　　　　　　　　　　　　　　　　• 완성 파일 chap06/quick_sort2.py

```
01: # 퀵 정렬 알고리즘 구현하기(원소 수가 9 미만이면 단순 삽입 정렬)
02:
03: from typing import MutableSequence
04:
05: def sort3(a: MutableSequence, idx1: int, idx2: int, idx3: int):
06:     """a[idx1], a[idx2], a[idx3]을 오름차순으로 정렬하고 중앙값의 인덱스를 반환"""
07:     if a[idx2] < a[idx1]: a[idx2], a[idx1] = a[idx1], a[idx2]
08:     if a[idx3] < a[idx2]: a[idx3], a[idx2] = a[idx2], a[idx3]
09:     if a[idx2] < a[idx1]: a[idx2], a[idx1] = a[idx1], a[idx2]
10:     return idx2
11:
12: def insertion_sort(a: MutableSequence, left: int, right: int) -> None:
13:     """a[left] ~ a[right]를 단순 삽입 정렬"""
14:     for i in range(left + 1, right + 1):
15:         j = i
16:         tmp = a[i]
17:         while j > 0 and a[j - 1] > tmp:
18:             a[j] = a[j - 1]
19:             j -= 1
20:         a[j] = tmp
21:
22: def qsort(a: MutableSequence, left: int, right: int) -> None:
23:     """a[left] ~ a[right]를 퀵 정렬"""
```

```
24:        if right - left < 9:                    # 원소 수가 9 미만이면 단순 삽입 정렬로 전환
25:            insertion_sort(a, left, right)
26:        else:
27:            pl = left                            # 왼쪽 커서
28:            pr = right                           # 오른쪽 커서
29:            m = sort3(a, pl, (pl + pr) // 2, pr)
30:            x = a[m]
31:
32:            a[m], a[pr - 1] = a[pr - 1], a[m]
33:            pl += 1
34:            pr -= 2
35:            while pl <= pr:
36:                while a[pl] < x: pl += 1
37:                while a[pr] > x: pr -= 1
38:                if pl <= pr:
39:                    a[pl], a[pr] = a[pr], a[pl]
40:                    pl += 1
41:                    pr -= 1
42:
43:            if left < pr: qsort(a, left, pr)
44:            if pl < right: qsort(a, pl, right)
45:
46: def quick_sort(a: MutableSequence) -> None:
47:     """퀵 정렬"""
48:     qsort(a, 0, len(a) - 1)
49:
50: if __name__ == '__main__':
51:     print('퀵 정렬을 합니다(원소 수가 9 미만이면 단순 삽입 정렬을 합니다).')
52:     num = int(input('원소 수를 입력하세요.: '))
53:     x = [None] * num                            # 원소 수가 num인 배열을 생성
54:
55:     for i in range(num):
56:         x[i] = int(input(f'x[{i}]: '))
57:
58:     quick_sort(x)                               # 배열 x를 퀵 정렬
59:
60:     print('오름차순으로 정렬했습니다.')
61:     for i in range(num):
62:         print(f'x[{i}] = {x[i]}')
```

퀵 정렬을 합니다(원소 수가 9 미만이면 단순 삽입 정렬을 합니다).

원소 수를 입력하세요.: 12

x[0]: 5

x[1]: 8

x[2]: 4

x[3]: 2

x[4]: 6

x[5]: 1

x[6]: 3

x[7]: 9

x[8]: 7

x[9]: 0

x[10]: 3

x[11]: 5

오름차순으로 정렬했습니다.

x[0] = 0

x[1] = 1

x[2] = 2

x[3] = 3

x[4] = 3

x[5] = 4

x[6] = 5

x[7] = 5

x[8] = 6

x[9] = 7

x[10] = 8

x[11] = 9

🖹 보충 수업 6-4 sorted( ) 함수로 정렬하기

파이썬에서는 정렬을 수행하는 sorted( ) 함수를 내장 함수로 제공합니다. 이 함수는 전달받은(임의의 자료형) 이터러블 객체의 원소를 정렬하여 list형으로 반환합니다. sorted( ) 함수는 '정렬을 직접
inplace 수행'하지 않고 '정렬을 수행한 뒤 늘어선 원소를 새로운 리스트로 생성하여 반환'합니다. 이 함수는 다음과 같이 간단하게 사용할 수 있습니다.

```
a, b = sorted([a, b])            # a, b를 오름차순으로 정렬
a, b, c = sorted([a, b, c])      # a, b, c를 오름차순으로 정렬
a, b, c, d = sorted([a, b, c, d])    # a, b, c, d를 오름차순으로 정렬
```

이 3가지 예시에서는 변수(a, b, …)를 나열한 리스트를 sorted( ) 함수에 전달하고, 반환된 리스트를 풀어^{unpack} 변수(a, b, …)에 대입합니다. sorted( ) 함수는 오름차순을 기본으로 하지만, reverse에 True값을 넘겨주면 내림차순 정렬을 수행합니다.

실습 6C-4는 sorted( ) 함수를 사용하여 리스트를 정렬하는 프로그램으로 오름차순 정렬과 내림차순 정렬을 모두 수행합니다.

Do it! 실습 6C-4

• 완성 파일 chap06/sorted_sort.py

```python
01: # sorted( ) 함수를 사용하여 정렬하기
02:
03: print('sorted( ) 함수를 사용하여 정렬합니다.')
04: num = int(input('원소 수를 입력하세요.: '))
05: x = [None] * num     # 원소 수가 num인 배열을 생성
06:
07: for i in range(num):
08:     x[i] = int(input(f'x[{i}]: '))
09:
10: # 배열 x를 오름차순으로 정렬
11: x = sorted(x)
12: print('오름차순으로 정렬했습니다.')
13: for i in range(num):
14:     print(f'x[{i}] = {x[i]}')
15:
16: # 배열 x를 내림차순으로 정렬
17: x = sorted(x, reverse = True)
18: print('내림차순으로 정렬했습니다.')
19: for i in range(num):
20:     print(f'x[{i}] = {x[i]}')
```

▶ 실행 결과

sorted( ) 함수를 사용하여 정렬합니다.
원소 수를 입력하세요.: 5
x[0]: 6
x[1]: 4
x[2]: 3
x[3]: 7
x[4]: 1
오름차순으로 정렬했습니다.
x[0] = 1
x[1] = 3
x[2] = 4

```
x[3] = 6
x[4] = 7
내림차순으로 정렬했습니다.
x[0] = 7
x[1] = 6
x[2] = 4
x[3] = 3
x[4] = 1
```

튜플은 이뮤터블의 속성을 가지므로 튜플 자체를 정렬할 수는 없습니다. 튜플을 정렬해야 한다면 다음과 같은 2단계 방법을 사용합니다.

- **1단계**: sorted( ) 함수로 정렬한 원소의 나열에서 새로운 리스트를 생성합니다.
- **2단계**: 생성한 리스트를 튜플로 변환합니다.

다음 프롬프트에서 튜플을 정렬하는 과정을 확인합시다.

```
>>> x = (1, 3, 2) ──────── 튜플 입력
>>> x = tuple(sorted(x)) ─ 정렬을 완료한 리스트를 튜플로 변환
>>> x
(1, 2, 3)
```

06-7 병합 정렬

병합 정렬^{merge sort}은 배열을 앞부분과 뒷부분의 두 그룹으로 나누어 각각 정렬한 후 병합하는 작업을 반복하는 알고리즘입니다.

정렬을 마친 배열의 병합

먼저 정렬을 마친 두 배열의 병합 과정을 살펴보겠습니다. 각 배열에서 주목하는 원소의 값을 비교하여 작은 쪽의 원소를 꺼내 새로운 배열에 저장합니다. 이 작업을 반복하며 정렬을 마친 배열을 만듭니다. 실습 6-14는 이 과정을 수행하는 프로그램입니다. merge( ) 함수는 원소 수가 na인 배열 a와 nb인 배열 b를 병합하여 배열 c에 저장합니다.

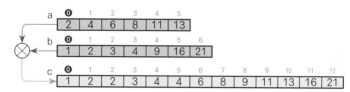

a, b 배열을 비교하여 작은 쪽의
원소를 꺼내 c 배열에 저장합니다.

[그림 6-27] 정렬을 마친 배열의 병합

[그림 6-27]에서 배열 a, b, c를 스캔할 때 주목하는 원소의 인덱스는 각각 pa, pb, pc입니다. 지금부터 이 인덱스를 저장한 변수를 커서라고 하겠습니다. 처음에는 맨 앞 원소에 주목하므로 모두 0으로 초기화합니다.

실습 6-14는 3개의 반복문을 늘어놓는 단순한 병합 알고리즘입니다. 병합하는 데 필요한 시간 복잡도는 O(n)입니다.

Do it! 실습 6-14

• 완성 파일 chap06/merge.py

```
01: # 정렬을 마친 두 배열을 병합하기
02:
03: from typing import Sequence, MutableSequence
04:
05: def merge_sorted_list(a: Sequence, b: Sequence, c: MutableSequence) -> None:
06:     """정렬을 마친 배열 a와 b를 병합하여 c에 저장"""
07:     pa, pb, pc = 0, 0, 0                    # 각 배열의 커서
```

```
08:        na, nb, nc = len(a), len(b), len(c)    # 각 배열의 원소 수
09:

10:        while pa < na and pb < nb:             # pa와 pb를 비교하여 작은 값을 pc에 저장
11:            if a[pa] <= b[pb]:
12:                c[pc] = a[pa]
13:                pa += 1
14:            else:
15:                c[pc] = b[pb]
16:                pb += 1
17:            pc += 1
18:

19:        while pa < na:                         # a에 남은 원소를 c에 복사
20:            c[pc] = a[pa]
21:            pa += 1
22:            pc += 1
23:

24:        while pb < nb:                         # b에 남은 원소를 c에 복사
25:            c[pc] = b[pb]
26:            pb += 1
27:            pc += 1
28:

29: if __name__ == '__main__':
30:     a = [2, 4, 6, 8, 11, 13]
31:     b = [1, 2, 3, 4, 9, 16, 21]
32:     c = [None] * (len(a) + len(b))
33:     print('정렬을 마친 두 배열의 병합을 수행합니다.')
34:

35:     merge_sorted_list(a, b, c)                # 배열 a와 b를 병합하여 c에 저장
36:

37:     print('배열 a와 b를 병합하여 배열 c에 저장했습니다.')
38:     print(f'배열 a: {a}')
39:     print(f'배열 b: {b}')
40:     print(f'배열 c: {c}')
```

▶   실행 결과
정렬을 마친 두 배열의 병합을 수행합니다.
배열 a와 b를 병합하여 배열 c에 저장했습니다.
배열 a: [2, 4, 6, 8, 11, 13]
배열 b: [1, 2, 3, 4, 9, 16, 21]
배열 c: [1, 2, 2, 3, 4, 4, 6, 8, 9, 11, 13, 16, 21]

10~17행: 배열 a의 a[pa]와 배열 b의 b[pb]를 주목하여 이 가운데 작은 값을 c[pc]에 저장합니다. 이어서 a, b, c 배열의 커서를 1씩 증가시킵니다.

[그림 6-27]에서는 a[0]과 b[0]을 비교하여 작은 값 1을 c[0]에 대입합니다. 이후 b와 c 배열의 커서 pb와 pc만 1칸씩 오른쪽으로 이동합니다. 이때 값을 꺼내지 않은 배열 a의 커서 pa는 이동하지 않습니다. 이처럼 a[pa]와 b[pb]를 비교하여 작은 값을 c[pc]에 대입하고, 꺼낸 쪽 배열의 커서와 배열 c의 커서를 이동하는 작업을 반복합니다. 커서 pa와 pb가 각각 배열의 맨 끝에 도달하면 while 문이 종료됩니다.

19~22행: 이 while 문은 앞에서 배열 b의 모든 원소를 배열 c로 복사했지만, 배열 a에 아직 복사하지 않은 원소가 있으면 실행됩니다. 즉, 커서 pa가 배열 a의 맨 끝에 도달하지 않은 경우입니다. 커서를 이동시키면서 배열 a에 남은 원소를 배열 c에 복사합니다.

24~27행: 이 while 문은 앞에서 배열 a의 모든 원소를 배열 c로 복사했지만, 배열 b에 아직 복사하지 않은 원소가 있으면 실행됩니다. 즉, 커서 pb가 배열 b의 맨 끝에 도달하지 않은 경우입니다. 커서를 이동시키면서 배열 b에 남은 모든 원소를 배열 c에 복사합니다.

🔵 조금만 더! sorted( ) 함수로 병합 정렬하기

파이썬에서 제공하는 sorted( ) 함수를 사용하면 다음과 같이 병합할 수 있습니다.

```
c = list(sorted(a + b))    # a와 b를 연결하여 오름차순으로 정렬한 것을 list로 변환하여 c에 저장
```

이 방법은 a와 b가 정렬을 마친 상태가 아니어도 적용할 수 있다는 장점이 있지만, 속도가 빠르지 않다는 단점도 있습니다. 빠르게 병합하려면 다음과 같이 heapq 모듈의 merge( ) 함수를 사용하면 됩니다.
😊 다음 코드의 완성 파일은 chap06/heapq_merge.py입니다.

```
01: # 정렬을 마친 두 배열의 병합(heapq.merge 사용)
02:
03: import heapq
04:
05: a = [2, 4, 6, 8, 11, 13]
06: b = [1, 2, 3, 4, 9, 16, 21]
07: c = list(heapq.merge(a, b))    # 배열 a와 b를 병합하여 c에 저장
( … 생략 … )
```

병합 정렬 만들기

정렬을 마친 배열의 병합을 응용하여 분할 정복법에 따라 정렬하는 알고리즘을 병합 정렬이라고 합니다. [그림 6-28]은 병합 정렬을 나타낸 것으로 배열을 앞부분과 뒷부분으로 나눕니다. 이 그림은 배열의 원소 수가 12개이므로 6개씩 2개의 배열로 나눕니다. 나눈 두 배열을 각각 정렬한 뒤 병합하여 배열 정렬을 완료합니다.

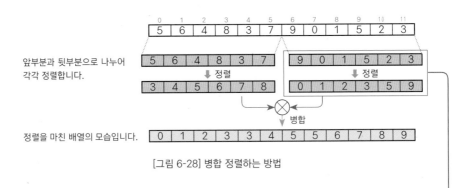

[그림 6-28] 병합 정렬하는 방법

원소를 6개씩 나눈 앞부분과 뒷부분의 정렬을 각각 수행할 때도 똑같이 병합 정렬을 적용하여 진행합니다. 예를 들어 뒷부분 정렬은 [그림 6-29]와 같습니다. 이 과정에서 새로 나뉜 앞부분(9, 0, 1)과 뒷부분(5, 2, 3)도 똑같은 방법으로 병합 정렬합니다.

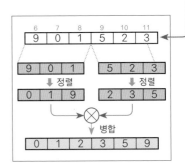

[그림 6-29] 뒷부분 정렬

병합 정렬 알고리즘

병합 정렬 알고리즘의 순서는 다음과 같이 정리할 수 있습니다.

> **배열의 원소 수가 2개 이상인 경우**
> 1. 배열의 앞부분을 병합 정렬로 정렬합니다.
> 2. 배열의 뒷부분을 병합 정렬로 정렬합니다.
> 3. 배열의 앞부분과 뒷부분을 병합합니다.

실습 6-15는 병합 정렬을 수행하는 프로그램입니다.

```
01: # 병합 정렬 알고리즘 구현하기
02:
03: from typing import MutableSequence
04:
05: def merge_sort(a: MutableSequence) -> None:
06:     """병합 정렬"""
07:
08:     def _merge_sort(a: MutableSequence, left: int, right: int) -> None:
09:         """a[left] ~ a[right]를 재귀적으로 병합 정렬"""
10:         if left < right:
11:             center = (left + right) // 2
12:
13:             _merge_sort(a, left, center)        # 배열 앞부분을 병합 정렬
14:             _merge_sort(a, center + 1, right)    # 배열 뒷부분을 병합 정렬
15:
16:             p = j = 0
17:             i = k = left
18:
19:             while i <= center:
20:                 buff[p] = a[i]
21:                 p += 1
22:                 i += 1
23:
24:             while i <= right and j < p:
25:                 if buff[j] <= a[i]:
26:                     a[k] = buff[j]
27:                     j += 1
28:                 else:
29:                     a[k] = a[i]
30:                     i += 1
31:                 k += 1
32:
33:             while j < p:
34:                 a[k] = buff[j]
35:                 k += 1
36:                 j += 1
37:
38:     n = len(a)
39:     buff = [None] * n                           # 작업용 배열을 생성
40:     _merge_sort(a, 0, n - 1)                     # 배열 전체를 병합 정렬
```

```
41:        del buff                       # 작업용 배열을 소멸
42:
43: if __name__ == '__main__':
44:     print('병합 정렬을 수행합니다.')
45:     num = int(input('원소 수를 입력하세요.: '))
46:     x = [None] * num                   # 원소 수가 num인 배열을 생성
47:
48:     for i in range(num):
49:         x[i] = int(input(f'x[{i}]: '))
50:
51:     merge_sort(x)                      # 배열 x를 병합 정렬
52:
53:     print('오름차순으로 정렬했습니다.')
54:     for i in range(num):
55:         print(f'x[{i}] = {x[i]}')
```

실습 6-15의 주요 부분을 정렬과 병합이라는 2가지 과정으로 나누어 살펴보겠습니다. 먼저
정렬을 수행하는 코드는 다음과 같습니다.

```
(… 생략…)
05: def merge_sort(a: MutableSequence) -> None:
06:     """병합 정렬"""
07:
08:     def _merge_sort(a: MutableSequence, left: int, right: int) -> None:
09:         """a[left] ~ a[right]를 재귀적으로 병합 정렬"""
10:         if left < right:
11:             center = (left + right) // 2
12:
13:             _merge_sort(a, left, center)       # 배열의 앞부분을 병합 정렬
14:             _merge_sort(a, center + 1, right)  # 배열의 뒷부분을 병합 정렬
    (… 생략 …)                                     # 앞부분과 뒷부분 병합 과정
38:     n = len(a)
39:     buff = [None] * n                          # 작업용 배열을 생성
40:     _merge_sort(a, 0, n - 1)                   # 배열 전체를 병합 정렬
41:     del buff                                   # 작업용 배열을 소멸
    (… 생략…)
```

39행: 먼저 정렬하기 전에 준비 사항으로 병합 결과를 임시 저장하는 작업용 배열 buff를 생성합니다.

40행: 실제로 정렬 작업을 수행하는 내부 함수인 _merge_sort( ) 함수를 호출합니다.

13~14행: _merge_sort( ) 함수는 정렬할 배열 a와 맨 앞 원소 인덱스(left), 맨 끝 원소 인덱스(right)를 매개변수로 전달받습니다. 10행의 if 문에 의해 left값이 right값보다 작을 때 처리됩니다. 앞부분(a[left]~a[center])과 뒷부분(a[center + 1]~a[right])에서 각각 _merge_sort( ) 함수를 재귀 호출하여 수행합니다. 그러면 [그림 6-30]처럼 배열 앞부분과 뒷부분은 정렬을 마친 상태가 됩니다.

◎ 실제로는 _merge_sort( ) 함수가 재귀적으로 여러 번 호출되어 정렬을 수행합니다.

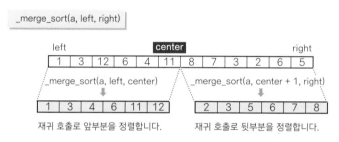

[그림 6-30] 앞부분과 뒷부분의 정렬

정렬을 마친 앞부분과 뒷부분은 작업용 배열 buff를 사용하여 병합합니다. 병합을 수행하는 코드는 다음과 같습니다. [그림 6-31]의 **a**, **b**, **c**와 같은 3단계로 구성됩니다.

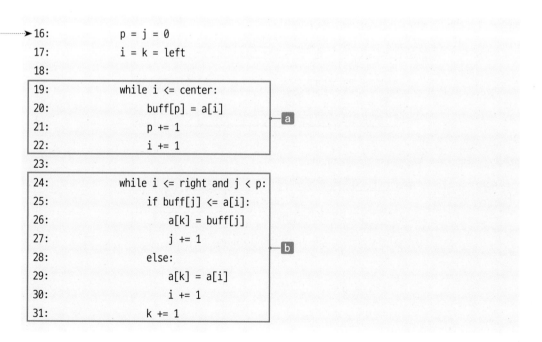

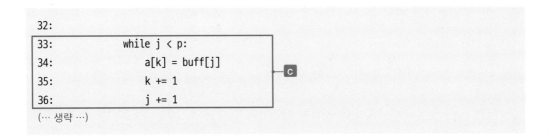

19~22행: 배열의 앞부분(a[left]~a[center])을 buff[0]~buff[center − left]로 복사합니다. while 문을 종료할 때 p값은 복사한 원소 수인 center − left + 1이 됩니다([그림 6-31] **a**).

24~31행: 배열의 뒷부분(a[center + 1]~a[right])과 buff로 복사한 배열의 앞부분 p개를 병합한 결과를 배열 a에 저장합니다([그림 6-31] **b**).

33~36행: 배열 buff에 남아 있는 원소를 배열 a에 복사합니다([그림 6-31] **c**).

a 배열 a의 앞부분을 배열 buff로 복사합니다.

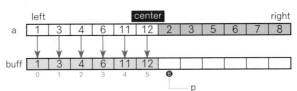

b 배열 a의 뒷부분과 배열 buff를 배열 a에 병합합니다.

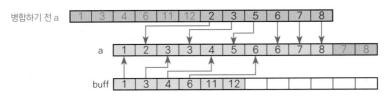

c 배열 buff의 나머지 원소를 배열 a에 복사합니다.

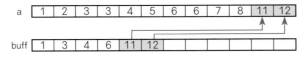

[그림 6-31] 병합 정렬에서 배열 앞부분과 뒷부분의 병합

다음은 실습 6-15의 실행 결과입니다.

▶ 실행 결과
병합 정렬을 수행합니다.
원소 수를 입력하세요.: 9
x[0]: 5
x[1]: 8
x[2]: 4
x[3]: 2
x[4]: 6
x[5]: 1
x[6]: 3
x[7]: 9
x[8]: 7
오름차순으로 정렬했습니다.
x[0] = 1
x[1] = 2
x[2] = 3
x[3] = 4
x[4] = 5
x[5] = 6
x[6] = 7
x[7] = 8
x[8] = 9

ⓒ heapq 모듈의 merge( ) 함수를 사용하여 배열의 앞부분과 뒷부분을 병합 정렬하도록 수정한 프로그램은 chap06/heapq_merge_sort.py에 있습니다.

배열 병합의 시간 복잡도는 $O(n)$입니다. 데이터 원소 수가 n일 때 병합 정렬의 단계는 $\log n$ 만큼 필요하므로 전체 시간 복잡도는 $O(n \log n)$입니다. 병합 정렬 알고리즘은 서로 떨어져 있는 원소를 교환하는 것이 아니므로 안정적입니다.

06-8 힙 정렬

선택 정렬을 응용한 알고리즘인 힙 정렬을 알아보겠습니다.

힙 정렬 알아보기

힙 정렬^{heap sort}은 힙의 특성을 이용하여 정렬하는 알고리즘입니다. 힙은 '부모의 값이 자식의 값보다 항상 크다'는 조건을 만족하는 완전 이진 트리입니다. 이때 부모의 값이 자식의 값보다 항상 작아도 힙이라고 합니다. 즉, 이러한 두 값의 대소 관계가 일정하면 됩니다.

◎ 힙(heap)은 '쌓아 놓음', '쌓아 놓은 더미'라는 뜻입니다. 만약 힙 정렬이 어렵거나 트리를 모른다면 09장을 먼저 읽고 와서 공부해도 좋습니다.

[그림 6-32] **a** 는 힙이 아닌 완전 이진 트리입니다. **a** 를 힙으로 만들면 **b** 와 같이 됩니다. 힙에서 어떤 부모와 자식 관계를 주목할 때 '부모의 값 ≥ 자식의 값'인 관계가 항상 성립합니다. 따라서 힙의 가장 위쪽에 위치한 루트가 가장 큰 값이 됩니다.

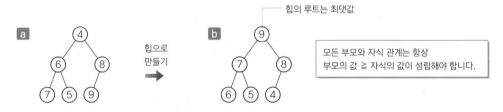

[그림 6-32] 완전 이진 트리를 힙으로 만들기

> 💬 **조금만 더! 트리를 알고 싶어요!**
>
> 09장에서 트리를 설명하겠지만 힙을 이해하기 쉽도록 트리의 개념을 간단히 살펴보겠습니다. 트리는 각 원소를 의미하는 노드(node)들이 연결된 계층 구조입니다. 트리의 가장 윗부분에 위치한 루트(root)는 부모가 없는 노드입니다. 노드의 상하 관계에는 부모 노드(parent node)와 자식 노드(child node)가 있습니다. 그리고 부모가 같은 자식 간의 관계를 형제 노드(sibling node)라고 합니다.
> 완전 이진 트리란 트리의 한 종류로 완전 이진 상태라는 특징이 있습니다. 여기에서 '완전'은 부모는 왼쪽 자식부터 추가하여 모양을 유지하라는 뜻입니다. 그리고 '이진'은 부모가 가질 수 있는 자식의 최대 개수는 2개라는 의미입니다.

힙에서 부모와 자식 관계는 일정하지만 형제 사이의 대소 관계는 일정하지 않습니다. 예를 들어 [그림 6-32] **b** 를 보면 형제인 7과 8에서는 작은 쪽인 7이 왼쪽에 있지만, 6과 5에서는 작은 쪽인 5가 오른쪽에 있습니다. 따라서 힙은 형제의 대소 관계가 정해져 있지 않으므로 부분 순서 트리^{partial ordered tree}라고도 합니다.

[그림 6-33]은 힙의 원소를 배열에 어떻게 저장할 것인지를 나타냅니다. 먼저 가장 위쪽에 있는 루트(10)를 a[0]에 저장합니다. 그리고 한 단계 아래에서 왼쪽 원소(9)에서 오른쪽 원소(5)로 따라갑니다. 이 과정에서 배열의 인덱스값을 1씩 증가시키면서 각 원소를 저장합니다. 이 작업을 가장 마지막에 있는 원소(1)까지 반복하여 힙을 배열에 저장하면 완료됩니다.

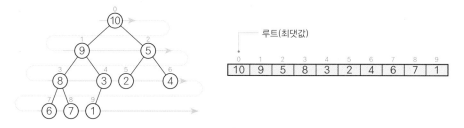

[그림 6-33] 힙과 배열 원소의 대응

이러한 순서로 힙을 배열에 저장하면 부모 인덱스와 왼쪽 아래에 있는 자식(왼쪽 자식), 오른쪽 아래에 있는 자식(오른쪽 자식) 인덱스 사이에는 다음과 같은 관계가 성립합니다.

> **원소 a[i]에서**
> - **부모**: a[(i - 1) // 2]
> - **왼쪽 자식**: a[i * 2 + 1]
> - **오른쪽 자식**: a[i * 2 + 2]

예를 들어 a[3]의 부모는 a[1]이고 왼쪽 자식과 오른쪽 자식은 각각 a[7]과 a[8]입니다. 또 a[2]의 부모는 a[0]이고 왼쪽 자식과 오른쪽 자식은 각각 a[5]와 a[6]입니다. 모두 위의 관계를 만족합니다.

힙 정렬의 특징

힙 정렬은 '힙에서 최댓값은 루트에 위치한다'는 특징을 이용하여 정렬하는 알고리즘입니다. 구체적으로 다음과 같은 작업을 반복합니다.

- 힙에서 최댓값인 루트를 꺼냅니다.
- 루트 이외의 부분을 힙으로 만듭니다.

이 과정에서 꺼낸 값을 나열하면 정렬이 끝난 배열이 완성됩니다. 즉, 힙 정렬은 선택 정렬을 응용한 알고리즘입니다.

또한 힙 정렬에서 최댓값인 루트를 꺼낸 뒤 다시 남은 원소 중에서 최댓값을 구해야 합니다. 예를 들어 힙으로 이루어진 원소 10개에서 최댓값을 꺼내면 남은 9개 원소에서 다시 최댓값을 구해야 합니다. 따라서 남은 9개 원소로 구성한 트리도 힙이 되도록 재구성해야 합니다.

◎ 선택 정렬은 최솟값 또는 최댓값을 선택해 정렬하는 알고리즘입니다.

루트를 삭제한 힙의 재구성

[그림 6-34]는 루트를 삭제하고 힙을 다시 구성하는 순서를 보여 줍니다.

a 힙에서 루트인 10을 꺼냅니다. 비어 있는 루트 위치에 힙의 마지막 원소인 1을 이동합니다. 이때 이동한 1 이외의 원소는 힙 상태를 유지합니다. 따라서 1만 알맞은 위치로 이동하면 힙 상태를 유지할 수 있습니다.

b 이제 1을 알맞은 위치로 이동시켜야 합니다. 이동할 1의 두 자식은 9와 5입니다. 힙을 구성하려면 1, 9, 5 가운데 최댓값이 가장 위쪽에 위치해야 합니다. '부모의 값 ≧ 자식의 값'이라는 힙의 조건이 성립하려면 두 자식을 비교하여 큰 값인 왼쪽 자식 9와 교환합니다. 그리고 1이 9의 위치로 내려옵니다.

c 이제 1의 두 자식은 8과 3입니다. 이전 단계와 마찬가지로 큰 값인 왼쪽 자식 8과 교환합니다. 그리고 1이 8의 위치로 내려옵니다.

d 이제 1의 두 자식은 6과 7입니다. 이 중에서 큰 값인 오른쪽 자식 7과 교환하고, 1은 7의 위치로 내려옵니다. 1을 트리의 가장 아랫부분으로 이동시켰으니 작업을 종료합니다.

이렇게 만든 트리는 힙 상태를 유지합니다. 어떠한 부모와 자식 관계를 비교해도 '부모의 값 ≧ 자식의 값'이고, 최댓값인 9는 루트에 위치합니다.

[그림 6-34]에서 1은 가장 아래쪽인 리프^{leaf}의 위치까지 이동했습니다. 하지만 원소를 항상 끝까지 이동시킬 필요는 없습니다. 이동할 원솟값보다 왼쪽과 오른쪽 두 자식이 작으면 더 이상

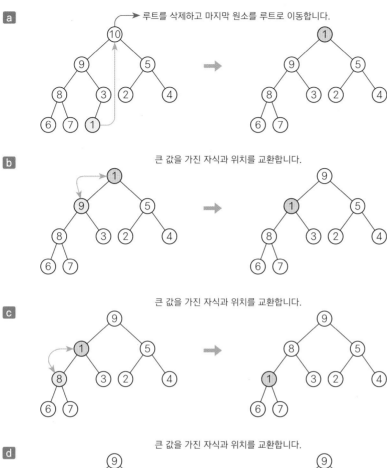

[그림 6-34] 루트를 삭제한 힙의 재구성

교환할 수 없으므로 그 시점에서 스캔을 종료합니다. 따라서 루트를 삭제하고 다시 힙으로 만들기 위해 원소를 알맞은 위치로 이동하는 순서는 다음과 같습니다.

1. 루트를 꺼냅니다.
2. 마지막 원소(가장 하단의 오른쪽에 위치한 원소)를 루트로 이동합니다.
3. 루트에서 시작하여 자신보다 값이 큰 자식과 자리를 바꾸고 아래쪽으로 내려가는 작업을 반복합니다. 자식의 값이 작거나 리프의 위치에 도달하면 종료합니다.

☺ 리프(leaf)는 트리에서 자식이 없는 노드(node)를 말하며 잎 노드, 단말 노드라고도 합니다.

힙 정렬 알고리즘 알아보기

힙 정렬 알고리즘을 살펴보겠습니다. 먼저 [그림 6-35]를 예로 들어 힙 정렬 알고리즘의 흐름을 이해해 봅시다.

ⓐ 힙의 루트 a[0]에 위치한 최댓값 10을 꺼내 배열의 맨 끝 원소인 a[9]와 교환합니다.

ⓑ 최댓값을 a[9]로 이동하면 a[9]는 정렬을 마칩니다. 앞에서 살펴본 순서대로 a[0]~a[8]의 원소를 힙으로 만듭니다. 그 결과 두 번째로 큰 값인 9가 루트에 위치합니다. 힙의 루트 a[0]에 위치한 최댓값 9를 꺼내 아직 정렬하지 않은 부분의 맨 끝 원소인 a[8]과 교환합니다.

ⓒ 두 번째로 큰 값을 a[8]로 이동한 결과 a[8]~a[9]가 정렬을 마칩니다. 앞의 단계와 마찬가지로 a[0]~a[7]의 원소를 힙으로 만듭니다. 그 결과 세 번째로 큰 값인 8이 루트에 위치합니다. 힙의 루트 a[0]에 위치한 최댓값 8을 꺼내 아직 정렬하지 않은 부분의 맨 끝 원소인 a[7]과 교환합니다.

ⓓ, ⓔ도 이 과정을 반복하면 배열의 맨 끝에 최댓값부터 순서대로 하나씩 저장됩니다.

이 과정을 간단히 정리하면 다음과 같습니다. 여기에서 n값은 배열의 원소 수이고, i값은 배열의 마지막 인덱스입니다.

> 1. i값을 n - 1로 초기화합니다.
> 2. a[0]과 a[i]를 교환합니다.
> 3. a[0], a[1], …, a[i - 1]을 힙으로 만듭니다.
> 4. i값을 1씩 감소시켜 0이 되면 종료합니다. 그렇지 않으면 2로 돌아갑니다.

이 순서대로 힙 정렬을 수행합니다. 이때 중요한 것은 배열의 처음 상태가 힙의 요구 사항을 만족하지 않을 수도 있다는 것입니다. 따라서 이 순서를 적용하기 전에 배열을 반드시 힙으로 만들어야 합니다.

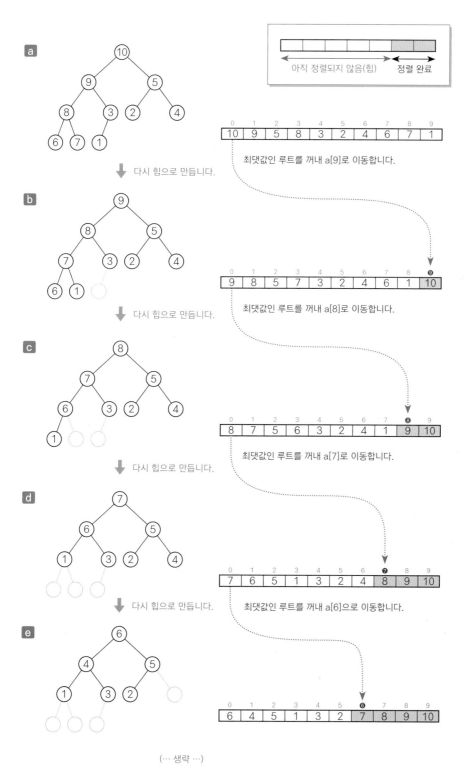

[그림 6-35] 힙 정렬 알고리즘

배열을 힙으로 만들기

[그림 6-36]과 같은 이진 트리가 있다고 가정해 봅시다. 이때 루트가 4인 서브트리 **A** 는 힙이 아닙니다. 그러나 4의 왼쪽 자식인 8을 루트로 하는 서브트리 **B** 와 오른쪽 자식인 5를 루트로 하는 서브트리 **C** 는 모두 힙 상태입니다.

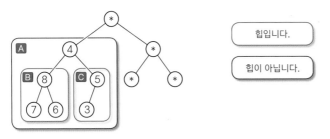

[그림 6-36] **B** 와 **C** 트리가 힙 상태인 서브트리

루트를 삭제한 힙을 재구성하려면 마지막 원소를 루트로 이동시켜서 알맞은 위치까지 아래로 옮겨야 합니다. [그림 6-36]의 서브트리도 이 방법을 적용할 수 있습니다. 루트 4를 알맞은 위치까지 아래로 옮기면 서브트리 **A** 를 힙으로 만들 수 있습니다.

이 방법을 사용하면 가장 아랫부분의 작은 서브트리부터 상향식bottom-up으로 진행하여 전체 배열을 힙으로 만들 수 있습니다. 먼저 가장 아랫부분의 오른쪽 서브트리의 힙을 만들고, 같은 단계에 있는 왼쪽 서브트리로 진행합니다. 그 단계를 완료하면 한 단계 위로 이동하면서 각각의 서브트리를 힙으로 만듭니다. [그림 6-37]에서 자세히 살펴보겠습니다.

a 이 트리는 무작위로 나열된 상태이며 힙이 아닙니다. 먼저 마지막 서브트리인 (9, 10)에 주목합니다. 원소 9를 내려 힙으로 만듭니다.

b 정렬한 서브트리의 왼쪽에 있는 서브트리인 (7, 6, 8)에 주목합니다. 원소 7을 오른쪽으로 내려 힙으로 만듭니다.

c 가장 아랫부분 단계의 힙 만들기가 끝났습니다. 한 단계 위의 마지막(가장 오른쪽) 서브트리인 (5, 2, 4)에 주목합니다. 이미 힙 상태이므로 원소를 이동할 필요가 없습니다.

d 바로 왼쪽에 있는 3을 루트로 하는 서브트리에 주목합니다. 여기에서는 원소 3을 오른쪽 아래로 내려 힙을 만듭니다.

e 같은 단계의 힙이 모두 끝나고 한 단계 위로 올라가면 트리 전체에 주목합니다. 왼쪽에 있는 자식 10을 루트로 하는 서브트리와 오른쪽에 있는 자식 5를 루트로 하는 서브트리 모두 힙입니다. 그러므로 루트 1을 알맞은 위치까지 내려보내면 힙 만들기가 완료됩니다.

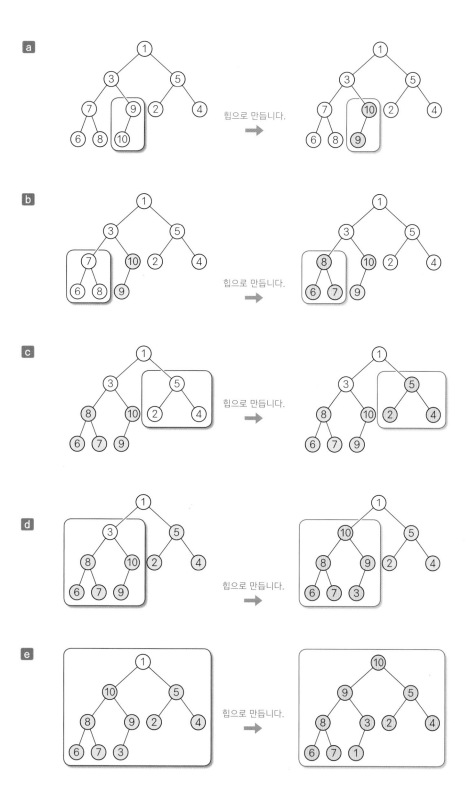

[그림 6-37] 정렬되지 않은 서브트리를 힙으로 만드는 과정

실습 6-16은 down_heap( ) 함수와 heap_sort( ) 함수로 구성되어 있으며 지금까지 배운 내용을 바탕으로 구현했습니다.

Do it! 실습 6-16
• 완성 파일 chap06/heap_sort.py

```python
01: # 힙 정렬 알고리즘 구현하기
02:
03: from typing import MutableSequence
04:
05: def heap_sort(a: MutableSequence) -> None:
06:     """힙 정렬"""
07:
08:     def down_heap(a: MutableSequence, left: int, right: int) -> None:
09:         """a[left] ~ a[right]를 힙으로 만들기"""
10:         temp = a[left]              # 루트
11:
12:         parent = left
13:         while parent < (right + 1) // 2:
14:             cl = parent * 2 + 1                # 왼쪽 자식
15:             cr = cl + 1                        # 오른쪽 자식
16:             child = cr if cr <= right and a[cr] > a[cl] else cl  # 큰 값을 선택
17:             if temp >= a[child]:
18:                 break
19:             a[parent] = a[child]
20:             parent = child
21:         a[parent] = temp
22:
23:     n = len(a)
24:
25:     for i in range((n - 1) // 2, -1, -1):    # a[i] ~ a[n-1]을 힙으로 만들기
26:         down_heap(a, i, n - 1)
27:
28:     for i in range(n - 1, 0, -1):
29:         a[0], a[i] = a[i], a[0]              # 최댓값인 a[0]와 마지막 원소를 교환
30:         down_heap(a, 0, i - 1)              # a[0] ~a [i-1]을 힙으로 만들기
31:
32: if __name__ == '__main__':
33:     print('힙 정렬을 수행합니다.')
34:     num = int(input('원소 수를 입력하세요.: '))
35:     x = [None] * num                        # 원소 수가 num인 배열을 생성
36:
37:     for i in range(num):
38:         x[i] = int(input(f'x[{i}]: '))
```

1단계 (lines 25–26)
2단계 (lines 28–30)

```
39:
40:     heap_sort(x)                        # 배열 x를 힙 정렬
41:
42:     print('오름차순으로 정렬했습니다.')
43:     for i in range(num):
44:         print(f'x[{i}] = {x[i]}')
```

▶ 실행 결과
   힙 정렬을 수행합니다.
   원소 수를 입력하세요.: 7
   x[0]: 6
   x[1]: 4
   x[2]: 3
   x[3]: 7
   x[4]: 1
   x[5]: 9
   x[6]: 8
   오름차순으로 정렬했습니다.
   x[0] = 1
   x[1] = 3
   x[2] = 4
   x[3] = 6
   x[4] = 7
   x[5] = 8
   x[6] = 9

down_heap( ) 함수

배열 a에서 a[left] ~ a[right] 원소를 힙으로 만듭니다. a[left] 이외에는 모두 힙 상태라고 가정하고 a[left]를 아랫부분의 알맞은 위치로 옮겨 힙 상태를 만듭니다(08~21행).

◎ 앞에서 살펴본 '루트를 삭제한 힙의 재구성'을 구현한 코드입니다.

heap_sort( ) 함수

원소 수가 n인 배열 a를 힙 정렬하는 함수입니다. 다음과 같이 2단계로 구성됩니다.

- **1단계**: down_heap( ) 함수를 호출하여 배열 a를 힙으로 만듭니다(25~26행).
- **2단계**: 최댓값인 루트 a[0]을 꺼내 배열의 마지막 원소와 교환하고, 배열의 남은 부분을 다시 힙으로 만드는 과정을 반복하여 정렬을 수행합니다(28~30행).

◎ 1단계는 '배열을 힙으로 만들기'를 구현한 코드이고, 2단계는 '힙 정렬 알고리즘 알아보기'를 구현한 코드입니다.

힙 정렬의 시간 복잡도

앞에서 힙 정렬은 선택 정렬을 응용한 알고리즘이라고 했습니다. 단순 선택 정렬은 아직 정렬 하지 않은 부분의 모든 원소 중에서 최댓값을 선택합니다. 힙 정렬은 맨 앞 원소를 꺼내는 것 만으로 최댓값을 구할 수 있지만 남은 원소를 힙으로 재구성해야 합니다.

단순 선택 정렬에서 최댓값인 원소를 선택하는 시간 복잡도는 O(n)이지만, 힙 정렬에서 다시 힙으로 만드는 작업의 시간 복잡도는 O(log n)입니다.

ⓒ 루트를 알맞은 위치까지 내리는 작업은 스캔할 때마다 선택 범위가 절반으로 줄어드는 이진 검색과 비슷합니다.

따라서 단순 선택 정렬의 시간 복잡도는 O(n²)이지만, 힙 정렬은 원소의 개수만큼 작업을 반 복하므로 전체 정렬하는 데 걸리는 시간 복잡도는 O(n log n)으로 크게 줄어듭니다.

📚 보충 수업 6-5 heapq 모듈을 사용하는 힙 정렬

파이썬의 heapq 모듈은 힙에 원소를 추가하는 heappush( ) 함수와 힙에서 원소를 제거하는 heappop( ) 함수를 제공합니다. 이때 푸시와 팝은 힙의 조건을 유지하며 수행됩니다. 따라서 heapq 모듈을 사용하면 힙 정렬을 실습 6C-5와 같이 매우 간결하게 구현할 수 있습니다. heap에 전체 원소 를 푸시하고 꺼내는 작업을 합니다.

Do it! 실습 6C-5

• 완성 파일 chap06/heapq_heap_sort.py

```
01: # 힙 정렬 알고리즘 구현하기(heapq.push와 heapq.pop을 사용)
02:
03: import heapq
04: from typing import MutableSequence
05:
06: def heap_sort(a: MutableSequence) -> None:
07:     """힙 정렬(heapq.push와 heapq.pop을 사용)"""
08:
09:     heap = []
10:     for i in a:
11:         heapq.heappush(heap, i)
12:     for i in range(len(a)):
13:         a[i] = heapq.heappop(heap)
( … 생략 …)
```

06-9 도수 정렬

도수 정렬^{counting sort}은 원소의 대소 관계를 판단하지 않고 빠르게 정렬하는 알고리즘으로, 분포수 세기^{distribution counting} 정렬이라고도 합니다.

도수 정렬 알아보기

지금까지 학습한 정렬 알고리즘에서는 두 원소의 키값을 비교하여 정렬했습니다. 하지만 도수 정렬은 원소를 비교할 필요가 없다는 특징이 있습니다. [그림 6-38]은 10점 만점 테스트에서 학생 9명의 점수를 도수 정렬하는 알고리즘을 나타냈습니다.

☺ 정렬할 배열은 a, 원소 수는 n, 점수의 최댓값은 max입니다.

1단계: 도수 분포표 만들기

먼저 [그림 6-38]과 같이 배열 a에 있는 학생들의 점수를 바탕으로 '각 점수에 해당하는 학생이 몇 명인가'를 나타내는 도수 분포표를 만들어야 합니다. 도수 분포표를 저장하는 곳은 원소 수가 11개인 배열 f입니다(0~10점을 나타내기 위해 원소는 총 11개입니다).

먼저 배열 f의 모든 원솟값을 0으로 초기화합니다(**0**). 그런 다음 배열 a의 맨 앞부터 스캔하면서 도수 분포표를 만듭니다. 처음에 주목한 a[0]은 5점이므로 f[5]에 1(1명 추가)을 증가시킵니다(**1**). 그다음 a[1]은 7점이므로 f[7]에 1을 증가시킵니다(**2**). 이 작업을 배열 a의 맨 끝인 a[n - 1]까지 반복하면 배열 f의 도수 분포표가 완성됩니다.

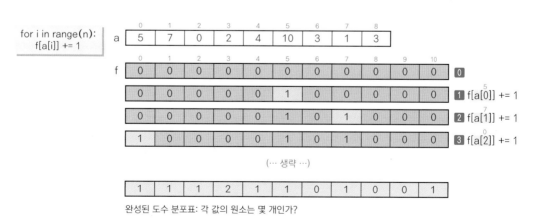

[그림 6-38] 도수 분포표를 만드는 과정

2단계: 누적 도수 분포표 만들기

다음으로 '0점부터 n점까지 학생이 몇 명 있는지'를 누적된 값을 나타내는 누적 도수 분포표를 만듭니다. [그림 6-39]는 배열 f의 두 번째 원소부터 바로 앞의 원솟값을 더하는 과정을 나타냅니다. 가장 아래에 있는 배열 f는 완성된 누적 도수 분포표입니다.

◎ 예를 들어 f[4]의 값인 6은 0~4점을 받은 학생의 누계가 6명이고, f[10]의 값인 9는 0~10점을 받은 학생의 누계가 9명이라는 것을 의미합니다.

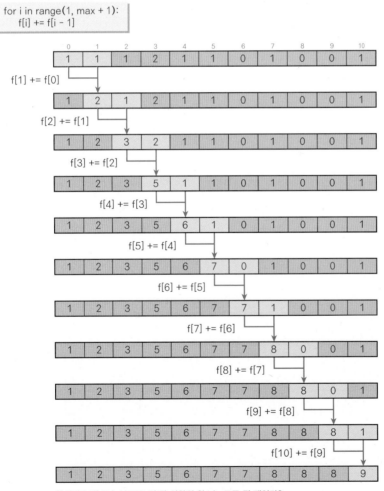

[그림 6-39] 누적 도수 분포표를 만드는 과정

3단계: 작업용 배열 만들기

앞의 단계에서 각 점수를 받은 학생이 몇 번째에 위치하는지 알 수 있으므로 이 시점에서 정렬은 거의 마쳤다고 할 수 있습니다.

남은 작업은 배열 a의 각 원솟값과 누적 도수 분포표 f를 대조하여 정렬을 완료한 배열을 만드는 것입니다. 이 작업에는 배열 a와 원소 수가 같은 작업용 배열 b가 필요합니다. 배열 a의 원소를 맨 끝에서 맨 앞으로 스캔하면서 배열 f와 대조합니다.

[그림 6-40]은 작업용 배열을 만드는 과정을 보여 줍니다. 이 그림과 작업용 배열 b를 만드는 아래의 for 문을 같이 비교하면서 살펴보겠습니다.

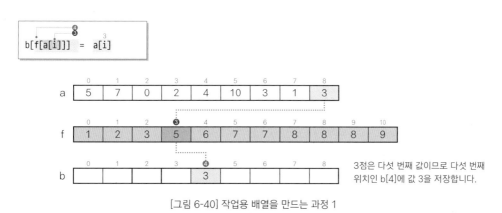

[그림 6-40] 작업용 배열을 만드는 과정 1

[그림 6-40]에서 배열 a의 맨 끝 원소인 a[8]의 값은 3입니다. 누적 도수를 나타내는 배열 f[3]의 값이 5이므로 0~3점 사이에 학생이 5명 있다는 의미입니다. 그러므로 작업용 배열 b[4]에 3을 저장합니다(**2**). 저장을

```
for i in range(n - 1, -1, -1):
    f[a[i]] -= 1       ←■1
    b[f[a[i]]] = a[i]  ←■2
```

하기 전에 f[a[i]] -= 1을 수행합니다(**1**). 즉, f[3]의 값을 5에서 4로 1만큼 감소시켜 만듭니다. 그 이유는 [그림 6-42]에서 더 설명하고, 배열 a의 스캔을 계속합니다.

ⓒ 배열 b의 다섯 번째 원소 인덱스는 5가 아닌 4라는 점을 주의해야 합니다. 배열 b에 저장하기 전 **1**에 의해 f[a[i]]를 1 감소시킵니다. 즉, f[3]의 값이 5에서 4가 됩니다.

[그림 6-41]에서 배열 a는 맨 끝에서 맨 앞을 향해 스캔하므로 a[8]의 하나 앞 원소인 a[7]의 값 1에 주목합니다. 누적 도수를 나타내는 배열 f[1]의 값 2는 0~1점 사이에 학생이 2명 있다는 것을 보여 줍니다. 그러므로 작업용 배열 b[1]에 1을 저장합니다(**2**).

ⓒ 배열 b의 두 번째 원소 인덱스는 1입니다. 배열 b에 저장하기 전에 f[1]의 값을 2에서 1로 1만큼 감소시킵니다(**1**).

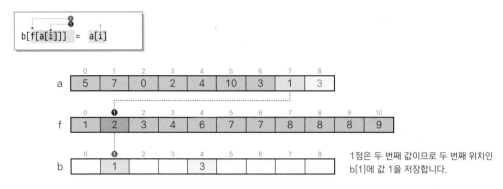

[그림 6-41] 작업용 배열을 만드는 과정 2

[그림 6-42]에서 다음에 주목하는 a[6]의 값은 3입니다. 3점인 학생은 [그림 6-40]에서도 이미 저장했으므로 두 번째 하는 것입니다. [그림 6-40]에서는 a[8]을 작업용 배열 b에 저장할 때 f[3]의 값을 1 감소시켜 5에서 4로 만들었습니다. 작업용 배열의 네 번째 원소인 b[3]에 저장합니다. 이렇게 미리 값을 감소시켰기 때문에 중복되는 값인 3을 배열 b[3]에 저장할 수 있습니다. 작업용 배열 b에 값을 저장할 때 참조한 배열 f의 원솟값을 1 감소시킨 이유는 같은 값의 원소를 중복으로 처리하지 않기 위한 것입니다.

😊 정렬하기 전 배열의 맨 끝 쪽 a[8]의 값(3)은 b[4]에 저장되고, 맨 앞 쪽 a[6]의 값(3)은 b[3]에 저장되었습니다.

이 작업을 a[0]까지 수행하면 배열 a의 모든 원소가 작업용 배열 b의 알맞은 위치에 저장되고 이로써 모든 정렬이 완료됩니다.

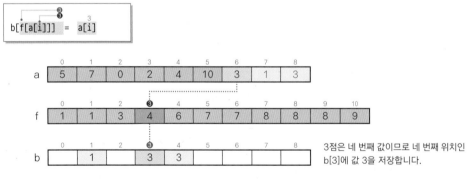

[그림 6-42] 작업용 배열을 만드는 과정 3

4단계: 배열 복사하기

정렬은 완료되었지만 정렬한 결과가 저장되는 것은 작업용 배열 b이므로 배열 a는 정렬하기 전의 상태입니다. 그러므로 오른쪽의 for 문을 수행하여 배열 b의

```
for i in range(n):
    a[i] = b[i]
```

모든 원소를 배열 a에 그대로 복사합니다.

도수 정렬은 if 문을 사용하지 않고 for 문만 반복해서 정렬할 수 있는 알고리즘입니다. 실습 6-17은 도수 정렬을 수행하는 프로그램입니다.

Do it! 실습 6-17
• 완성 파일 chap06/counting_sort.py

```python
01: # 도수 정렬 알고리즘 구현하기
02:
03: from typing import MutableSequence
04:
05: def fsort(a: MutableSequence, max: int) -> None:
06:     """도수 정렬(배열 원솟값은 0 이상 max 이하)"""
07:     n = len(a)                                              # 정렬할 배열 a
08:     f = [0] * (max + 1)                                     # 누적 도수 분포표 배열 f
09:     b = [0] * n                                             # 작업용 배열 b
10:
11:     for i in range(n):            f[a[i]] += 1              # [1단계]
12:     for i in range(1, max + 1):   f[i] += f[i - 1]          # [2단계]
13:     for i in range(n - 1, -1, -1): f[a[i]] -= 1; b[f[a[i]]] = a[i]  # [3단계]
14:     for i in range(n):            a[i] = b[i]               # [4단계]
15:
16: def counting_sort(a: MutableSequence) -> None:
17:     """도수 정렬"""
18:     fsort(a, max(a))
19:
20: if __name__ == '__main__':
21:     print('도수 정렬을 수행합니다.')
22:     num = int(input('원소 수를 입력하세요.: '))
23:     x = [None] * num                                        # 원소 수가 num인 배열을 생성
24:
25:     for i in range(num):                                    # 양수만 입력받도록 제한
26:         while True:
27:             x[i] = int(input(f'x[{i}]: '))
28:             if x[i] >= 0: break
29:
30:     counting_sort(x)                                        # 배열 x를 도수 정렬
31:
32:     print('오름차순으로 정렬했습니다.')
33:     for i in range(num):
34:         print(f'x[{i}] = {x[i]}')
```

fsort( ) 함수는 도수 정렬을 수행합니다. 배열의 모든 원솟값이 0 이상 max 이하라는 것을 전제로 해서 배열 a를 정렬합니다. counting_sort( ) 함수는 배열 a와 그 원소의 최댓값 max(a)를 fsort( ) 함수에 전달하여 호출합니다. 실행 결과를 보면 원소의 최댓값이 99이므로 호출식 fsort(a, max(a))는 fsort(a, 99)가 됩니다.

☺ 25~28행에서는 입력받는 값을 0 이상의 값(양수)으로 제한합니다.

08~09행: fsort( ) 함수 안의 앞부분에서는 두 배열 f와 b를 생성합니다. 앞에서 살펴본 것과 같이 배열 f는 도수 분포와 누적 도수를 저장하는 배열이고, 배열 b는 정렬한 배열을 임시로 저장하는 작업용 배열입니다. 두 배열의 전체 원솟값을 0으로 초기화합니다.

☺ 배열 f는 0~max인 원소가 필요하므로 원소 수는 max + 1입니다. 또 배열 b는 정렬 결과를 임시로 저장하는 배열이므로 원소 수는 배열 a와 같은 n입니다.

11~14행: fsort( ) 함수는 4단계로 구성됩니다. 1~4단계까지 각 단계별 내용은 지금까지 학습한 도수 정렬의 단계와 같습니다.

도수 정렬 알고리즘은 데이터 비교·교환 작업이 필요 없어 매우 **빠릅니다**. 프로그램에서는 단일 for 문만 사용하고 재귀 호출이나 이중 if 문이 없어 매우 효율이 좋은 알고리즘입니다. 하지만 도수 분포표가 필요하므로(예를 들어 0, 1, …, 100점인 시험 점수와 같이) 데이터의 최솟값과 최댓값을 미리 알고 있는 경우에만 적용할 수 있습니다.

◎ fsort( ) 함수는 배열 a의 원솟값이 0 이상 max 이하인 것을 전제로 합니다.

각 단계(for 문)에서 배열 원소를 건너뛰지 않고 순서대로 스캔하므로 이 정렬 알고리즘은 안정적입니다. 그러나 3단계에서 배열 a를 스캔할 때 맨 앞부터 스캔하면 안정적이지 않다는 점을 주의해야 합니다.

◎ 맨 앞에서 맨 끝을 향해 스캔하면 안정적이지 않은 이유는 [그림 6-40]과 [그림 6-42]의 실행 순서가 뒤바뀐 것을 보면 확인할 수 있습니다. 그 결과 원래 배열 a에서 맨 앞에 위치한 a[6]의 3은 b[4]에 저장되고, 맨 끝에 위치한 a[8]의 3은 b[3]에 저장됩니다. 즉, 같은 키값의 순서 관계가 정렬 전후로 뒤바뀝니다.

07

문자열 검색

07-1 브루트 포스법
07-2 KMP법
07-3 보이어·무어법

07-1 브루트 포스법

문자열에서 부분 문자열을 검색하는 알고리즘으로 브루트 포스법, KMP법, 보이어·무어법 등이 있습니다. 07-1절에서는 브루트 포스법을 배워 보겠습니다.

문자열 검색이란?

문자열 검색^{string searching}은 어떤 문자열 안에 다른 문자열이 포함되어 있는지 검사하고, 만약 포함되어 있다면 어디에 위치하는지 찾아내는 것을 말합니다.

텍스트

패턴

패턴은 텍스트의 어디에 포함되어 있습니까?

[그림 7-1] 문자열 검색

예를 들어 문자열 'STRING'에서 'IN'을 검색하면 성공하지만, 문자열 'QUEEN'에서 'IN'을 검색하면 실패합니다. [그림 7-1]처럼 검색되는 쪽의 문자열을 **텍스트**^{text}, 찾아내는 문자열을 **패턴**^{pattern}이라고 합니다.

ⓒ 문자열 A를 텍스트, 문자열 B를 패턴이라고 가정하면, 문자열 검색은 문자열 A에서 문자열 B를 찾아내는 알고리즘을 말합니다.

브루트 포스법 알아보기

문자열 검색 알고리즘 중에서 가장 기초적이고 단순한 브루트 포스법^{brute force method}부터 알아보겠습니다. 브루트 포스법은 선형 검색을 단순하게 확장한 알고리즘이라서 **단순법**이라고 합니다.

예를 들어 텍스트 'ABABCDEFGHA'에서 패턴 'ABC'를 브루트 포스법으로 검색하는 순서를 알아보겠습니다.

ⓐ 텍스트의 첫 문자 'A'에서 시작하는 문자 3개가 패턴 'ABC'와 일치하는지 검사합니다. 'A'와 'B'는 일치하지만 마지막 'C'가 일치하지 않습니다.

패턴의 3번째 문자가 일치하지 않습니다.

b 패턴을 오른쪽으로 1칸 밀고, 텍스트의 2번째 문자와 그 이후 부분이 일치하는지 검사합니다. 패턴의 첫 문자 'A'와 텍스트의 문자 'B'가 일치하지 않습니다.

c 패턴을 다시 오른쪽으로 1칸 밉니다. 패턴의 문자 'A', 'B', 'C'와 텍스트의 문자 'A', 'B', 'C'가 모두 일치하므로 검색에 성공합니다.

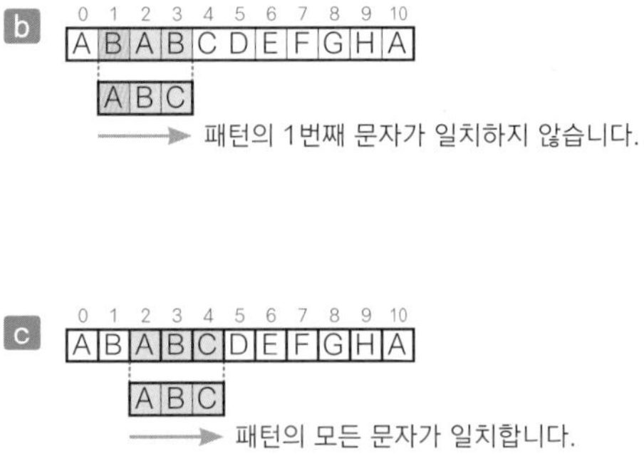

[그림 7-2] 브루트 포스법의 검색 과정

이 알고리즘을 좀 더 자세히 구체적으로 살펴보겠습니다. [그림 7-2]에서 검사하는 과정을 [그림 7-3]에 상세히 나타냈습니다.

a 텍스트와 패턴의 첫 문자를 위아래로 나란히 놓고 첫 문자부터 차례로 검사합니다. 곧, 텍스트에서 인덱스가 **0**인 문자와 패턴에서 인덱스가 **0**인 문자를 위아래로 나란히 놓습니다. **1**, **2**처럼 문자가 일치하는 동안 차례로 계속 검사합니다. 그러나 **3**처럼 다른 문자를 만나면 더 이상 검사가 불필요하다고 판단합니다. 이때 다음 단계로 나아갑니다.

b 패턴을 검사하는 시작 위치를 오른쪽으로 1칸 밉니다. 곧, 텍스트에서 인덱스가 **1**인 문자와 패턴에서 인덱스가 **0**인 문자를 위아래로 나란히 놓습니다. **4**처럼 첫 문자부터 검사에 실패합니다. 다음 단계로 나아갑니다.

c 패턴을 검사하는 시작 위치를 오른쪽으로 1칸 더 밉니다. 곧, 텍스트에서 인덱스가 **2**인 문자와 패턴에서 인덱스가 **0**인 문자를 위아래로 나란히 놓습니다. 패턴의 첫 문자부터 차례로 **5**, **6**, **7**처럼 검사하면 이번에는 모든 문자가 텍스트와 일치합니다. 이것으로 검색에 성공합니다.

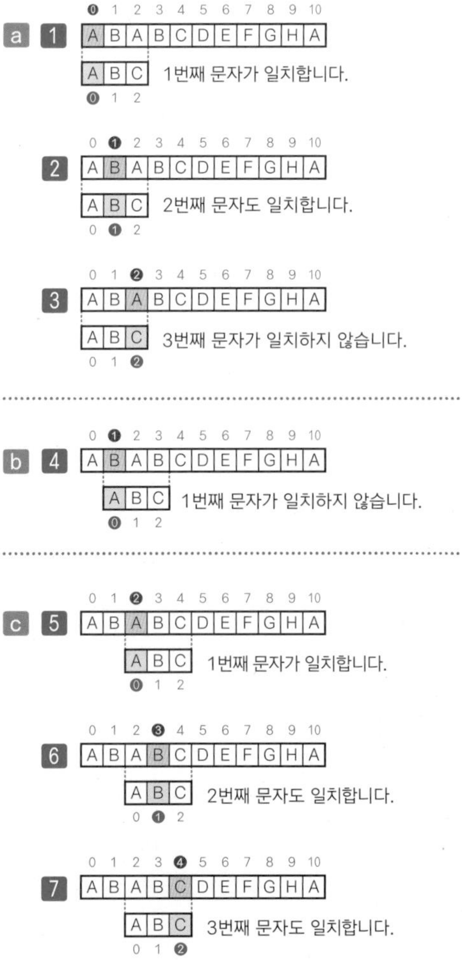

[그림 7-3] 브루트 포스법의 검색 과정

[그림 7-3]의 ❸에서는 텍스트 쪽의 검사 위치가 ❷까지 나아갔지만 그림 ❹에서는 ❶로 되돌아옵니다. 이렇게 이미 검사한 위치를 기억하지 못하므로 브루트 포스법은 효율이 좋지 않습니다.

실습 7-1은 브루트 포스법으로 문자열을 검색하는 프로그램입니다.

Do it! 실습 7-1

• 완성 파일 chap07/bf_match.py

```python
01: # 브루트 포스법으로 문자열 검색하기
02:
03: def bf_match(txt: str, pat: str) -> int:
04:     """브루트 포스법으로 문자열 검색"""
05:     pt = 0                              # txt를 따라가는 커서
06:     pp = 0                              # pat를 따라가는 커서
07:
08:     while pt != len(txt) and pp != len(pat):
09:         if txt[pt] == pat[pp]:
10:             pt += 1
11:             pp += 1
12:         else:
13:             pt = pt - pp + 1
14:             pp = 0
15:
16:     return pt - pp if pp == len(pat) else -1
17:
18: if __name__ == '__main__':
19:     s1 = input('텍스트를 입력하세요.: ')     # 텍스트용 문자열
20:     s2 = input('패턴을 입력하세요.: ')       # 패턴용 문자열
21:
22:     idx = bf_match(s1, s2)                   # 문자열 s1~ s2를 브루트 포스법으로 검색
23:
24:     if idx == -1:
25:         print('텍스트 안에 패턴이 존재하지 않습니다.')
26:     else:
27:         print(f'{(idx + 1)}번째 문자가 일치합니다.')
```

▶ 실행 결과

텍스트를 입력하세요.: ABABCDEFGHA
패턴을 입력하세요.: ABC
3번째 문자가 일치합니다.

실습 7-1에서 bf_match( ) 함수는 텍스트 txt에서 패턴 pat를 검색합니다. 그러면 검색에 성공한 txt 위치의 인덱스를 반환합니다. 텍스트 txt 안에 패턴 pat가 여러 번 포함된 경우에는 가장 앞쪽에 위치한 인덱스를 반환합니다. 검색에 실패한 경우에는 −1을 반환합니다(08~16행).

pt는 텍스트를 저장한 txt를 스캔하는 커서이고 [그림 7-3]에서 ● 안의 값입니다. 또 pp는 패턴을 저장한 pat를 스캔하는 커서이고 ● 안의 값입니다. 두 변수 모두 0으로 초기화하고 스캔을 하거나 패턴이 이동할 때마다 업데이트됩니다.

📖 보충 수업 7-1 멤버십 연산자와 표준 라이브러리를 사용한 문자열 검색

파이썬에서 문자열을 검색할 때는 멤버십 연산자나 표준 라이브러리를 사용하여 구현할 수 있습니다.

멤버십 연산자로 구현하기

멤버십 연산자$^{membership\ operator}$인 in과 not in을 사용하면 어떤 문자열이 다른 문자열 안에 포함되어 있는지 검색할 수 있습니다. 예를 들어 txt 안에 문자열 ptn이 포함되어 있는지 판단할 때에는 다음과 같이 수행합니다.

- ptn in txt —— ptn은 txt에 포함되어 있습니까?
- ptn not in txt —— ptn은 txt에 포함되어 있지 않습니까?

이 방법은 어떤 문자열이 다른 문자열 안에 포함되어 있는지 판단할 수는 있지만 그 위치는 알지 못합니다.

😊 검색한 문자열의 위치를 알고 싶다면 실습 7-1과 같이 배열을 사용해야 합니다.

find, index 계열 함수로 구현하기

str 클래스형에 소속된 find( ), rfind( ), index( ), rindex( ) 함수는 문자열을 검색하여 검색한 문자열의 위치를 반환합니다. 지금부터 이 4가지 함수를 알아보겠습니다.

😊 find 계열의 함수를 구현한 프로그램은 chap07/find.py이며, index 계열의 함수를 구현한 프로그램은 chap07/index.py입니다.

```
str.find(sub[, start[, end]])
```

문자열 str의 [start:end]에 sub가 포함되면 그 가운데 가장 작은 인덱스를 반환하고, 그렇지 않으면 −1을 반환합니다.

find( ) 함수에서는 전달받은 인수 sub, start, end 중에서 end만 생략하거나 start와 end 둘 다 생략할 수 있습니다. sub는 생략할 수 없습니다(생략할 수 있는 인수 start와 end는 슬라이스 표기에 따라 지정합니다).

◎ 슬라이스 표기에 따라 start는 슬라이스의 시작 인덱스이며 기본값은 0입니다. 또한 end는 슬라이스의 끝 인덱스이며 기본값은 슬라이스되는 시퀀스의 길이를 말합니다.

◎ [ ]는 그 안의 인수를 생략할 수 있다는 것을 나타내는 표기입니다.

```
str.rfind(sub[, start [, end]])
```

문자열 str의 [start:end]에 sub가 포함되면 그 가운데 가장 큰 인덱스를 반환하고, 그렇지 않으면 –1을 반환합니다(생략할 수 있는 인수 start와 end는 슬라이스 표기에 따라 지정합니다).

```
str.index(sub[, start [, end]])
```

find( ) 함수와 같은 기능을 수행합니다. 다만 sub가 발견되지 않으면 예외 처리로 ValueError를 내보냅니다.

```
str.rindex(sub[, start [, end]])
```

rfind( ) 함수와 같은 기능을 수행합니다. 다만 sub가 발견되지 않으면 예외 처리로 ValueError를 내보냅니다.

with 계열 함수로 구현하기

with 계열 함수는 어떤 문자열이 다른 문자열의 시작이나 끝에 포함되어 있는지를 판단합니다.

```
str.startswith(prefix[, start [, end]])
```

문자열이 prefix로 시작하면 True를, 그렇지 않으면 False를 반환합니다. start가 지정되어 있으면 그 위치에서 판단을 시작하고, end가 지정되어 있으면 그 위치에서 비교를 중지합니다.

```
str.endswith(suffix[, start [, end]])
```

문자열이 suffix로 끝나면 True를, 그렇지 않으면 False를 반환합니다. start가 지정되어 있으면 그 위치에서 판단을 시작하고, end가 지정되어 있으면 그 위치에서 비교를 중지합니다.

◎ startswith( ), endswith( ) 함수의 인수 start와 end는 생략할 수 있습니다.

07-2 KMP법

브루트 포스법은 일치하지 않는 문자를 만나면 다시 패턴의 첫 문자부터 검사를 수행하지만, 이와 달리 KMP법은 검사한 결과를 효율적으로 사용할 수 있는 알고리즘입니다.

KMP법 알아보기

앞에서 학습한 브루트 포스법은 일치하지 않는 문자를 만나면 이전 단계에서 검사했던 결과를 버리고 패턴의 첫 문자부터 다시 검사를 수행합니다. 하지만 KMP법은 검사했던 결과를 버리지 않고 효율적으로 활용하는 알고리즘입니다.

ⓒ KMP법은 Knuth-Morris-Pratt법의 줄임말로 이 알고리즘을 고안한 D. E. 크누스(D. E. Knuth), J. H. 모리스(J. H. Morris), V. R. 프래트(V. R. Pratt)의 이름에서 따온 용어입니다.

예를 들어 텍스트 'ZABCABXACCADEF'에서 패턴 'ABCABD'를 검색할 때 KMP법 알고리즘을 생각해 봅시다. 먼저 오른쪽 그림처럼 텍스트와 패턴의 첫 문자부터 차례로 검사를 수행합니다. 텍스트의 첫 문자 'Z'는 패턴에 포함되지 않는 문자이므로 일치하지 않습니다.

이제 패턴을 오른쪽으로 1칸 밉니다. 패턴의 앞쪽부터 차례로 검사를 수행해 가면 패턴의 마지막 문자 'D'가 텍스트의 'X'와 일치하지 않습니다.

여기서 파란색 문자로 나타낸 텍스트 안의 'AB'와 패턴 안의 'AB'가 일치하는 것에 주목합니다. 이 부분을 검사를 마친 위치라고 간주하면, 텍스트에서 'X' 이후 부분이 패턴의 'CABD'와 일치하는지 검사하면 됩니다.

그래서 오른쪽 그림처럼 'AB'를 위아래로 나란히 놓고 패턴을 단 한 번에 오른쪽으로 3칸 밀어 3번째 문자 'C'부터 검사를 시작합니다.

이처럼 KMP법은 텍스트와 패턴 안에서 겹치는 문자열을 찾아내 검사를 다시 시작할 위치를 구하여 패턴의 이동을 되도록이면 크게 하는 알고리즘입니다.

그런데 몇 번째 문자부터 검사를 다시 시작할지 패턴을 이동할 때마다 계산한다면 좋은 효율을 기대할 수 없습니다. 그래서 KMP법은 '몇 번째 문자부터 다시 검색할지' 값을 표로 만들어서 문제를 해결합니다.

이런 방법을 [그림 7-4]로 나타냈습니다. 여기에서 왼쪽 그림은 텍스트와 패턴이 불일치한 경우를 나타내고, 오른쪽 그림은 몇 번째 문자부터 검사를 다시 시작할지를 보여 줍니다.

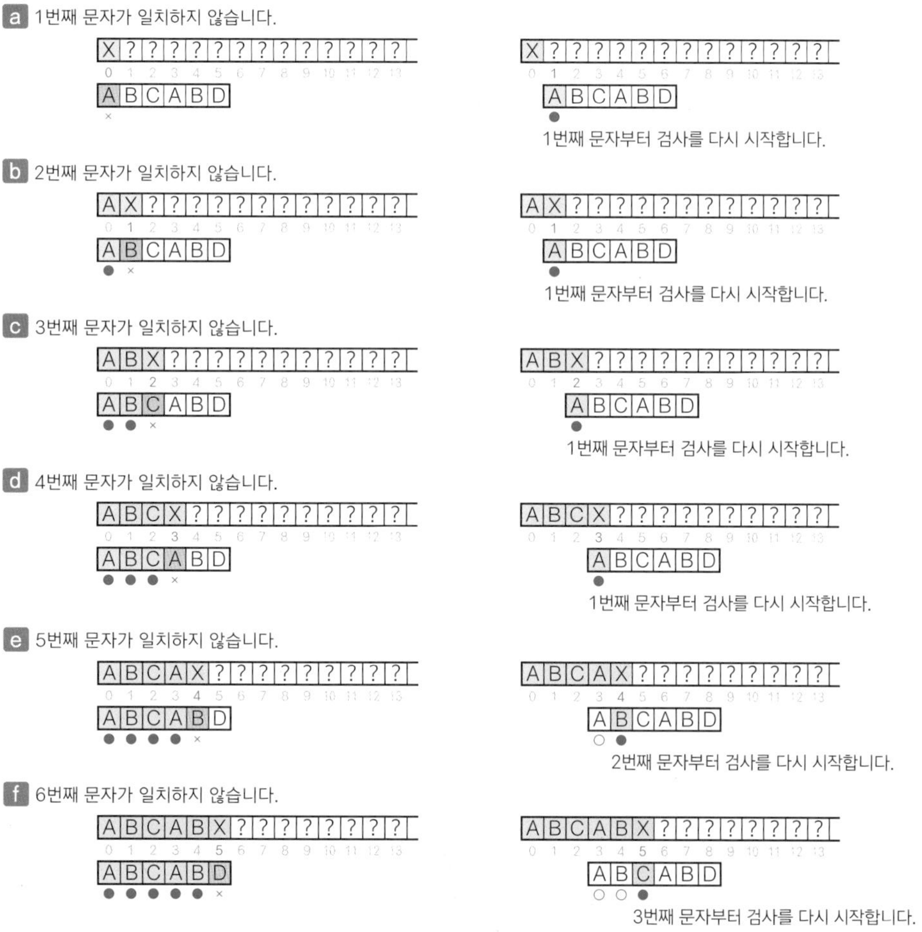

[그림 7-4] KMP법으로 검사를 다시 시작할 위치의 값

a ~ **d** : 패턴의 1~4번째 문자에서 검사를 실패하는 경우에는 패턴을 이동한 뒤 1번째 문자부터 검사를 다시 시작해야 합니다.

e : 패턴의 5번째 문자에서 검사를 실패하는 경우에 패턴을 이동하면 1번째 문자가 일치하므로, 2번째 문자부터 검사를 다시 시작할 수 있습니다.

f : 패턴의 6번째 문자에서 검사를 실패하는 경우에는 3번째 문자부터 검사를 다시 시작할 수 있습니다.

KMP법에서 사용하는 표 만들기

표를 작성할 때는 패턴에서 겹치는 문자열을 찾습니다. 이 과정에서도 KMP법과 같은 방법을 적용합니다. 패턴의 첫 문자가 일치하지 않으면 패턴을 오른쪽으로 1칸 밀어 첫 문자부터 검사해야 하므로 2번째 문자 이후 부분을 생각합니다. 또 패턴과 텍스트를 서로 겹치도록 맞추는 것이 아니라 패턴끼리(즉, 패턴과 패턴을) 서로 겹치도록 맞추고 검사를 시작할 곳을 계산합니다. 표를 작성하는 순서는 다음과 같습니다.

1. 패턴 'ABCABD' 2개를 위아래로 나란히 놓고 아래쪽 패턴을 오른쪽으로 1칸 밀어 서로 겹칩니다. 다음 그림에서 파란색 부분이 일치하지 않으므로 아래쪽 패턴을 이동하면 첫 문자부터 검사를 다시 시작해야 한다는 것을 알 수 있습니다. 그러므로 텍스트에서 2번째 문자 'B'는 다시 시작하는 값을 0으로 합니다.

ⓒ 패턴의 첫 문자 인덱스는 0입니다. 그 위치부터 검사를 다시 시작하기 때문입니다.

A	B	C	A	B	D
A	B	C	A	B	D

A	B	C	A	B	D
—	0				

2. 패턴을 오른쪽으로 1칸 밉니다. 마찬가지로 문자가 일치하지 않으므로 텍스트에서 3번째 문자 'C'는 다시 시작하는 값을 0으로 작성합니다.

A	B	C	A	B	D
A	B	C	A	B	D

A	B	C	A	B	D
—	0	0			

3. 패턴을 오른쪽으로 1칸 밀면 'AB'가 일치합니다. 여기서 다음과 같은 사실을 알 수 있습니다.

- 패턴의 4번째 문자 'A'까지 일치하는 경우: 패턴 이동 후 'A'를 건너뛰고(skip) 2번째 문자부터 검사할 수 있습니다([그림 7-4] **e**).
- 패턴의 5번째 문자 'B'까지 일치하는 경우: 패턴 이동 후 'AB'를 건너뛰고(skip) 3번째 문자부터 검사할 수 있습니다([그림 7-4] **f**).

그러므로 'A'와 'B'는 다시 시작하는 값을 표에서 각각 1과 2로 작성합니다.

A	B	C	A	B	D			A	B	C	A	B	D
		A	B	C	A	B	D	—	0	0	1	2	

4. 이어서 패턴을 오른쪽으로 2칸 밀면 문자가 일치하지 않습니다. 그래서 패턴의 끝 문자 'D'는 다시 시작하는 값 0으로 작성합니다.

A	B	C	A	B	D				A	B	C	A	B	D
			A	B	C	A	B	D	—	0	0	1	2	0

이로써 표가 완성되었습니다. 이렇게 작성한 표는 **건너뛰기 표**^{skip table}라고 하겠습니다.

실습 7-2는 KMP법으로 문자열을 검색하는 프로그램입니다.

Do it! 실습 7-2

• 완성 파일 chap07/kmp_match.py

```python
01: # KMP법으로 문자열 검색하기
02:
03: def kmp_match(txt: str, pat: str) -> int:
04:     """KMP법으로 문자열 검색"""
05:     pt = 1                              # txt를 따라가는 커서
06:     pp = 0                              # pat를 따라가는 커서
07:     skip = [0] * (len(pat) + 1)         # 건너뛰기 표
08:
09:     # 건너뛰기 표 만들기
10:     skip[pt] = 0
11:     while pt != len(pat):
12:         if pat[pt] == pat[pp]:
13:             pt += 1
14:             pp += 1
15:             skip[pt] = pp
16:         elif pp == 0:
```

표 만들기

```
17:            pt += 1
18:            skip[pt] = pp
19:        else:
20:            pp = skip[pp]
21:
22:    # 문자열 검색하기
23:    pt = pp = 0
24:    while pt != len(txt) and pp != len(pat):
25:        if txt[pt] == pat[pp]:
26:            pt += 1
27:            pp += 1
28:        elif pp == 0:
29:            pt += 1
30:        else:
31:            pp = skip[pp]
32:
33:    return pt - pp if pp == len(pat) else -1
34:
35: if __name__ == '__main__':
36:    s1 = input('텍스트를 입력하세요.: ')       # 텍스트용 문자열
37:    s2 = input('패턴을 입력하세요.: ')        # 패턴용 문자열
38:
39:    idx = kmp_match(s1, s2)                 # 문자열 s1 ~ s2까지를 KMP법으로 검색
40:
41:    if idx == -1:
42:        print('텍스트 안에 패턴이 존재하지 않습니다.')
43:    else:
44:        print(f'{(idx + 1)}번째 문자가 일치합니다.')
```

검색하기

실습 7-2의 KMP법으로 kmp_match( ) 함수가 전달받는 인수와 반환값은 실습 7-2의 브루트 포스법으로 bf_match( ) 함수가 전달받은 것과 같습니다.

09~20행에서는 다시 시작하는 값을 건너뛰기 표로 만들고, 22~31행에서는 문자열 검색을 수행합니다. KMP법에서 텍스트를 스캔하는 커서 pt는 앞으로 나아갈 뿐 뒤로 되돌아오지 않습니다. 이것은 브루트 포스법에는 없는 특징입니다. 그러나 이 알고리즘은 복잡할 뿐 07-3 절의 보이어·무어법 보다 성능 면에서 같거나 오히려 낮은 수준입니다. 따라서 KMP법은 실제 프로그램에서 별로 사용하지 않습니다.

07-3 보이어·무어법

보이어·무어법^{Boyer-Moor method}은 KMP법보다 더 효율적이어서 실제 문자열 검색에서 널리 사용하는 알고리즘입니다.

보이어·무어법 알아보기

보이어·무어법은 이론이나 실제 효율 면에서 KMP법보다 뛰어난 알고리즘입니다. 패턴의 끝 문자에서 시작하여 앞쪽을 향해 검사를 수행합니다. 이 과정에서 일치하지 않는 문자를 발견하면 미리 준비한 표를 바탕으로 패턴이 이동하는 값을 결정합니다.

예를 들어 보이어·무어법으로 텍스트 'ABCXDEZCABACABAC'에서 패턴 'ABAC'를 검색하는 과정을 살펴봅시다.

먼저 [그림 7-5]의 **a** 처럼 텍스트와 패턴의 첫 문자를 위아래로 나란히 놓고 패턴의 마지막 문자 'C'에 주목합니다. 같은 위치에 있는 텍스트의 'X'는 패턴 안에 포함되어 있지 않습니다. 따라서 **b**~**d** 처럼 패턴을 이동해도 텍스트의 문자 'X'와 패턴의 문자가 일치하지 않습니다.

◎ 보이어·무어법은 이 알고리즘을 고안한 R. S. 보이어(R. S. Boyer)와 J. S. 무어(J. S. Moore)의 이름을 따서 붙였으며, 줄여서 BM법이라고 합니다.

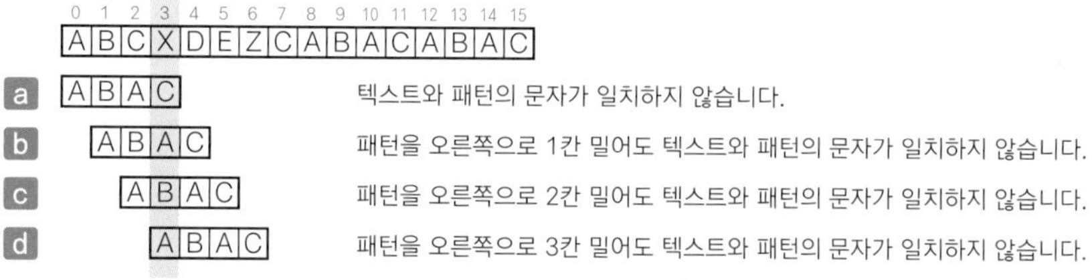

[그림 7-5] 패턴의 마지막 문자가 일치하지 않는 경우

이처럼 패턴에 포함되지 않는 문자를 텍스트에서 발견하면 그 위치까지는 건너뛸 수 있습니다. 그러므로 [그림 7-5]의 **b**~**d** 처럼 비교하는 과정을 생략하고 패턴을 오른쪽으로 한번에 4칸 밀어서 [그림 7-6]의 상태로 만듭니다.

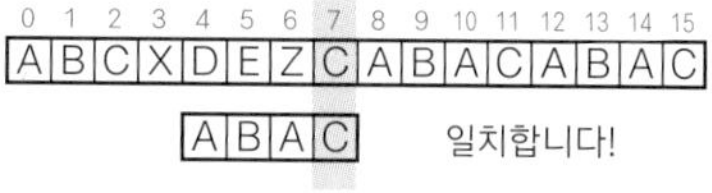

[그림 7-6] 패턴의 마지막 문자가 일치하는 경우

여기서 패턴의 마지막 문자 'C'를 텍스트와 비교하면 일치하므로 1칸 앞의 문자 'A'로 되돌아가 [그림 7-7] 상태로 만듭니다.

```
    0  1  2  3  4  5  6  7  8  9  10 11 12 13 14 15
    A  B  C  X  D  E  Z  C  A  B  A  C  A  B  A  C
a            A  B  A  C          일치하지 않습니다!
b               A  B  A  C       패턴을 오른쪽으로 1칸 밀어도 일치하지 않습니다.
c                  A  B  A  C    패턴을 오른쪽으로 2칸 밀어도 일치하지 않습니다.
```

[그림 7-7] 패턴과 텍스트의 문자가 일치하지 않는 경우

[그림 7-7] **a**에서 패턴의 문자 'A'는 텍스트의 문자 'Z'와 일치하지 않습니다. 이 경우 **b**와 **c**처럼 패턴을 1칸 또는 2칸 밀어도 텍스트의 문자 'Z'와 패턴의 문자는 일치하지 않습니다. 그래서 패턴을 한번에 3칸 밀어 [그림 7-8] 상태로 만듭니다.

ⓒ 패턴의 문자 길이를 n개라고 합시다. 패턴에 없는 문자를 만난 경우에 패턴을 n개 만큼 이동하는 것이 아닙니다. 즉, 주목하는 문자의 위치가 n개만큼 떨어질 수 있도록 패턴을 이동한다는 점에 유의합시다. 예를 들어 [그림 7-6]에서는 패턴을 4칸 밀었지만, [그림 7-8]에서는 주목하는 텍스트의 위치(6)로부터 4만큼 떨어진 위치(10)에서 검사를 시작하기 위해 패턴을 3칸 밀었습니다.

```
    0  1  2  3  4  5  6  7  8  9  10 11 12 13 14 15
    A  B  C  X  D  E  Z  C  A  B  A  C  A  B  A  C
a                  A  B  A  C       일치하지 않습니다!
b                     A  B  A  C    패턴을 오른쪽으로 1칸 밀면 A가 일치합니다.
c                        A  B  A  C 패턴을 오른쪽으로 2칸 밀어도 일치하지 않습니다.
d                           A B A C 패턴을 오른쪽으로 3칸 밀면 안 됩니다.
```

[그림 7-8] 패턴과 텍스트의 문자가 일치하지 않는 경우

[그림 7-8] **a**에서 패턴의 마지막 문자 'C'는 텍스트 문자 'A'와 일치하지 않습니다. 그런데 문자 'A'는 패턴의 1번째와 3번째에 포함되어 있습니다. 그래서 **b**처럼 뒤쪽에 있는 'A'가 위아래로 겹치도록 패턴을 오른쪽으로 1칸만 밀어내서 [그림 7-9] 상태로 만듭니다.

ⓒ 이때 **d**처럼 패턴의 앞쪽에 있는 'A'가 위아래로 겹치도록 오른쪽으로 한번에 3칸만큼 밀어서는 안 됩니다.

이후 [그림 7-8] **b**의 상태에서 맨 끝부터 문자를 차례로 비교하면 모든 문자가 일치하므로 검색에 성공합니다.

```
    0  1  2  3  4  5  6  7  8  9  10 11 12 13 14 15
    A  B  C  X  D  E  Z  C  A  B  A  C  A  B  A  C
                         A  B  A  C
```
← 모든 문자가 일치합니다.

[그림 7-9] 검색 성공

그런데 보이어·무어법 알고리즘도 각각의 문자를 만났을 때 패턴을 이동할 크기를 저장하는 표(건너뛰기 표)를 미리 만들어 둘 필요가 있습니다. 패턴 문자열의 길이가 n일 때 이동할 크기(이동량)는 다음과 같이 결정합니다.

패턴에 포함되지 않는 문자를 만난 경우

- 패턴 이동량이 곧 n입니다. 앞에서 살펴본 [그림 7-5]에 해당합니다. 'X'는 패턴에 포함되지 않으므로 4문자만큼 밀어냅니다.

패턴에 포함되는 문자를 만난 경우

- 마지막에 나오는 위치의 인덱스가 k이면 이동량은 n - k - 1입니다. 앞에서 살펴본 [그림 7-8]에 해당합니다. 'A'는 패턴 안의 두 곳에 있습니다. 패턴을 오른쪽으로 1칸 밀어냅니다.
- 같은 문자가 패턴 안에 중복해서 존재하지 않으면 패턴의 맨 끝 문자의 이동량은 n입니다. 예를 들어 'ABAC'의 'C'를 만나면 이동할 필요가 없으므로 이동량은 n입니다.

지금까지 설명한 내용을 정리하면 [그림 7-10]처럼 건너뛰기 표가 완성됩니다.

☺ [그림 7-10]에 나타낸 이동량은 대문자 알파벳뿐입니다. 이 표에 없는 문자(숫자나 기호 등)의 이동량은 모두 4입니다.

텍스트: 'ABCXDEZCABACABAC'
패턴: 'ABAC'

A	B	C	D	E	F	G	H	I	J	K	L	M
1	2	4	4	4	4	4	4	4	4	4	4	4

N	O	P	Q	R	S	T	U	V	W	X	Y	Z
4	4	4	4	4	4	4	4	4	4	4	4	4

[그림 7-10] 보이어·무어법의 건너뛰기 표

실습 7-3은 보이어·무어법을 구현한 프로그램입니다. bm_match( ) 함수가 전달받는 인수와 반환값은 브루트 포스법의 bf_match( ) 함수와 KMP법의 kmp_match( ) 함수와 같습니다. 패턴 안에 존재할 수 있는 모든 문자의 이동량을 계산해야 하므로 이 건너뛰기 표에서 사용하는 원소는 256개입니다.

☺ 여기에서는 배열 하나를 사용하여 보이어·무어법을 간략하게 나타냈습니다. 원래의 보이어·무어법은 배열 2개를 사용해서 검사합니다.

```python
01: # 보이어 · 무어법으로 문자열 검색하기(문자열 길이는 0~255개)
02:
03: def bm_match(txt: str, pat: str) -> int:
04:     """보이어 · 무어법으로 문자열 검색"""
05:     skip = [None] * 256                        # 건너뛰기 표
06:
07:     # 건너뛰기 표 만들기
08:     for pt in range(256):
09:         skip[pt] = len(pat)
10:     for pt in range(len(pat)):
11:         skip[ord(pat[pt])] = len(pat) - pt - 1
12:
13:     # 검색하기
14:     while pt < len(txt):
15:         pp = len(pat) - 1
16:         while txt[pt] == pat[pp]:
17:             if pp == 0:
18:                 return pt
19:             pt -= 1
20:             pp -= 1
21:         pt += skip[ord(txt[pt])] if skip[ord(txt[pt])] > len(pat) - pp \
22:             else len(pat) - pp
23:
24:     return -1
25:
26: if __name__ == '__main__':
27:     s1 = input('텍스트를 입력하세요.: ')     # 텍스트용 문자열
28:     s2 = input('패턴을 입력하세요.: ')       # 패턴용 문자열
29:
30:     idx = bm_match(s1, s2)                    # 문자열 s1~ s2를 보이어 · 무어법으로 검색
31:
32:     if idx == -1:
33:         print('텍스트 안에 패턴이 존재하지 않습니다.')
34:     else:
35:         print(f'{(idx + 1)}번째 문자가 일치합니다.')
```

▶ 실행 결과

텍스트를 입력하세요.: ABABCDEFGHA

패턴을 입력하세요.: ABC

3번째 문자가 일치합니다.

◉ 이 프로그램에서 사용한 ord( ) 함수는 보충 수업 7-2를 참고하세요.

문자열 검색 알고리즘의 시간 복잡도

지금까지 배운 3가지 문자열 검색 알고리즘의 시간 복잡도를 살펴봅시다(텍스트의 길이 = n, 패턴의 길이 = m).

- **브루트 포스법**

    이 알고리즘의 시간 복잡도는 $O(mn)$이지만 일부러 꾸며 낸 패턴이 아니라면 $O(n)$이 된다고 알려져 있습니다. 단순한 알고리즘이지만 실제로는 아주 빠르게 동작합니다.

- **KMP법**

    이 알고리즘의 시간 복잡도는 최악의 경우에도 $O(n)$입니다. 다만 처리하기 복잡하고 패턴 안에 반복이 없으면 효율은 좋지 않습니다. 그러나 검색 과정에서 주목하는 곳을 앞으로 되돌릴 필요가 전혀 없으므로 파일을 차례로 읽어 들이면서 검색할 때 사용하면 좋습니다.

- **보이어·무어법**

    이 알고리즘의 시간 복잡도는 최악의 경우라도 $O(n)$이고 평균 $O(n / m)$입니다. 실습 7-3에서는 배열을 1개만 사용했지만 배열 2개로 알고리즘을 구현하면 KMP법과 마찬가지로 배열을 만드는 데 복잡한 처리 과정이 필요하므로 효율성이 떨어집니다. 보이어·무어법은 배열을 1개만 사용해도 충분히 빠릅니다.

일반적으로 파이썬에서 문자열 검색을 하려면 표준 라이브러리를 사용하는 것을 추천합니다(보충 수업 7-1 참고). 만약 표준 라이브러리를 사용하지 않는다면 보이어·무어법(또는 개선한 방법)이나 상황에 따라서 브루트 포스법을 사용하는 경우가 많습니다.

📚 보충 수업 7-2 문자 코드를 다루는 ord( ) 함수와 chr( ) 함수

실습 7-3에서 사용한 내장 함수 ord( )는 단일한 문자를 전달받아 그 문자의 유니코드^{unicode} 코드 포인트를 정수로 반환합니다. 예를 들어 ord('a')는 정수 97을 반환합니다.

또 이 함수의 변환을 거꾸로 수행하는 내장 함수는 chr( )입니다. 예를 들어 chr(97)은 문자 'a'를 반환합니다.

😊 유니코드 코드 포인트는 유니코드 체계에서 문자마다 부여한 고유한 숫자의 값을 뜻합니다.

08

리스트

08-1 연결 리스트

08-2 포인터를 이용한 연결 리스트

08-3 커서를 이용한 연결 리스트

08-4 원형 이중 연결 리스트

08-1 연결 리스트

리스트^{list}는 데이터에 순서를 매겨 늘어놓은 자료구조입니다. 여기서는 가장 단순한 리스트 구조인 연결 리스트를 알아보겠습니다.

연결 리스트 알아보기

리스트는 [그림 8-1]처럼 순서가 있는 데이터를 늘어놓은 자료구조입니다. 구조가 단순한 리스트로 선형 리스트$^{linear\ list}$ 또는 연결 리스트$^{linked\ list}$가 있습니다.

☺ 04장에서 배운 스택과 큐도 리스트 자료구조에 속합니다. 여기서 다루는 리스트는 파이썬에서 제공하는 '리스트 자료형(list형)'과는 다릅니다(보충 수업 8-1 참고).

리스트는 순서가 있는 데이터를 나열한 구조입니다.

맨 앞 ←――――――――→ 맨 끝

[그림 8-1] 리스트

[그림 8-2]는 연결 리스트의 기본 구조입니다. A에서 F까지 데이터가 순서대로 나열되고 각데이터가 화살표로 연결되어 있습니다. 마치 A가 B에게, B가 C에게 차례대로 연락하는 비상연락망과 같은 구조입니다. 이런 구조에서는 누군가를 건너뛰거나 뒤돌아 앞 사람에게 연락해서는 안 됩니다.

연결 리스트에서 각각의 원소^{element}를 **노드**^{node}라고 합니다. 노드가 갖고 있는 것은 데이터와 뒤쪽 노드를 가리키는(참조하는) 포인터^{pointer}입니다. 특별히 맨 앞에 있는 노드를 머리 노드$^{head\ node}$, 맨 끝에 있는 노드를 꼬리 노드$^{tail\ node}$라고 합니다. 또 각 노드에서 바로 앞에 있는 노드를 앞쪽 노드$^{predecessor\ node}$, 바로 뒤에 있는 노드를 뒤쪽 노드$^{successor\ node}$라고 합니다.

데이터를 사슬처럼 연결한 자료구조

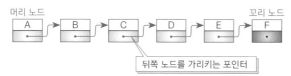

[그림 8-2] 연결 리스트의 기본 구조

배열로 연결 리스트 만들기

앞에서 설명한 비상 연락망과 같은 연결 리스트를 구현한 예가 [그림 8-3]입니다. 어떤 회원 그룹의 데이터를 나타내는 튜플은 int형인 회원 번호와 str형인 이름·전화번호로 구성됩니다. 예를 들어 오른쪽 그림 a 와 b 는 회원 번호를 보여 줍니다.

list형 배열인 data의 원소는 7개입니다. 현재 회원은 5명이고 data[5]와 data[6]은 아직 등록되지 않은 상태입니다.

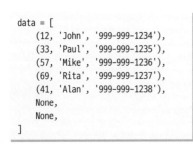

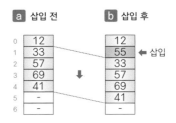

[그림 8-3] 배열로 연결 리스트에 데이터 삽입하기

뒤쪽 노드 꺼내기

배열의 각 원소에는 연락할 순서대로 데이터가 저장되어 있습니다. 연락하는 데 필요한 '뒤쪽 노드 꺼내기'는 인덱스값이 1만큼 큰 원소에 접근하여 얻을 수 있습니다.

노드의 삽입과 삭제

예를 들어 회원 번호가 55인 회원이 새로 가입하여 그 데이터를 회원 번호 12와 33 사이에 삽입해야 한다고 가정해 봅시다. 이 경우 [그림 8-3]의 b 처럼 삽입한 원소 이후의 모든 원소가 하나씩 뒤로 이동해야 합니다. 원소를 삭제하는 경우에도 배열 안의 일부 원소를 모두 이동해야 합니다.

따라서 단순한 배열로 구현한 연결 리스트에는 다음과 같은 문제가 있습니다.

> 데이터를 삽입·삭제함에 따라 데이터를 옮겨야 하므로 효율적이지 않습니다.

◎ 이 문제를 해결하기 위해 08-2절부터 포인터를 이용하여 연결 리스트를 구현하겠습니다.

08-2 포인터를 이용한 연결 리스트

여기에서는 노드마다 뒤쪽 노드를 가리키는 포인터가 포함되도록 구현하는 연결 리스트를 알아보겠습니다.

포인터로 연결 리스트 만들기

연결 리스트에 데이터를 삽입할 때 노드용 인스턴스를 생성하고, 데이터를 삭제할 때 노드용 인스턴스를 없애면 앞에서 제시한 데이터를 옮기는 문제를 해결할 수 있습니다. 이러한 노드를 구현하는 클래스 Node를 [그림 8-4]에 나타냈습니다.

Node는 데이터용 필드 data와는 별도로 자신과 같은 클래스형의 인스턴스를 참조하기 위한 참조용 필드 next를 갖습니다. 이처럼 자신과 같은 형의 인스턴스를 참조하는 필드가 있는 구조를 자기 참조^{self-referential}형이라고 합니다.

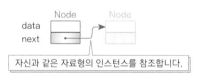

[그림 8-4] 연형 리스트에서 사용하는 Node

[그림 8-5]는 Node를 좀 더 자세히 나타낸 것입니다. 여기에서 data는 데이터 자체가 아니라 '데이터에 대한 참조'이고 next는 '노드에 대한 참조'입니다.

☺ 노드를 참조하는 화살표와 데이터를 참조하는 화살표 모두 그림으로 나타내면 복잡하므로, 앞으로 데이터를 참조하는 화살표는 생략하겠습니다.

뒤쪽 노드를 참조하는 필드 next를 뒤쪽 포인터라고 하겠습니다. 뒤쪽 포인터 next에는 뒤쪽 노드에 대한 참조를 저장합니다. 뒤쪽 노드가 없는 꼬리 노드의 뒤쪽 포인터 값은 None입니다.

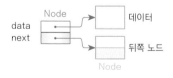

[그림 8-5] Node 이미지

실습 8-1은 노드가 클래스 Node형이고, 연결 리스트를 클래스 LinkedList형으로 구현한 프로그램입니다.

```
01: # 포인터로 연결 리스트 구현하기
02:
03: from __future__ import annotations
04: from typing import Any, Type
05:
06: class Node:
07:     """연결 리스트용 노드 클래스"""
08:
09:     def __init__(self, data: Any = None, next: Node = None):
10:         """초기화"""
11:         self.data = data    # 데이터
12:         self.next = next    # 뒤쪽 포인터
```

◎ 실습 8-1 [B]로 이어집니다.

노드 클래스 Node

노드 클래스 Node에는 다음과 같은 필드와 __init__( ) 함수가 있습니다.

필드

앞에서 살펴보았듯이 노드 클래스 Node는 다음과 같이 필드 2개로 구성됩니다.

- **data**: 데이터(데이터에 대한 참조: 임의의 형).
- **next**: 뒤쪽 포인터(뒤쪽 노드에 대한 참조: Node형).

__init__( ) 함수

__init__( )함수는 전달받은 data와 next를 해당 필드에 대입합니다. 호출할 때 어떤 인수도 생략할 수 있으며, 생략할 경우에는 None으로 간주합니다.

◎ 이 책을 집필하는 시점을 기준으로, 파이썬에서는 함수에 대한 주석 달기(annotation)로 그 함수가 속한 클래스의 이름을 사용할 수 없습니다. 예를 들어 __init__( ) 함수의 3번째 인수 next의 형이 자신이 속하는 클래스인 Node형이라는 것을 나타내기 위해 ': Node'라는 주석을 달면 오류가 발생합니다.

실습 8-1에서는 오류가 발생하지 않도록 프로그램 첫머리의 import 문을 사용하여 __future__ 모듈에서 annotations를 불러옵니다. 이는 나중에 지원받을 기능을 미리 사용하기 위한 import 문이라고 이해하면 됩니다(파이썬 3.7의 기능). 나중에 파이썬이 업데이트되어 이 기능을 공식으로 지원해 준다면 이러한 import 문은 더 이상 필요 없습니다.

📚 보충 수업 8-1 파이썬의 리스트는 자료구조가 아닙니다

연결 리스트는 임의의 위치에 원소를 삽입하거나 삭제할 때 빠르게 수행할 수 있다는 장점이 있습니다. 하지만 기억 영역(메모리)과 속도 면에서는 배열보다 효율이 뒤떨어집니다.

파이썬의 리스트는 이러한 연결 리스트의 자료구조가 아니라 모든 원소를 연속으로 메모리에 배치하는 '배열'로 내부에서 구현하고 있습니다. 그러므로 속도가 급격히 떨어지지는 않습니다. 또 원소를 하나씩 추가·삽입할 때마다 내부에서 메모리를 확보하거나 해제하지 않습니다. 실제 필요한 메모리보다 여유 있게 미리 마련해 놓기 때문입니다.

Do it! 실습 8-1 [B]

• 완성 파일 chap08/linked_list.py

```
15: class LinkedList:
16:     """연결 리스트 클래스"""
17:
18:     def __init__(self) -> None:
19:         """초기화"""
20:         self.no = 0          # 노드의 개수
21:         self.head = None     # 머리 노드
22:         self.current = None  # 주목 노드
23:
24:     def __len__(self) -> int:
25:         """연결 리스트의 노드 개수를 반환"""
26:         return self.no
```

◎ 실습 8-1 [C]로 이어집니다.

연결 리스트 클래스 LinkedList

연결 리스트 클래스 LinkedList는 다음과 같이 필드 3개로 구성됩니다.

- **no**: 리스트에 등록되어 있는 노드의 개수입니다.
- **head**: 머리 노드에 대한 참조입니다.
- **current**: 현재 주목하고 있는 노드에 대한 참조이며, 이 책에서는 주목 포인터라고 하겠습니다. 리스트에서 노드를 검색하여, 그 노드를 주목한 직후에 노드를 삭제하는 등의 용도로 사용합니다.

😊 함수가 실행됨에 따라 주목 포인터 current가 어떻게 업데이트되는지 [표 8-1]로 정리했습니다.

😊 본문에서 설명할 때는 필드 앞에 호출하는 self.를 생략합니다(즉, self.no가 아닌 no만 씁니다).

초기화하는 __ init__( ) 함수

연결 리스트 클래스 LinkedList의 __init__( ) 함수는
노드가 하나도 없는 빈 연결 리스트를 생성합니다. [그
림 8-6]처럼 머리 노드를 참조하기 위한 Node형 필드
head에 None을 대입합니다.

[그림 8-6] 빈 연결 리스트

head는 머리 노드에 대한 참조일뿐 머리 노드 그 자체
가 아님을 주의해야 합니다. 노드가 존재하지 않는 빈 연결 리스트는 head가 참조하는 곳이
없으므로(참조해야 하는 노드가 존재하지 않으므로) 그 값을 None으로 합니다.

◎ 주목 포인터 current에도 None을 대입하여 어떤 원소도 주목하지 않습니다.

노드 개수를 반환하는 __len__( ) 함수

연결 리스트의 노드 개수를 반환하는 함수입니다. no값을 그대로 반환합니다.

◎ 이 함수를 구현함으로써 연결 리스트를 len( ) 함수의 인수로 전달받을 수 있습니다. 즉, len( ) 함수로 연결 리스트의 노
드 개수를 알아낼 수 있습니다.

• 빈 연결 리스트

[그림 8-6]처럼 연결 리스트가 비어 있을(노드가 하나도 존재하지 않을) 때 head값은 None
입니다. 그러므로 연결 리스트가 비어 있는지는 다음 식으로 검사할 수 있습니다.

```
head is None    # 연결 리스트가 비어 있는지 확인
```

• 노드가 1개인 연결 리스트

[그림 8-7]은 노드가 하나만 존재하는 연결 리스트입
니다. Node형 필드인 head가 참조하는 곳은 머리 노
드 A입니다. 이 머리 노드 A는 리스트의 꼬리 노드이기
도 하므로 뒤쪽 포인터의 값은 None입니다.

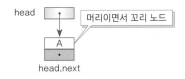

[그림 8-7] 노드가 1개인 연결 리스트

head가 참조하는 뒤쪽 포인터의 값이 None이므로 연
결 리스트에 존재하는 노드가 하나뿐인지는 다음 식으
로 수행할 수 있습니다.

```
head.next is None    # 연결 리스트의 노드가 1개인지 확인
```

• 노드가 2개인 연결 리스트

[그림 8-8]은 노드가 2개 있는 연결 리스트입니다. 머리 노드는 노드 A이고, 꼬리 노드는 노드 B입니다. 이때 head가 참조하는 곳인 노드 A의 뒤쪽 포인터 next가 노드 B를 참조합니다(곧, head.next가 참조하는 곳은 노드 B입니다). 맨 끝에 위치한 노드 B의 뒤쪽 포인터가 None이므로 연결 리스트의 노드가 2개인지는 다음 식으로 수행할 수 있습니다.

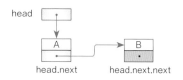

[그림 8-8] 노드가 2개인 연결 리스트

```
head.next.next is None    # 연결 리스트의 노드가 2개인지 확인
```

◎ 뒤쪽 포인터가 아니라 데이터를 나타내는 식을 생각해 봅시다. 노드 A의 데이터에 대한 참조를 나타낸 식은 head.data이고, 노드 B의 데이터에 대한 참조를 나타낸 식은 head.next.data입니다.

지금까지 살펴본 3가지 경우의 판단은 no == 0, no == 1, no == 2를 사용할 수 있습니다.

• 꼬리 노드의 판단

Node형인 변수 p가 리스트에 있는 노드를 참조한다면, 이때 p가 참조하는 노드가 연결 리스트의 꼬리 노드인지는 다음 식으로 수행할 수 있습니다.

```
p.next is None    # p가 참조하는 노드가 꼬리 노드인지 확인
```

검색을 수행하는 search( ) 함수

인수로 주어진 데이터 data와 값이 같은 노드를 검색하는 함수입니다. 검색 알고리즘은 선형 검색을 사용합니다. [그림 8-9]처럼 목적 노드를 만날 때까지 머리 노드부터 순서대로 스캔합니다. [그림 8-9]는 노드 D를 검색하는 모습이고, ① → ② → ③ → ④ 순서로 스캔하면 검색에 성공합니다.

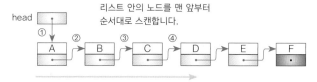

[그림 8-9] 연결 리스트에서 노드 D를 선형 검색하는 과정

노드를 스캔할 때 다음 조건 가운데 하나만 성립해도 검색이 종료됩니다.

> • **종료 조건 1**: 검색 조건을 만족하는 노드를 발견하지 못하고 꼬리 노드까지 왔을 경우
> • **종료 조건 2**: 검색 조건을 만족하는 노드를 발견한 경우

검색하는 과정을 나타낸 [그림 8-10]과 함께 실습 8-1 [C]를 이해해 봅시다.

Do it! 실습 8-1 [C]   • 완성 파일 chap08/linked_list.py

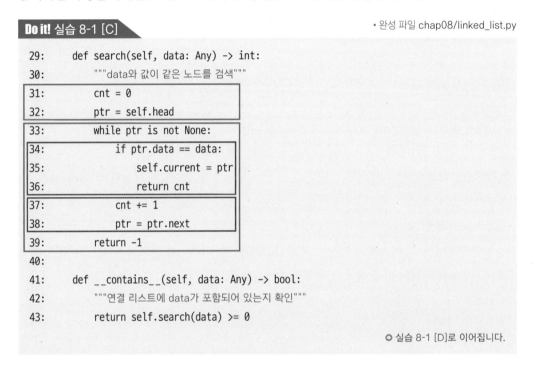

```
29:     def search(self, data: Any) -> int:
30:         """data와 값이 같은 노드를 검색"""
31:         cnt = 0
32:         ptr = self.head
33:         while ptr is not None:
34:             if ptr.data == data:
35:                 self.current = ptr
36:                 return cnt
37:             cnt += 1
38:             ptr = ptr.next
39:         return -1
40:
41:     def __contains__(self, data: Any) -> bool:
42:         """연결 리스트에 data가 포함되어 있는지 확인"""
43:         return self.search(data) >= 0
```

�‍◦ 실습 8-1 [D]로 이어집니다.

31~32행: 스캔 중인 노드를 참조하기 위한 변수 ptr을 head로 초기화합니다. [그림 8-10] ⓐ 처럼 ptr이 참조하는 곳은 head가 참조하는 머리 노드 A가 됩니다. 그리고 맨 앞에서 몇 번째 원소를 스캔하고 있는지를 나타낸 카운터용 변수 cnt를 0으로 초기화합니다.

33~38행: 앞에서 정리한 종료 조건 1의 판단을 수행합니다. ptr값이 None이 아니면, 루프 본문의 34~36행과 37~38행을 실행합니다. ptr의 값이 None이면 스캔할 노드가 존재하지 않으므로 while 문을 종료하고 39행으로 갑니다.

34~36행: 앞에서 정리한 종료 조건 2의 판단을 수행하며, 검색할 data와 스캔 중인 노드의 데이터 ptr.data와 값이 같은지 판단합니다. 값이 같으면 검색 성공입니다. 주목 포인터

current에 ptr을 대입하고 찾은 노드의 위치를 나타내는 카운터 cnt를 반환합니다. 참고로 cnt는 0부터 시작하는 값입니다(찾은 노드가 맨 앞이면 0입니다).

37~38행: ptr에 ptr.next를 대입하고 다음 노드로 스캔을 진행합니다. 참고로 ptr이 노드 A를 참조하는 [그림 8-10] **a** 상태에서 ptr = ptr.next의 대입을 실행하면 **b** 가 됩니다. 뒤쪽 노드 B에 대한 참조인 ptr.next가 ptr에 대입된 결과 ptr이 참조하는 곳이 노드 A에서 노드 B로 업데이트되기 때문입니다.

39행: 프로그램의 흐름이 여기에 도달했다면 검색에 실패한 것입니다. 검색 실패임을 나타내는 -1을 반환합니다.

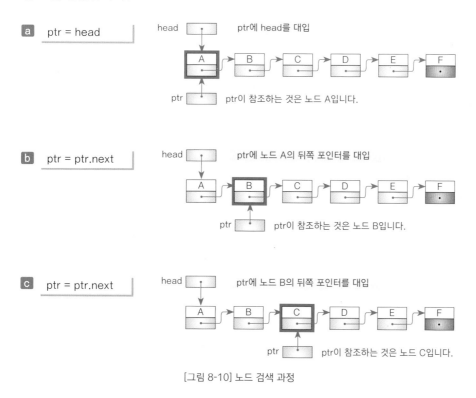

[그림 8-10] 노드 검색 과정

데이터가 포함되어 있는지 판단하는 __ contains__( ) 함수

리스트에 data와 값이 같은 노드가 포함되어 있는지를 판단하는 함수입니다. 포함되어 있으면 True를 반환하고, 그렇지 않으면 False를 반환합니다.

ⓒ 이 함수를 구현함으로써 연결 리스트에 in 연산자를 적용할 수 있습니다.

머리에 노드를 삽입하는 add_first( ) 함수

리스트의 맨 앞에 노드를 삽입하는 함수입니다. [그림 8-11]과 함께 실습 8-1 [D]를 이해해 봅시다.

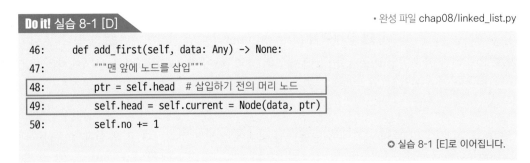

• 완성 파일 chap08/linked_list.py

```
46:    def add_first(self, data: Any) -> None:
47:        """맨 앞에 노드를 삽입"""
48:        ptr = self.head   # 삽입하기 전의 머리 노드
49:        self.head = self.current = Node(data, ptr)
50:        self.no += 1
```

◑ 실습 8-1 [E]로 이어집니다.

48행: 삽입하기 전의 머리 노드 A를 참조하는 포인터를 ptr에 저장해 둡니다.

49행: 삽입할 노드 G를 Node(data, ptr)로 생성합니다. 노드 G의 데이터는 data가 되고, 뒤쪽 포인터가 참조하는 곳은 ptr(삽입하기 전의 머리 노드 A)이 됩니다. 이때 수행하는 대입으로 head는 삽입한 노드를 참조하도록 업데이트됩니다.

ⓒ 주목 포인터 current도 삽입한 노드를 참조하도록 업데이트됩니다(꼬리에 노드를 삽입하는 add_last( ) 함수에서도 마찬가지입니다).

[그림 8-11]에서는 노드를 구체적으로 삽입하는 과정을 나타냅니다. 그림 ⓐ에서 리스트 맨 앞의 머리 노드에 노드 G를 삽입하면 그림 ⓑ 상태가 됩니다.

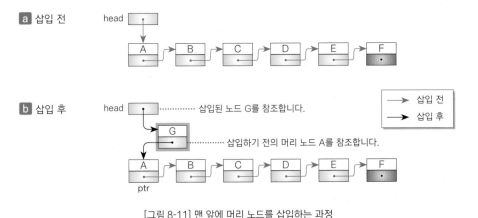

[그림 8-11] 맨 앞에 머리 노드를 삽입하는 과정

꼬리에 노드를 삽입하는 add_last( ) 함수

리스트의 맨 끝에 노드를 삽입하는 함수입니다. 리스트가 비어 있는지(head is None이 성립하는지) 확인하고 그에 따라 다르게 처리합니다. [그림 8-12]와 함께 실습 8-1 [E]를 이해해 봅시다.

- **리스트가 비어 있을 때**

  맨 앞에 노드를 삽입하는 것과 같은 처리를 수행하므로 add_first( ) 함수를 호출합니다.

- **리스트가 비어 있지 않을 때**

  리스트의 맨 끝에 노드 G를 삽입합니다. [그림 8-12] **b** 에서 구체적인 삽입 과정을 보여 줍니다.

Do it! 실습 8-1 [E]

• 완성 파일 chap08/linked_list.py

```
53:     def add_last(self, data: Any):
54:         """맨 끝에 노드를 삽입"""
55:         if self.head is None :      # 리스트가 비어 있으면
56:             self.add_first(data)    # 맨 앞에 노드를 삽입
57:         else:
58:             ptr = self.head
59:             while ptr.next is not None:        1
60:                 ptr = ptr.next
61:             ptr.next = self.current = Node(data, None)    2
62:             self.no += 1
```

◐ 실습 8-1[F]로 이어집니다.

59~60행: 꼬리 노드를 찾는 과정을 수행합니다([그림 8-12] **a**). ptr이 참조하는 곳을 그 뒤쪽 포인터로 업데이트하는 과정을 반복함으로써 노드를 맨 앞부터 순서대로 스캔합니다. while 문의 반복이 종료되는 것은 ptr.next가 참조하는 곳이 None으로 되었을 때입니다. 이때 ptr이 참조하는 곳은 꼬리 노드 F로 되어 있습니다.

😊 while 문을 종료할 때 ptr은 꼬리 노드를 참조합니다.

61행: 삽입하는 노드 G를 Node(data, None)으로 생성합니다([그림 8-12] **b**). 뒤쪽 포인터를 None으로 하는 것은 맨 끝에 위치한 노드 G가 어떤 노드도 참조하지 않도록 하기 위한 것입니다. 노드 F의 뒤쪽 포인터 ptr.next가 참조하는 곳이 새로 삽입한 노드 G가 되도록 업데이트합니다.

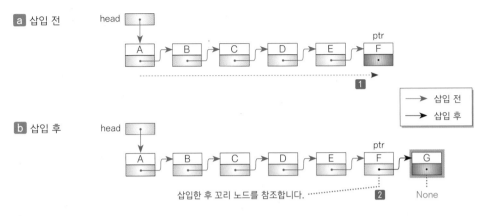

[그림 8-12] 맨 끝에 꼬리 노드를 삽입하는 과정

머리 노드를 삭제하는 remove_first( ) 함수

머리 노드를 삭제하는 함수입니다. 삭제 처리를 수행하는 것은 리스트가 비어 있지 않을 (head is not None이 성립할) 때입니다.

Do it! 실습 8-1 [F]

• 완성 파일 chap08/linked_list.py

```
65:    def remove_first(self) -> None:
66:        """머리 노드를 삭제"""
67:        if self.head is not None:  # 리스트가 비어 있지 않다면
68:            self.head = self.current = self.head.next
69:        self.no -= 1
```

◑ 실습 8-1 [G]로 이어집니다.

[그림 8-13]은 구체적인 삭제 과정입니다. a 에서 머리 노드 A를 삭제하면 b 상태가 됩니다.

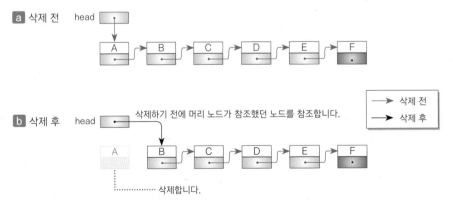

그림 8-13 머리 노드를 삭제하는 과정

맨 앞에서 2번째 노드 B에 대한 참조인 head.next를 머리 노드에 대한 참조인 head에 대입함으로써 head가 참조하는 곳을 노드 B로 업데이트합니다. 이때 주목 포인터 current가 참조하는 곳도 노드 B로 업데이트합니다. 그 결과 삭제하기 전의 머리 노드 A는 어디에서도 참조되지 않습니다.

☺ 리스트에 노드가 하나밖에 없는 경우([그림 8-7])의 삭제 처리를 생각해 봅시다. 삭제하기 전의 머리 노드는 꼬리 노드이기도 하므로 뒤쪽 포인터 head.next의 값은 None입니다. 이 None을 head에 대입하면 리스트는 빈 상태가 됩니다.

꼬리 노드를 삭제하는 remove_last( ) 함수

꼬리 노드를 삭제하는 함수입니다. 삭제 처리를 수행하는 것은 리스트가 비어 있지 않을 때입니다. 리스트에 존재하는 노드가 하나뿐인지 확인하고 그에 따라 다음과 같이 다르게 처리합니다.

- **리스트에 노드가 하나만 존재할 때**
  머리 노드를 삭제하는 것이므로 remove_first( ) 함수를 호출합니다.

- **리스트에 노드가 2개 이상 존재할 때**
  리스트의 맨 끝에서 노드 F를 삭제합니다. [그림 8-14] **b** 에서 구체적인 삭제 과정을 보여 줍니다.

Do it! 실습 8-1 [G]

• 완성 파일 chap08/linked_list.py

```
72:     def remove_last(self):
73:         """꼬리 노드를 삭제"""
74:         if self.head is not None:
75:             if self.head.next is None :      # 노드가 1개 뿐이라면
76:                 self.remove_first()          # 머리 노드를 삭제
77:             else:
78:                 ptr = self.head              # 스캔 중인 노드
79:                 pre = self.head              # 스캔 중인 노드의 앞쪽 노드
80:
81:                 while ptr.next is not None:
82:                     pre = ptr
83:                     ptr = ptr.next
84:                 pre.next = None              # pre는 삭제 뒤 꼬리 노드
85:                 self.current = pre
86:                 self.no -= 1
```

1 (lines 78–83) **2** (lines 84–86)

◐ 실습 8-1 [H]로 이어집니다.

78~83행: 꼬리 노드와 맨 끝에서 2번째 노드를 찾습니다. 따라서 스캔 방법은 앞에서 살펴본 add_last( ) 함수와 거의 같습니다. 다만 스캔 중인 노드의 앞쪽 노드를 참조하는 변수 pre를 추가한 점이 다릅니다. [그림 8-14]의 경우 while 문을 종료할 때 pre가 참조하는 곳은 노드 E이고, ptr이 참조하는 곳은 노드 F입니다.

◎ 즉, while 문을 종료할 때 ptr은 꼬리 노드를 참조하고, pre는 맨 끝에서 2번째 노드를 참조합니다.

84~86행: 맨 끝에서 2번째 노드 E의 뒤쪽 포인터에 None을 대입합니다. 그 결과 노드 F는 어디에서도 참조되지 않습니다.

◎ 주목 포인터 current가 참조하는 곳은 삭제한 뒤의 꼬리 노드 pre로 업데이트합니다.

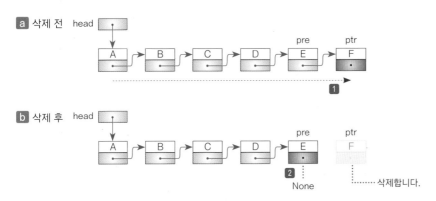

[그림 8-14] 꼬리 노드를 삭제하는 과정

임의의 노드를 삭제하는 remove( ) 함수

임의의 노드를 삭제하는 함수입니다. 삭제 처리를 수행하는 것은 리스트가 비어 있지 않고 인수로 주어진 노드 p(p가 참조하는 노드)가 존재할 때입니다.

- **p가 머리 노드일 때**
  머리 노드를 삭제하는 것이므로 remove_first( ) 함수를 호출합니다.

- **p가 머리 노드가 아닐 때**
  리스트에서 p가 참조하는 노드 D를 삭제합니다. [그림 8-15] b 에서 구체적인 삭제 과정을 보여 줍니다.

```
089:        def remove(self, p: Node) -> None:
090:            """노드 p를 삭제"""
091:            if self.head is not None:
092:                if p is self.head:            # p가 머리 노드이면
093:                    self.remove_first()       # 머리 노드를 삭제
094:                else:
095:                    ptr = self.head
096:
097:                    while ptr.next is not p:
098:                        ptr = ptr.next
099:                        if ptr is None:
100:                            return            # ptr은 리스트에 존재하지 않음
101:                    ptr.next = p.next
102:                    self.current = ptr
103:                    self.no -= 1
104:
105:        def remove_current_node(self) -> None:
106:            """주목 노드를 삭제"""
107:            self.remove(self.current)
108:
109:        def clear(self) -> None:
110:            """전체 노드를 삭제"""
111:            while self.head is not None:      # 전체가 비어 있을 때까지
112:                self.remove_first()           # 머리 노드를 삭제
113:            self.current = None
114:            self.no = 0
115:
116:        def next(self) -> bool:
117:            """주목 노드를 한 칸 뒤로 이동"""
118:            if self.current is None or self.current.next is None:
119:                return False                  # 이동할 수 없음
120:            self.current = self.current.next
121:            return True
```

1

2

◐ 실습 8-1 [I]로 이어집니다.

95~100행: 삭제할 노드 p의 앞쪽 노드를 찾는 과정을 수행합니다. while 문은 머리 노드에서 시작하여 스캔 중인 노드 ptr의 뒤쪽 포인터인 ptr.next가 p와 같아질 때까지 반복합니다. 다만 None을 만나는 경우에는 p가 참조하는 노드가 존재하지 않는다는 것입니다. 삭제 처리

를 수행하지 않고 return 문으로 함수를 종료합니다.

ptr.next가 p와 같아지면 while 문은 종료합니다. 이때 ptr이 참조하는 곳은 삭제할 노드 D의 앞쪽 노드인 C가 됩니다.

101~103행: 노드 D의 뒤쪽 포인터 p.next를 노드 C의 뒤쪽 포인터 ptr.next에 대입함으로써 노드 C의 뒤쪽 포인터가 참조하는 곳을 노드 E로 업데이트합니다. 그 결과 노드 D는 어디에서도 참조되지 않습니다.

😀 주목 포인터 current가 참조하는 곳은 삭제한 노드의 앞쪽 노드([그림 8-15]에서는 노드 C)가 되도록 업데이트합니다.

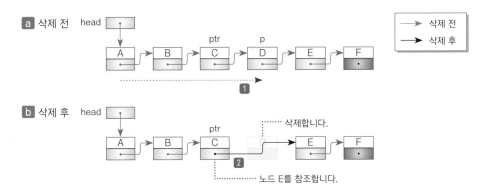

[그림 8-15] 임의의 노드를 삭제하는 과정

주목 노드를 삭제하는 remove_current_node( ) 함수

현재 주목하고 있는 노드를 삭제하는 함수입니다. 주목 포인터 current를 remove( ) 함수에 전달하여 처리를 맡깁니다.

😀 주목 포인터 current가 참조하는 곳은 삭제한 노드의 앞쪽 노드로 업데이트합니다.

모든 노드를 삭제하는 clear( ) 함수

모든 노드를 삭제하는 함수입니다. 연결 리스트가 비어 있을 때(head가 None이 될 때)까지 머리 노드의 삭제를 반복하여 모든 노드를 삭제합니다.

😀 리스트가 비어 있으므로 주목 포인터 current의 값도 None으로 업데이트합니다.

주목 노드를 한 칸 뒤로 이동시키는 next( ) 함수

주목 노드를 한 칸 뒤쪽으로 이동시키는 함수입니다. 다만 주목 노드를 한 칸 뒤로 이동시키려면 리스트가 비어 있지 않고 주목 노드에 뒤쪽 노드가 존재해야 합니다. 구체적으로는 주목 포인터 current를 current.next로 업데이트합니다. 주목 노드를 이동시키면 True를 반환하고, 그렇지 않으면 False를 반환합니다.

주목 노드를 출력하는 print_current_node( ) 함수

주목 노드를 출력하는 함수입니다. 구체적으로 주목 포인터 current가 참조하는 곳의 노드 데이터인 current.data를 출력합니다. 다만 주목 노드가 존재하지 않는 경우(current가 None인 경우)에는 '주목 노드가 존재하지 않습니다.'를 출력합니다.

Do it! 실습 8-1 [I]

• 완성 파일 chap08/linked_list.py

```
124:    def print_current_node(self) -> None:
125:        """주목 노드를 출력"""
126:        if self.current is None:
127:            print('주목 노드가 존재하지 않습니다.')
128:        else:
129:            print(self.current.data)
130:
131:    def print(self) -> None:
132:        """모든 노드를 출력"""
133:        ptr = self.head
134:
135:        while ptr is not None:
136:            print(ptr.data)
137:            ptr = ptr.next
```

◐ 실습 8-1 [J]로 이어집니다.

모든 노드를 출력하는 print( ) 함수

리스트 순서대로 모든 노드의 데이터를 출력하는 함수입니다. ptr을 사용하여 머리 노드에서 꼬리 노드까지 스캔하면서 각 노드의 데이터 ptr.data를 출력합니다.

ⓖ print_current_node( ) 함수와 print( ) 함수는 주목 포인터 current 값을 업데이트하지 않습니다.

다음 [표 8-1]은 각 함수를 실행한 뒤의 current값을 정리한 것입니다.

[표 8-1] 함수를 실행한 뒤의 current값

실행한 함수	current의 값
__init__( )	None
search( )	검색에 성공하면 발견할 수 있는 노드
add_first( )	삽입한 머리 노드
add_last( )	삽입한 꼬리 노드
remove_first( )	삭제한 뒤 머리 노드(리스트가 비어 있으면 None)
remove_last( )	삭제한 뒤 꼬리 노드(리스트가 비어 있으면 None)
remove( )	삭제한 노드의 앞쪽 노드
remove_current_node( )	삭제한 노드의 앞쪽 노드
clear( )	None
next( )	이동한 뒤 주목 노드
print_current_node( )	업데이트하지 않음
print( )	업데이트하지 않음

◎ 실습 8-1 [J]에서는 이터레이터용 클래스를 구현합니다. 자세한 설명은 보충 수업 8-2를 참고하세요.

Do it! 실습 8-1 [J]

• 완성 파일 chap08/linked_list.py

```
140:     def __iter__(self) -> LinkedListIterator:
141:         """이터레이터를 반환"""
142:         return LinkedListIterator(self.head)
143:
144: class LinkedListIterator:
145:     """클래스 LinkedList의 이터레이터용 클래스"""
146:
147:     def __init__(self, head: Node):
148:         self.current = head
149:
150:     def __iter__(self) -> LinkedListIterator:
151:         return self
152:
153:     def __next__(self) -> Any:
154:         if self.current is None:
155:             raise StopIteration
156:         else:
157:             data = self.current.data
158:             self.current = self.current.next
159:             return data
```

str형 문자열, list형 리스트, tuple형 튜플 등은 이터러블^{iterable}(반복 가능)하다는 공통점이 있습니다. 이터러블 객체는 원소를 1개씩 꺼내는 구조의 객체입니다. 이터러블 객체를 내장 함수인 iter( ) 함수에 인수로 전달하면 그 객체에 대한 이터레이터^{iterator}(반복자)를 반환합니다.

이터레이터는 데이터가 줄지어 늘어선 것을 표현하는 객체입니다. 이터레이터의 __next__( ) 함수를 호출하거나, 내장 함수인 next( ) 함수에 반복자를 전달하면 줄지어 늘어선 원소를 순차적으로 꺼냅니다. 꺼낼 원소가 없으면 StopIteration 예외 처리를 내보냅니다.

◎ next( ) 함수의 첫 번째 호출에서는 맨 앞 원소를 꺼내고, 2번째 호출에서는 2번째 원소를 꺼냅니다. 이런 식으로 호출할 때마다 다음 원소를 꺼냅니다.

클래스 LinkedList는 이터러블이 되도록 이터레이터를 구현합니다. 이터레이터를 나타내는 것이 클래스 LinkedListIterator입니다. 이터레이터 클래스는 다음과 같이 구현합니다.

- __next__( ) 함수를 갖는 이터레이터를 반환하는 __iter__( ) 함수를 구현합니다.
- __next__( ) 함수는 다음 원소를 꺼내 반환합니다. 반환하는 원소가 없으면 StopIteration 예외 처리를 내보냅니다.

실습 8-1 프로그램의 이터레이터는 주목 포인터 current를 업데이트하지 않습니다.

◎ 연결 리스트 LinkedList를 사용하는 실습 8-2 프로그램에서는 '(12) 스캔' 메뉴에서 이터레이터를 사용했습니다(LinkedList형 lst를 for 문의 반복 대상으로 삼았습니다).

포인터로 연결 리스트 프로그램 만들기

실습 8-2는 지금까지 설명한 연결 리스트 클래스인 LinkedList(실습 8-1)를 사용하는 프로그램입니다.

Do it! 실습 8-2

• 완성 파일 chap08/linked_list_test.py

```
01: # 포인터를 이용한 연결 리스트 클래스 LinkedList 사용하기
02:
03: from enum import Enum
04: from linked_list import LinkedList
05:
06: Menu = Enum('Menu', ['머리에노드삽입', '꼬리에노드삽입', '머리노드삭제',
07:                      '꼬리노드삭제', '주목노드출력', '주목노드이동',
08:                      '주목노드삭제', '모든노드삭제', '검색', '멤버십판단',
09:                      '모든노드출력', '스캔', '종료'])
10:
```

```python
11: def select_Menu() -> Menu:
12:     """메뉴 선택"""
13:     s = [f'({m.value}){m.name}' for m in Menu]
14:     while True:
15:         print(*s, sep = '  ', end='')
16:         n = int(input(': '))
17:         if 1 <= n <= len(Menu):
18:             return Menu(n)
19:
20: lst = LinkedList()                      # 연결 리스트를 생성
21:
22: while True:
23:     menu = select_Menu()                # 메뉴를 선택
24:
25:     if menu == Menu.머리에노드삽입:      # 맨 앞에 노드를 삽입
26:         lst.add_first(int(input('머리 노드에 넣을 값을 입력하세요.: ')))
27:
28:     elif menu == Menu.꼬리에노드삽입:    # 맨 끝에 노드를 삽입
29:         lst.add_last(int(input('꼬리 노드에 넣을 값을 입력하세요.: ')))
30:
31:     elif menu == Menu.머리노드삭제:      # 맨 앞에 노드를 삭제
32:         lst.remove_first()
33:
34:     elif menu == Menu.꼬리노드삭제:      # 맨 끝에 노드를 삭제
35:         lst.remove_last()
36:
37:     elif menu == Menu.주목노드출력:      # 주목 노드를 출력
38:         lst.print_current_node()
39:
40:     elif menu == Menu.주목노드이동:      # 주목 노드를 한 칸 뒤로 이동
41:         lst.next()
42:
43:     elif menu == Menu.주목노드삭제:      # 주목 노드를 삭제
44:         lst.remove_current_node()
45:
46:     elif menu == Menu.모든노드삭제:      # 모든 노드를 삭제
47:         lst.clear()
48:
49:     elif menu == Menu.검색:              # 노드를 검색
50:         pos = lst.search(int(input('검색할 값을 입력하세요.: ')))
51:         if pos >= 0:
```

```
52:              print(f'그 값의 데이터는 {pos + 1}번째에 있습니다.')
53:           else:
54:              print('해당하는 데이터가 없습니다.')
55:
56:       elif menu == Menu.멤버십판단:        # 멤버십을 판단
57:           print('그 값의 데이터는 포함되어'
58:                 +(' 있습니다.' if int(input('판단할 값을 입력하세요.: ')) in lst else '
                     있지 않습니다.'))
59:
60:       elif menu == Menu.모든노드출력:      # 모든 노드를 출력
61:           lst.print()
62:
63:       elif menu == Menu.스캔:             # 모든 노드를 스캔
64:           for e in lst:
65:               print(e)
66:
67:       else:                              # 종료
68:           break
```

▶ 실행 결과

(1) 머리에노드삽입 (2) 꼬리에노드삽입 (3) 머리노드삭제 (4) 꼬리노드삭제 (5) 주목노드출력 (6) 주목노드이동 (7) 주목노드삭제 (8) 모든노드삭제 (9) 검색 (10) 멤버십판단 (11) 모든노드출력 (12) 스캔 (13) 종료 : 1

머리 노드에 넣을 값을 입력하세요.: 1 ──────────────── [1을 머리 노드에 삽입]

(1) 머리에노드삽입 (2) 꼬리에노드삽입 (… 생략 …) (13) 종료: 2

꼬리 노드에 넣을 값을 입력하세요.: 5 ──────────────── [5를 꼬리 노드에 삽입]

(1) 머리에노드삽입 (2) 꼬리에노드삽입 (… 생략 …) (13) 종료: 1

머리 노드에 넣을 값을 입력하세요.: 10 ──────────────── [10을 머리 노드에 삽입]

(1) 머리에노드삽입 (2) 꼬리에노드삽입 (… 생략 …) (13) 종료: 2

꼬리 노드에 넣을 값을 입력하세요.: 12 ──────────────── [12를 꼬리 노드에 삽입]

(1) 머리에노드삽입 (2) 꼬리에노드삽입 (… 생략 …) (13) 종료: 1

머리 노드에 넣을 값을 입력하세요.: 14 ──────────────── [14를 머리 노드에 삽입]

(1) 머리에노드삽입 (2) 꼬리에노드삽입 (… 생략 …) (13) 종료: 4 ──────────────── [꼬리 노드의 12를 삭제]

(1) 머리에노드삽입 (2) 꼬리에노드삽입 (… 생략 …) (13) 종료: 9

검색할 값을 입력하세요.: 12 ──────────────── [12를 검색 실패]

해당 데이터가 없습니다.

(1) 머리에노드삽입 (2) 꼬리에노드삽입 (… 생략 …) (13) 종료: 9

검색할 값을 입력하세요.: 10 ──────────────── [10을 검색 성공]

그 값의 데이터는 2번째에 있습니다.

(1) 머리에노드삽입 (2) 꼬리에노드삽입 (… 생략 …) (13) 종료: 5 ──────────────── [주목 노드 10을 출력]

10

(1) 머리에 노드 삽입 (2) 꼬리에 노드 삽입 (… 생략 …) (13) 종료: 11 ──── 모든 노드를 출력

14

10

1

5

(1) 머리에 노드 삽입 (2) 꼬리에 노드 삽입 (… 생략 …) (13) 종료: 9

검색할 값을 입력하세요.: 1 ──── 1을 검색 성공

그 값의 데이터는 3번째에 있습니다.

(1) 머리에 노드 삽입 (2) 꼬리에 노드 삽입 (… 생략 …) (13) 종료: 7 ──── 주목 노드를 삭제

(1) 머리에 노드 삽입 (2) 꼬리에 노드 삽입 (… 생략 …) (13) 종료: 3 ──── 머리 노드를 삭제

(1) 머리에 노드 삽입 (2) 꼬리에 노드 삽입 (… 생략 …) (13) 종료: 11 ──── 모든 노드를 출력

10

5

(1) 머리에 노드 삽입 (2) 꼬리에 노드 삽입 (… 생략 …) (13) 종료: 9

검색할 값을 입력하세요: 10 ──── 10을 검색 성공

그 값의 데이터는 1번째에 있습니다.

(1) 머리에 노드 삽입 (2) 꼬리에 노드 삽입 (… 생략 …) (13) 종료: 6 ──── 주목 노드를 한 칸 뒤로 이동

(1) 머리에 노드 삽입 (2) 꼬리에 노드 삽입 (… 생략 …) (13) 종료: 5 ──── 주목 노드 5를 출력

5

(1) 머리에 노드 삽입 (2) 꼬리에 노드 삽입 (… 생략 …) (13) 종료: 10

멤버십 판단할 값을 입력하세요. : 7 ──── 멤버십을 판단

그 값의 데이터는 포함되어 있지 않습니다.

(1) 머리에 노드 삽입 (2) 꼬리에 노드 삽입 (… 생략 …) (13) 종료: 12 ──── 모든 노드를 출력

10

5

(1) 머리에 노드 삽입 (2) 꼬리에 노드 삽입 (… 생략 …) (13) 종료: 13 ──── 프로그램을 종료

08-3 커서를 이용한 연결 리스트

여기에서는 각 노드를 배열 안의 원소에 저장하고, 그 원소를 잘 이용해 연결 리스트로 구현하는 방법을 알아보겠습니다.

커서로 연결 리스트 만들기

08-2절에서 학습한 포인터를 이용한 연결 리스트는 '노드를 삽입·삭제할 때 데이터를 이동하지 않고 처리'하는 특징이 있습니다. 하지만 노드를 삽입·삭제할 때마다 내부에서 노드용 인스턴스를 생성하고 소멸합니다. 이때 메모리를 확보하고 해제하는 데 쓰는 비용을 결코 무시할 수 없습니다. 프로그램을 실행하면서 데이터 개수가 크게 변하지 않거나 데이터 최대 개수를 예측할 수 있는 경우라면 [그림 8-16]처럼 배열 안의 원소를 사용하여 효율적으로 운용할 수 있습니다.

a 연결 리스트의 논리적 이미지

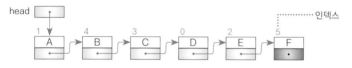

b 연결 리스트를 배열로 구현

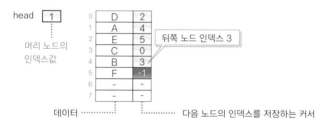

[그림 8-16] 커서를 이용한 연결 리스트

뒤쪽 포인터는 뒤쪽 노드가 저장되는 원소의 인덱스입니다. 여기서는 int형 정숫값인 인덱스로 나타낸 포인터를 **커서**^{cursor}라고 합니다. 예를 들어 노드 B의 뒤쪽 커서 3은 뒤쪽 노드 C가 인덱스 3의 위치에 들어 있다는 것을 나타냅니다.

꼬리 노드의 뒤쪽 커서는 −1입니다. [그림 8-16]에서 꼬리 노드 F의 뒤쪽 커서는 −1로 되어 있습니다. 머리 노드를 나타내는 head도 커서입니다. [그림 8-16]에서 머리 노드 A가 저장되어 있는 인덱스인 1은 head값입니다.

이 방법은 노드의 삽입과 삭제에 따른 원소의 이동이 처음부터 불필요하다는 점에서 08-02절의 포인터를 이용한 연결 리스트와 다릅니다. 예를 들어 [그림 8-16]에서 연결 리스트 맨 앞에 노드 G를 삽입하면 [그림 8-17]처럼 변합니다. head를 1에서 6으로 업데이트하고 노드 G의 뒤쪽 커서를 1로 했을 뿐입니다.

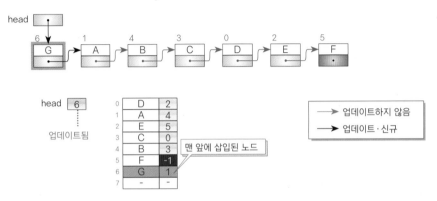

[그림 8-17] 맨 앞에 노드를 삽입하는 과정

실습 8-3은 이러한 방식으로 연결 리스트를 클래스 ArrayLinkedList형으로 구현한 프로그램입니다.

Do it! 실습 8-3

• 완성 파일 chap08/array_list.py

```
001: # 커서로 연결 리스트 구현하기
002:
003: from __future__ import annotations
004: from typing import Any, Type
005:
006: Null = -1
007:
008: class Node:
009:     """연결 리스트용 노드 클래스(배열 커서 버전)"""
010:
011:     def __init__(self, data = Null, next = Null, dnext = Null):
012:         """초기화"""
013:         self.data  = data   # 데이터
014:         self.next  = next   # 리스트의 뒤쪽 포인터
015:         self.dnext = dnext  # 프리 리스트의 뒤쪽 포인터 ── 프리 리스트는 351쪽에서 설명합니다.
016:
017: class ArrayLinkedList:
```

```python
018:        """연결 리스트 클래스(배열 커서 버전)"""
019:
020:    def __init__(self, capacity: int):
021:        """초기화"""
022:        self.head = Null                    # 머리 노드
023:        self.current = Null                 # 주목 노드
024:        self.max = Null                     # 사용 중인 꼬리 레코드
025:        self.deleted = Null                 # 프리 리스트의 머리 노드
026:        self.capacity = capacity            # 리스트의 크기
027:        self.n = [Node()] * self.capacity   # 리스트 본체
028:        self.no = 0
029:
030:
031:    def __len__(self) -> int:
032:        """연결 리스트의 노드 수를 반환"""
033:        return self.no
034:
035:    def get_insert_index(self):
036:        """다음에 삽입할 레코드의 인덱스를 구함"""
037:        if self.deleted == Null:            # 삭제 레코드는 존재하지 않음
038:            if self.max + 1 < self.capacity:
039:                self.max += 1
040:                return self.max             # 새 레코드를 사용
041:            else:
042:                return Null                 # 크기 초과
043:        else:
044:            rec = self.deleted
045:            self.deleted = self.n[rec].dnext # 프리 리스트에서 맨 앞 rec를 꺼내기
046:            return rec
047:
048:    def delete_index(self, idx: int) -> None:
049:        """레코드 idx를 프리 리스트에 등록"""
050:        if self.deleted == Null:            # 삭제 레코드는 존재하지 않음
051:            self.deleted = idx
052:            self.n[idx].dnext = Null         # idx를 프리 리스트의 맨 앞에 등록
053:        else:
054:            rec = self.deleted
055:            self.deleted = idx               # idx를 프리 리스트의 맨 앞에 삽입
056:            self.n[idx].dnext = rec
057:
058:    def search(self, data: Any) -> int:
```

```
059:            """data와 값이 같은 노드를 검색"""
060:            cnt = 0
061:            ptr = self.head                        # 현재 스캔 중인 노드
062:            while ptr != Null:
063:                if self.n[ptr].data == data:
064:                    self.current = ptr
065:                    return cnt                      # 검색 성공
066:                cnt += 1
067:                ptr = self.n[ptr].next              # 뒤쪽 노드에 주목
068:            return Null                             # 검색 실패
069:
070:        def __contains__(self, data: Any) -> bool:
071:            """연결 리스트에 data가 포함되어 있는지 확인"""
072:            return self.search(data) >= 0
073:
074:        def add_first(self, data: Any):
075:            """머리 노드에 삽입"""
076:            ptr = self.head                        # 삽입하기 전의 머리 노드
077:            rec = self.get_insert_index()
078:            if rec != Null:
079:                self.head = self.current = rec     # rec번째 레코드에 삽입
080:                self.n[self.head] = Node(data, ptr)
081:                self.no += 1
082:
083:        def add_last(self, data: Any) -> None:
084:            """꼬리 노드에 삽입"""
085:            if self.head == Null:                  # 리스트가 비어 있으면
086:                self.add_first(data)               # 맨 앞에 노드 삽입
087:            else:
088:                ptr = self.head
089:                while self.n[ptr].next != Null:
090:                    ptr = self.n[ptr].next
091:                rec = self.get_insert_index()
092:
093:                if rec != Null:                    # rec번째 레코드에 삽입
094:                    self.n[ptr].next = self.current = rec
095:                    self.n[rec] = Node(data)
096:                    self.no += 1
097:
098:        def remove_first(self) -> None:
099:            """머리 노드를 삭제"""
```

```
100:            if self.head != Null:                    # 리스트가 비어 있지 않으면
101:                ptr = self.n[self.head].next
102:                self.delete_index(self.head)
103:                self.head = self.current = ptr
104:                self.no -= 1
105:
106:        def remove_last(self) -> None:
107:            """꼬리 노드를 삭제"""
108:            if self.head != Null:
109:                if self.n[self.head].next == Null:   # 노드가 1개뿐이면
110:                    self.remove_first()               # 머리 노드를 삭제
111:                else:
112:                    ptr = self.head                   # 스캔 중인 노드
113:                    pre = self.head                   # 스캔 중인 노드의 앞쪽 노드
114:
115:                    while self.n[ptr].next != Null:
116:                        pre = ptr
117:                        ptr = self.n[ptr].next
118:                    self.n[pre].next = Null            # pre는 삭제한 뒤의 꼬리 노드
119:                    self.delete_index(ptr)
120:                    self.current = pre
121:                    self.no -= 1
122:
123:        def remove(self, p: int) -> None:
124:            """레코드 p를 삭제"""
125:            if self.head != Null:
126:                if p == self.head:
127:                    self.remove_first()                # p가 머리 노드면 머리 노드를 삭제
128:                else:
129:                    ptr = self.head
130:
131:                    while self.n[ptr].next != p:
132:                        ptr = self.n[ptr].next
133:                        if ptr == Null:
134:                            return                      # p는 리스트에 존재하지 않음
135:                    self.n[ptr].next = Null
136:                    self.delete_index(p)
137:                    self.n[ptr].next = self.n[p].next
138:                    self.current = ptr
139:                    self.no -= 1
140:
```

```python
141:     def remove_current_node(self) -> None:
142:         """주목 노드를 삭제"""
143:         self.remove(self.current)
144:
145:     def clear(self) -> None:
146:         """모든 노드를 삭제"""
147:         while self.head != Null:            # 리스트 전체가 빌 때까지
148:             self.remove_first()             # 머리 노드를 삭제
149:         self.current = Null
150:
151:     def next(self) -> bool:
152:         """주목 노드를 한 칸 뒤로 이동"""
153:         if self.current == Null or self.n[self.current].next == Null:
154:             return False                    # 이동할 수 없음
155:         self.current = self.n[self.current].next
156:         return True
157:
158:
159:     def print_current_node(self) -> None:
160:         """주목 노드를 출력"""
161:         if self.current == Null:
162:             print('주목 노드가 없습니다.')
163:         else:
164:             print(self.n[self.current].data)
165:
166:     def print(self) -> None:
167:         """모든 노드를 출력"""
168:         ptr = self.head
169:
170:         while ptr != Null:
171:             print(self.n[ptr].data)
172:             ptr = self.n[ptr].next
173:
174:     def dump(self) -> None:
175:         """배열을 덤프"""
176:         for i in self.n:
177:             print(f'[{i}]  {i.data} {i.next} {i.dnext}')
178:
179:     def __iter__(self) -> ArrayLinkedListIterator:
180:         """이터레이터를 반환"""
181:         return ArrayLinkedListIterator(self.n, self.head)
```

```
182:
183: class ArrayLinkedListIterator:
184:     """클래스 ArrayLinkedList의 이터레이터용 클래스"""
185:
186:     def __init__(self, n: int, head: int):
187:         self.n = n
188:         self.current = head
189:
190:     def __iter__(self) -> ArrayLinkedListIterator:
191:         return self
192:
193:     def __next__(self) -> Any:
194:         if self.current == Null:
195:             raise StopIteration
196:         else:
197:             data = self.n[self.current].data
198:             self.current = self.n[self.current].next
199:             return data
```

배열 안에 비어 있는 원소 처리하기

실습 8-3 프로그램은 08-2절에서 작성한 실습 8-1 프로그램의 연결 리스트 LinkedList 클래스와 함수에 거의 일대일로 대응합니다. 이때 발생할 수 있는 가장 중요한 문제인 '삭제된 노드 관리'를 좀 더 자세히 살펴보겠습니다. 먼저 [그림 8-18]을 예로 들어 노드의 삽입·삭제 방법을 알아보겠습니다.

ⓐ 연결 리스트에 노드 4개가 A → B → C → D로 연결되어 있고 오른쪽 그림의 배열로 저장됩니다.

ⓑ 연결 리스트의 맨 앞에 새로운 노드 E를 삽입한 상태입니다. 인덱스 4의 위치에 노드 E가 저장됩니다.

삽입된 노드의 저장 장소는 '배열 안에서 가장 끝 쪽에 있는 인덱스의 위치'입니다. 연결 리스트에서 맨 끝이 아닌 것에 주의하세요. 배열에서 물리적인 위치 관계와 연결 리스트의 논리적인 순서 관계가 일치하는 것은 아닙니다. 즉, 리스트에서 n번째에 위치하는 노드가 배열 인덱스 n의 원소에 저장되는 것은 아닙니다.

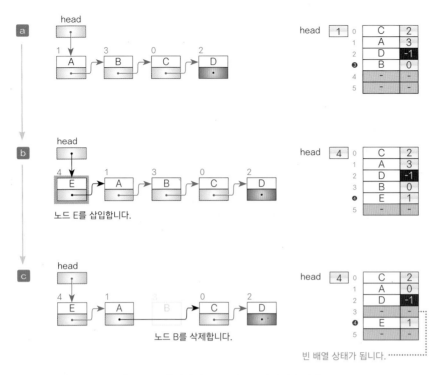

[그림 8-18] 연결 리스트에서 노드의 삽입과 삭제

이제부터 리스트의 순서와 구별하기 위해 인덱스 n인 원소에 저장되는 노드를 'n번째 레코드'라고 하겠습니다. 예를 들어 삽입된 노드 E는 4번째 레코드에 저장된다는 의미입니다.

c [그림 8-18] b에서 리스트의 3번째에 위치하는 노드 B를 삭제한 상태입니다. 그때까지 노드 B의 데이터가 저장되어 있던 3번째 레코드를 비웁니다.

만약 삭제를 여러 번 반복하면 배열 안에 빈 레코드가 많이 생깁니다. 삭제되는 레코드가 딱하나라면 그 인덱스를 어떤 변수에 넣어 놓고 관리함으로써 쉽게 재사용할 수 있습니다. 그러나 실제로는 여러 레코드가 삭제되므로 그렇게 간단하지 않습니다.

프리 리스트

연결 리스트인 프리 리스트^{free list}는 삭제된 레코드 그룹을 관리할 때 사용하는 자료구조입니다. 프리 리스트를 사용하면 앞에서 발생한 삭제 후 비어 있는 배열의 문제를 해결할 수 있습니다. 데이터 자체의 순서를 나타내는 연결 리스트와 프리 리스트가 결합하므로 노드 클래스 Node와 연결 리스트 클래스 ArrayLinkedList에는 다음과 같은 필드가 추가되어 있습니다.

노드 클래스 Node에 추가된 필드

- **dnext**: 프리 리스트의 뒤쪽 포인터(프리 리스트의 뒤쪽 노드를 참조하는 커서)입니다.

연결 리스트 클래스 ArrayLinkedList에 추가된 필드

- **deleted**: 프리 리스트의 머리 노드를 참조하는 커서입니다.
- **max**: 배열에서 맨 끝 쪽에 저장되는 노드의 레코드 번호입니다.

ⓒ [그림 8-18] 배열에서 ● 안의 값이 max입니다(이 값은 3 → 4 → 4로 변합니다).

그러면 [그림 8-19]에서 노드의 삽입·삭제에 따라 프리 리스트가 어떻게 변화하는지 살펴보겠습니다.

ⓐ 리스트에 노드 5개가 A → B → C → D → E 순으로 나열되어 있습니다. max가 7이고, 8번째 레코드 이후는 사용하지 않은 상태입니다. 또 3개의 레코드 1, 3, 5가 삭제되어 프리 리스트는 3 → 1 → 5가 됩니다.

ⓒ 그림에 나타낸 바와 같이 원래 데이터를 나열한 연결 리스트에 추가하여 삭제된 레코드 그룹을 관리하는 '연결 리스트 = 프리 리스트'가 존재합니다. 연결 리스트 클래스 ArrayLinkedList의 필드 deleted의 값 3은 프리 리스트의 머리 노드 인덱스(그림 ⓐ에서는 3)입니다.

ⓑ 리스트의 꼬리에 노드 F를 삽입한 상태입니다. 노드를 저장하는 곳은 프리 리스트의 머리 노드입니다. 노드 F를 3번째 레코드에 저장하고 프리 리스트에서 3을 삭제하여 1 → 5가 됩니다. 이처럼 프리 리스트에 빈 레코드가 등록된 경우에는 '사용하지 않는 레코드(max번째 레코드 이후의 레코드)를 구하여 max를 증가시키고, 그 위치에 데이터를 저장'하지 않습니다. 따라서 max값은 7로 유지됩니다.

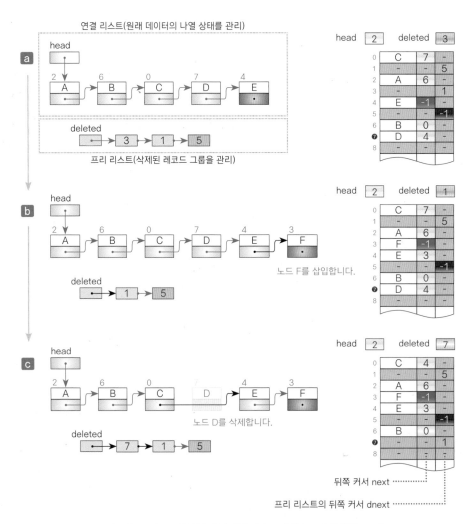

[그림 8-19] 노드의 삽입과 삭제에 따라 프리 리스트가 변화하는 모습

<kbd>c</kbd> 노드 D를 삭제한 상태입니다. 7번째 레코드에 저장되어 있는 데이터가 삭제되므로 7을 프리 리스트의 머리 노드로 등록합니다. 그 결과 프리 리스트는 7 → 1 → 5가 됩니다.

😊 delete_index( ) 함수는 삭제된 레코드를 프리 리스트에 등록합니다. 그리고 get_insert_index( ) 함수는 노드를 삽입할 때 저장하는 레코드 번호를 결정합니다. 그림 <kbd>b</kbd>에는 삭제한 레코드가 존재하므로 프리 리스트에 등록되어 있는 레코드에 삽입되는 노드를 저장합니다. 만약 삭제한 레코드가 존재하지 않아 프리 리스트가 비어 있으면 max를 증가시켜 배열 맨 끝 쪽의 아직 사용하지 않은 레코드를 사용합니다.

커서로 연결 리스트 프로그램 만들기

실습 8-4는 지금까지 설명한 배열 커서 버전의 연결 리스트 클래스인 ArrayLinkedList를 사용하는 프로그램입니다.

☺ 프로그램의 실행 결과는 실습 8-2와 같으므로 생략합니다. 직접 실행해 보세요.

Do it! 실습 8-4　　　　　　　　　　　　　　• 완성 파일 chap08/array_list_test.py

```python
01: # 커서를 이용한 연결 리스트 클래스 ArrayLinkedList 사용하기
02:
03: from enum import Enum
04: from array_list import ArrayLinkedList
05:
06: Menu = Enum('Menu', ['머리에노드삽입', '꼬리에노드삽입', '머리노드삭제',
07:                      '꼬리노드삭제', '주목노드출력', '주목노드이동',
08:                      '주목노드삭제', '모든노드삭제', '검색', '멤버십판단',
09:                      '모든노드출력', '스캔', '종료'])
10:
11: def select_Menu() -> Menu:
12:     """메뉴 선택"""
13:     s = [f'({m.value}){m.name}' for m in Menu]
14:     while True:
15:         print(*s, sep = '  ', end='')
16:         n = int(input(' : '))
17:         if 1 <= n <= len(Menu):
18:             return Menu(n)
19:
20: lst = ArrayLinkedList(100)              # 연결 리스트를 생성
21:
22: while True:
23:     menu = select_Menu()               # 메뉴 선택
24:
25:     if menu == Menu.머리에노드삽입:      # 맨 앞에 노드를 삽입
26:         lst.add_first(int(input('머리 노드에 넣을 값을 입력하세요.: ')))
27:
28:     elif menu == Menu.꼬리에노드삽입:    # 맨 끝에 노드를 삽입
29:         lst.add_last(int(input('꼬리 노드에 넣을 값을 입력하세요.: ')))
30:
31:     elif menu == Menu.머리노드삭제:      # 맨 앞 노드를 삭제
32:         lst.remove_first()
33:
```

```
34:    elif menu == Menu.꼬리노드삭제:        # 맨 끝 노드를 삭제
35:        lst.remove_last()
36:
37:    elif menu == Menu.주목노드출력:        # 주목 노드를 출력
38:        lst.print_current_node()
39:
40:    elif menu == Menu.주목노드이동:        # 주목 노드를 한 칸 뒤로 이동
41:        lst.next()
42:
43:    elif menu == Menu.주목노드삭제:        # 주목 노드를 삭제
44:        lst.remove_current_node()
45:
46:    elif menu == Menu.모든노드삭제:        # 모든 노드를 삭제
47:        lst.clear()
48:
49:    elif menu == Menu.검색:               # 검색
50:        pos = lst.search(int(input('검색할 값을 입력하세요.: ')))
51:        if pos >= 0:
52:            print(f'이 키를 갖는 데이터는 {pos + 1}번째에 있습니다.')
53:        else:
54:            print('해당 데이터가 없습니다.')
55:
56:    elif menu == Menu.멤버십판단:          # 멤버십을 판단
57:        print('그 값의 데이터는 포함되어'
58:            +('있습니다.' if int(input('판단할 값을 입력하세요.')) in lst else ' 있
            지 않습니다.'))
59:
60:    elif menu == Menu.모든노드출력:        # 모든 노드를 출력
61:        lst.print()
62:
63:    elif menu == Menu.스캔:               # 모든 노드를 스캔
64:        for e in lst:
65:            print(e)
66:
67:    else:                                # 종료
68:        break
```

📚 보충 수업 8-3 파이썬의 논리 연산자

많은 프로그래밍 언어에서 논리 연산자(논리곱, 논리합, 논리 부정의 각 연산자)는 평가 결과로 True 나 False 등의 논릿값을 생성합니다. 그런데 파이썬의 논리 연산자는 [표 8C-1]처럼 다른 프로그래밍 언어와 전혀 다른 성격을 갖고 있습니다.

[표 8C-1] 논리 연산자의 종류

x and y	x를 평가하여 거짓이면 그 값을 생성합니다. 그렇지 않으면 y를 평가하여 그 값을 생성합니다.
x or y	x를 평가하여 참이면 그 값을 생성합니다. 그렇지 않으면 y를 평가하여 그 값을 생성합니다.
not x	x가 참이면 False, 그렇지 않으면 True를 생성합니다.

◎ 우선순위가 높은 순서는 not 연산자, and 연산자, or 연산자입니다.

이 표에서 나타낸 것처럼 and 연산자와 or 연산자가 생성하는 값은 가장 마지막에 평가한 식의 값입니다. 예를 들어 식 '5 or 3'의 평가 결과는 5이고, 식 '0 or 3'의 평가 결과는 3입니다. 또한 식 '5 and 3' 의 평가 결과는 3입니다(True나 False가 없습니다).

또 and 연산자와 or 연산자는 논리 연산의 평가 결과가 왼쪽 피연산자의 평가 결과만으로 명확해질 경 우에 오른쪽 피연산자의 평가를 생략하는 단축 평가short circuit evaluation를 수행합니다. 구체적으로 다음과 같은 평가를 수행합니다.

- and 연산자의 왼쪽 피연산자를 평가한 값이 거짓이면, 오른쪽 피연산자의 평가를 생략합니다.
- or 연산자의 왼쪽 피연산자를 평가한 값이 참이면, 오른쪽 피연산자의 평가를 생략합니다.

파이썬의 논리 연산자 기능을 정리하면 [그림 8C-1]과 같습니다.

a 논리곱(and 연산자)

x	y	x and y
참	참	y
참	거짓	y
거짓	참	x
거짓	거짓	x

둘 다 참이면 참

b 논리합(or 연산자)

x	y	x or y
참	참	x
참	거짓	x
거짓	참	y
거짓	거짓	y

한쪽이라도 참이면 참

c 논리 부정(not 연산자)

x	not x
참	False
거짓	True

거짓이면 True

- **검은색 부분**의 피연산자는 평가되지 않습니다(실제로는 무시됩니다).
- 파란색 문자의 참과 거짓이 연산 결과로 채택되는 피연산자입니다.

예 x and y를 평가한 값은 '참 and 거짓'이라면 거짓인 y의 값이 되고, '거짓 and 참'이라면 거짓인 x의 값이 됩니다.

[그림 8C-1] 파이썬의 논리 연산자

08-4 원형 이중 연결 리스트

여기에서는 앞에서 배운 연결 리스트보다 구조가 복잡한 원형 이중 연결 리스트를 알아보겠습니다.

원형 리스트 알아보기

원형 리스트^{circular list}는 [그림 8-20]과 같이 연결 리스트의 꼬리 노드(F)가 다시 머리 노드(A)를 가리키는 모양을 하고 있습니다. 고리 모양으로 늘어선 데이터를 표현하는 데 알맞은 리스트 구조입니다.

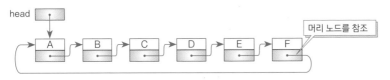

[그림 8-20] 원형 리스트

원형 리스트가 연결 리스트와 가장 크게 다른 점은 꼬리 노드(F)의 뒤쪽 포인터가 None이 아니라 머리 노드의 포인터값이 된다는 것입니다.

ⓒ 원형 리스트에서 개별 노드의 자료형은 연결 리스트와 같습니다.

이중 연결 리스트

연결 리스트의 가장 큰 단점은 뒤쪽 노드를 찾기 쉬운 반면 앞쪽 노드를 찾기 어렵다는 것입니다. 이 단점을 개선한 리스트 구조가 **이중 연결 리스트**^{doubly linked list}입니다. [그림 8-21]처럼 각 노드에는 뒤쪽 노드에 대한 포인터뿐만 아니라 앞쪽 노드에 대한 포인터가 주어집니다.

ⓒ 이중 연결 리스트는 양방향 리스트(bidirectional linked list)라고도 합니다.

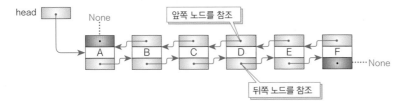

[그림 8-21] 이중 연결 리스트

이중 연결 리스트의 노드는 [그림 8-22]처럼 3개의 필드로 구성된 클래스 Node로 구현합니다.

> - **data**: 데이터에 대한 참조입니다(임의의 형).
> - **prev**: 앞쪽 노드에 대한 참조입니다(앞쪽 포인터: Node형).
> - **next**: 뒤쪽 노드에 대한 참조입니다(뒤쪽 포인터: Node형).

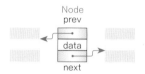

[그림 8-22] 이중 연결 리스트의 노드 구성

ⓒ 데이터, 앞쪽 포인터, 뒤쪽 포인터로 이루어진 구조입니다.

원형 이중 연결 리스트

[그림 8-23]은 원형 리스트와 이중 연결 리스트를 결합한 **원형 이중 연결 리스트**^{circular doubly linked list}입니다.

ⓒ 원형 이중 연결 리스트에서 개별 노드의 형은 이중 연결 리스트와 같습니다.

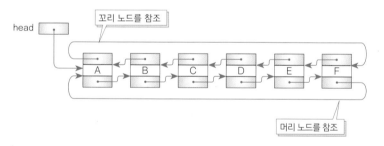

[그림 8-23] 원형 이중 연결 리스트

원형 이중 연결 리스트 만들기

실습 8-5는 원형 이중 연결 리스트를 클래스 DoubleLinkedList형으로 구현한 프로그램입니다. 이 프로그램을 통하여 원형 이중 연결 리스트를 자세히 알아보겠습니다.

```python
01: # 원형 이중 연결 리스트 구현하기
02:
03: from __future__ import annotations
04: from typing import Any, Type
05:
06: class Node:
07:     """원형 이중 연결 리스트용 노드 클래스"""
08:
09:     def __init__(self, data: Any = None, prev: Node = None,
10:                       next: Node = None) -> None:
11:         """초기화"""
12:         self.data = data              # 데이터
13:         self.prev = prev or self      # 앞쪽 포인터
14:         self.next = next or self      # 뒤쪽 포인터
15:
16: class DoubleLinkedList:
17:     """원형 이중 연결 리스트 클래스"""
18:
19:     def __init__(self) -> None:
20:         """초기화"""
21:         self.head = self.current = Node()   # 더미 노드를 생성
22:         self.no = 0
23:
24:     def __len__(self) -> int:
25:         """연결 리스트의 노드 수를 반환"""
26:         return self.no
27:
28:     def is_empty(self) -> bool:
29:         """리스트가 비었는지 확인"""
30:         return self.head.next is self.head
```

◑ 실습 8-5 [B]로 이어집니다.

지금까지 학습한 내용과 마찬가지로 노드용 클래스와 리스트용 클래스가 정의되어 있습니다.

노드 클래스 Node

원형 이중 연결 리스트용 노드 클래스 Node는 필드 3개로 구성됩니다. 필드 data와 next는
08-2절의 연결 리스트와 같지만 앞쪽 포인터인 필드 prev가 추가되었습니다. 이것은 [그림

8-22]에서 살펴보았습니다.

__init__( ) 함수는 노드의 초기화를 수행하기 위해 매개변수 data, prev, next로 전달받은 값을 해당 필드에 대입합니다.

또 매개변수 prev 또는 next로 전달받은 값이 None일 경우 앞쪽 포인터 prev와 뒤쪽 포인터 next에 None이 아닌 self를 대입합니다. 그 결과 앞쪽 포인터와 뒤쪽 포인터는 자신의 인스턴스를 참조하게 됩니다.

대입은 self.prev = prev or self라고 되어 있습니다. or 연산자를 사용하여 다음과 같은 대입이 이루어집니다.

- prev가 참이면(None이 아니면) self.prev에 prev를 대입합니다.
- prev가 거짓이면(None이면) self.prev에 self를 대입합니다.

ⓖ self.next에 대한 대입도 위와 마찬가지입니다. or 연산자는 앞에서 설명한 보충 수업 8-3을 참고하세요.

원형 이중 연결 리스트 클래스 DoubleLinkedList

원형 이중 연결 리스트를 나타내는 클래스입니다. 실습 8-1의 연결 리스트 클래스 Linked List처럼 필드 3개로 구성됩니다.

- **no**: 리스트에서 노드의 개수입니다.
- **head**: 머리 노드에 대한 참조입니다.
- **current**: 주목 노드에 대한 참조(주목 포인터)입니다.

초기화하는 __ init__( ) 함수

__init__( ) 함수는 비어 있는 원형 이중 연결 리스트를 생성합니다. 이때 [그림 8-24]처럼 데이터가 없는 노드를 1개 만듭니다. 이 노드는 삽입과 삭제를 원활하게 처리하기 위해 리스트의 맨 앞에 계속 존재하는 더미 노드입니다. Node( )에 의해 생성된 노드의 prev와 next는 클래스 Node의 __init__( ) 함수 동작으로 자신의 노드를 참조하게 됩니다. head와 current가 참조하는 곳은 생성한 더미 노드입니다.

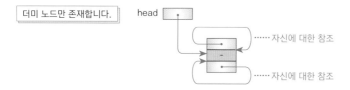

[그림 8-24] 비어 있는 원형 이중 연결 리스트

노드 수를 반환하는 __len__( ) 함수

리스트에 등록되어 있는 데이터 개수를 반환하는 함수입니다. no값을 그대로 반환합니다.

리스트가 비어 있는지 검사하는 is_empty( ) 함수

리스트가 비어 있는지(더미 노드만 존재하는지)를 검사하는 함수입니다. 더미 노드의 뒤쪽
포인터 head.next가 더미 노드인 head를 참조하면 리스트가 비어 있습니다. 리스트가 비어
있으면 True를, 그렇지 않으면 False를 반환합니다.

☺ [그림 8-24]처럼 빈 리스트는 head, head.next, head.prev가 참조하는 곳 모두 더미 노드입니다(모두 head와 같은 값
이 됩니다).

노드를 검색하는 search( ) 함수

인수로 주어진 데이터 data와 값이 같은 노드를 선형 검색하는 함수입니다. 머리 노드부터 시
작하여 뒤쪽 포인터를 순차적으로 따라갑니다. 스캔하는 순서는 08-2절에서 구현한 연결 리
스트 클래스 LinkedList의 search( ) 함수와 거의 같습니다. 다만 리스트의 실제 머리 노드가
맨 앞의 더미 노드가 아니라 그 뒤쪽 노드이므로 검색의 시작점이 다릅니다.
이것을 나타낸 것이 [그림 8-25]입니다. head가 참조하는 노드는 더미 노드입니다. 그리고
더미 노드의 뒤쪽 포인터가 참조하는 노드 A가 실제 머리 노드입니다. 따라서 검색을 시작하
는 위치는 head가 아니라 head.next입니다.

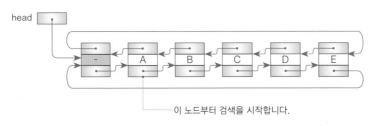

[그림 8-25] 노드 검색 과정

더미 노드와 머리 노드, 꼬리 노드를 참조하는 식은 각각 head, head.next, head.prev입니
다. 예를 들어 Node형 변수 a, b, c, d, e가 각각 노드 A, 노드 B, ⋯, 노드 E를 참조할 때 각 노
드를 참조하는 식은 다음과 같습니다.

더미 노드	head	e.next	d.next.next	a.prev	b.prev.prev
노드 A	a	head.next	e.next.next	b.prev	c.prev.prev
노드 B	b	a.next	head.next.next	c.prev	d.prev.prev
노드 C	c	b.next	a.next.next	d.prev	e.prev.prev
노드 D	d	c.next	b.next.next	e.prev	head.prev.prev
노드 E	e	d.next	c.next.next	head.prev	a.prev.prev

while 문에 의한 스캔 과정에서 값이 같다고 판단되면 검색에 성공한 것이고 카운터 cnt값을 반환합니다(이때 주목 포인터 current가 노드 ptr을 참조하도록 업데이트합니다).

노드를 찾지 못하고 스캔을 한바퀴 돌아 머리 노드로 되돌아오면(ptr이 head와 같아지면) while 문은 종료합니다. 이때 검색 실패임을 나타내는 −1을 반환합니다.

☺ [그림 8-25]를 보면 ptr이 주목하는 것이 노드 E일 때 ptr = ptr.next를 실행하면 ptr이 참조하는 곳이 더미 노드로 됩니다. 따라서 ptr이 참조하는 곳이 head와 같아져 스캔을 종료합니다.

Do it! 실습 8-5 [B]

• 완성 파일 chap08/double_list.py

```
33:    def search(self, data: Any) -> Any:
34:        """data와 값이 같은 노드를 검색"""
35:        cnt = 0
36:        ptr = self.head.next      # 현재 스캔 중인 노드
37:        while ptr is not self.head:
38:            if data == ptr.data:
39:                self.current = ptr
40:                return cnt         # 검색 성공
41:            cnt += 1
42:            ptr = ptr.next         # 뒤쪽 노드에 주목
43:        return -1                  # 검색 실패
44:
45:    def __contains__(self, data: Any) -> bool:
46:        """연결 리스트에 data가 포함되어 있는지 판단"""
47:        return self.search(data) >= 0
```

◐ 실습 8-5 [C]로 이어집니다.

빈 리스트를 검색하면 반드시 실패할 것입니다. 이 함수가 정말 검색에 실패하고 −1을 반환하는지 [그림 8-26]에서 확인해 봅시다.

함수 첫머리에서 ptr에 대입되는 head.next는 더미 노드에 대한 참조입니다. 따라서 head와 같은 값이 ptr에 대입됩니다. 그러면 while 문의 판단식 ptr is not head가 거짓이 됩니다. while 문의 반복은 건너뛰고 함수 맨 끝에 있는 return 문에 의해 −1이 반환됩니다.

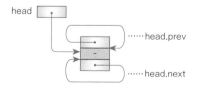

[그림 8-26] 비어 있는 원형 이중 연결 리스트에서 검색하는 과정

데이터가 포함되어 있는지 판단하는 __ contains__( ) 함수

리스트에 데이터와 값이 같은 노드가 존재하는지 판단하는 함수입니다. 존재하면 True를, 그
렇지 않으면 False를 반환합니다.

ⓒ 내부에서 search( ) 함수를 호출하는 것으로 구현합니다.

주목 노드를 출력하는 print_current_nod( ) 함수

주목 노드의 데이터 current.data를 출력하는 함수입니다. 리스트가 비어 있으면 주목 노드
가 존재하지 않으므로 '주목 노드는 없습니다.'를 출력합니다.

모든 노드를 출력하는 print( ) 함수

리스트에 있는 모든 노드를 맨 앞에서 맨 끝까지 순서대로 출력하는 함수입니다. head.next
에서 시작하여 뒤쪽 포인터를 따라가면서 스캔하여 각 노드의 데이터를 출력합니다. 한바퀴
돌아 head로 되돌아오면 스캔을 종료합니다. [그림 8-27]처럼 ① → ② → ③ …으로 포인터
를 따라갑니다. ⑥을 따라가면 더미 노드로 되돌아가므로(ptr이 참조하는 곳이 head가 참조
하는 곳과 같아지므로) 스캔을 종료합니다.

ⓒ 출력을 시작하는 위치는 그림처럼 ①을 따라간 뒤 head.next가 참조하는 노드입니다.

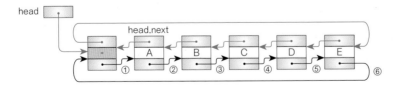

[그림 8-27] 모든 노드를 스캔하는 과정

모든 노드를 역순으로 출력하는 print_reverse( ) 함수

리스트에 있는 모든 노드를 맨 끝부터 역순으로 출력하는 함수입니다. head.prev에서 시작하여 앞쪽 포인터를 따라가면서 스캔하여 각 노드의 데이터를 출력합니다. 한바퀴 돌고 head로 되돌아가면 스캔이 종료됩니다. [그림 8-28]처럼 ①, ②, ③ … 의 순서로 포인터를 따라갑니다. ⑥을 따라가면 더미 노드로 되돌아가므로(ptr이 참조하는 곳이 head가 참조하는 곳과 같아지므로) 스캔을 종료합니다.

◎ 출력을 시작하는 위치는 그림처럼 ①을 따라간 뒤 head.prev가 참조하는 노드입니다.

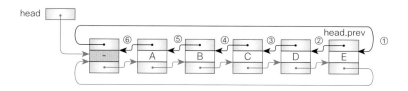

[그림 8-28] 모든 노드를 역순으로 스캔하는 과정

Do it! 실습 8-5 [C]

• 완성 파일 chap08/double_list.py

```
50:     def print_current_node(self) -> None:
51:         """주목 노드를 출력"""
52:         if self.is_empty():
53:             print('주목 노드는 없습니다.')
54:         else:
55:             print(self.current.data)
56:
57:     def print(self) -> None:
58:         """모든 노드를 출력"""
59:         ptr = self.head.next        # 더미 노드의 뒤쪽 노드
60:         while ptr is not self.head:
61:             print(ptr.data)
62:             ptr = ptr.next
63:
64:     def print_reverse(self) -> None:
65:         """모든 노드를 역순으로 출력"""
66:         ptr = self.head.prev        # 더미 노드의 앞쪽 노드
67:         while ptr is not self.head:
68:             print(ptr.data)
69:             ptr = ptr.prev
70:
71:     def next(self) -> bool:
```

```
72:         """주목 노드를 한 칸 뒤로 이동"""
73:         if self.is_empty() or self.current.next is self.head:
74:             return False    # 이동할 수 없음
75:         self.current = self.current.next
76:         return True
77:
78:     def prev(self) -> bool:
79:         """주목 노드를 한 칸 앞으로 이동"""
80:         if self.is_empty() or self.current.prev is self.head:
81:             return False    # 이동할 수 없음
82:         self.current = self.current.prev
83:         return True
```

◑ 실습 8-5 [D]로 이어집니다.

주목 노드를 한 칸 뒤로 이동시키는 next( ) 함수

주목 노드를 한 칸 뒤로 이동시키는 함수입니다. 리스트가 비어 있지 않고 주목 노드에 뒤쪽 노드가 존재하는 경우에만 이동합니다. 구체적으로는 주목 포인터 current를 current.next 로 업데이트합니다. 주목 노드를 이동하면 True를, 그렇지 않으면 False를 반환합니다.

주목 노드를 한 칸 앞으로 이동시키는 prev( ) 함수

주목 노드를 한 칸 앞으로 이동시키는 함수입니다. 리스트가 비어 있지 않고 주목 노드에 앞 쪽 노드가 존재하는 경우에만 이동합니다. 구체적으로는 주목 포인터 current를 current. prev로 업데이트합니다. 주목 노드를 이동하면 True를, 그렇지 않으면 False를 반환합니다.

Do it! 실습 8-5 [D]

• 완성 파일 chap08/double_list.py

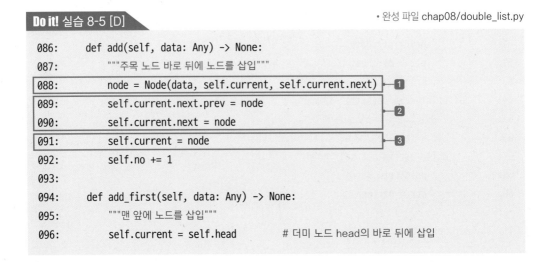

```
086:     def add(self, data: Any) -> None:
087:         """주목 노드 바로 뒤에 노드를 삽입"""
088:         node = Node(data, self.current, self.current.next)    ◀ 1
089:         self.current.next.prev = node                         ◀ 2
090:         self.current.next = node
091:         self.current = node                                   ◀ 3
092:         self.no += 1
093:
094:     def add_first(self, data: Any) -> None:
095:         """맨 앞에 노드를 삽입"""
096:         self.current = self.head            # 더미 노드 head의 바로 뒤에 삽입
```

```
097:          self.add(data)
098:
099:      def add_last(self, data: Any) -> None:
100:          """맨 뒤에 노드를 삽입"""
101:          self.current = self.head.prev    # 꼬리 노드 head.prev의 바로 뒤에 삽입
102:          self.add(data)
```

◎ 실습 8-5 [T]로 이어집니다.

노드를 삽입하는 add( ) 함수

주목 노드 바로 뒤에 노드를 삽입하는 함수입니다. 삽입하는 순서를 [그림 8-29]와 함께 살펴봅시다. 주목 포인터 current가 노드 B를 참조하는 상태가 그림 ⓐ이고, 그 바로 뒤에 노드 D를 삽입한 것이 그림 ⓑ입니다. 노드를 삽입하는 위치는 current가 참조하는 노드와 current.next가 참조하는 노드의 사이입니다. 노드를 삽입하는 순서는 다음과 같습니다.

1 새로 삽입하는 노드를 Node(data, current, current.next)로 생성합니다. 그 결과 생성된 노드의 데이터는 data, 앞쪽 포인터가 참조하는 곳은 노드 B, 뒤쪽 포인터가 참조하는 곳은 노드 C가 됩니다.
2 노드 B의 뒤쪽 포인터 current.next와 노드 C의 앞쪽 포인터 current.next.prev 모두 새로 삽입한 노드 node를 참조하도록 업데이트합니다.
3 주목 포인터 current가 삽입한 노드를 참조하도록 업데이트합니다.

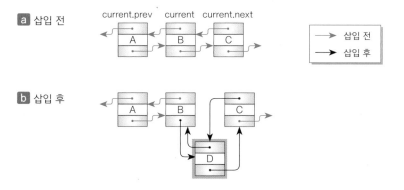

[그림 8-29] 원형 이중 연결 리스트에 노드를 삽입하는 과정

08-3절에서 배운 연결 리스트 프로그램과는 달리 리스트의 맨 앞에 더미 노드가 있으므로
'빈 리스트에 삽입 처리하는 과정'과 '리스트의 맨 앞에 삽입 처리하는 과정'을 다룰 필요가 없
습니다. [그림 8-30]은 더미 노드만 존재하는 빈 리스트에 노드 A를 삽입하는 과정을 보여 줍
니다. 삽입하기 전의 current와 head는 모두 더미 노드를 참조하므로 삽입 처리는 다음과 같
이 수행됩니다. 실습 8-5 [D]와 비교하면서 살펴보세요.

> **1** 생성된 노드의 앞쪽 포인터와 뒤쪽 포인터에 더미 노드를 참조시킵니다(088행)
> **2** 더미 노드의 뒤쪽 포인터와 앞쪽 포인터가 참조하는 곳을 노드 A로 합니다(089~099행).
> **3** 주목 포인터 current가 참조하는 곳을 삽입한 노드로 합니다(091행).

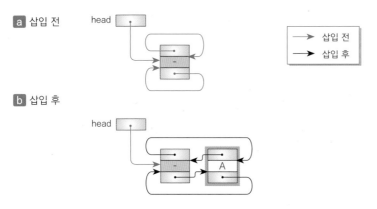

[그림 8-30] 비어 있는 원형 이중 연결 리스트에 노드를 삽입하는 과정

머리에 노드를 삽입하는 add_first( ) 함수

리스트의 맨 앞에 노드를 삽입하는 함수입니다. 더미 노드 바로 뒤에 노드를 삽입하기 위해 주
목 포인터 current가 참조하는 곳을 head로 업데이트한 상태에서 add( ) 함수를 호출합니다.
☺ [그림 8-29]처럼 삽입이 수행됩니다.

꼬리에 노드를 삽입하는 add_last( ) 함수

리스트의 맨 끝에 노드를 삽입하는 함수입니다. 꼬리 노드 바로 뒤에, 곧 더미 노드 바로 앞에
노드를 삽입하기 위해 주목 포인터 current가 참조하는 곳을 head.prev로 업데이트한 상태
에서 add( ) 함수를 호출합니다.
☺ [그림 8-29]처럼 삽입이 수행됩니다.

```
105:        def remove_current_node(self) -> None:
106:            """주목 노드 삭제"""
107:            if not self.is_empty():
108:                self.current.prev.next = self.current.next
109:                self.current.next.prev = self.current.prev
110:                self.current = self.current.prev
111:                self.no -= 1
112:                if self.current is self.head:
113:                    self.current = self.head.next
114:
115:        def remove(self, p: Node) -> None:
116:            """노드 p를 삭제"""
117:            ptr = self.head.next
118:
119:            while ptr is not self.head:
120:                if ptr is p:                    # p를 발견
121:                    self.current = p
122:                    self.remove_current_node()
123:                    break
124:                ptr = ptr.next
125:
126:        def remove_first(self) -> None:
127:            """머리 노드 삭제"""
128:            self.current = self.head.next   # 머리 노드 head.next를 삭제
129:            self.remove_current_node()
130:
131:        def remove_last(self) -> None:
132:            """꼬리 노드 삭제"""
133:            self.current = self.head.prev   # 꼬리 노드 head.prev를 삭제
134:            self.remove_current_node()
135:
136:        def clear(self) -> None:
137:            """모든 노드를 삭제"""
138:            while not self.is_empty():      # 리스트 전체가 빌 때까지
139:                self.remove_first()         # 머리 노드를 삭제
140:            self.no = 0
```

◐ 실습 8-5 [F]로 이어집니다.

주목 노드를 삭제하는 remove_current_node( ) 함수

주목 노드를 삭제하는 함수입니다. 더미 노드를 삭제할 수는 없으므로 먼저 리스트가 비어 있는지 확인한 후 리스트가 비어 있다면 삭제 처리를 수행합니다. 삭제 순서를 나타낸 [그림 8-31]을 살펴봅시다. current가 노드 B를 참조하는 상태가 그림 **a**이고, 그 노드 B를 삭제한 것이 그림 **b**입니다. current.prev가 참조하는 곳의 노드 A와 current.next가 참조하는 곳의 노드 C 사이에 있는 노드를 삭제합니다. 삭제 순서는 다음과 같습니다.

1 노드 A, 곧 current.prev의 뒤쪽 포인터 current.prev.next가 참조하는 곳이 노드 C의 current.next가 되도록 업데이트합니다.
2 노드 C, 곧 current.next의 앞쪽 포인터 current.next.prev가 참조하는 곳이 노드 A의 current.prev가 되도록 업데이트합니다. 노드 B는 어디에서도 참조하지 않고 삭제 프로세스는 종료합니다.
3 주목 포인터 current가 삭제한 노드 B의 앞쪽 노드 A를 참조하도록 업데이트합니다.

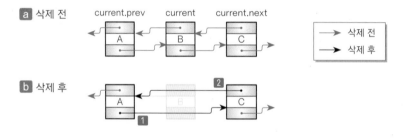

[그림 8-31] 원형 이중 연결 리스트에서 노드를 삭제하는 과정

임의의 노드를 삭제하는 remove( ) 함수

노드 p(p가 참조하는 노드)를 삭제하는 함수입니다. 삭제 처리는 리스트가 비어 있지 않고 인수에 주어진 노드 p가 존재하는 경우에만 수행합니다. while 문으로 모든 노드를 스캔하는 과정에서 노드 p를 찾으면 current가 참조하는 곳을 p로 업데이트하고 remove_current_node( ) 함수를 호출합니다.

머리 노드를 삭제하는 remove_first( ) 함수

머리 노드를 삭제하는 함수입니다. 주목 포인터 current가 참조하는 곳을 머리 노드 head.next로 업데이트한 상태에서 remove_current_node( ) 함수를 호출합니다. 더미 노드를 삭제할 수 없으므로, head가 참조하는 더미 노드가 아니라 그 뒤쪽 노드(실제 머리 노드)인 head.next를 삭제합니다.

꼬리 노드를 삭제하는 remove_last( ) 함수

꼬리 노드를 삭제하는 함수입니다. 주목 포인터 current가 참조하는 곳을 꼬리 노드 head. prev로 업데이트한 상태에서 remove_current_node( ) 함수를 호출합니다.

모든 노드를 삭제하는 clear( ) 함수

더미 노드 이외의 모든 노드를 삭제하는 함수입니다. 리스트가 비어 있을 때까지 remove_first( ) 함수로 머리 노드를 반복해서 삭제합니다.

◎ 삭제한 결과 주목 포인터 current가 참조하는 곳은 더미 노드 head로 업데이트됩니다.

Do it! 실습 8-5 [F]

• 완성 파일 chap08/double_list.py

```
143:    def __iter__(self) -> DoubleLinkedListIterator:
144:        """이터레이터를 반환"""
145:        return DoubleLinkedListIterator(self.head)
146:
147:    def __reversed__(self) -> DoubleLinkedListReverseIterator:
148:        """내림차순 이터레이터를 반환"""
149:        return DoubleLinkedListReverseIterator(self.head)
150:
151: class DoubleLinkedListIterator:
152:    """DoubleLinkedList의 이터레이터용 클래스"""
153:
154:    def __init__(self, head: Node):
155:        self.head = head
156:        self.current = head.next
157:
158:    def __iter__(self) -> DoubleLinkedListIterator:
159:        return self
160:
161:    def __next__(self) -> Any:
162:        if self.current is self.head:
163:            raise StopIteration
164:        else:
165:            data = self.current.data
166:            self.current = self.current.next
167:            return data
168:
169: class DoubleLinkedListReverseIterator:
170:    """DoubleLinkedList의 내림차순 이터레이터 클래스"""
171:
```

```
172:    def __init__(self, head: Node):
173:        self.head = head
174:        self.current = head.prev
175:
176:    def __iter__(self) -> DoubleLinkedListReverseIterator:
177:        return self
178:
179:    def __next__(self) -> Any:
180:        if self.current is self.head:
181:            raise StopIteration
182:        else:
183:            data = self.current.data
184:            self.current = self.current.prev
185:            return data
```

이터레이터의 구현

이중 연결 리스트는 지금까지 배운 연결 리스트와 달리 양방향으로 스캔할 수 있습니다. 따라서 DoubleLinkedList는 뒤쪽으로 스캔하기 위한 일반 이터레이터 DoubleLinkedList Iterator 이외에 앞쪽으로 스캔하기 위한 DoubleLinkedListReverseIterator도 정의하고 있습니다.

◉ 원형 이중 연결 리스트 DoubleLinkedList를 실제 사용하는 실습 8-6 프로그램에서는 '(15)모든노드스캔'과 '(16)모든 노드역순스캔' 메뉴에서 각각 이터레이터를 사용했습니다. '(15)모든노드스캔'에서는 DoubleLinkedlist형의 lst가 for 문의 대상이었지만, '(16)모든노드역순스캔'에서는 reversed(lst)가 for 문의 대상입니다.

📚 보충 수업 8-4　파이썬의 대입을 알아봅시다

실습 8-5 [D]에서 add( ) 함수의 089~090행을 살펴보겠습니다.

```
086:    def add(self, data: Any) -> None:
087:        """주목 노드 바로 뒤에 노드를 삽입"""
088:        node = Node(data, self.current, self.current.next)
089:        self.current.next.prev = node
090:        self.current.next = node
091:        self.current = node
092:        self.no += 1
```

089~090행에서 대입을 하는 '='은 연속으로 적용할 수 있으므로 2가지 대입을 다음과 같이 '한 줄로 정리할 수 있지 않을까'라고 생각할 수 있습니다(특히 다른 프로그래밍 언어를 경험했다면 말입니다).

```
# 파이썬에서는 제대로 동작하지 않는 문법(C, Java 등에서는 제대로 동작)
self.current.next = self.current.next.prev = node
```

다른 프로그래밍 언어에서는 같은 코드로 기대하는 실행 결과를 얻을 수 있습니다. 그런데 파이썬에서는 그렇지 않습니다. C 언어, Java 등의 언어에서는 대입 연산자 '='은 오른쪽 결합 연산자입니다. 따라서 위의 연속 대입은 다음과 같이 해석할 수 있습니다(실습 8-5 [D]의 089~090행과 같습니다).

```
self.current.next.prev = node        # 대입 [1]
self.current.next = node             # 대입 [2]
```

[그림 8C-2]의 경우 대입 [1]에 따라 '노드 C의 앞쪽 포인터'가 새롭게 삽입되는 D를 참조하고, 대입 [2]에 따라 '노드 B의 뒤쪽 포인터'도 D를 참조하게 됩니다. 그런데 파이썬에서는 위와 같은 연속 대입은 다음처럼 수행됩니다(순서가 거꾸로입니다).

```
self.current.next = node             # 대입 [X]
self.current.next.prev = node        # 대입 [Y]
```

곧, 대입 [X]가 먼저 수행되어 '노드 B의 뒤쪽 포인터'가 D를 참조하고, 그 결과 대입 [Y]가 대입하는 곳은 노드 C의 앞쪽 포인터가 아니라 '노드 D의 앞쪽 포인터'가 된다는 것입니다(self.current.next가 노드 D를 참조하고 있기 때문입니다). 당연히 노드 C의 앞쪽 포인터에는 아무것도 대입되지 않고 업데이트하지 않은 그대로입니다. 02장의 보충 수업 2-1에서 살펴보았지만 파이썬에서 '='은 연산자가 아닙니다. 그러므로 당연히 오른쪽 결합 연산자도 아닙니다.

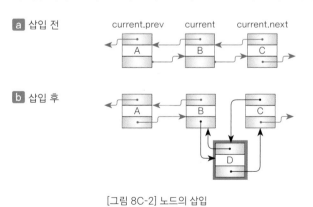

[그림 8C-2] 노드의 삽입

원형 이중 연결 리스트 프로그램 만들기

실습 8-6은 원형 이중 연결 리스트 클래스 DoubleLinkedList를 사용하는 프로그램입니다.

• 완성 파일 chap08/double_list_test.py

```python
01: # 원형 이중 연결 리스트 클래스 DoubleLinkedList 사용하기
02:
03: from enum import Enum
04: from double_list import DoubleLinkedList
05:
06: Menu = Enum('Menu', ['머리에노드삽입', '꼬리에노드삽입', '주목노드바로뒤삽입',
07:                      '머리노드삭제', '꼬리노드삭제', '주목노드출력',
08:                      '주목노드이동', '주목노드역순이동', '주목노드삭제',
09:                      '모든노드삭제', '검색', '멤버십판단', '모든노드출력',
10:                      '모든노드역순출력', '모든노드스캔', '모든노드역순스캔', '종료'])
11:
12: def select_Menu() -> Menu:
13:     """메뉴 선택"""
14:     s = [f'({m.value}){m.name}' for m in Menu]
15:     while True:
16:         print(*s, sep = '  ', end='')
17:         n = int(input(': '))
18:         if 1 <= n <= len(Menu):
19:             return Menu(n)
20:
21: lst = DoubleLinkedList()                     # 원형 이중 연결 리스트를 생성
22:
23: while True:
24:     menu = select_Menu()                     # 메뉴 선택
25:
26:     if menu == Menu.머리에노드삽입:            # 맨 앞에 노드를 삽입
27:         lst.add_first(int(input('머리 노드에 넣을 값을 입력하세요.: ')))
28:
29:     elif menu == Menu.꼬리에노드삽입:          # 맨 끝에 노드를 삽입
30:         lst.add_last(int(input('꼬리 노드에 넣을 값을 입력하세요.: ')))
31:
32:     elif menu == Menu.주목노드바로뒤삽입:      # 주목 노드 바로 뒤에 삽입
33:         lst.add(int(input('주목 노드 바로 뒤에 넣을 값을 입력하세요 : ')))
34:
35:     elif menu == Menu.머리노드삭제:            # 맨 앞 노드를 삭제
36:         lst.remove_first()
```

```python
37:
38:     elif menu == Menu.꼬리노드삭제:        # 맨 끝 노드를 삭제
39:         lst.remove_last()
40:
41:     elif menu == Menu.주목노드출력:        # 주목 노드를 출력
42:         lst.print_current_node()
43:
44:     elif menu == Menu.주목노드이동:        # 주목 노드를 한 칸 뒤로 이동
45:         lst.next()
46:
47:     elif menu == Menu.주목노드역순이동:    # 주목 노드를 한 칸 앞으로 이동
48:         lst.prev()
49:
50:     elif menu == Menu.주목노드삭제:        # 주목 노드를 삭제
51:         lst.remove_current_node()
52:
53:     elif menu == Menu.모든노드삭제:        # 모든 노드를 삭제
54:         lst.clear()
55:
56:     elif menu == Menu.검색:              # 검색
57:         pos = lst.search(int(input('검색할 값을 입력하세요.: ')))
58:         if pos >= 0:
59:             print(f'그 값의 데이터는 {pos + 1}번째에 있습니다.')
60:         else:
61:             print('해당 데이터가 없습니다.')
62:
63:     elif menu == Menu.멤버십판단:          # 멤버십 판단
64:         print('그 값의 데이터는 포함되어'
65:             +(' 있습니다.' if int(input('판단할 값을 입력하세요.: ')) in lst else '
                있지 않습니다.'))
66:
67:     elif menu == Menu.모든노드출력:        # 모든 노드를 출력
68:         lst.print()
69:
70:     elif menu == Menu.모든노드역순출력:    # 모든 노드를 역순으로 출력
71:         lst.print_reverse()
72:
73:     elif menu == Menu.모든노드스캔:        # 모든 노드를 스캔
74:         for e in lst:
75:             print(e)
76:
```

```
77:     elif menu == Menu.모든노드역순스캔:    # 모든 노드를 역순으로 스캔
78:         for e in reversed(lst):
79:             print(e)
80:
81:     else:                                  # 종료
82:         break
```

모든 노드를 역순으로 스캔하는 78~79행에서는 원형 이중 연결 리스트 lst를 내장 함수인
reversed( )에 전달해 줍니다. 여기서 호출하는 reversed( )는 원소를 역순으로 꺼내는 이터레
이터를 반환하는 내장 함수입니다. 따라서 클래스 DoubleLinkedList 내 __reversed__( )
함수의 동작에 따라 DoubleLinkedListReverseIterator가 반환됩니다.

◉ reversed( ) 함수는 02장의 보충 수업 2-4를 참고하세요.

▶ 실행 결과
(1)머리에노드삽입 (2)꼬리에노드삽입 (3)주목노드바로뒤삽입 (4)머리노드삭제 (5)꼬리노드삭제
(6)주목노드출력 (7)주목노드이동 (8)주목노드역순이동 (9)주목노드삭제 (10)모든노드삭제
(11)검색 (12)멤버십판단 (13)모든노드출력 (14)모든노드역순출력 (15)모든노드스캔 (16)모든
노드역순스캔 (17)종료: 1
머리 노드에 넣을 값을 입력하세요.: 5 ━━━━━━━━━━━━━━━━━━━━━━━━━━━━━━━[5를 맨 앞에 삽입]
(1)머리에노드삽입 (2)꼬리에노드삽입 (… 생략 …) (17)종료: 1
머리 노드에 넣을 값을 입력하세요.: 4
(1)머리에노드삽입 (2)꼬리에노드삽입 (… 생략 …) (17)종료: 1
머리 노드에 넣을 값을 입력하세요.: 3
(1)머리에노드삽입 (2)꼬리에노드삽입 (… 생략 …) (17)종료: 1
머리 노드에 넣을 값을 입력하세요.: 2
(1)머리에노드삽입 (2)꼬리에노드삽입 (… 생략 …) (17)종료: 1
머리 노드에 넣을 값을 입력하세요.: 1 ━━━━━━━[삽입한 결과는 맨 앞부터 1, 2, 3, 4, 5 순서입니다.]
(1)머리에노드삽입 (2)꼬리에노드삽입 (… 생략 …) (17)종료: 11
검색할 값을 입력하세요.: 3 ━━━━━━━━━━━━━━━━━━━━━━━━━━━━━[3을 검색, 주목]
그 값의 데이터는 3번째에 있습니다.
(1)머리에노드삽입 (2)꼬리에노드삽입 (… 생략 …) (17)종료: 9 ━━━━━[주목 노드를 삭제]
(1)머리에노드삽입 (2)꼬리에노드삽입 (… 생략 …) (17)종료: 6 ━━━━━[주목 노드를 출력]
2
(1)머리에노드삽입 (2)꼬리에노드삽입 (… 생략 …) (17)종료: 8 ━━━[주목 노드를 앞쪽으로 이동]
(1)머리에노드삽입 (2)꼬리에노드삽입 (… 생략 …) (17)종료: 6 ━━━━━[주목 노드를 출력]
1
(1)머리에노드삽입 (2)꼬리에노드삽입 (… 생략 …) (17)종료: 15 ━━━[주목 노드를 뒤쪽으로 스캔]
1
2

4
5
(1)머리에노드삽입 (2)꼬리에노드삽입 (⋯ 생략 ⋯) (17)종료: 16 ┈┈┈ 주목 노드를 앞쪽으로 스캔
5
4
2
1
(1)머리에노드삽입 (2)꼬리에노드삽입 (⋯ 생략 ⋯) (17)종료: 17

09

트리

09-1 트리 구조

09-2 이진 트리와 이진 검색 트리

09-1 트리 구조

08장에서 배운 리스트는 순서를 매긴 데이터를 나열하는 자료구조라고 했습니다. 이번에는 데이터 사이의 계층 관계를 표현하는 트리 구조를 살펴보겠습니다.

트리의 구조와 관련 용어

트리^{tree}가 무엇인지 살펴보기 전에 [그림 9-1]을 참고하여 트리와 관련된 용어 먼저 알아보겠습니다. 트리는 다음과 같이 노드^{node}와 가지^{edge}로 구성됩니다. 각 노드는 가지를 통해 다른 노드와 연결됩니다.

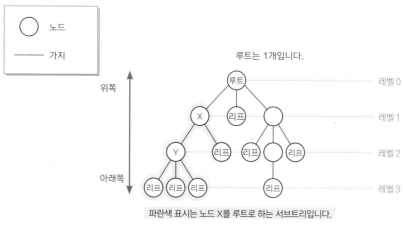

[그림 9-1] 트리의 구조

루트

트리의 가장 위쪽에 있는 노드를 루트^{root}라고 합니다. 루트는 트리 하나에 1개만 존재합니다. [그림 9-1]을 위아래로 뒤집어 보면 나무 모양과 비슷하다는 것을 쉽게 알 수 있습니다.

리프

가장 아래쪽에 있는 노드를 리프^{leaf}라고 합니다. 리프는 단말 노드$^{terminal\ node}$, 외부 노드 $^{external\ node}$라고도 합니다. 물리적으로 가장 밑에 위치한다는 의미가 아니라 가지가 더 이상 뻗어나갈 수 없는 마지막에 노드가 있다는 뜻입니다.

비단말 노드

리프를 제외한 노드(루트를 포함)를 비단말 노드^{non-terminal node}라고 합니다. 비단말 노드는 내부 노드^{internal node}라고도 합니다.

자식

어떤 노드와 가지가 연결되었을 때 아래쪽 노드를 자식^{child}이라고 합니다. 노드는 자식을 몇개라도 가질 수 있습니다. 예를 들어 [그림 9-1]에서 노드 X는 자식이 2개이고, 노드 Y는 3개입니다. 또 가장 아래쪽의 리프는 자식을 갖지 않습니다.

부모

어떤 노드와 가지가 연결되었을 때 위쪽에 있는 노드를 부모^{parent}라고 합니다. 노드의 부모는 하나뿐입니다. 예를 들어 [그림 9-1]에서 노드 Y의 부모는 노드 X입니다. 루트는 부모를 갖지 않습니다.

형제

부모가 같은 노드를 형제^{sibling}라고 합니다.

조상

어떤 노드에서 위쪽으로 가지를 따라가면 만나는 모든 노드를 조상^{ancestor}이라고 합니다.

자손

어떤 노드에서 아래쪽으로 가지를 따라가면 만나는 모든 노드를 자손^{descendant}이라고 합니다.

레벨

루트에서 얼마나 멀리 떨어져 있는지를 나타내는 것이 레벨^{level}입니다. [그림 9-1]에서 가장 위쪽에 있는 루트의 레벨은 0이고, 가지가 하나씩 아래로 뻗어 내려갈 때마다 레벨이 1씩 증가합니다.

차수

각 노드가 갖는 자식의 수를 차수^{degree}라고 합니다. 예를 들어 [그림 9-1]에서 노드 X의 차수는 2이고, 노드 Y의 차수는 3입니다. 또 모든 노드의 차수가 n 이하인 트리를 n진 트리라고 합니다. [그림 9-1]은 모든 노드의 자식이 3개 이하이므로 삼진 트리입니다. 만약 모든 노드의 자식이 2개 이하면 이진 트리입니다.

높이

루트에서 가장 멀리 있는 리프까지의 거리, 곧 리프 레벨의 최댓값을 높이^{height}라고 합니다. [그림 9-1]에서 트리의 높이는 3입니다.

서브트리

어떤 노드를 루트로 하고, 그 자손으로 구성된 트리를 서브트리^{subtree}라고 합니다. [그림 9-1]에서 파란색으로 표시한 부분은 노드 X를 루트로 하는 서브트리입니다.

빈 트리

노드와 가지가 전혀 없는 트리를 빈 트리$^{None\ tree}$ 또는 널 트리$^{null\ tree}$라고 합니다.

순서 트리와 무순서 트리

트리는 형제 노드의 순서 관계가 있는지에 따라 2종류로 분류됩니다. 형제 노드의 순서 관계가 있으면 순서 트리$^{ordered\ tree}$라 하고, 구별하지 않으면 무순서 트리$^{unordered\ tree}$라고 합니다. 예를 들어 [그림 9-2]의 **a**와 **b**는 순서 트리로 보면 다른 트리이지만 무순서 트리로 보면 같은 트리입니다.

[그림 9-2] 순서 트리와 무순서 트리

순서 트리의 검색

순서 트리의 노드를 스캔하는 방법은 크게 2가지입니다. 여기서는 이진 트리를 예로 들어 살펴보겠습니다.

너비 우선 검색

너비 우선 검색$^{breadth-first\ search}$은 폭 우선 검색, 가로 검색, 수평 검색이라고도 합니다. 너비 우선 검색은 낮은 레벨부터 왼쪽에서 오른쪽으로 검색하고, 한 레벨에서 검색을 마치면 다음 레벨로 내려가는 방법입니다. [그림 9-3]은 너비 우선 검색으로 노드를 스

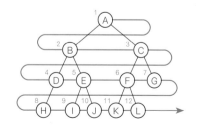

[그림 9-3] 너비 우선 검색

캔하는 과정을 보여 줍니다. 노드를 따라가면서 검색하는 순서는 다음과 같습니다.

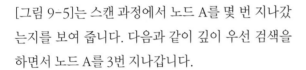

깊이 우선 검색

깊이 우선 검색$^{depth-first\ search}$은 세로 검색, 수직 검색이라고도 합니다. 깊이 우선 검색은 리프에 도달할 때까지 아래쪽으로 내려가면서 검색하는 것을 우선으로 하는 방법입니다. 리프에 도달해서 더 이상검색할 곳이 없으면 일단 부모 노드로 돌아가고 그뒤 다시 자식 노드로 내려갑니다.

[그림 9-4]는 깊이 우선 검색을 스캔하는 과정을 나타낸 것입니다. 여기서 노드 A에 주목합시다.

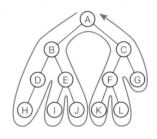

[그림 9-4] 깊이 우선 검색

[그림 9-5]는 스캔 과정에서 노드 A를 몇 번 지나갔는지를 보여 줍니다. 다음과 같이 깊이 우선 검색을하면서 노드 A를 3번 지나갑니다.

① A에서 B로 내려가기 직전에 A를 1번 지나갑니다.
② B에서 C로 지나가는 도중에 A를 1번 지나갑니다.
③ C에서 A로 돌아올 때 A를 1번 지나갑니다.

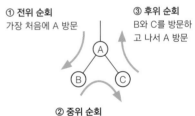

[그림 9-5] 깊이 우선 검색과 스캔 방법

다른 노드에서도 마찬가지입니다. 두 자식 가운데하나 또는 둘 다 없으면 노드를 지나가는 횟수는 줄어들겠지만, 각 노드를 최대 3번 지나갑니다.
이때 어느 시점에 실제로 노드를 방문하는지에 따라깊이 우선 검색은 [그림 9-5]와 같이 세 종류의 스캔방법으로 구분합니다.

ⓒ 지나가는 것과 방문하는 것은 다른 개념입니다.

전위 순회

전위 순회^{preorder}는 다음과 같은 순서로 스캔합니다.

> 노드 방문 → 왼쪽 자식 → 오른쪽 자식

[그림 9-4]의 트리를 살펴봅시다. 예를 들어 노드 A의 통과 시점에 주목하면 'A를 방문 → B로 내려감 → C로 내려감'의 순서입니다. 따라서 트리 전체의 스캔은 다음과 같이 진행합니다.

> A → B → D → H → E → I → J → C → F → K → L → G

중위 순회

중위 순회^{inorder}는 다음과 같은 순서로 스캔합니다.

> 왼쪽 자식 → 노드 방문 → 오른쪽 자식

예를 들어 노드 A의 통과 시점에 주목하면 'B로 내려감 → A를 방문 → C로 내려감'의 순서입니다. 따라서 [그림 9-4]의 트리 스캔은 다음과 같이 진행합니다.

> H → D → B → I → E → J → A → K → F → L → C → G

후위 순회

후위 순회^{postorder}는 다음과 같은 순서로 스캔합니다.

> 왼쪽 자식 → 오른쪽 자식 → 노드 방문

예를 들어 노드 A의 통과 시점에 주목하면 'B로 내려감 → C로 내려감 → A를 방문'하는 순서입니다. 따라서 [그림 9-4]의 트리 스캔은 다음과 같이 진행합니다.

> H → D → I → J → E → B → K → L → F → G → C → A

09-2 이진 트리와 이진 검색 트리

여기에서는 간단하면서도 실제 프로그램을 작성할 때 자주 사용하는 이진 트리와 이진 검색 트리를 배워 보겠습니다.

이진 트리 알아보기

노드가 왼쪽 자식$^{left\ child}$과 오른쪽 자식$^{right\ child}$만을 갖는 트리를 이진 트리$^{binary\ tree}$라고 합니다. 이때 두 자식 가운데 하나 또는 둘 다 존재하지 않는 노드가 있어도 상관없습니다. [그림 9-6]에 나타낸 것이 이진 트리의 구조입니다.

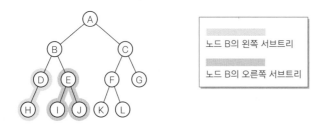

[그림 9-6] 이진 트리의 구조

이진 트리의 특징은 왼쪽 자식과 오른쪽 자식을 구분한다는 점입니다. 예를 들어 [그림 9-6]에서 노드 B의 왼쪽 자식은 D이고 오른쪽 자식은 E입니다.
또 왼쪽 자식을 루트로 하는 서브트리를 왼쪽 서브트리$^{left\ subtree}$라 하고, 오른쪽 자식을 루트로 하는 서브트리를 오른쪽 서브트리$^{right\ subtree}$라고 합니다. [그림 9-6]에서는 파란색 부분이 노드 B의 왼쪽 서브트리고, 회색 부분이 노드 B의 오른쪽 서브트리입니다.

완전 이진 트리 알아보기

루트부터 아래쪽 레벨로 노드가 가득 차 있고, 같은 레벨 안에서 왼쪽부터 오른쪽으로 노드가 채워져 있는 이진 트리를 완전 이진 트리$^{complete\ binary\ tree}$라고 합니다. [그림 9-7]처럼 노드를 채우는 방법은 다음과 같습니다.

- 마지막 레벨을 제외하고 모든 레벨에 노드가 가득 차 있습니다.
- 마지막 레벨에 한해서 왼쪽부터 오른쪽으로 노드를 채우되 반드시 끝까지 채우지 않아도 됩니다.

높이가 k인 완전 이진 트리가 가질 수 있는 노드의 수는 최대 $2^{k+1} - 1$개이므로, n개의 노드를 저장할 수 있는 완전 이진 트리의 높이는 log n입니다.

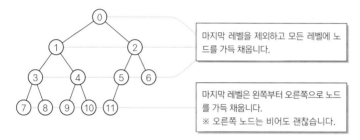

마지막 레벨을 제외하고 모든 레벨에 노드를 가득 채웁니다.

마지막 레벨은 왼쪽부터 오른쪽으로 노드를 가득 채웁니다.
※ 오른쪽 노드는 비어도 괜찮습니다.

[그림 9-7] 완전 이진 트리

[그림 9-7]과 같이 너비 우선 검색에서 스캔하는 순서대로 각 노드에 0, 1, 2, …의 값을 주면 배열에 저장하는 인덱스와 일대일로 정확히 대응시킬 수 있습니다.

😊 이 방법은 06장에서 학습한 '힙 정렬'에서 사용했습니다.

📚 **보충 수업 9-1 균형 검색 트리**

다음에 다룰 이진 검색 트리는 키의 오름차순으로 노드가 삽입되면 트리의 높이가 깊어지는 단점이 있습니다. 예를 들어 비어 있는 이진 검색 트리에 1, 2, 3, 4, 5 순으로 노드를 삽입하면 [그림 9C-1]처럼 직선 모양의 트리가 됩니다(실제로 선형 리스트처럼 되어 아주 **빠른** 검색을 수행할 수 없습니다).

이와 같이 높이를 O(log n)으로 제한하여 고안된 검색 트리를 균형 검색 트리$^{self-balancing search}$ ^{tree}라고 합니다. 이진의 균형 검색 트리로는 다음과 같은 종류가 있습니다.

- AVL 트리(AVL tree)
- 레드·블랙 트리(red-black tree)

또 이진이 아닌 균형 검색 트리로는 다음과 같은 종류가 있습니다.

- B 트리(B tree)
- 2-3 트리(2-3 tree)

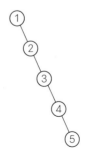

[그림 9C-1] 한쪽으로 치우친 이진 검색 트리

이진 검색 트리 알아보기

이진 검색 트리^{binary search tree}는 모든 노드가 다음 조건을 만족해야 합니다.

> - 왼쪽 서브트리 노드의 키값은 자신의 노드 키값보다 작아야 합니다.
> - 오른쪽 서브트리 노드의 키값은 자신의 노드 키값보다 커야 합니다.

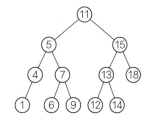

따라서 키값이 같은 노드는 복수로 존재하지 않습니다. [그림 9-8]은 이진 검색 트리를 나타냅니다. 여기서 노드 5에 주목해 봅시다. 왼쪽 서브트리의 노드 (4, 1)은 모두 5보다 작고, 오른쪽 서브트리의 노드 (7, 6, 9)는 모두 5보다 큽니다. 물론 다른 노드도 마찬가지입니다.

[그림 9-8] 이진 검색 트리

[그림 9-8]의 이진 검색 트리를 중위 순회의 깊이 우선 검색으로 스캔하면 다음과 같이 노드의 키값을 오름차순으로 얻을 수 있습니다.

> 1 → 4 → 5 → 6 → 7 → 9 → 11 → 12 → 13 → 14 → 15 → 18

이진 검색 트리는 다음과 같은 특징이 있어서 알고리즘에서 폭 넓게 사용되고 있습니다.

> - 구조가 단순합니다.
> - 중위 순회의 깊이 우선 검색을 통하여 노드값을 오름차순으로 얻을 수 있습니다.
> - 이진 검색과 비슷한 방식으로 아주 빠르게 검색할 수 있습니다.
> - 노드를 삽입하기 쉽습니다.

이진 검색 트리 프로그램을 작성해 보면서 이러한 특징을 자세히 알아보겠습니다.

이진 검색 트리 만들기

실습 9-1은 이진 검색 트리를 구현한 프로그램입니다.

노드 클래스 Node

이진 검색 트리의 노드를 나타내는 클래스 Node입니다. 이진 검색 트리는 다음 4개의 필드로 구성됩니다.

- **key**: 키(임의의 형)를 나타냅니다.
- **value**: 값(임의의 형)을 나타냅니다.
- **left**: 왼쪽 자식 노드에 대한 참조(왼쪽 포인터)를 나타냅니다.
- **right**: 오른쪽 자식 노드에 대한 참조(오른쪽 포인터)를 나타냅니다.

Do it! 실습 9-1 [A]

• 완성 파일 chap09/bst.py

```
01: # 이진 검색 트리 구현하기
02:
03: from __future__ import annotations
04: from typing import Any, Type
05:
06: class Node:
07:     """이진 검색 트리의 노드"""
08:     def __init__(self, key: Any, value: Any, left: Node = None,
09:                     right: Node = None):
10:         """생성자(constructor)"""
11:         self.key = key          # 키
12:         self.value = value      # 값
13:         self.left = left        # 왼쪽 포인터
14:         self.right = right      # 오른쪽 포인터
15:
16: class BinarySearchTree:
17:     """이진 검색 트리"""
18:
19:     def __init__(self):
20:         """초기화"""
21:         self.root = None        # 루트
```

◔ 실습 9-1 [B]로 이어집니다.

[그림 9-9]는 노드를 이미지로 나타냈습니다. 노드 클래스 Node의 __init__( ) 함수는 4개의 매개변수로 전달받은 값을 각 필드에 대입합니다.

◉ 3번째 인수 left와 4번째 인수 right에는 기본값인 None이 지정되어 있습니다.

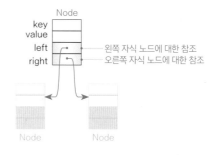

[그림 9-9] 노드 클래스 Node의 이미지

이진 검색 트리 클래스 BinarySearchTree

이진 검색 트리를 나타내는 클래스 BinarySearchTree입니다. 이 클래스의 유일한 필드는 루트에 대한 참조를 유지하는 root입니다. 클래스 BinarySearchTree의 __init__( ) 함수는 root에 None을 대입하여 노드가 하나도 없는 빈 상태의 이진 검색 트리를 생성합니다. [그림 9-10]은 이렇게 생성한 노드가 하나도 없는 빈 상태의 이진 검색 트리을 보여 줍니다.

None(어떤 노드도 참조하지 않음)

root

[그림 9-10] 빈 상태의 이진 검색 트리

키값으로 노드를 검색하는 search( ) 함수

[그림 9-11]과 [그림 9-12]를 보면서 이진 검색 트리에서 검색을 수행하는 과정을 구체적으로 알아봅시다. [그림 9-11]은 검색에 성공하는 과정이고, [그림 9-12]는 검색에 실패하는 과정입니다.

이진 검색 트리에서 키값이 3인 노드를 검색하여 성공하는 과정은 다음과 같습니다.

> **1** 처음에 주목하는 루트의 키는 5입니다. 3은 5보다 작으므로 왼쪽 자식 노드를 따라갑니다.
> **2** 다음에 주목하는 노드의 키는 2입니다. 3은 2보다 크므로 오른쪽 자식 노드를 따라갑니다.
> **3** 다음에 주목하는 노드의 키는 4입니다. 3은 4보다 작으므로 왼쪽 자식 노드를 따라갑니다.
> **4** 키가 3인 노드에 도달했습니다. 검색에 성공합니다.

1 루트 5에 주목합니다. 3은 5보다 작으므로 왼쪽 자식 노드를 따라갑니다.

2 왼쪽 자식 노드 2에 주목합니다. 3은 2보다 크므로 오른쪽 자식 노드를 따라갑니다.

3 오른쪽 자식 노드 4에 주목합니다. 3은 4보다 작으므로 왼쪽 자식 노드를 따라갑니다.

4 왼쪽 자식 노드 3에 주목합니다. 찾고자 하는 3과 같으므로 검색에 성공합니다.

[그림 9-11] 이진 트리 검색에서 노드 검색을 성공한 경우

이진 검색 트리에서 키값이 8인 노드를 검색하여 실패하는 과정은 다음과 같습니다.

> **1** 처음에 주목하는 루트의 키는 5입니다. 8은 5보다 크므로 오른쪽 자식 노드를 따라갑니다.
>
> **2** 다음에 주목하는 노드의 키는 7입니다. 주목 노드는 리프이고 오른쪽 자식 노드는 존재하지 않습니다. 더 이상 스캔을 할 수 없으므로 검색에 실패합니다.

1 루트 5에 주목합니다.
8은 5보다 크므로 오른쪽 자식 노드를 따라 갑니다.

2 오른쪽 자식 노드에 주목합니다.
그런데 오른쪽 자식 노드는 존재하지 않으므로 검색에 실패합니다.

[그림 9-12] 이진 트리 검색에서 노드 검색을 실패한 경우

이처럼 루트에서 시작하여 키의 대소 관계를 판단한 결과에 따라 왼쪽 또는 오른쪽 서브트리를 따라가면서 검색을 수행합니다. 알고리즘은 다음과 같습니다.

> 1. 루트에 주목합니다. 여기서 주목하는 노드를 p라고 하겠습니다.
> 2. p가 None이면 검색을 실패하고 종료합니다.
> 3. 검색하는 key와 주목 노드 p의 키를 비교합니다.
>   • key = p: 검색을 성공하고 종료합니다.
>   • key 〈 p: 주목 노드를 왼쪽 자식 노드로 옮깁니다.
>   • key 〉 p: 주목 노드를 오른쪽 자식 노드로 옮깁니다.
> 4. 2번 과정으로 되돌아갑니다.

search( ) 함수는 이와 같은 알고리즘을 바탕으로 이진 검색 트리에서 임의의 키를 갖는 노드를 검색합니다. 키가 key인 노드를 검색하여 성공하면 찾은 노드의 값을 반환합니다.

Do it! 실습 9-1 [B]

• 완성 파일 chap09/bst.py

```
24:     def search(self, key: Any) -> Any:
25:         """키가 key인 노드를 검색"""
26:         p = self.root              # 루트에 주목
27:         while True:
28:             if p is None:          # 더 이상 진행할 수 없으면
29:                 return None         # 검색 실패
30:             if key == p.key:        # key와 노드 p의 키가 같으면
```

```
31:            return p.value       # 검색 성공
32:        elif key < p.key:        # key 쪽이 작으면
33:            p = p.left           # 왼쪽 서브트리에서 검색
34:        else:                    # key 쪽이 크면
35:            p = p.right          # 오른쪽 서브트리에서 검색
```

◘ 실습 9-1 [C]로 이어집니다.

노드를 삽입하는 add( ) 함수

노드를 삽입할 때 주의할 점은 노드를 삽입한 뒤에 트리의 형태가 이진 검색 트리의 조건을
유지해야 한다는 것입니다. 따라서 노드를 삽입할 때에는 검색할 때와 마찬가지로 먼저 삽
입할 위치를 찾아낸 뒤에 수행해야 합니다.

[그림 9-13]은 노드를 삽입하는 구체적인 과정을 보여 줍니다. 여기에서 그림 **a**는 4개의
노드 (2, 4, 6, 7)로 구성된 이진 검색 트리에 노드 1을 삽입하는 과정이고, 그림 **b**는 노드 1
을 삽입한 이진 검색 트리에 노드 5를 삽입하는 과정입니다.

a 1을 삽입하는 과정

  1 삽입할 위치를 찾습니다. 추가할 값 1은 2
보다 작고 왼쪽 자식 노드가 존재하지 않
으므로 삽입할 위치로 2를 선택합니다.

  2 1을 2의 왼쪽 자식 노드로 삽입합니다.

b 5를 삽입하는 과정

  1 삽입할 위치를 찾습니다. 추가할 값 5는 4
보다 크고 오른쪽 자식 노드가 존재하지
않으므로 삽입할 위치로 4를 선택합니다.

  2 5를 4의 오른쪽 자식 노드로 삽입합니다.

[그림 9-13] 이진 검색 트리에 노드를 삽입하는 과정

node를 루트로 하는 서브트리에 키가 key인 노드를 삽입하는 알고리즘은 다음과 같습니다.

😊 이때 node는 None이 아닙니다.

1. 루트에 주목합니다. 여기서 주목하는 노드를 node라고 하겠습니다.

2. 삽입하는 key와 주목 노드 node의 키를 비교합니다.

- key = node인 경우: 삽입을 실패하고 종료합니다.

- key ‹ node인 경우:

  - 왼쪽 자식 노드가 없으면([그림 9-13] **a**), 그 자리에 노드를 삽입하고 종료합니다.

  - 왼쪽 자식 노드가 있으면, 주목 노드를 왼쪽 자식 노드로 옮깁니다.

- key › node:

  - 오른쪽 자식 노드가 없으면([그림 9-13] **b**), 그 자리에 노드를 삽입하고 종료합니다.

  - 오른쪽 자식 노드가 있으면, 주목 노드를 오른쪽 자식 노드로 옮깁니다.

3. 2번 과정으로 되돌아갑니다.

add( ) 함수는 이와 같은 알고리즘에 따라 노드를 삽입합니다. 키가 key이고 값이 value인 노드를 삽입합니다.

◉ key와 같은 키를 갖는 노드가 존재하는 경우에는 삽입하지 않습니다(False를 반환합니다).

Do it! 실습 9-1 [C]

• 완성 파일 chap09/bst.py

```
38:     def add(self, key: Any, value: Any) -> bool:
39:         """키가 key이고 값이 value인 노드를 삽입"""
40:
41:         def add_node(node: Node, key: Any, value: Any) -> None:
42:             """node를 루트로 하는 서브트리에 키가 key이고 값이 value인 노드를 삽입"""
43:             if key == node.key:
44:                 return False    # key가 이진 검색 트리에 이미 존재
45:             elif key < node.key:
46:                 if node.left is None:
47:                     node.left = Node(key, value, None, None)
48:                 else:
49:                     add_node(node.left, key, value)
50:             else:
51:                 if node.right is None:
52:                     node.right = Node(key, value, None, None)
53:                 else:
54:                     add_node(node.right, key, value)
55:         return True
56:
```

```
57:        if self.root is None:
58:            self.root = Node(key, value, None, None)
59:            return True
60:        else:
61:            return add_node(self.root, key, value)
```

○ 실습 9-1 [D]로 이어집니다.

노드를 삽입하는 과정은 루트의 값에 따라 다음과 같이 수행합니다.

57~59행(root가 None일 때): 트리가 빈 상태이므로 루트만으로 구성된 트리를 만들어야 합니다. Node(key, value, None, None)에 의해 키가 key, 값이 value, 왼쪽 포인터와 오른쪽 포인터가 모두 None인 노드를 생성한 뒤 그 노드를 루트가 참조하도록 합니다. [그림 9-14]는 루트만 있는 이진 검색 트리를 나타냅니다.

☺ root는 '루트 자체'가 아니라 '루트에 대한 참조'인 것에 주의하세요.

60~61행(root가 None이 아닐 때): 트리는 비어 있지 않습니다. 내부 함수 add_node( )를 호출하여 노드를 삽입합니다. 내부 함수 add_node( )는 node를 루트로 하는 서브트리에 키가 key이고 값이 value인 노드를 삽입합니다. 앞에서 살펴본 알고리즘을 재귀 호출하여 구현하고 있습니다.

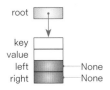

[그림 9-14] 루트만 있는 이진 검색 트리

노드를 삭제하는 remove( ) 함수

노드를 삭제하는 과정은 삽입하는 과정보다 복잡합니다. 노드를 삭제할 때 다음과 같은 3가지 경우가 있기 때문입니다.

> A 자식 노드가 없는 노드를 삭제하는 경우
> B 자식 노드가 1개인 노드를 삭제하는 경우
> C 자식 노드가 2개인 노드를 삭제하는 경우

A 자식 노드가 없는 노드를 삭제하는 경우

[그림 9-15] **a** 는 자식 노드가 없는 노드 3을 삭제하는 경우입니다. 노드 3을 가리키는 부모 노드 4의 왼쪽 포인터가 노드 3을 가리키지 않도록 업데이트합니다. 즉, 왼쪽 포인터를 None 으로 합니다. 그 결과 노드 3을 가리키는 노드가 없기 때문에 이진 검색 트리에서 삭제됩니다. 그림 **b** 에서도 마찬가지로 삭제할 노드를 트리에서 분리하면 삭제 과정이 완료됩니다.

a 3을 삭제하는 경우

1 검색할 때와 마찬가지로 3을 먼저 찾아갑니다. 삭제할 노드 3 위치에서 멈춥니다.

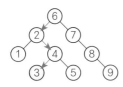

2 부모인 4의 왼쪽 포인터를 None으로 합니다.

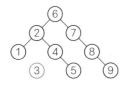

b 9를 삭제하는 경우

1 검색할 때와 마찬가지로 9를 먼저 찾아 갑니다. 삭제할 노드 9의 위치에서 멈춥니다.

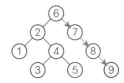

2 부모인 8의 오른쪽 포인터를 None으로 합니다.

[그림 9-15] 자식 노드가 없는 노드를 삭제하는 과정

이 과정을 정리하면 다음과 같습니다.

- 삭제할 노드가 부모 노드의 왼쪽 자식이면, 부모의 왼쪽 포인터를 None으로 합니다.
- 삭제할 노드가 부모 노드의 오른쪽 자식이면, 부모의 오른쪽 포인터를 None으로 합니다.

B 자식 노드가 1개인 노드를 삭제하는 경우

다음 [그림 9-16] **a** 는 자식 노드가 1개인 노드 7을 삭제하는 경우입니다. 원래 노드 7의 위치에 노드 8을 가져오면 삭제할 수 있습니다. 왜냐하면 '자식 노드 8을 루트로 하는 서브트리의 모든 키는 부모 노드 6보다 커야 한다'는 관계가 성립하기 때문입니다. 구체적인 과정을 살펴보면 삭제할 노드 7의 부모 노드인 6의 오른쪽 포인터가 삭제할 노드 7의 자식 노드인 8을 가리키도록 업데이트하면 됩니다. 그러면 노드 7을 가리키는 노드가 없기 때문에 이진 검색 트리에서 삭제됩니다.

◎ 노드 6에게는 손자 노드의 포인터가 대입됩니다.

[그림 9-16] **b**도 마찬가지입니다. 삭제할 노드 1의 부모 노드인 2의 왼쪽 포인터가 삭제할 노드의 자식 노드인 0을 가리키도록 업데이트하면 삭제 과정이 완료됩니다.

a 7을 삭제하는 경우

1 검색할 때와 마찬가지로 7을 찾아갑니다. 삭제할 노드 7의 위치에서 멈춥니다.

2 부모 노드인 6의 오른쪽 포인터가 7의 자식 노드인 8로 업데이트합니다.

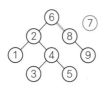

b 1을 삭제하는 경우

1 검색할 때와 마찬가지로 1을 찾아갑니다. 삭제할 노드 1의 위치에서 멈춥니다.

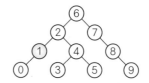

2 부모 노드인 2의 왼쪽 포인터가 1의 자식 노드인 0으로 업데이트합니다.

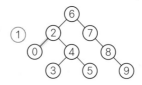

[그림 9-16] 자식 노드가 1개인 노드를 삭제하는 과정

이 과정을 다음과 같이 정리할 수 있습니다.

> • **삭제할 노드가 부모 노드의 왼쪽 자식인 경우**: 부모의 왼쪽 포인터가 삭제할 노드의 자식을 가리키도록 업데이트합니다.
> • **삭제할 노드가 부모 노드의 오른쪽 자식인 경우**: 부모의 오른쪽 포인터가 삭제할 노드의 자식을 가리키도록 업데이트합니다.

C 자식 노드가 2개인 노드를 삭제하는 경우

자식 노드가 2개인 노드를 삭제하는 과정은 앞의 **A**, **B** 경우보다 복잡합니다. [그림 9-17]은 노드 5를 삭제하는 과정입니다.

노드 5의 왼쪽 서브트리(노드 2를 루트로 하는 서브트리) 가운데 키값이 가장 큰 노드 4를 노드 5의 위치로 옮겨 삭제를 수행합니다.

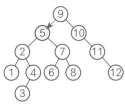

1 검색할 때와 마찬가지로 5를 찾아갑니다. 삭제할 노드 5의 위치에서 멈춥니다.

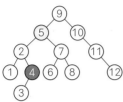

2 5의 왼쪽 서브트리(2가 루트인 서브트리)에서 키값이 가장 큰 노드를 검색합니다. 노드 4의 위치에서 멈춥니다.

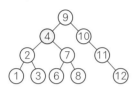

3 4를 5의 위치로 복사하고, 4를 트리에서 분리하여 삭제를 완료됩니다.

[그림 9-17] 자식 노드가 2개인 노드를 삭제하는 과정

이 과정을 정리하면 다음과 같습니다.

1 삭제할 노드의 왼쪽 서브트리에서 키값이 가장 큰 노드를 검색합니다.

2 검색한 노드를 삭제 위치로 옮깁니다. 즉, 검색한 노드의 데이터를 삭제할 노드 위치에 복사합니다.

3 옮긴 노드를 삭제합니다. 이때 자식 노드의 개수에 따라 다음을 수행합니다.
  • **옮긴 노드에 자식이 없으면** A : '자식 노드가 없는 노드의 삭제'에 따라 노드를 삭제합니다.
  • **옮긴 노드에 자식이 1개만 있으면** B : '자식 노드가 1개인 노드의 삭제'에 따라 노드를 삭제합니다.

실습 9-1 [D]에 키가 key인 노드를 삭제하는 remove( ) 함수를 구현했습니다.

Do it! 실습 9-1 [D]

• 완성 파일 chap09/bst.py

```
064:    def remove(self, key: Any) -> bool:
065:        """키가 key인 노드를 삭제"""
066:        p = self.root              # 스캔 중인 노드
067:        parent = None              # 스캔 중인 노드의 부모 노드
068:        is_left_child = True       # p는 parent의 왼쪽 자식 노드인지 확인
069:
```

```
070:        while True:
071:            if p is None:                    # 더 이상 진행할 수 없으면
072:                return False                 # 그 키는 존재하지 않음
073:
074:            if key == p.key:                 # key와 노드 p의 키가 같으면
075:                break                        # 검색 성공
076:            else:
077:                parent = p                   # 가지를 내려가기 전에 부모를 설정
078:                if key < p.key:              # key 쪽이 작으면
079:                    is_left_child = True     # 여기서 내려가는 것은 왼쪽 자식
080:                    p = p.left               # 왼쪽 서브트리에서 검색
081:                else:                        # key 쪽이 크면
082:                    is_left_child = False    # 여기서 내려가는 것은 오른쪽 자식
083:                    p = p.right              # 오른쪽 서브트리에서 검색
084:
085:        if p.left is None:                   # p에 왼쪽 자식이 없으면
086:            if p is self.root:
087:                self.root = p.right
088:            elif is_left_child:
089:                parent.left = p.right        # 부모의 왼쪽 포인터가 오른쪽 자식을 가리킴
090:            else:
091:                parent.right = p.right       # 부모의 오른쪽 포인터가 오른쪽 자식을 가리킴
092:        elif p.right is None:                # p에 오른쪽 자식이 없으면
093:            if p is self.root:
094:                self.root = p.left
095:            elif is_left_child:
096:                parent.left = p.left         # 부모의 왼쪽 포인터가 왼쪽 자식을 가리킴
097:            else:
098:                parent.right = p.left        # 부모의 오른쪽 포인터가 왼쪽 자식을 가리킴
099:        else:
100:            parent = p
101:            left = p.left                    # 서브트리 안에서 가장 큰 노드
102:            is_left_child = True
103:            while left.right is not None:    # 가장 큰 노드 left를 검색
104:                parent = left
105:                left = left.right
106:                is_left_child = False
107:
108:            p.key = left.key                 # left의 키를 p로 이동
109:            p.value = left.value             # left의 데이터를 p로 이동
110:            if is_left_child:
```

```
111:            parent.left = left.left        # left를 삭제
112:        else:
113:            parent.right = left.left       # left를 삭제
114:        return True
```

◑ 실습 9-1 [E]로 이어집니다.

070~083행: 삭제할 키를 검색합니다. 검색에 성공하면 p는 발견한 노드를 참조하고 parent 는 발견한 노드의 부모 노드를 참조합니다.

086~098행: 앞에서 **A 자식 노드가 없는 노드를 삭제하는 경우**와 **B 자식 노드가 1개인 노 드를 삭제하는 경우**를 수행하는 부분입니다. **A**와 **B**를 같은 순서로 수행하는 것은 삭제 노드 에 왼쪽 자식이 없으면 왼쪽 포인터가 None이 되고, 오른쪽 자식이 없으면 오른쪽 포인터가 None이 된다는 것을 이용하기 때문입니다.

100~113행: **C 자식 노드가 2개인 노드를 삭제하는 경우**를 수행합니다.

모든 노드를 오름차순으로 출력하는 dump( ) 함수

모든 노드를 키의 오름차순으로 출력하는 함수입니다. 스캔은 중위 순회의 깊이 우선 검색으 로 합니다.

Do it! 실습 9-1 [E]

• 완성 파일 chap09/bst.py

```
117:    def dump(self) -> None:
118:        """덤프(모든 노드를 키의 오름차순으로 출력)"""
119:
120:        def print_subtree(node: Node):
121:            """node를 루트로 하는 서브트리의 노드를 키의 오름차순으로 출력"""
122:            if node is not None:
123:                print_subtree(node.left)            # 왼쪽 서브트리를 오름차순으로 출력
124:                print(f'{node.key}  {node.value}')  # node를 출력
125:                print_subtree(node.right)           # 오른쪽 서브트리를 오름차순으로 출력
126:
127:        print_subtree(self.root)
```

◑ 실습 9-1 [F]로 이어집니다.

dump( ) 함수는 root를 인수로 하여 내부 함수 print_subtree( )를 호출합니다.
print_subtree( ) 함수는 node를 루트로 하는 서브트리의 노드를 오름차순으로 출력하는 재 귀 함수입니다.

[그림 9-18]은 재귀 함수인 print_subtree( )의 동작을 보여 줍니다. 함수의 첫머리에서 전달받은 node가 None인지 확인합니다. 만약 None이면 아무것도 하지 않고 원래 호출한 곳으로 돌아갑니다. 이 그림에서 루트인 노드 6에 대한 참조를 매개변수 node에 전달받고 있습니다.

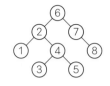

[그림 9-18] 이진 검색 트리의 예

따라서 [그림 9-18]의 node는 None이 아니므로 print_subtree( ) 함수의 동작은 다음과 같습니다.

> **1** 노드 2를 참조하는 왼쪽 포인터를 전달하여 print_subtree( ) 함수를 재귀적으로 호출합니다.
> **2** 자신의 노드 데이터인 6을 출력합니다.
> **3** 노드 7을 참조하는 오른쪽 포인터를 전달하여 print_subtree( ) 함수를 재귀적으로 호출합니다.

재귀 호출인 **1**과 **3**의 동작을 한마디로 표현할 수는 없습니다. 예를 들어 **1**의 동작은 다음과 같이 나타낼 수 있습니다.

> • 노드 1을 참조하는 왼쪽 포인터를 전달하여 print_subtree( ) 함수를 재귀적으로 호출합니다.
> • 자신의 노드 데이터인 2를 출력합니다.
> • 노드 4를 참조하는 오른쪽 포인터를 전달하여 print_subtree( ) 함수를 재귀적으로 호출합니다.

이렇게 재귀 호출을 반복하여 이진 검색 트리의 모든 노드를 키의 오름차순으로 출력합니다.

최소 키와 최대 키를 반환하는 min_key( ) 함수와 max_key( ) 함수

min_key( ) 함수는 가장 작은 키를 찾아 반환하고, max_key( ) 함수는 가장 큰 키를 찾아 반환합니다. 맨 끝인 None을 만날 때까지 왼쪽 또는 오른쪽 자식을 따라가는 알고리즘입니다.

Do it! 실습 9-1 [F]

• 완성 파일 chap09/bst.py

```
130:     def min_key(self) -> Any:
131:         """가장 작은 키"""
132:         if self.root is None:
133:             return None
134:         p = self.root
135:         while p.left is not None:
136:             p = p.left
```

```
137:            return p.key
138:
139:    def max_key(self) -> Any:
140:        """가장 큰 키"""
141:        if self.root is None:
142:            return None
143:        p = self.root
144:        while p.right is not None:
145:            p = p.right
146:        return p.key
```

📚 보충 수업 9-2 키의 내림차순으로 덤프

앞에서 dump( ) 함수는 키의 오름차순으로 모든 노드를 출력했습니다. 내림차순으로 모든 노드를 출력하는 덤프가 필요하다면 다음과 같이 dump( ) 함수를 변경해야 합니다.

Do it! 실습 9C-1

• 완성 파일 chap09/bst2.py

```
(… 생략 …)
114:    def dump(self, reverse = False) -> None:
115:        """덤프(모든 노드를 키의 오름차순/내림차순으로 출력)"""
116:
117:        def print_subtree(node: Node):
118:            """node를 루트로 하는 서브트리의 노드를 키의 오름차순으로 출력"""
119:            if node is not None:
120:                print_subtree(node.left)                # 왼쪽 서브트리를 오름차순으로 출력
121:                print(f'{node.key}  {node.value}')      # node를 출력
122:                print_subtree(node.right)               # 오른쪽 서브트리를 오름차순으로 출력
123:
124:        def print_subtree_rev(node: Node):
125:            """node를 루트로 하는 서브트리의 노드를 키의 내림차순으로 출력"""
126:            if node is not None:
127:                print_subtree_rev(node.right)           # 오른쪽 서브트리를 내림차순으로 출력
128:                print(f'{node.key}  {node.value}')      # node를 출력
129:                print_subtree_rev(node.left)            # 왼쪽 서브트리를 내림차순으로 출력
130:
131:        print_subtree_rev(self.root) if reverse else print_subtree(self.root)
(… 생략 …)
```

2번째 인수 reverse에 True를 전달받으면 내부 함수 print_subtree( )에서 키의 오름차순으로 덤프하고, 그렇지 않으면 내부 함수 print_subtree_rev( )에서 키의 내림차순으로 덤프합니다.

◎ 이 프로그램을 사용한 파일은 chap09/bst2_test.py에 있습니다.

이진 검색 트리 프로그램 만들기

실습 9-2는 앞에서 구현한 실습 9-1의 이진 검색 트리 클래스 BinarySearchTree를 사용하는 프로그램입니다.

Do it! 실습 9-2

• 완성 파일 chap09/bst_test.py

```
01: # 이진 검색 트리 클래스 BinarySearchTree 사용하기
02:
03: from enum import Enum
04: from bst import BinarySearchTree
05:
06: Menu = Enum('Menu', ['삽입', '삭제', '검색', '덤프', '키의범위', '종료'])
07:
08: def select_Menu() -> Menu:
09:     """메뉴 선택"""
10:     s = [f'({m.value}){m.name}' for m in Menu]
11:     while True:
12:         print(*s, sep = '  ', end='')
13:         n = int(input(': '))
14:         if 1 <= n <= len(Menu):
15:             return Menu(n)
16:
17: tree = BinarySearchTree()      # 이진 검색 트리를 생성
18:
19: while True:
20:     menu = select_Menu()       # 메뉴 선택
21:
22:     if menu == Menu.삽입:        # 삽입
23:         key = int(input('삽입할 키를 입력하세요.: '))
24:         val = input('삽입할 값을 입력하세요.: ')
25:         if not tree.add(key, val):
26:             print('삽입에 실패했습니다!')
27:
28:     elif menu == Menu.삭제:      # 삭제
29:         key = int(input('삭제할 키를 입력하세요.: '))
30:         tree.remove(key)
```

```
31:
32:    elif menu == Menu.검색:        # 검색
33:        key = int(input('검색할 키를 입력하세요.: '))
34:        t = tree.search(key)
35:        if t is not None:
36:            print(f'이 키를 갖는 값은 {t}입니다.')
37:        else:
38:            print('해당하는 데이터가 없습니다.')
39:
40:    elif menu == Menu.덤프:        # 덤프
41:        tree.dump()
42:
43:    elif menu == Menu.키의범위 :    # 키의 범위(최솟값과 최댓값)
44:        print(f'키의 최솟값은 {tree.min_key()}입니다.')
45:        print(f'키의 최댓값은 {tree.max_key()}입니다.')
46:
47:    else:                          # 종료
48:        break
```

이 프로그램에서 다루는 이진 검색 트리의 노드는 다음과 같은 키와 데이터를 가지고 있습니다.

- **키**: int형 정숫값입니다.
- **값**: str형 문자열입니다.

ⓒ 데이터가 키뿐이고 값이 존재하지 않는 경우에는 키의 인수와 값의 인수를 똑같이 제공합니다. 예를 들어 tree.add(key, key)처럼 호출합니다.

▶ **실행 결과**
(1)삽입 (2)삭제 (3)검색 (4)덤프 (5)키의범위 (6)종료: 1
삽입할 키를 입력하세요.: 1
삽입할 값을 입력하세요.: 수연 ⎯⎯⎯⎯⎯⎯⎯⎯⎯⎯⎯ (1 수연)을 삽입
(1)삽입 (2)삭제 (3)검색 (4)덤프 (5)키의범위 (6)종료: 1
삽입할 키를 입력하세요.: 10
삽입할 값을 입력하세요.: 예지 ⎯⎯⎯⎯⎯⎯⎯⎯⎯⎯⎯ (10 예지)를 삽입
(1)삽입 (2)삭제 (3)검색 (4)덤프 (5)키의범위 (6)종료: 1
삽입할 키를 입력하세요.: 5
삽입할 값을 입력하세요.: 동혁 ⎯⎯⎯⎯⎯⎯⎯⎯⎯⎯⎯ (5 동혁)을 삽입)

(1)삽입 (2)삭제 (3)검색 (4)덤프 (5)키의범위 (6)종료: 1

삽입할 키를 입력하세요.: 12

삽입할 값을 입력하세요.: 원준 ─────────────────── (12 원준)을 삽입)

(1)삽입 (2)삭제 (3)검색 (4)덤프 (5)키의범위 (6)종료: 1

삽입할 키를 입력하세요.: 14

삽입할 값을 입력하세요.: 민서 ─────────────────── (14 민서)를 삽입

(1)삽입 (2)삭제 (3)검색 (4)덤프 (5)키의범위 (6)종료: 3

검색할 키를 입력하세요.: 5 ─────────────────────── 5를 검색

이 키를 갖는 값은 동혁입니다.

(1)삽입 (2)삭제 (3)검색 (4)덤프 (5)키의범위 (6)종료: 4

```
1   수연
5   동혁
10  예지  ──────────────────────────────── 키의 오름차순으로 모든 노드를 출력
12  원준
14  민서
```

(1)삽입 (2)삭제 (3)검색 (4)덤프 (5)키의범위 (6)종료: 2

삭제할 키를 입력하세요. : 10 ──────────────────── 10을 삭제

(1)삽입 (2)삭제 (3)검색 (4)덤프 (5)키의범위 (6)종료: 4

```
1   수연
5   동혁  ──────────────────────────────── 키의 오름차순으로 모든 노드를 출력
12  원준
14  민서
```

(1)삽입 (2)삭제 (3)검색 (4)덤프 (5)키의범위 (6)종료: 5

키의 최솟값은 1입니다. ────────────────────── 키의 범위를 출력

키의 최댓값은 14입니다.

(1)삽입 (2)삭제 (3)검색 (4)덤프 (5)키의범위 (6)종료: 6

한글

ㄱ

가우스의 정리	34
가지	377
간접 재귀	188
객체	56
결정 트리	23
결합	57
교환	36, 220
구구단	52
구조적 프로그래밍	52
균형 검색 트리	383
기수	90
기수 변환	89
깊은 복사	107
깊이 우선 검색	380
꼬리 노드	321
꼬리 재귀	196
꼭대기(top)	154

ㄴ

난수	48, 54
내림차순	219
내부 노드	378
내부 정렬	220
너비 우선 검색	379
널 트리	379
노드	377
논리 부정	355
논리 연산자	355
논리곱	355
논리합	355
높이	379

누적 도수 분포표	298

ㄷ

다중 루프	52
단순 교환 정렬	221
단순 삽입 정렬	240
단순 선택 정렬	237
단항 연산자	29
대기열	178
대입식	70
더미 노드	359
더블 언더 스코어	162
던더	162
덤프	141
덱	165, 178
도수 정렬	297
도수 분포표	198
두 값의 교환	36, 39
드모르간 법칙	50
디큐	168

ㄹ

레벨	378
루트	377
리스트(자료구조)	321
리스트(자료형)	63, 72, 325
리터럴	57
리프	377
링 버퍼	170
링크	450

ㅁ

머리 노드	321
메모리	56

멤버십 판단 연산자	308
모듈	79
무순서 트리	379
무한 루프	45
문자열	305
문자열 검색	305
뮤터블	63, 68, 70
미리 정의한 처리	30

ㅂ

바닥	154
반복	31
버블 정렬	221
버킷	132
병합 정렬	277
보이어·무어법	315
보초	117
보초법	116
복잡도	125
복합문	19
부동 소수점	18
부모 노드	378
부분 순서 트리	287
분기	25
분기 한정법	212
브루트 포스법	305
비단말 노드	378
빈 트리	379

ㅅ

사전 판단 반복	30
사후 판단 반복	30
삼항 연산자	29
삽입	220

상향식 분석	194
서브트리	379
서수	90
선입선출	168
선택	220
선형 검색	111
선형 리스트	321
셔틀 정렬	243
셰이커 정렬	232
셸 정렬	247
소수	97
순서 트리	379
순서도	29
순수한 재귀	192
순차 검색	111
스위트	19
스캔	76
스크립트	79
스택	154
슬라이스	67
시간 복잡도	125

ㅇ

안정성	219
알고리즘	21
앞쪽 노드	321
양방향 대기열	178
양방향 리스트	356
양방향 버블 정렬	234
언더 스코어	162
연결 리스트	321
예외 처리	158, 160
오른쪽 서브트리	382
오른쪽 자식	382
오름차순	35

오픈 주소법	110, 133
오픈 해시법	133
완전 이진 트리	286, 382
외부 노드	377
외부 정렬	220
왼쪽 서브 트리	409
왼쪽 자식	382
우선순위 큐	169
원형 리스트	356
원형 이중 연결 리스트	356
유클리드 호제법	189
이뮤터블	64, 68, 70
이중 루프	52
이중 연결 리스트	356
이진 검색	120
이진 검색 트리	384
이진 삽입 정렬	244
이진 트리	382
이터러블	34, 86, 339
이터레이터	86, 339
이항 연산자	29
인덱스	62, 66
인큐	168

ㅈ

자기 참조형	323
자료구조	71
자손 노드	378
자식 노드	378
재귀	185
재귀 호출	187
재해시	144
전위 순회	381
정렬	219
조건 연산자	29

조건식	18
조상 노드	378
종료 기호	30
종료 조건	30
종룟값	30
주석	78
중앙값	23
중위 순회	381
증갓값	30
직접 재귀	188

ㅊ

차수	378
천장 함수	125
체인법	133
초깃값	30
최대 공약수	189
최댓값	15
충돌	132

ㅋ

카운터용 변수	33, 46
칵테일 정렬	234
커서	256
퀵 정렬	255
큐	168
키(key)	109

ㅌ

튜플	63, 72
트리	286, 377

ㅍ

파이썬 스타일 가이드	22

팝	154
패턴	305
팩토리얼	186
포인터	321
푸시	154
프리 리스트	351
피벗	255
피벗 선택	270
피연산자	28

ㅎ

하노이의 탑	200
하향식 분석	193
한정 작업	212
함수 어노테이션	79
함수 호출식	21
해시 충돌	132
해시 테이블	132
해시 함수	132
해시법	131
헤더	19
형제 노드	378
후위 순회	381
후입선출	154
힙	286
힙 정렬	286

영어

a

abs( )	236
and 연산자	355
annotations	78, 324
Any	78
AVL 트리	383

b

B 트리	383
BaseException 클래스	160
bisect 모듈	245
bool( )	236
Boyer-Moore	315
break 문	45

c

chr( )	319
collections 모듈	165
collections.deque	165
complex	236
continue 문	49
copy 모듈	106
copy.deepcopy( )	106

d

deep copy	106
deque	165, 178
divmod( )	236

e

else 문(if 문)	19, 29

else 문(while 문)

else 문(while 문)	48
endswith( )	309
enum	143
enumerate( )	84
Exception 클래스	160

f

factorial( )	187
False	355
FIFO	168
find( )	309
float( )	17, 236

h

hashlib 모듈	137
heappop( )	296
heappush( )	296
heapq 모듈	169, 279, 296
hex( )	236

i

id( )	57, 68
if 문	19
import 문	324
in 연산자	308
index( )	165
index( )(str형)	308
input 함수	17
insort( )	246
int( )	17
iter( )	86, 339

k

KMP법	305

l

len( )   68, 72
LIFO   154
list( )   63

m

math 모듈   187
max( )   72, 126, 236
merge( )   277
min( )   72, 236

n

next( )   86, 339
None   64, 134
not 연산자   51, 355
not in 연산자   161, 355
n진 트리   378
n진수   89

o

oct( )   236
or 연산자   355
ord( )   319

p

pass 문   28
PEP 8   22
pow( )   236
Pratt   252

r

raise 문   160
random.randint( )   54

range( )   34
reverse( )   88, 165
reversed( )   89
rfind( )   309
rindex( )   309
round( )   236

s

Sequence   78
sorted( )   279
startswith( )   309
StopIteration   86, 339
str형   68, 105
sum( )   236

t

True   355
try 문   158
tuple( )   64
type( )   71
typing   78

w

while 문   48

숫자

2-3 트리   383
2진수   17, 89
8진수   17, 89, 91
8퀸 문제   204
10진수   17, 90
16진수   17, 89, 91

기호

#(주석 처리)   15, 63
%(나머지 연산자)   34
( )(결합 연산자)   64, 71, 266
( )(호출 연산자)   266
//(몫 연산자)   34, 86
[ ](리스트 표기 연산자)   63
[ ](인덱스 연산자)   63
[:](슬라이스 연산자)   67
_(언더스코어)   41
__(던더)   162
__contains__   162
__future__ 모듈   324
__len__   162
'__main__'   79
__name__   79
"""(주석 처리)   20
>=, <=(비교 연산자)   51, 73

Web Programming Course
웹 프로그래밍 코스

웹 기술의 기본은 HTML, CSS, 자바스크립트!
기초 단계를 독파한 후 응용 단계로 넘어가세요!

기초 단계

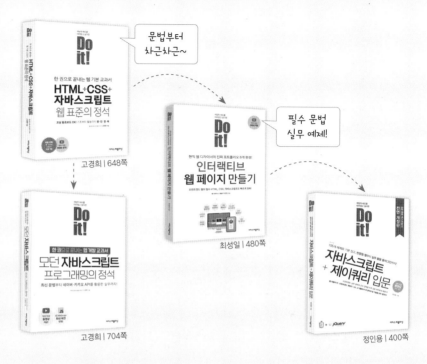

문법부터 차근차근~

필수 문법 실무 예제!

Do it!
한 권으로 끝내는 웹 기본 교과서
HTML+CSS+ 자바스크립트 웹 표준의 정석
고경희 | 648쪽

Do it!
인터랙티브 웹 페이지 만들기
최성일 | 480쪽

Do it!
한 권으로 끝내는 웹 개발 교과서
모던 자바스크립트 프로그래밍의 정석
고경희 | 704쪽

Do it!
자바스크립트 + 제이쿼리 입문
정인용 | 400쪽

응용 단계

Do it!
반응형 웹 페이지 만들기
김운아 | 344쪽

Do it!
클론 코딩 줌 zoom
니꼴라스, 강윤호 | 296쪽

Do it!
클론코딩 영화 평점 웹서비스
니꼴라스, 김형태 | 248쪽

Do it!
클론 코딩 트위터
니꼴라스, 김준혁 | 256쪽

나는 어떤 코스가 적합할까?

A 웹 퍼블리셔가 되고 싶은 사람

- Do it! HTML+CSS+자바스크립트 웹 표준의 정석
- Do it! 인터랙티브 웹 만들기
- Do it! 자바스크립트+제이쿼리 입문
- Do it! 반응형 웹 페이지 만들기
- Do it! 웹 사이트 기획 입문

B 웹 개발자가 되고 싶은 사람

- Do it! HTML+CSS+자바스크립트 웹 표준의 정석
- Do it! 모던 자바스크립트 프로그래밍의 정석
- Do it! 클론 코딩 줌
- Do it! 클론 코딩 영화 평점 웹서비스 만들기
- Do it! 클론 코딩 트위터
- Do it! 리액트 프로그래밍 정석

기초 단계

박응용 | 360쪽

김성엽 | 576쪽

김동형 | 856쪽

시바타 보요 저, 강민 역 | 408쪽

시바타 보요 저, 강민 역 | 452쪽

시바타 보요 저, 강민 역 | 424쪽

응용 단계

김창현 | 296쪽

강성윤 | 720쪽

김종관 | 564쪽

나는 어떤 코스가 적합할까?

A 파이썬 개발자가 되고 싶은 사람

- Do it! 파이썬 생활 프로그래밍
- Do it! 점프 투 장고
- Do it! 점프 투 플라스크
- Do it! 장고+부트스트랩 파이썬 웹 개발의 정석
- Do it! 점프 투 파이썬 ― 라이브러리 예제 편

B 자바·코틀린 개발자가 되고 싶은 사람

- Do it! 자바 완전 정복
- Do it! 자바 프로그래밍 입문
- Do it! 코틀린 프로그래밍
- Do it! 안드로이드 앱 프로그래밍 ― 개정 8판
- Do it! 깡샘의 안드로이드 앱 프로그래밍 with 코틀린 ― 개정 2판

인공지능 & 데이터 분석 코스

인공지능, 데이터 분석도 Do it! 시리즈와 함께!
주어진 순서대로 차근차근 독파해 보세요!

인공
지능

박해선 | 328쪽

이론을
더 깊게~

윤성진 | 432쪽

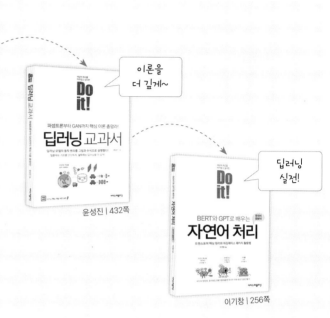

딥러닝
실전!

이기창 | 256쪽

데이터
분석

김영우 | 376쪽

김영우 | 344쪽

김영우 | 472쪽

김철민 | 248쪽

나는 어떤
코스가
적합할까?

A 인공지능 개발자가 되고 싶은 사람

- Do it! 점프 투 파이썬
- Do it! 정직하게 코딩하며 배우는
  딥러닝 입문
- Do it! 딥러닝 교과서
- Do it! BERT와 GPT로 배우는
  자연어 처리

B 데이터 분석가가 되고 싶은 사람

- Do it! 쉽게 배우는 파이썬 데이터 분석
- Do it! 쉽게 배우는 R 데이터 분석
- Do it! 쉽게 배우는 R 텍스트 마이닝
- Do it! 데이터 분석을 위한 판다스 입문
- Do it! R 데이터 분석 with 샤이니
- Do it! 첫 통계 with 베이즈

기초
단계

자바 완전 정복

김동형 | 856쪽

코틀린 프로그래밍

황영덕 | 680쪽

스위프트로
아이폰 앱 만들기 입문

송호정, 이범근 | 696쪽

안드로이드
앱 프로그래밍

정재곤 | 800쪽

깡샘의
안드로이드 앱
프로그래밍 with 코틀린

강성윤 | 720쪽

깡샘의
플러터&다트
프로그래밍

강성윤 | 712쪽

응용
단계

플러터
앱 프로그래밍

조준수 | 500쪽

리액트 네이티브
앱 프로그래밍

전예홍 | 856쪽

프로그레시브
웹앱 만들기

김응석 | 576쪽

나는 어떤
코스가
적합할까?

A 빠르게 앱을 만들고 싶은 사람

- Do it! 안드로이드 앱 프로그래밍
  — 개정 8판
- Do it! 깡샘의 안드로이드 앱
  프로그래밍 with 코틀린 — 개정 2판
- Do it! 스위프트로 아이폰 앱 만들기
  입문 — 개정 7판
- Do it! 플러터 앱 프로그래밍 — 개정판

B 앱 개발 실력을 더 키우고 싶은 사람

- Do it! 자바 완전 정복
- Do it! 코틀린 프로그래밍
- Do it! 리액트 네이티브 앱 프로그래밍
- Do it! 프로그레시브 웹앱 만들기
- Do it! 깡샘의 플러터&다트 프로그래밍